RAMUS

SA VIE, SES ÉCRITS ET SES OPINIONS

AUTRES OUVRAGES DU MÊME AUTEUR :

DE LA PSYCHOLOGIE D'ARISTOTE, 1848, 1 vol. in-8° (*épuisé*). Ouvrage couronné par l'Académie française.

DE PETRI RAMI VITA, SCRIPTIS, PHILOSOPHIA, 1848, 1 vol. in-8° (*épuisé*).

DE L'UTILITÉ DES ÉTUDES LOGIQUES, 1850, in-8°.

DE LA MÉTHODE DÉDUCTIVE, 1851, in-8°.

PARIS. — IMPRIMERIE DE CH. MEYRUEIS ET COMPAGNIE
7, RUE SAINT-BENOÎT.

RAMUS

(PIERRE DE LA RAMÉE)

SA VIE, SES ÉCRITS ET SES OPINIONS

·PAR

CHARLES WADDINGTON

PROFESSEUR AGRÉGÉ DE PHILOSOPHIE A LA FACULTÉ DES LETTRES DE PARIS
ET AU LYCÉE LOUIS-LE-GRAND.

> La Ramée, bon philosophe dans un
> temps où l'on ne pouvait guère en
> compter que trois, homme vertueux
> dans un siècle de crimes, homme ai-
> mable dans la société même, si l'on
> veut, bel esprit.
>
> VOLTAIRE.

PARIS

LIBRAIRIE DE CH. MEYRUEIS ET Cᵉ, ÉDITEURS

2, RUE TRONCHET.

1855

210. b. 185.

A

M. V. COUSIN

Monsieur,

En vous rendant ici un hommage qui vous est dû à plus d'un titre, je n'ai pas la prétention d'apprendre au public ce que vous avez fait, ce que vous ne cessez de faire chaque jour pour la philosophie et les lettres françaises. Personne n'ignore que, non content d'avoir donné autrefois la première édition complète de Descartes, vous avez encore entrepris de publier à vos frais les œuvres inédites d'Abélard. Les amis des lettres n'ont pas besoin qu'on leur rappelle ces services rendus à l'esprit humain aussi bien qu'à la France elle-même. Mais ce que je dois dire, parce que tout le monde ne le sait pas, c'est qu'en des temps meilleurs vous aviez aussi pensé à recueillir les écrits épars de notre infortuné Ramus. Plus tard, quand vous avez dû renoncer à ce généreux dessein, c'est vous qui m'avez encouragé à entreprendre le travail que je fais paraître aujourd'hui sous votre patronage. Puisse-t-il mériter votre approbation, et demeurer comme un témoignage de mon respectueux attachement à l'auteur *du Vrai, du Beau et du Bien!*

CHARLES WADDINGTON.

PRÉFACE

—

L'idée première de tout ce travail est contenue dans les lignes suivantes de M. Cousin :

« En France, le XVIe siècle a eu ses philosophes indépendants, qui ont attaqué ou miné la domination d'Aristote et de la scholastique. Il serait utile et patriotique de disputer à l'oubli et de recueillir pieusement les noms et les écrits de ces hommes ingénieux et hardis qui remplissent l'intervalle de Gerson à Descartes. Du moins il en est un que l'histoire n'a pu oublier, je veux dire Pierre de la Ramée. Quelle vie et quelle fin ! Sorti des derniers rangs du peuple, domestique au collège de Navarre, admis par charité aux leçons des professeurs, puis professeur lui-même, tour à tour en faveur et persécuté, banni, rappelé, toujours suspect, il est massacré dans la nuit de la Saint-Barthélemy, comme protestant à la fois et comme platonicien... Depuis on n'a pas daigné lui élever le moindre monument qui gardât sa mémoire; il n'a pas eu l'honneur d'un éloge public, et ses ouvrages même n'ont pas été recueillis [1]. »

Ce noble appel, adressé il y a dix ans à tous les amis de la philosophie, ne pouvait manquer d'éveiller la sympathie du corps enseignant et singulièrement de cette vieille *faculté des arts* de Paris, toujours si riche en grands maîtres, et dont Ramus avait été le professeur le plus célèbre depuis Abélard jusqu'à ces trois gloires contemporaines de l'enseignement et de la littérature en France, M. Villemain, M. Guizot, M. Cousin. Lorsqu'en 1848 je présentai à la faculté des lettres un premier essai en latin sur un de leurs plus dignes prédécesseurs, ces trois hommes éminents, qu'on peut louer aujourd'hui sans être suspect de flatterie, appartenaient encore à l'université. Leur bienveillant accueil, les encouragements et les critiques même de leurs savants collègues, m'engagèrent à composer sur le même sujet un mémoire en français, que je soumis à l'Académie des sciences morales et politiques. Là aussi vivait le souvenir de Ramus; là siégeaient ses successeurs au collége fondé par François Ier. L'illustre compagnie, sur la proposition de M. Mignet, son secrétaire perpétuel, et sous la présidence de M. Barthélemy Saint-Hilaire, voulut bien consacrer plus d'une séance à écouter l'éloge de celui qui le premier avait fait aimer à la France le nom libéral et platonicien d'*Académie*.

Après cette double tentative, dont le succès a dépassé

[1] V. Cousin, Fragments de philosophie cartésienne, p. 5-7.

mes espérances, et qui m'a valu de l'autre côté du Rhin
le suffrage d'un célèbre historien de la philosophie,
M. H. Ritter [1], j'ai dû songer enfin au grand public, à ce
public français que Ramus avait tant à cœur d'initier à
la philosophie et aux sciences, lorsqu'il entreprenait de
lui « déclairer en sa langue et intelligence vulgaire le
fruict de son estude, » et de mettre les arts libéraux
« non-seulement en latin pour les doctes de toute na-
« tion, mais en françoys pour la France, où il y a une
« infinité de bons esprits capables de toutes sciences et
« disciplines, qui toutefois en sont privez pour la diffi-
« culté des langues [2]. » Trois siècles se sont écoulés depuis qu'il publiait en français sa Dialectique, le premier
ouvrage original de philosophie qui ait paru dans notre
langue. Le moment n'est-il pas venu de rendre un
patriotique hommage à un homme qui a été l'une des
gloires les plus pures de son pays et de son temps?

Le nom de Ramus est demeuré célèbre parmi les érudits pour ses travaux en grammaire; mais, quoique le
titre d'excellent grammairien ne soit pas à dédaigner, ce
serait lui faire tort que de borner là son mérite; et
d'ailleurs comment expliquer par là seulement le bruit
extraordinaire qui s'est fait autour de son nom? Faute
d'approfondir les causes des persécutions qui remplirent
sa vie, Voltaire, qui voulait cependant honorer la mémoire de ce brave champion de la liberté, l'a rendu
presque ridicule, en paraissant attribuer à je ne sais
quelle dispute de prononciation les ressentiments terri-
bles auxquels Ramus s'était exposé par son dévouement

[1] Gœttinger gelehrte Anzeigen, n° du 11 août 1849, p. 1268 et suiv.
[2] Préface de la Grammaire françoise.

à la science, et par son zèle pour l'avancement de la vérité.

On peut le dire en toute assurance, Ramus est le plus grand philosophe français du XVIe siècle, l'un des plus brillants et des plus utiles précurseurs des temps modernes. Sa philosophie, longtemps florissante en plusieurs pays de l'Europe, était l'expression la plus complète de la renaissance; sa méthode fut comme un pressentiment de celle de Descartes; sa Dialectique servit de guide et souvent de modèle à Gassendi et aux auteurs de la Logique de Port-Royal. Le système qui porte son nom mérite encore de nos jours l'estime des philosophes et surtout des logiciens. Si je m'étais adressé uniquement à ceux-ci, j'aurais aimé à reprendre, pour les développer, les considérations que j'ai présentées ailleurs sur le ramisme et sur son histoire. Mais j'ai craint de dépasser les bornes de l'attention dans un siècle où j'entends dire qu'elle se perd aussi bien que le respect, et je me suis contenté de caractériser brièvement les réformes que Ramus a tentées dans presque toutes les sciences, surtout en logique, afin de donner au moins une idée d'un système qui a fait tant d'honneur à la France du XVIe siècle, qui a disputé avec succès à Aristote et à Mélanchthon l'empire de l'Allemagne philosophique, et qui a compté parmi ses plus chauds partisans des hommes tels qu'Omer Talon, le cardinal d'Ossat, Arminius et Milton.

Pour se rendre compte du rôle considérable que Ramus a joué en Europe avant Descartes, on n'a qu'à feuilleter quelques-uns de ses écrits, si remarquables par la diction autant que par la variété des connaissances; on

n'a qu'à jeter un coup d'œil sur la liste de ses nombreux
ouvrages, si souvent réimprimés, et qui embrassent toutes les parties des sciences et de la philosophie. L'éloquence y est unie au savoir ; on y voit partout comme un
reflet de l'aimable sagesse de Socrate. Ces écrits polis et
élégants, leçons et modèles de goût tout ensemble, étaient
lus avidement dans toute l'Europe : plusieurs ont eu vingt,
trente et même quarante éditions dans le cours d'un siècle. Aujourd'hui, l'on n'en saurait trouver nulle part
une collection complète ; ils sont dispersés çà et là dans
les bibliothèques ; le catalogue même n'en avait pas encore été dressé complétement. J'ai pris sur moi cette tâche
ingrate, afin de préparer ou de rendre possible à quelque
autre une édition générale des œuvres latines et françaises
de Ramus. J'ai joint à ce catalogue un certain nombre de
lettres inédites, que je dois à l'obligeance de deux de mes
amis, MM. C. Bartholmèss et Charles Schmidt, de Strasbourg. Enfin j'ai pensé qu'il pouvait être utile, pour
l'histoire de notre langue et de notre littérature philosophique, d'offrir au lecteur quelques extraits de la Dialectique de Ramus, de sa Grammaire et de ses discours en
français.

Aux yeux de ses contemporains, le mérite saillant de
Ramus était sans doute cette vive et puissante éloquence
à laquelle ses propres ennemis rendaient hommage [1], qui
rappelait à des disciples enthousiastes l'éloquence de
Cicéron lui-même, et dont les triomphes sont attestés
par les juges les plus sévères ou les plus compétents : le

[1] La Croix du Maine, Bibl. franç., art. P. de la Ramée : « Homme estimé le plus grand orateur de son temps, et reconnu pour tel par ceux
qui ont escrit contre luy. »

cardinal de Lorraine et l'archevêque Génébrard, aussi bien
que Théodore de Bèze et Hubert Languet, Scévole de Sainte-
Marthe, Estienne Pasquier. On le voit tour à tour apaiser de violentes émeutes d'écoliers, triompher à Heidelberg comme à Paris des cabales formées par ses adversaires,
ou bien haranguer une armée de reîtres, et les faire marcher, sans argent, au secours de leurs coreligionnaires.
Mais c'est au parlement de Paris et à la cour de Henri II,
c'est surtout dans sa chaire au collége de France que son
éloquence brille du plus vif éclat. Professeur incomparable, sa parole captivait des milliers d'auditeurs dans
cet âge glorieux de l'université de Paris, alors que d'un
bout de l'Europe à l'autre, les jeunes gens accouraient
en foule pour entendre ces maîtres illustres, Pierre
de la Ramée, Denis Lambin, Adrien Turnèbe et tant
d'autres[1], dont les leçons répandaient dans le monde,
avec le respect du nom français, l'amour des lettres et
d'une saine philosophie : splendeur inouïe, mais éphémère, et qui devait bientôt s'évanouir, grâce aux guerres
civiles qui dépeuplèrent les écoles, et aux jésuites qui,
après s'y être établis par la ruse et par la force, en chas-
sèrent bientôt tous les maîtres qu'on soupçonnait de
penser librement.

Il n'est pas sans intérêt, même de nos jours, d'étudier
les essais de réformes par lesquels Ramus a marqué dans
les sciences, dans les lettres et dans l'enseignement; car
c'était à coup sûr un hardi penseur, un habile homme
d'école et un écrivain distingué. Mais c'est l'homme surtout qu'il serait intéressant de faire revivre, cet homme

---

[1] Voir notre *Notice sur Turnèbe*, dans le Bulletin de la Société d'hist. du
protestant. français, n° d'avril 1855.

qn'Estienne Pasquier nous dépeint « grandement désireux de nouveautez, » comme tout son siècle, et qui,
après avoir été le jouet de la fortune, tantôt dans l'élévation et tantôt dans l'abaissement, termina une carrière de
luttes et de persécutions par une mort affreuse, qu'on
peut appeler sans exagération un martyre.

Trois disciples de Ramus ont écrit sa vie en détail :
Jean Thomas Freigius [1], Théophile Banosius [2], son dernier secrétaire, et surtout Nicolas de Nancel [3]. Ces trois
biographies sont, avec les écrits de Ramus lui-même, les
documents les plus sûrs et les plus importants à consulter
pour le bien connaître. Mais ces auteurs ne sont guère
lus aujourd'hui, et, chose singulière, on les voit bien
rarement cités dans les innombrables notices dont un savant aussi fameux dans son temps ne pouvait manquer
d'être l'objet. Nulle part cette existence dramatique, qui
fut mêlée à tous les grands événements du siècle, ne se
trouve retracée avec exactitude à la fois et avec ordre.
Ainsi la mémoire de Ramus a eu la même destinée que
ses écrits : comme eux dispersée, elle attend comme eux
d'être recueillie et rendue à l'histoire. Je me propose,
dans la première et la plus longue partie de ce livre, de
fondre en un seul et fidèle portrait tous ces portraits divers d'un homme à qui ses ennemis (et il en eut beaucoup) n'ont pu refuser la qualité d'homme de bien et

---

[1] En tête de l'édition qu'il donna à Bâle (1574, in-4°) des **Commentaires**
de Ramus sur les discours de Cicéron.

[2] Au devant d'un ouvrage posthume de Ramus : Commentariorum de
religione christ. libri quatuor, Francfort, 1576, in-8°.

[3] Petri Rami Veromandui, eloq. et phil. apud Parisios profess. regii,
Vita, a Nic. Nancelio Trachyeno Noviodunensi, Rami discipulo et populari,
descripta. Paris, Cl. Morel, MDIC, in-8°, 85 p.

d'honneur, et qui, à un esprit élevé, joignait une très belle âme.

La vie de Ramus n'est pas seulement remarquable par la bizarrerie de ses aventures, par de nombreuses et émouvantes péripéties, qui aboutissent à un dénouement tragique. A part cet intérêt tout romanesque, elle nous donne le spectacle plus rare de grandes épreuves héroï-quement subies : la pauvreté, la misère et le deuil, toutes les disgrâces de la fortune et du pouvoir, la perte de sa charge, les insultes et les attaques à main armée de ses adversaires, la guerre, l'exil, la mort même, Ramus a tout accepté non-seulement avec résignation, mais avec bonheur. C'est lui-même qui nous le dit en plusieurs endroits de ses écrits : « Je supporte sans peine « et même avec joie ces orages, quand je contemple dans « un paisible avenir, sous l'influence d'une philosophie « plus humaine, les hommes devenus meilleurs, plus « polis et plus éclairés [1]. » Dans un temps comme le nôtre, où l'on se plaint de voir les caractères s'effacer, il est peut-être utile de peindre un homme d'un esprit indépendant, d'une volonté ferme et intrépide, offrant l'exemple de presque toutes les vertus, mais surtout at-taché à ses croyances, et mettant noblement à leur ser-vice ses facultés, sa fortune et sa vie. Après s'être élevé par un travail opiniâtre, il oppose aux injures du sort une inaltérable patience, et se fortifie contre les in-justices des hommes par le sentiment de son droit [2] et par sa foi dans la justice et la bonté divine. Au moment

---

[1] Collectaneæ præfat., etc. (édit. de 1577), p. 148, et ailleurs.

[2] Collect. præf., etc., p. 100 : « Leges dominæ hominum, non homi-nes tyranni legum. »

où d'aveugles adversaires pensent étouffer l'enseignement d'une science alors nouvelle, il est beau de le voir
triompher de cette impudente coalition de l'ignorance et
de la haine, en fondant à ses frais, lui, simple particulier, une chaire de mathématiques au collége de France.
Et lorsque l'heure du sacrifice suprême est arrivée, lorsque d'infâmes sicaires viennent immoler cette innocente
victime, comment se défendre d'un profond attendrisse-
ment, en lui entendant rappeler les paroles de son Sau-
veur : « Pardonne-leur, mon Dieu : car ils ne savent
ce qu'ils font! »

En résumé, Ramus se présente à nous sous un triple
aspect. Nous avons à étudier en lui le professeur, le philosophe et le chrétien : le philosophe qui a tant contribué
à émanciper les esprits, qui a exercé en Europe une si
longue et si salutaire influence, et dont un écrivain du
siècle dernier disait qu'il a été « le plus grand philosophe qu'ait eu l'université de Paris [1]; » le professeur à
qui l'historien Pasquier rend ce beau témoignage : « Ramus en enseignant la jeunesse estoit un homme d'Estat; »
enfin le chrétien selon l'Evangile, qui scella de son sang
sa foi en Jésus-Christ. A tous ces titres, je l'avoue, sa
mémoire m'est chère ; à tous ces titres aussi, je me suis
senti appelé à l'honneur de faire son éloge, puisque, par
un concours de circonstances que je ne puis m'empêcher
de regretter, je suis en ce moment, dans l'université de
France, le seul professeur protestant de philosophie.

Un auteur contemporain a dit qu'au XVIᵉ siècle « la
persécution était la jurisprudence universelle des commu-

---

[1] De la Monnoye, note sur l'art. P. de la Ramée, dans la Bibl. fr.

nions chrétiennes. » Je ne sais si cette assertion est bien
exacte; mais ce que je crois pouvoir affirmer, c'est que
tel n'est pas l'esprit du siècle où nous vivons. Il y avait
alors des passions qui, grâce à Dieu, ne sont plus de notre
temps, une âpreté de discussion que tout le monde aujourd'hui réprouverait, une intolérance sauvage qui excite parmi nous une horreur unanime. C'est donc avec
l'espoir de ne troubler aucune conviction respectable
que j'ai raconté les persécutions, tantôt ridicules et
tantôt barbares, dont la liberté philosophique et religieuse fut l'objet dans la personne de Ramus. J'ai fait
encore mon devoir d'historien, en flétrissant partout,
avec l'énergie dont je suis capable, le vice et le crime,
le fanatisme, l'hypocrisie, l'arbitraire et la cruauté; heureux si ces pages, que m'a dictées ma conscience, pouvaient contribuer à affermir dans quelques âmes les sentiments les plus naturels à l'homme, ou du moins les
plus conformes à la dignité de sa nature et à la grandeur
de sa destinée morale : l'amour de la vérité, le respect
des droits de la pensée, un esprit de conciliation et de
support, le dévouement au bien et au progrès, enfin la
charité, cette vertu de ceux que Dieu aime, ce signe divin
auquel Jésus-Christ a déclaré qu'on reconnaîtrait partout
ses vrais disciples!

Paris, 12 juin 1855.

PREMIÈRE PARTIE

VIE DE RAMUS

I

(1515-1536)

Naissance de Ramus. — Ses premières années. — Ses études au collége de Navarre. — Son dégoût pour la scholastique. — Thèse paradoxale contre Aristote; il est reçu maître ès arts.

Pierre de la Ramée, dit Ramus, naquit à Cuth, village très ancien du pays de Vermandois, entre Noyon et Soissons. Son nom a trouvé place dans le Théâtre de la noblesse françoise du Père Fr. Dinet (Paris, 1648, in-fol.), et ce n'est pas sans raison : car il descendait d'une famille noble, originaire du pays de Liége. Lorsque cette ville eut été prise et réduite en cendres par Charles le Téméraire, en 1468, l'aïeul de Ramus, dépouillé de tous ses biens, se réfugia en Picardie, où il fut réduit par la misère à se faire charbonnier. Son fils, Jacques de la Ramée, fut laboureur, et épousa une femme aussi pauvre que lui, nommée Jeanne Charpentier[1]. C'est de ce mariage que naquit Pierre de la Ramée et, comme plus tard ses ennemis et ses envieux se faisaient une arme contre lui de l'obscurité de sa naissance, loin d'en rougir, il releva lui-même ces attaques avec une juste indignation dans son Discours d'installation au Collége de France (1551)· « On m'a reproché, dit-il, comme une honte d'être le fils d'un charbonnier. Il est vrai qu'après avoir vu prendre et saccager sa ville natale, mon grand-père exilé de sa patrie se fit charbonnier ; mon père était laboureur ; j'ai été moi-même encore plus misérable que tous les deux, et voilà ce qui a donné lieu à je ne sais quel mauvais riche, sans aïeux ni patrie, de me reprocher la pauvreté de mes nobles ancêtres. Mais je suis chrétien, et je n'ai jamais considéré la pauvreté comme un mal ; je ne suis pas de ces péripatéticiens qui s'imaginent qu'on ne saurait faire de grandes choses, si l'on n'a point de grandes richesses..... O Dieu tout-puissant ! ce petit-fils de charbonnier, ce fils de laboureur, cet homme accablé de tant de disgrâces, ne te demande pas des richesses qui lui seraient inutiles pour une profession dont les seuls instruments sont du papier, une plume et de l'encre ; mais il te supplie de lui accorder pendant toute sa vie un esprit droit, un zèle et une persévérance qui ne se lassent jamais[2]. »

Plusieurs historiens procédant par conjecture, ou s'appuyant sur des autorités insuffisantes, font naître Ramus

---

[1] Nancel, Vita Rami, p. 8 : « Ut essent ambo, sicuti Horatius ait, humili de plebe parentes. » Voyez plus bas (chap. X) de plus amples détails sur le nom, la naissance et la famille de Ramus.

[2] Oratio init. profess. suæ habita. Cf. Th. Zuinger, Theatrum vitæ humanæ (1604, in-fol.), vol. XX, l. III, p. 3697, col. b.

en 1508 où même en 1502. Mais aucune assertion ne saurait prévaloir contre le témoignage de ses disciples et biographes Freigius (p. 6 et pass.), Banosius (p. 3), Scévole de Sainte-Marthe (Eloge de Ramus), et surtout Nicolas de Nancel, qui était de la petite ville de Tracy, à deux ou trois lieues de Cuth, qui avait vécu vingt ans dans l'intimité de Ramus, et qui déclare avoir vu le lieu natal de son maître, « la maison même où il naquit, et le lit sur lequel il était venu au monde (l. c., p. 9). » Tous ces témoins si bien informés attestent que Ramus était né en 1515, l'année même, disent-ils expressément, où François Ier monta sur le trône.

A peine au sortir du berceau, Ramus fut éprouvé coup sur coup par deux maladies contagieuses. Peu de temps après, il perdit son père [1]. Tels furent les débuts d'une existence qui devait être marquée par tant d'épreuves.

Le jeune de la Ramée avait l'esprit vif ; il se sentit de très bonne heure un goût décidé pour l'étude, et il eut bientôt appris tout ce que pouvait lui enseigner le maître d'école de son village. Le bonhomme, il est vrai, ne savait pas grand'chose ; « mais il l'avouait naïvement, « et il engageait lui-même son élève à chercher mieux [2].» Ce dernier n'avait guère que huit ans lorsque, poussé par le désir d'apprendre, il fit seul à pied le voyage de Paris. Il y vint deux fois sans y pouvoir subsister : deux fois la misère l'en chassa [3]. Enfin son oncle maternel, Honoré Charpentier, touché d'une si grande persévé-

---

[1] Nancel, l. c., p. 10 ; Ramus, Defensio Arist. adv. J. Schecium.
[2] Ramus, Aristotelicæ Animadv. (1543), fol. 23 r.
[3] Banos., p. 8 ; Ramus, Defens. Arist. adv. Schecium.

rance, consentit à le recevoir chez lui. Cet excellent homme, charpentier de fait aussi bien que de nom, était lui-même dans la plus grande gêne. Ne sachant qu'imaginer pour en sortir, il projeta d'abord d'aller en Espagne. Puis il abandonna ce dessein, et comme on avait alors la guerre avec l'empereur Charles-Quint, il partit avec son neveu pour prendre du service dans les troupes du roi. Cette seconde résolution n'eut pas plus d'effet que la première, à cause de la paix qui survint en 1526. Il revint à Paris, où, avec son aide, son neveu put reprendre ses études. Mais après quelques mois, le pauvre charpentier se voyant à bout de ressources et ne recevant de sa sœur aucune pension, fut obligé de renoncer à une charge devenue trop lourde pour lui [1].

Privé de son unique appui, le jeune de la Ramée, qui avait à peine douze ans, mais qui était grand et robuste, s'attacha en qualité de domestique à un écolier riche du collége de Navarre, dont Scaliger a pris soin de nous donner le nom : c'était le sieur De la Brosse [2]. Une fois assuré de sa subsistance, il put suivre aisément les cours publics de la Faculté des arts, et il est certain qu'il fut inscrit comme écolier en 1527 sur les registres de l'Académie de Paris, ainsi qu'on le voit dans l'Histoire de l'université de Du Boulay (t. VI, p. 967). Il n'était pas sans exemple alors que des jeunes gens pauvres, mais studieux, fussent à la fois servants et écoliers ; c'est ainsi, dit-on, que le savant Guillaume Postel, dans le même temps que Ramus, trouva moyen de faire ses études. Admirable modèle de courage et de patience ! Dans la

---

[1] C'est Nancel (p. 10, 11) qui nous a transmis tous ces détails.
[2] Scaligerana, Cologne, 1695, p. 333. Cf. Bayle, l. c., note B.

pauvreté, dans la domesticité même, ces hommes énergiques conservaient toute leur liberté d'esprit et menaient à bonne fin des travaux dont le récit ferait pâlir la jeunesse de notre temps. Ramus pouvait donc dire plus tard avec un légitime orgueil : « J'ai subi pendant de longues années la plus dure servitude, mais mon âme est toujours demeurée libre ; elle ne s'est jamais vendue ni dégradée[1]. » Il avait fait deux parts de son temps, servant son maître durant le jour, employant la nuit à étudier. Une longue et douloureuse ophthalmie le contraignit d'interrompre ces veilles ; mais à peine fut-il guéri qu'il se remit à la tâche avec une nouvelle ardeur. Ayant lu ou entendu raconter la manière dont Aristote luttait contre le sommeil, il inventa, pour son propre compte, un moyen de s'éveiller au milieu de la nuit. Il allumait par un bout une petite corde dont l'autre extrémité supportait une pierre ; lorsque cette corde était consumée, ce qui arrivait au bout de deux ou trois heures, le bruit que faisait la pierre en tombant avertissait le jeune écolier qu'il était temps de se lever[2]. Grâce à un travail aussi opiniâtre, il fit bientôt des progrès considérables, s'appropriant par des méditations solitaires les leçons qu'il avait pu suivre avec un nombreux auditoire, soit dans les cours publics de la rue du Fouare, soit au collége Sainte-Barbe sous Jean Péna, le sévère professeur d'Ignace de Loyola[3], soit enfin au collége de Navarre, où il eut pour professeur en philosophie, c'est-à-dire en Aristote, Jean Hennuyer, plus tard évêque de

---

[1] Oratio initio prof. suæ habita.
[2] Nancel, Vita Rami, p. 11.
[3] Voir plus bas, chap. X de la première partie.

Lisieux, et pour condisciples deux futurs princes de l'Eglise romaine, Charles de Bourbon et Charles de Lorraine [1], sans parler de Ronsart, l'orgueilleux poëte [2].

On peut juger par ces détails de l'exactitude de certaines traditions qui ont longtemps passé pour véritables et qui ont exercé l'imagination de plus d'un écrivain. Adrien Baillet, par exemple, dans ses Jugements des sçavans (T. II, p. 211-212), cite Ramus parmi les enfants célèbres par leurs études tardives; et dans le Scaligerana [3] il est dit qu'il avait l'esprit hébété, pesant et stupide (ingenio tardo, rudi et stupido), et qu'à l'âge de dix-neuf ans, il ne savait pas encore lire (ne primas quidem notas didicerat), tandis qu'à dix-neuf ans, on vient de le voir, il allait terminer ses études. D'un autre côté, par l'effet d'une exagération toute contraire, Morhof et Naudé prétendent qu'il étudia seul et qu'il apprit la philosophie sans maître [4]. La vérité est que Ramus, suivant les expressions plus exactes de Morhof en un autre endroit (T. II, l. I, ch. XII, § 1), « aborda un peu tard l'étude des lettres, » puisqu'il entra au collége à 12 ans, tandis qu'on y entrait alors à 8 ou 9 ans. C'est ainsi et dans ce sens seulement qu'il faut entendre les plaintes de Ramus lui-même sur l'époque tardive où il commença ses études [5]. En effet, ce retard de trois ou quatre ans,

---

[1] Ramus, Dédicace des Aristotelicæ Animadversiones. Cf. J. Charpentier, Ad exposit. de methodo, contra. Thessalum Ossatum, etc. fol. 3 v. Génébrard, Oraison funèbre de P. Danès.

[2] Voyez plus bas (chap. X).

[3] Edit. déjà citée, p. 333. Voyez à ce sujet Bayle, art. Ramus, note B.

[4] Morhof, Polyhist., l. I, n. 5, p. 6; G. Naudé, Syntagma de stud. liberali, p. 34, 35.

[5] Lettre à A. Papio : Cum ætas jam grandis me ad literas admisisset

aggravé par la domesticité, suffit pour faire comprendre
qu'il lui ait fallu une opiniâtreté extraordinaire pour
réparer les lacunes de son instruction première, sans
compter une lacune immense et alors presque irréparable : je veux parler de l'étude de la langue grecque
qui, à cette époque, n'était pas enseignée dans les colléges de Paris, mais seulement au collége royal depuis
la fin de l'année 1530. Quant à la philosophie, nous
venons de dire, d'après Ramus lui-même, le nom de
son professeur, Jean Hennuyer, le même évidemment
qui, suivant Jean de Launoy, était sous-maître des ar-
tistes au collége de Navarre, depuis 1533 [1]. Nous pouvons ajouter qu'il consacra suivant l'usage trois ans et
demi à ce cours, qui exerça une influence décisive sur
toute sa carrière. Ce fut là en effet qu'il puisa, avec
une grande estime pour la logique, un dégoût profond
pour la manière dont on l'enseignait dans l'école. De là
d'abord ses attaques contre Aristote et contre la scholastique ; de là aussi plus tard une tentative pour renouveler la logique par son application à toutes les sciences
et à tous les arts libéraux.

   Ce qui avait d'abord dégoûté Ramus de la logique du
moyen âge, c'était, comme il le raconte, la stérilité de
ses résultats pour la science et pour l'usage de la vie [2] :
« Quand je vins à Paris, dit-il, je tombé es subtilitez
des sophistes, et m'apprit-on les arts libéraux par questions et disputes, sans m'en montrer jamais un seul

---

[1] Regii Navarræ gymn. Paris. historia , cap. IX libri III partis primæ.
On trouve dans le même endroit le nom du maitre des grammairiens
depuis 1528 : il s'appelait Jean Morin.
[2] Remonstrance au conseil privé, etc. (1567, in-8°), p. 24.

autre ni profit, ni usage [1]. » La justesse naturelle de son esprit avait suffi pour lui faire sentir l'impuissance d'un pareil enseignement. Bientôt l'étude des ouvrages de Platon vint lui rendre la scholastique tout à fait odieuse, en lui ouvrant une voie nouvelle, où la routine faisait place à la libre pensée, et le mauvais goût de l'école à l'aimable sagesse de Socrate. Il a expliqué lui-même dans quelle disposition d'esprit il quitta les bancs, après avoir achevé le cours entier de ses études. Voici comment il s'exprime à ce sujet dans ses Scholæ dialecticæ (épilogue du livre IV).

« Puissiez-vous, dit-il à ses lecteurs, être plus heureux que moi! Jamais, au milieu des cris de l'école, où j'ai passé tant de jours, tant de mois, tant d'années, je n'ai entendu un mot, un seul mot, sur les applications de la logique. Je croyais alors (l'écolier doit croire : ainsi le veut Aristote!), je croyais qu'il ne fallait pas trop m'inquiéter de ce qu'est la logique et de ce qu'elle se propose, mais qu'il s'agissait uniquement d'en faire l'objet de nos cris et de nos disputes : je disputais en conséquence et je criais de toutes mes forces. S'agissait-il de défendre en classe une thèse sur les catégories, je croyais de mon devoir de ne céder jamais à mon adversaire, eût-il cent fois raison, mais de chercher quelque distinction bien subtile afin d'embrouiller toute la discussion. Etais-je au contraire l'argumentant, tous mes soins, tous mes efforts tendaient, non pas à éclairer mon adversaire, mais à le battre par un argument quelconque, bon ou mauvais : c'est ainsi qu'on m'avait instruit et dressé. Les catégories d'Aristote étaient comme une balle qu'on livrait à nos jeux d'enfants, et qu'il fallait rega-

gner par nos cris quand nous l'avions perdue : si au
contraire nous la tenions, nous ne devions nous la laisser
enlever par aucune clameur. J'étais donc persuadé que
toute la logique se réduisait à discuter sur la logique avec
des cris véhéments et forcenés. Vous me demanderez
peut-être quand et comment j'ai enfin entrevu une méthode meilleure? Je vous le dirai avec franchise et de
bon cœur, afin que, si le remède qui m'a tiré d'un état
si déplorable peut vous être utile à votre tour, vous en
usiez largement. Je n'entreprends point ici de vous convaincre par le raisonnement ; je ne veux que vous expliquer sans fard et sans détour comment je suis sorti
de ces ténèbres [1]. Après avoir consacré trois ans et six
mois à la philosophie scholastique, suivant les règlements
de notre Académie ; après avoir lu, discuté, médité les
divers traités de l'Organon (car de tous les livres d'Aristote, ce sont surtout ceux qui traitent de la logique qui
se lisent et se relisent durant le cours de ces trois années) ; après, dis-je, avoir ainsi employé tout ce temps,
venant à faire le compte des années entièrement occupées par l'étude des arts scholastiques, je cherchai à
quoi je pourrais dans la suite appliquer les connaissances
que j'avais acquises au prix de tant de sueurs et de fa-
tigues. Je m'aperçus bientôt que toute cette logique ne
m'avait rendu ni plus savant dans l'histoire et la connaissance de l'antiquité, ni plus habile dans l'art de la parole, ni plus apte à la poésie, ni plus sage en quoi que

---

[1] Cf. Descartes, Discours de la méthode, 1re partie : « Mon dessein n'est
pas d'enseigner ici la méthode que chacun doit suivre pour bien conduire
sa raison, mais seulement de faire voir en quelle sorte j'ai tâché de
conduire la mienne. »

ce fût. Alors quelle stupéfaction, quelle douleur! Combien j'accusai en moi la nature! Combien je déplorai le malheur de ma destinée, la stérilité d'un esprit, qui, après tant de travaux, ne pouvait recueillir, ni même apercevoir les fruits de cette sagesse qui se trouvait, disait-on, en si grande abondance dans la logique!..... Je rencontrai enfin le livre de Galien sur les sentiments d'Hippocrate et de Platon[1]... Ce parallèle de Platon et d'Hippocrate me causa une grande satisfaction, mais il m'inspira un désir encore plus grand de lire en entier les dialogues de Platon qui traitent de la dialectique..... C'est là, à vrai dire, que je trouvai le port tant désiré..... Ce que je goûtais surtout, ce que j'aimais chez Platon, c'était l'esprit dans lequel Socrate réfutait les opinions fausses, se proposant avant tout d'élever ses auditeurs au-dessus des sens, des préjugés et du témoignage des hommes, afin de les rendre à la justesse naturelle de leur esprit et à la liberté de leur jugement : car il lui paraissait insensé qu'un philosophe se laissât conduire par les jugements du vulgaire qui, pour la plupart, sont faux et trompeurs, au lieu de s'appliquer à connaître uniquement les faits et leurs véritables causes. Bref, je commençai à me dire en moi-même (je me serais fait un scrupule de le dire à un autre) : eh bien, qui m'empêche de *socratiser* un peu (σωκρατίζειν) et d'examiner, en dehors de l'autorité d'Aristote, si cet enseignement de la dialectique est le plus vrai et le plus convenable? Peut-être ce philosophe nous a-t-il abusés par son au-

---

[1] Ramus fait ailleurs le même récit, mais sans nommer Galien : « Ainsy estant en cest émoy, je tombé en Xénophon, puis en Platon, etc. » Remonstr. au conseil privé. Voyez plus bas (3ᵉ partie, chap. I).

torité, et alors je n'aurais plus lieu de m'étonner si je
n'ai retiré de ses livres aucun fruit, puisqu'ils n'en contenaient aucun..... Mais que serait-ce si toute cette doctrine était mensongère! »

Ce passage, qui rappelle parfois le début du Discours
de la méthode, fait voir comment Ramus, par degrés,
se sépara de la philosophie scholastique. Il obéissait évidemment à la même pensée que Descartes disant adieu
au collége et reconnaissant « qu'il lui semblait n'avoir
fait autre profit, en tâchant de s'instruire, sinon qu'il
avait découvert de plus en plus son ignorance. »

Peut-être s'étonnera-t-on qu'une fois entré dans cette
voie, un esprit aussi hardi et aussi pénétrant que Ramus
n'ait pas fait dès lors ce que fit Descartes dans la suite.
Mais il faut se rappeler la différence des temps et celle
des caractères. Ramus était un homme du XVIe siècle;
il avait tous les grands instincts, toutes les aspirations
vers le bien, toute l'ardeur de réforme qui font de ce
siècle un des plus beaux de l'histoire; mais comme la
plupart des hommes de son temps il manquait de mesure. Né avec un esprit réformateur, également passionné
pour la gloire et pour la vérité, mais singulièrement propre à la lutte et à la contradiction, il n'avait pas cette
modération et cet empire sur soi-même qui firent de
Descartes un législateur; et malgré le mérite et le caractère pratique d'une partie de ses opinions, il ne fut guère
qu'un révolutionnaire. Sa tâche principale fut de renverser ou du moins de combattre la tyrannie absurde
qui, sous le nom et l'autorité d'Aristote, pesait sur les
intelligences et fermait la porte à tout progrès. Il y avait
quelque chose de ridicule et d'intolérable dans cette do-

mination d'un certain péripatétisme. Du premier coup
Ramus essaya de s'y soustraire, venant choquer dès son
début la redoutable idole sous les ruines de laquelle il
devait succomber plus tard. Il le fit sans aucune retenue,
n'évitant un excès que pour tomber dans l'excès contraire, et ne reconnaissant plus rien de bon dans celui
que l'école révérait comme un oracle. Mais la passion a
souvent plus d'empire sur les hommes que la froide raison, et l'ardeur dont Ramus était animé devait entraîner
à sa suite un grand nombre de partisans.

La première occasion qui lui fut donnée de combattre
avec éclat la scholastique, fut son examen de maître ès
arts. C'était en 1536, probablement dans le carême,
suivant l'usage ; il n'avait alors que vingt et un ans [1].
Les candidats ayant le libre choix du sujet sur lequel
devait porter l'argumentation, il prit pour thèse cette
proposition paradoxale : Que tout ce qu'avait dit Aristote
n'était que fausseté (*Quæcumque ab Aristotele dicta essent,
commentitia esse*). En développant sa thèse, il soutint
premièrement que les écrits attribués à Aristote étaient
supposés, et en second lieu qu'ils ne contenaient que
des erreurs [2]. Un sujet si nouveau plaçait les juges dans
le plus grand embarras. Qu'on se représente les docteurs
de ce temps, habitués à jurer sur la parole d'Aristote et à
repousser toutes les attaques par sa seule autorité : leur
unique rempart était renversé. Ils ne pouvaient plus se
retrancher derrière des textes dont précisément on attaquait l'authenticité ; ils ne pouvaient non plus répou-

---

[1] Freigius, Rami vita, p. 13. Ramus, Collect. præf., etc. (1577), p. 310.

[2] Freigius, ib. ; P. Galland, Oratio pro schola Paris., 1551, fol 11.

dre : « Le maître l'a dit, » puisqu'ils avaient affaire à un homme qui s'engageait à soutenir le contre-pied du maître sur tout ce qu'on voudrait lui objecter. En vain tous les péripatéticiens de la faculté des arts réunirent leurs efforts pour accabler Ramus. Pendant un jour entier ils combattirent sa thèse sans obtenir l'avantage. Le jeune candidat mettait tant d'esprit et de vivacité dans ses répliques, il se tirait de toutes les objections avec tant de subtilité et d'adresse, qu'à la fin de la séance il fut proclamé maître ès arts avec applaudissements.

Le succès de Ramus fut un assez rude échec à la philosophie dominante. Son paradoxe eut un retentissement extraordinaire dans toutes les universités de France. Le bruit s'en répandit jusqu'en Italie, et le poëte Alessandro Tassoni, dans un passage où d'ailleurs il maltraite Ramus, a décrit la confusion et la stupeur causées par une attaque si audacieuse [1]. En France, on le traitait d'ingrat, parce que, disait-on, il devait à Aristote cette logique dont il faisait maintenant usage contre lui. A ce reproche Ramus répondait par l'exemple d'Aristote lui-même préférant la vérité à son maître Platon, et il ajoutait avec énergie : « Quand ce serait mon propre père qui m'aurait enseigné ces erreurs, je ne les combattrais pas avec

---

[1] Freigius, Rami Vita, p. 9, 10 ; Theod. Zuinger, Theatrum humanæ vitæ, vol. IV, liv. IV, p. 1177, col. b, etc. — Alessandro Tassoni, Pensieri diversi, l. X, c. 3 : « Più audace fu la prova di Pietro Ramo autore per altro poco degno d'essere nominato. Questi dovendo secondo l'uso di Parigi sostener conclusione prima che fosse creato maestro, per bizarria d'ingegno, propose questa sola a qualunque volesse argomentare, dando libero campo a tutti : Quæcumque ab Arist. dicta essent commentitia esse. Laquale havendo eccitati contra di lui tutti l'ingegni... Egli nondimeno con tanta prontezza e sottigliezza di riposte la difese, che fa rimaner confusa e stupita la città di Parigi. »

moins de force et de persévérance ; la vérité me serait
plus précieuse et plus chère que mon père lui-même, et
je me croirais coupable de mettre mon affection pour un
seul au-dessus du bien de tous. (Arist. Animadv.,
fol. 73, 74, 75.) »

II

(1536-1544)

—

Ramus, pour obtenir la maîtrise, avait fait un effort suprême et épuisé ses dernières ressources. Son oncle l'avait aidé de son mieux à supporter les frais toujours trop considérables attachés de tout temps à ce genre d'épreuves. Sa mère, de son côté, avait vendu un coin de terre qui lui restait. La pauvre veuve n'avait pas eu tort de mettre tout son espoir dans les succès d'un fils qui la chérissait tendrement, et qui fut bientôt en état de lui prouver sa reconnaissance[1]. En effet, grâce à tous ces sacrifices, un grand changement ne tarda pas à s'opérer dans la condition du jeune docteur. Le grade qu'il venait de conquérir d'une manière si brillante lui rendait du même coup sa liberté et lui assurait une exis-

---

[1] Nancel, Rami Vita, p. 12.

tence honorable, en lui conférant le droit d'enseigner
les arts libéraux.

Ramus donna ses premières leçons dans le collége du
Mans [1]. Un de ses biographes commet à ce propos une
étrange méprise : il s'imagine qu'il s'agit d'une école
que Ramus aurait fondée au Mans, et il ne peut s'empêcher de remarquer que c'était « un endroit bien borné
pour un homme de ce mérite [2]. » Cet auteur ignorait
sans doute que la plupart des colléges de l'université de
Paris portaient les noms de divers diocèses, villes ou
provinces du royaume, témoins les colléges de Navarre,
de Bourgogne, de Laon, de Reims, de Bayeux, de Beauvais et du Mans. Ce dernier établissement, dont on voit
encore une partie au coin de la place et de la rue de la
Sorbonne, eut à différentes époques des professeurs célèbres, le grand Arnauld entre autres, qui, en 1641,
y fit soutenir des thèses par un de ses élèves. C'est là
que Ramus débuta dans l'enseignement, et il est permis
de supposer que ce fut sous les auspices de Jean Hennuyer : car ce dernier est mentionné dans l'Histoire de
l'université comme professeur de philosophie au collége
de Navarre « et au collége du Mans [3]. » Peut-être Ramus
était-il le suppléant ou le successeur de son ancien maître ? Quoi qu'il en soit, il n'y demeura pas longtemps. Il
forma bientôt une association étroite avec deux régents
de l'université, qu'il avait amenés à partager ses vues et
ses idées de réforme. L'un était Omer Talon de Beau-

[1] Nancel, Rami Vita, p. 12. Sur ce collége voir Félibien, Hist. de la
ville de Paris, t. II, p. 974.

[2] Ant. Savérien, Vies des philosophes modernes (1773, in-12), t. I, p. 8.

[3] Du Boulay, t. VI, Catal., p. 952.

vais, grand-oncle du célèbre avocat général de ce
nom : c'était un habile professeur de rhétorique, qui
avait adopté avec une sorte d'enthousiasme le dessein
de réformer l'enseignement et d'en chasser la barbarie. L'autre était un helléniste distingué, nommé
Barthélemy Alexandre de Champagne, et qui avait à
cœur de faire connaître dans leur langue les philosophes
et les écrivains de la Grèce. Les trois professeurs, liés
par une amitié fraternelle, vivaient ensemble, faisant
bourse commune et se partageant la tâche, aussi bien
que le prix des leçons qu'ils donnaient[1]. Ils allèrent tous
les trois s'établir dans le petit collège de l'Ave Maria[2], où
ils ouvrirent des cours publics, sous la direction de Ramus, qui, plus heureusement doué de la nature que ses
deux confrères, avait pris sur eux tout d'abord un ascendant marqué. Là, pour la première fois dans l'université
de Paris, on lisait dans une même classe les auteurs grecs
et les auteurs latins. Pour la première fois aussi, l'étude
de l'éloquence était jointe à celle de la philosophie, et
l'on expliquait à la fois les poëtes et les orateurs. Un enseignement si varié et si nouveau ne pouvait manquer
d'avoir un grand succès; les auditeurs vinrent en
foule, désireux surtout d'entendre Ramus, dont la réputation comme orateur fut établie dès le premier jour[3].

Ces premiers succès étaient la juste récompense de ses
travaux; mais il voulut s'en rendre plus digne encore,

---

[1] Nancel, l. c., p. 12, 13.

[2] *Marianum gymnasium*, ainsi nommé à cause de l'inscription : *Ave
Maria*, qui se lisait sur la porte. Voir Félibien, t. I, p. 593, et Du Boulay, t. IV, p. 261.

[3] Nancel, ibid., p. 13.

3

en reprenant par le commencement toutes ses études. Il employa ainsi plusieurs années à désapprendre ce qui lui avait été enseigné afin de le mieux savoir, et il estime lui-même que cette révision de ses études ne dura guère moins que ces études elles-mêmes[1]. Grand labeur assurément, et dont peu d'hommes se sont montrés capables. L'auteur du Discours de la méthode est peut-être le seul qui nous offre un aussi beau modèle en ce genre : encore Descartes se borna-t-il à désapprendre la philosophie pour la refaire, tandis qu'au commencement du XVI⁰ siècle en France, tout était à refaire, depuis les premiers éléments de la grammaire jusqu'aux mathématiques et à la philosophie.

Cependant le jeune maître ès arts n'avait point renoncé à la logique; il s'y était adonné, au contraire, avec un nouveau zèle, par le conseil d'un savant lecteur royal en langue grecque, Jacques Tousan (Tusanus) de Reims, qui avait remarqué ses rares dispositions, et qui l'avait exhorté à mettre en lumière l'utilité d'une logique bien faite et bien enseignée[2]. Il était animé d'un tel désir de perfectionner cette science, qu'il y rapportait toutes ses lectures et même ses cours d'éloquence. Il avait pu prendre cette habitude à l'école de Jean Sturm, le savant et célèbre fondateur du gymnase et de l'académie de Strasbourg. On sait en effet que ce dernier enseigna la dialectique à Paris, depuis l'année 1529 jusqu'en décembre 1536, et Ramus nous apprend, dans la préface de ses Scholæ inliberales artes, que ce fut dans les leçons de Sturm qu'il rencontra pour

---

[1] Collectan. præfat. epist., etc., p. 197 (Lettre à Papio).

[2] Th. Banosius, Rami Vita, p. 5; Boissard, Bibl., p. 36.

la première fois cette abondance ornée et ces développements pratiques qui lui paraissaient essentiels dans l'enseignement des arts libéraux, et dont il avait tant regretté l'absence dans les cours du collége de Navarre[1]. Ramus, à l'imitation de Sturm, s'efforça de donner à ses leçons un tour agréable et pratique, cherchant dans les poëtes et dans les orateurs des exemples et des modèles de toutes les opérations de l'esprit, vérifiant ainsi d'une manière intéressante les règles tant soit peu rébarbatives de la logique, et bannissant surtout les stériles disputes qui avaient été jusque-là en honneur dans l'université de Paris. « Après que je fus nommé et gradué pour maistre ès arts, dit-il en un endroit de ses écrits, je ne me pouvois satisfaire en mon esprit, et jugeois en moi-même que ces disputes ne m'avoient apporté autre chose que perte de temps. Ainsi estant en cest émoy, je tombé, comme conduit par quelque bon ange, en Xénophon, puis en Platon, où je cogneus la philosophie de Socrate; et lors comme épris de joye, je mets en avant que les maistres ès arts de l'université de Paris estoient lourdement abusez de penser que les artz libéraux fussent bien enseignez pour en faire des questions et des ergos, mais que toute sophistiquerie délaissée, il en convenoit expliquer et proposer l'usage[2]. »

Fort de cette conviction, Ramus, âgé de 28 ans, fit paraître, au mois de septembre 1543, deux livres dont Joseph Scaliger lui-même a vanté le latin[3], et qui tous les deux traitaient de la logique ou dialectique, mais de deux

---

[1] J. Sturmio doctore, logicam hanc ubert. primum degustavi.

[2] Remonstrance au conseil privé, p. 24, 25.

[3] Scaligerana (Cologne, 1695), p. 333.

manières bien différentes. Le premier, intitulé *Dialecticæ partitiones ad Academiam Parisiensem*, exposait sous une forme dogmatique un petit nombre de préceptes élémentaires écrits avec élégance et brièveté, sans aucun mélange de polémique. Il est vrai que cet ouvrage était précédé d'un discours préliminaire, qui dut médiocrement réjouir les péripatéticiens, puisqu'on y prenait comme principe et comme point de départ l'insuffisance de leur logique. Mais il y avait loin de là aux *Aristotelicæ animadversiones* : dans ce second ouvrage, en effet, la logique d'Aristote était soumise à un examen sévère jusqu'à l'injustice. Aristote et ses disciples y étaient traités sans aucun ménagement. Le maître était représenté comme un sophiste, un imposteur et un impie ; les disciples comme des barbares, dont les disputes stériles et bruyantes, les subtilités, les inepties de toutes sortes étaient tournées en ridicule de la manière la plus spirituelle, ou condamnées avec la plus vive et la plus sérieuse éloquence. Là, Ramus se déclarait hardiment l'adversaire de la routine, et le défenseur de la liberté de penser contre les partisans aveugles de l'autorité en philosophie, et il s'écriait en leur portant un défi solennel : « Puisque dans l'intérêt de la vérité, nous avons déclaré la guerre aux sophistes, c'est-à-dire aux ennemis de la vérité, ce ne sont pas seulement tous les travaux et tous les périls qu'il faut affronter, pour détruire de fond en comble ces repaires de sophistes : c'est une mort intrépide et glorieuse qu'il faut accepter au besoin (fol. 15 v.). » Parole grave et prophétique, et qui, à cette époque, n'avait malheureusement rien d'exagéré. En résumé, les Aristotelicæ animadversiones reproduisaient, en le tempérant à peine, le

fameux paradoxe, que tout ce qu'avait dit Aristote était
faux ; et les vivacités extrêmes de langage, les traits pi-
quants et hardis qui s'y trouvaient mêlés, en faisaient un
véritable pamphlet contre les maîtres de la faculté des
arts de Paris, et contre leurs traditions surannées d'enseignement. Aussi cet ouvrage causa-t-il de grands
troubles dans l'université, et valut-il à son auteur les
plus incroyables persécutions. Les péripatéticiens, qui
avaient déjà vu avec déplaisir la thèse du jeune maître ès
arts, se soulevèrent en masse contre l'écrivain qui osait,
suivant les expressions de La Croix du Maine, « faire des
animadversions ou répréhensions sur Aristote, lequel
estoit tenu comme pour un dieu des escoliers de son
temps, et contre lequel escrire ou se bander, c'estoit of-
fenser par trop : comme si Aristote n'estoit pas homme
et, par conséquent, subject à faillir[1]. »

Ramus savait bien d'avance à quoi il s'exposait, et l'on
a pu voir plus haut qu'il était prêt à tout souffrir pour
sa cause. Cependant il avait pris quelques précautions
contre les dangers qui le menaçaient, et il s'était efforcé
de procurer à ses deux livres de puissants patrons. J'ai
rencontré à la Bibliothèque impériale (Manuscrits latins,
n° 6659) une magnifique copie calligraphiée des Dialecticæ partitiones, avec une reliure aux armes de François Ier :
c'est sans nul doute l'exemplaire qui fut offert au roi par
l'auteur lui-même en 1543 ; la préface a été remaniée
et les deux premières pages, inédites jusqu'à ce jour[2],
contiennent un éloge du roi, des vœux pour la prospérité
de son règne et un appel à sa bienveillance. On verra

[1] Bibliothèque françoise, article P. de La Ramée.
[2] Voir plus bas, III° partie, ch. II, § 1.

tout à l'heure combien cette démarche fut inutile. Quant aux Aristotelicæ animadversiones, Ramus les dédia à deux futurs cardinaux : Charles de Bourbon, alors évêque de Nevers, et Charles de Lorraine qui, depuis l'âge de huit ans, était archevêque de Reims. Tous deux étaient ses anciens condisciples au collége de Navarre, et il le leur rappelle en s'appuyant auprès d'eux du crédit de leur ancien maître Jean Hennuyer. Ce passage est bon à citer, parce qu'on y peut voir la confirmation d'un fait curieux déjà indiqué par Charpentier, savoir que, bien loin d'être hostile aux tentatives de Ramus contre Aristote, le futur évêque de Lisieux les aurait vues d'assez bon œil, et les aurait même peut-être encouragées dans le début. Jacques Charpentier, dans un écrit contre d'Ossat, dit que « Hannonius (Hennuyer), l'ancien maître de Ramus en Aristote, gémit d'avoir suscité contre la philosophie ce brandon de discorde[1]. » Voici comment s'exprime Ramus lui-même dans son épître dédicatoire : « Excellents prélats, mon livre était sur le point d'être livré à la publicité lorsque soudain retournant à son auteur, il me supplia de ne point l'abandonner sans défense au jugement si prompt et si téméraire des lecteurs... Votre bienveillance singulière et qui m'est si bien connue personnellement, donnait bon espoir à votre timide client, mais cet espoir était encore accru par l'éloge que faisait de votre bonté Jean Hennuyer, qui vous est si cher et par les qualités de son âme et par sa profonde connaissance des saintes Ecritures. J'ai donc permis à mon livre de solliciter humblement le patronage de votre noblesse et de votre vertu, et de réclamer la faveur de paraître plus librement

---

[1] Ad expositionem de methodo, contra Thessal. Ossatum, etc., fol. 3 v.

sous votre nom, et de s'abriter ensuite sous votre autorité. Veuillez accueillir ce suppliant et le préserver de tout mal et de tout danger. » Les deux jeunes princes acceptèrent cette dédicace; mais ils n'étaient pas alors assez puissants pour réprimer l'effroyable tempête qui éclata presque aussitôt contre leur téméraire condisciple.

Deux hommes surtout prirent feu pour l'auteur de l'Organon : Joachim de Périon, docteur en Sorbonne, et Antoine de Govéa, jurisconsulte portugais, dont Cujas paraît avoir fait le plus grand cas [1]. On ne peut s'empêcher de reconnaître du mérite dans les dissertations qu'ils publièrent contre Ramus, malgré l'insupportable pédanterie de leur logique et la grossièreté de leurs invectives. Le premier, traducteur prétentieux et peu exact de divers écrits d'Aristote, craignant, comme il l'avoue lui-même dans sa préface, que le discrédit où pourrait tomber ce philosophe ne rejaillît sur ses propres travaux, essaya de prouver dans deux discours [2] dédiés à l'évêque de Paris, Jean du Bellay, que si l'on renversait l'autorité d'Aristote, il n'y aurait plus rien de certain en philosophie (p. 3). Il défendait avec plus de force que d'adresse l'authenticité des écrits d'Aristote (fol. 6 v. et suiv.). Pour animer ses périodes lourdes et ennuyeuses, il accusait son adversaire d'impudence, d'audace, d'ingratitude et d'impiété, et il terminait chacun de ses deux discours en l'exhortant à rentrer en lui-même et à « faire sa paix

---

[1] Hispaniæ bibliotheca (Francof., 1608, in-4°), t. II, class. VII J. C., p. 300, 301 : « A Cujacio mirifice Goveanus prædicabatur. »

[2] Joachimi Perionii Benedictini Cormœriaceni pro Aristotele in Petrum Ramum orationes II. Parisiis, excudebat Ioannes Lodoicus Tilletanus, 1543, in-8°, 112 feuillets.

avec les gens de bien (fol. 86, 112). » Govéa a plus de
science que Périon ; mais il n'a guère plus d'esprit et il
l'emporte en violence [1]. Suivant lui, Ramus est un brouillon, un sot et un impudent, qui pille les auteurs connus,
y compris Govéa lui-même (fol. 2 v.), et qui ne sait ni
le latin ni surtout le grec. Il l'engage à refaire ses études et relève avec un insoutenable pédantisme certaines
fautes au moins douteuses. Il se demande si son adversaire est un *rameau*, un *tronc* ou une *souche!* On voit
qu'il ne manie pas la plaisanterie avec beaucoup de grâce
et qu'il n'a pas le bon goût dont il fera preuve plus tard
dans ses discussions avec Eginarius Baro, le jurisconsulte
de Bourges. Du moins il possède à peu près l'auteur
dont il a pris la défense ; il fait plus d'une remarque ju-
dicieuse, et je ne suis pas trop surpris des éloges que lui
accorde l'historien de Thou (livre XXIII, à l'année 1559).
Mais, à mon avis, les seuls écrits d'Aristote, avec leur
austère gravité, répondaient mieux que tous ces pamphlets à des reproches trop passionnés pour être toujours
justes. Toutefois la violence et le mauvais goût des défenseurs de la scholastique n'auraient fait de tort qu'à
eux-mêmes, s'ils s'étaient bornés à écrire. Mais les choses n'en devaient pas demeurer là : les péripatéticiens
ameutés contre un homme qui avait osé secouer leur lé-
thargie, lui firent payer cher ses imprudentes attaques.

Dès leur apparition, en septembre 1543, les deux livres de Ramus avaient excité les plus vives inquiétudes
parmi les régents de l'université, qui voyaient avec dou-

---

[1] Antonii Goveani pro Aristotele responsio, adversus Petri Rami calumnias, ad Jac. Spifamium. Paris., ap. Sim. Colinœum, 1543, in-4°, 58
fol.

leur la sympathie des étudiants pour leur audacieux rival[1]. Ils se crurent menacés d'une révolution dans les
études, et résolurent de s'y opposer de toutes leurs forces. L'université avait alors pour recteur un adversaire
déclaré de toute innovation, Pierre Galland, principal du
collége de Boncour, le même qui, en juillet précédent,
avait fait repousser, contre sa propre conviction, et uniquement parce qu'elle était *nouvelle*, la proposition de res-
treindre la durée exorbitante du cours de philosophie, qui
était de trois ans et demi[2]. Ce fut Galland qui donna le premier signal de la résistance contre l'auteur des Animadversiones : ce fut lui qui mit la plume à la main à Périon et
à Govéa[3]. Le recteur qui lui succéda le 10 octobre,
Guillaume de Montuelle, principal du collége de Beauvais, eut recours à d'autres mesures contre Ramus, et
celui-ci ne tarda pas à être l'objet de poursuites très actives. Le 20 octobre, on présenta les deux livres à la

---

[1] On lit dans le Livre du Recteur, cité par Du Boulay (Hist. univ. Paris.,
t. VI, p. 387) : « Eo Rectore (Guill. a Montuello), nescio quo malo genio
irrumpente in Academiam, ingens facta est omnium studiorum repente
perturbatio, edito recens libello cui titulus erat : Animadversiones Aristotelicæ, compositæ ad exstinguendum in totum doctrinam unius Aristotelis, omnium philosophorum facile principis. Cui sane morbo non leviter
grassanti et mentibus ad quidvis quod sit novum et inauditum facile
sequacium paulatim sese insinuanti, mature et consulto est occursum,
partim decreto judicum qui prudenter librum illum statim suppresserunt,
et ne divenderetur publice inhibuerunt, partim editis brevi aliquot libris
pro Aristotele, etc. »

[2] Du Boulay, t, VI, p. 381. Cf. P. Gallandii Orat. pro schola Paris., etc.
1551, fol. 25 v.

[3] Nancel, Rami vita, p. 66. « Unus P. Gallandius signum extulit, et
multos in Ramum hostes suscitavit,.... secum conspirantes in perniciem
Rami in odiumque plus quam Vatinianum, ut Goveanum, Perionium,....
qui variis orationibus, vel potius invectivis Ramum perstrinxerunt atro-
cissime, etc. »

faculté de théologie pour qu'elle les censurât, ce qu'on obtint aisément. Puis l'université, conduite par son chef, sollicita auprès des magistrats de la ville un arrêt pour la suppression immédiate de l'un et de l'autre ouvrage. Ramus, cité devant le prévôt de Paris, fut représenté comme un ennemi de la religion et du repos public. On l'accusait de vouloir corrompre les esprits en semant parmi la jeunesse un dangereux amour des nouveautés. Il semblait à ces fanatiques qu'on ne pût attaquer Aristote sans énerver les arts et la théologie; résister à l'autorité d'Aristote, c'était méconnaître la voix de la nature, de la vérité, de Dieu même.

Sur la requête d'Antoine de Govéa, que sa science remarquable fit choisir pour servir d'instrument à tant de fureur, l'affaire fut portée à la grand'chambre du parlement [1]. Mais une procédure lente et régulière ne pouvant satisfaire les péripatéticiens, ils firent parvenir leurs plaintes au roi par l'entremise de son lecteur particulier Pierre Du Chastel, évêque de Mâcon, qui était l'ami de Pierre Galland. François Ier voulut mettre un terme à ces querelles qui, s'échauffant de jour en jour, causaient un vacarme effroyable dans toute l'université de Paris. Il retira au parlement la connaissance de cette affaire en l'évoquant à son conseil; puis, sur l'avis de Du Chastel, il ordonna qu'une dispute aurait lieu entre Ramus et Govéa, en présence de cinq arbitres, dont quatre seraient choisis par les deux parties et le cinquième par le roi lui-même. Il paraît que Ramus eut de la peine à

[1] D'Argentré, Collectio judic. de novis error. T. I, Index, p. XIII, col. 2, et t. II, p. 136. Cf. Hist. ecclésiast. de Fleury (Continuation), t. XIX, l. CXL, § 81.

trouver deux hommes qui consentissent à le représenter ;
enfin, deux de ses amis eurent le courage d'accepter
cette tâche, au risque de mécontenter bien du monde :
c'étaient Jean Quentin, docteur en décret et doyen de la
faculté de droit, et Jean de Bomont, docteur en médecine,
qui, en 1541, avait eu l'honneur assez rare d'être deux
fois de suite recteur de l'université ; ce dernier montrait
d'autant plus d'indépendance, qu'au rapport de Jacques
Charpentier[1], il était lui-même assez partisan d'Aristote.
Bien entendu, les trois autres arbitres étaient de zélés
péripatéticiens : c'était d'abord, du côté de Govéa, le Mi-
lanais François de Vicomercato, qui avait enseigné la
philosophie d'Aristote à Pavie et à Padoue avec distinction, et qui pour ce motif même avait été nommé lecteur
royal en philosophie ; puis Pierre Danès, qui avait été en
1530 le premier professeur du collége royal, qui avait
balancé la réputation de Budé, et qui plus tard fut précepteur et confesseur de François II, évêque de Lavaur,
et l'un des plus chauds protecteurs des jésuites ; enfin le
célèbre théologien Jean de Salignac, désigné par le roi
pour présider le jury. Ramus était condamné d'avance ;
cependant il n'hésita pas à comparaître au jour fixé devant
ce tribunal aristotélique. Il ne put obtenir que sa défense
fût publique ; il n'y avait d'autre témoin qu'un secrétaire chargé de recueillir les raisons de l'accusé et les avis
des commissaires[2]. Deux jours entiers[3], Ramus et Govéa,

---

[1] Animadv. in libros tres Dialecticarum Instit. P. Rami (1556, n. 4),
fol. 11 v.

[2] Charpentier, ibid., fol. 11 r.; Omer Talon, Academia ad Carolum
Lotharingum (1548).

[3] J'omets à dessein les débats préliminaires et les discussions accessoires
dont Charpentier a donné, à sa manière, le récit détaillé (l. c., fol. 11 et suiv.).

munis chacun d'un exemplaire d'Aristote en grec[1], dis-
cutèrent avec une extrême vivacité sur l'objet et les parties de la logique, que Ramus reprochait à Aristote de
n'avoir ni définie ni divisée dans aucun livre de l'Organon. Les trois juges péripatéticiens déclarèrent, le premier
jour, qu'une définition était absolument inutile pour la
perfection de la dialectique. Les deux juges du choix de
Ramus furent d'avis, au contraire, que toute recherche
régulière et méthodique devait avoir pour point de départ une définition. Les uns et les autres mirent leur
opinion par écrit. Le surlendemain, la discussion ayant
porté sur la division de la dialectique, les trois péripatéticiens, troublés par l'autorité de Cicéron et de Quintilien que leur citait Ramus, et obéissant d'ailleurs à une
sorte de tradition qui peu à peu s'était introduite dans la
scholastique et avait corrompu la doctrine d'Aristote,
accordèrent que l'art de raisonner a deux parties distinctes, l'invention et la disposition; et ils signèrent leur
avis sur ce point. Mais comme Ramus, profitant de cet
aveu, les pressait et leur démontrait qu'il avait eu raison
de blâmer des logiciens qui, de gaieté de cœur, obscur-
cissaient toute la dialectique en négligeant la division qui
lui convient, les trois juges trouvèrent à propos de lever
la séance et de remettre la cause à un autre jour, pour
aviser à quelque moyen de confondre l'accusé, dont ils
se portaient ouvertement les adversaires. Omer Talon, à
qui j'emprunte la plupart de ces détails, et dont le récit
d'ailleurs est confirmé de tout point par Jacques Charpentier et par les registres de l'université, décrit assez
plaisamment l'embarras où se trouvait la majorité aristoté-

---

[1] Hispaniæ Bibliotheca, p. 300.

lique du jury : « Ils suaient sang et eau, dit-il, et récriminaient entre eux, se faisant mutuellement des reproches de leur imprudence, qui les avait engagés dans un mauvais pas d'où ils ne sauraient se tirer à leur honneur[1]. » Enfin, s'étant exhortés à être plus prudents à l'avenir, ils décidèrent « que toute la discussion serait considérée comme non avenue, et qu'on la recommencerait sur nouveaux frais. » Ramus crut devoir s'y refuser, et il se plaignit hautement d'avoir été livré à des juges qui, non contents d'attaquer son opinion avec un zèle si aveugle, renonçaient sans pudeur à leur propre conviction, après l'avoir énoncée, écrite et signée. Puis, comme il voyait que ni ses propres plaintes ni les remontrances de leurs deux collègues ne pouvaient modérer la violence de ces trois juges accusateurs, il en appela de leur décision ; mais ce fut en vain. L'autorité du roi étant de nouveau intervenue, les mêmes juges furent confirmés et reçurent plein pouvoir pour prononcer sans retard et sans appel sur l'ouvrage incriminé[2].

En présence de la volonté royale si nettement exprimée, Jean Quentin et de Bomont, ne pouvant plus rien pour Ramus, crurent devoir quitter la place[3]; mais en se retirant, ils eurent le courage de donner par écrit leur propre jugement sur toute l'affaire, réclamant pour les philosophes, dans l'avenir comme en tout temps, la liberté de soutenir le pour et le contre en toute question, et déclarant qu'ils donnaient leur démission, parce qu'ils

[1] Academia ad Carolum Lotharingum.

[2] Omer Talon, l. c.; Charpentier, ibid., fol. 11 v. et 12 rect.

[3] Tous deux ensemble (suivant Talon), ou l'un après l'autre (suivant Charpentier).

comprenaient qu'ils n'étaient pas appelés comme membres d'un véritable tribunal, mais qu'on les employait comme témoins et comme instruments de l'injustice dont Ramus allait être victime. Celui-ci fut sommé d'élire et de nommer deux autres juges. Il ne trouva personne, au dire de Charpentier, et fut repoussé même par le médecin du roi, Jacques Dubois (Sylvius), son compatriote, grand novateur pourtant, surtout en orthographe, mais qui probablement se souciait peu de perdre ainsi son temps et son crédit. Enfin Ramus, se voyant condamné, abandonna la partie, pour épargner, dit-il, le temps des juges et le sien. Il y avait en effet cinq mois que cette querelle agitait l'université. Voici quelle fut sa déclaration écrite, si l'on en croit Charpentier (ibid., fol. 13) : « Pierre de la Ramée, considérant l'ennui qui accable ses juges et la perte de temps que lui cause l'édit du roi, quitte la discussion et s'en remet au jury de toute l'affaire. » À quoi Charpentier ajoute : « O l'excellent homme, qui s'inquiète plus de l'ennui de ses juges que de sa propre *infamie!* » Les trois juges prononcèrent aussitôt leur sentence, sans avoir entendu plaider la cause, sans en avoir même pris une connaissance suffisante, de leur propre aveu. Cet arrêt, en date du 1er mars 1544, était ainsi conçu :

« Notre roi très chrétien, dans son amour pour la philosophie et les bonnes études, nous ayant commis le soin d'examiner le livre que P. Ramus a publié contre Aristote, sous le titre d'*Animadversiones Aristotelicæ,* pour en donner ensuite notre avis, — lecture faite de ce livre, et après en avoir examiné et pesé toutes les propositions, — nous avons été d'avis que Ramus avait agi avec témérité, arrogance et impudence, attendu qu'il entreprenait de blâmer et de condamner la logique reçue, et à laquelle lui-même n'entendait rien. Quant aux reproches qu'il adresse à Aristote, ils sont de nature à démontrer son ignorance et sa stupidité aussi bien que sa méchanceté et sa mauvaise foi, puisqu'il incrimine les pensées les plus vraies, et attribue à Aristote des opinions que ce philosophe n'eut jamais. Enfin tout ce livre ne contient pas autre chose que des mensonges et une médisance perpétuelle. En conséquence, il nous a paru qu'il importait à la république des lettres que cet ouvrage fût supprimé par tous les moyens possibles, ainsi que l'autre livre intitulé *Dialecticæ institutiones*, qui contient également beaucoup de choses hors de propos ou fausses.

« Fait à Paris, aux calendes de mars de l'année 1544[1]. »

Admirable réfutation d'un dialecticien ! Ainsi, comme

---

[1] Voici le texte de ce jugement, tel que le donne Du Boulay (Hist. univ. Paris., t. VI, p. 394) : « Cum christianissimus rex noster, pro suo in philosophiam et recta studia animo, nobis id oneris imposuerit ut librum quemdam P. Rami, quem is *Animadversionum Aristotelicarum* nomine inscriptum adversus Aristotelem edidit, accurate legeremus, et quæ de illo sententia nostra esset exponeremus, nos diligenter perlecto libro et singulis ejus animadversis ac ponderatis sententiis ita censuimus : *Ramum temere, arroganter et impudenter fecisse*, qui receptam apud omnes nationes logicæ artis rationem, quam ipse præsertim non teneret, damnare et improbare voluerit ; ea autem quæ in Aristotele reprehendebat, hujusmodi esse, ut hominis cum ignorantiam et stuporem, tum improbitatem et malitiam arguant, quum et multa quæ verissima sunt criminetur, et pleraque tribuat Aristoteli quæ is nunquam sensit, denique toto eo libro præter ea mendacia et scurrilem quamdam maledicentiam nihil contineatur : Ut republicæ litterariæ plurimum nostra sententia interesse videatur, librum omni ratione supprimi, unaque librum alterum *Dialecticarum institutionum*, quod is quoque aliena multa et falsa contineat. Datum Lutetiæ, ann. 1544, Kal. Mart. »

le fait observer Omer Talon, outre l'ouvrage incriminé, on frappait du même coup l'autre livre de Ramus, évidemment pour cette unique raison qu'il était du même auteur ; car jusque-là il avait été laissé en dehors du procès, et même certains péripatéticiens y avaient donné leur approbation[1]. Mais sans doute les adversaires de Ramus voulaient lui faire-expier le succès de ce livre qui, publié en septembre 1543, sous le titre de *Dialecticæ partitiones*, avait été lu avec avidité par les étudiants, et avait eu immédiatement une seconde édition sous le nom nouveau et définitif de *Dialecticæ institutiones*[2].

François Ier, étourdi par les cris de l'école, donna la sanction royale à cette inique et odieuse sentence, et il l'aggrava encore. On avait su intéresser dans cette affaire son amour pour les lettres, de sorte qu'en prenant parti pour Aristote il crut peut-être rendre service à la philosophie, et en condamnant Ramus il ne pensa frapper qu'un barbare qui prétendait renverser son ouvrage[3]. Etrange contradiction ! Voilà un roi qui avait, dit-on, de la sollicitude pour la philosophie, et qui la persécute outrageusement ; ce même roi se vante de protéger les sciences, et c'est pour en étouffer le progrès ; il s'appelle le *Père des lettres*, et il bâillonne un des écrivains qui ont fait le plus d'honneur à la France du XVIe siècle. Telles sont les erreurs inévitables du pouvoir absolu, quand il se mêle de ce qui ne le regarde pas. La pensée n'a pas de maître ici-bas : elle ne relève que d'elle-même. Ses

---

[1] *Academia*, etc. « Quis judex, præter hos, damnavit unquam quod accusatum non esset, etc.? »

[2] Voir, plus bas, IIIe partie, notre Catalogue des écrits de Ramus.

[3] Gaillard, Hist. de François Ier.

droits peuvent être méconnus; mais elle les reprend tôt
ou tard, et fait justice de ceux qui ont usé contre elle de
leur puissance éphémère. L'infamie qu'on essaye d'infliger à la science retombe sur ses persécuteurs, et ceux qui
ont eu l'honneur de souffrir pour elle finissent par avoir
raison auprès de l'équitable postérité. Oui, en dépit de
l'autorité royale, en dépit même de son zèle pour les lettres, l'arrêt que signa François Ier contre Ramus sera
dans tous les temps une tache à sa mémoire, aux yeux de
quiconque saura mettre le droit au-dessus du fait et la
vérité au-dessus de tout intérêt. Voici du reste ce fameux
édit; il est assez habilement rédigé, mais on y reconnaît la main des ennemis de Ramus. Il est inutile d'y
ajouter aucun commentaire; il suffit qu'on se rappelle,
en le lisant, que toute la question était de savoir si Aristote a bien ou mal défini et divisé la logique : question
intéressante pour des philosophes, mais où, encore une
fois, la puissance publique n'avait rien à voir.

SENTENCE DONNÉE par le Roy contre maistre Pierre Ramus, et les
liures composez par icelluy contre Aristote. Pronuncée à Paris le
XXVI. de mars. 1543. Auant Pasques. — On les vend à Paris en la
rue sainct Iacques. Par Benoist de Gourmont. A l'enseigne des trois
Brochetz [1].

___

[1] Cette pièce curieuse a été reproduite par plusieurs écrivains, tels que
J. Charpentier, Ad Exposit. disput. de methodo.... Responsio, etc., fol. 5 ;
La Croix du Maine, Bibl. franç., art. P. de la Ramée; J. de Launoy, De
var. Arist. fort., p. 102 et suiv.; Niceron, Mémoires, t. XIII; Du Boulay, Hist. univ. Paris., t. VI ; etc., etc. Mais, de plus, on la trouve publiée à part (Paris, 1543, 4 feuillets). C'est dans la bibliothèque de
M. Cousin que j'ai pris connaissance de cette édition très rare, et sur laquelle j'ai pu revoir le texte que je donne ici, sans me permettre d'y
changer une seule lettre ni d'en corriger l'orthographe, et en remédiant
seulement à l'absence totale de virgules.

4

FRANÇOIS, PAR La grace de Dieu Roy de France, A tous ceulx
qui ces presentes lettres verront Salut. Comme entre les aultres
grandes solicitudes que nous auons tousiours eues de bien ordonner et establir la chose publique de nostre royaulme, nous ayons mis
oute la peine que possible nous a este de l'accroistre et enrichir de
toutes bonnes lettres et sciences à l'honneur et gloire de nostre
Seigneur et au salut des hommes. Et puis nagueres aduertiz du trouble aduenu a nostre chere et aymee fille l'uniuersite de Paris, a
cause de deux libures faictz par Maistre Pierre Ramus, intitulez
l'ung Dialecticæ institutiones et l'aultre Aristotelicæ animaduersiones, et des proces et differentz qui estoient pendans en nostre
court de parlement audit lieu entre elle et ledit Ramus pour raison
desdictz libures, Nous les eussions euoquez a nous pour sommaire-
ment et promptement y pourveoyr. Et a ceste fin eussions ordonne
que Maistre Anthoyne de Gouea qui s'estoit presente a impugner et
debatre lesdictz liures, et ledit Ramus qui les soustenoit et deffen-
doit, esliroient et nommeroient de chascun coste deux bons et notables personnaiges, cognoissantz les langues grecque et latine,
sçauantz et experimentez en la philosophie, et que nous eslirions et
nommerions un cinquiesme, pour visiter lesdictz liures, ouyr lesdictz
de Gouea et Ramus en leurs disputes et debatz et sur tout nous donner leur aduis. Suyuant laquelle nostre ordonnance eust ledit de Gouea
esleu et nomme Maistre Pierre Danes et François de Vicomercato.
Et ledit Ramus Maistre Jehan Quentin, docteur en decret, et Jehan
de Bomont, docteur en medecine. Et nous pour le cinquiesme, eussions nomme et ordonne nostre cher et bien ayme Maistre Jehan de
Salignac, docteur en theologie. Par deuant lesquels lesditz de Gouea
et Ramus eussent este oyz en leur dispute et debatz, jusques a ce
que pour entrerompre l'affaire, icelluy Ramus se seroit porte pour
appellant desdictes [desdictz] censeurs ; dont nous aduertiz eussions
decerne nos lettres a nostre prevost de Paris ou son lieutenant,
pour contraindre lesdictz de Gouea et Ramus a parfaire leurs
disputes, affin que par lesdictz censeurs nous fust donne ledit
aduis nonobstant ledit appel et aultres appellations quelconques.
Suyuant lesquelles noz lettres eussent lesdictz de Gouea et Ramus
de rechef comparu pardeuant lesdictz censeurs. Et voyant par
icelluy Ramus que lesdictz liures ne se pouroient soustenir, eust declaire n'en voulloyr plus disputer, et qui [qu'il] les soubmettroit a la
censure desdessusdictz. Et comme l'on y voulloit proceder, lesdictz

Quentin et de Bomont l'ung apres l'autre eussent declaire ne s'en vouloir plus entremettre. Au moyen de quoy eust icelluy Ramus este somme et requis d'en eslire et nommer deux aultres. Ce qu'il n'eust voulu faire et se fust du tout soubzmis aux troys aultres dessus nommez. Lesquelz après auoir le tout veu et considere eussent este d'aduis que ledit Ramus auoit este temeraire, arrogant et impudent d'auoir reprouue et condamne le train et art de logicque receu de toutes nations, que luy mesmes ignoroyt. Et que parce qu'en son liure des Animaduersions il reprenoit Aristote, estoit euidemment cogneue et manifestee son ignorance, voire qu'il auoit mauuaise voulente, de tant qu'il blasmoit plusieurs choses qui sont bonnes et veritables, et mettoit sus a Aristote plusieurs choses a quoy il ne pensa oncques. Et en somme ne contenoit sondit liure des Animaduersions que tous mensonges et vne maniere de mesdire, tellement qu'il leur sembloit estre le grand bien et prouffit des lettres et sciences, que ledit liure fust du tout supprime, semblablement l'autre dessusdict intitule Dialecticæ institutiones, comme contenant aussi plusieurs choses faulses et estranges. Sçavoir faisons Que veu par nous ledit aduis, et eu sur ce aultre aduis et deliberation auec plusieurs sçauants et notables personnaiges estantz lez nous, auons condemne, supprime et aboly, condemnons, supprimons et abolissons lesdictz deux liures, l'ung intitule Dialecticæ institutiones et l'autre Aristotelicæ animaduersiones, Et auons faict et faisons inhibitions et deffences a tous imprimeurs et libraires de nostre Royaulme, Pays, terres et Seigneuries, et a tous aultres nos subgectz, de quelque estat ou condition qu'ilz soyent, qu'ilz n'ayent plus a en imprimer aulcuns, ne publier, ne vendre, ne debiter en nostredict Royaulme, pays et seigneuries, soubz peine de confiscation desdictz liures et de pugnition corporelle, Soit qu'ilz soyent imprimez en iceulx nos Royaulmes, pays, terres et seigneuries, ou aultres lieux non estans de nostre obeissance. Et semblablement audit Ramus de ne plus lire sesdictz liures, ne les faire escripre ou copier, publier ne semer en aulcune maniere, ne lire en Dialectique ne philosophie en quelque maniere que ce soit sans nostre expresse permission : Aussy de ne plus vser de elles mesdisantes (*sic*) et inuectiues contre Aristote ne aultres autheurs anciens receuz et approuvez, ne contre nostredicte fille l'uniuersite et suppostz d'icelle, soubz les peines que dessus. Si donnons en mandement. Et commectons a nostredict prevost de Paris ou a son lieutenant, conseruateur des priuilleges par nous et noz predecesseurs Roys donnez

et octroyez a nostredicte fille L'uniuersite, que nostre present iugement et ordonnance il mette ou face mectre a deue et entiere execu-
tion selon sa forme et teneur, Et a ce faire souffrir et obeyr con-
traingne et face contraindre tous ceulx qu'il appartiendra, Et pour ce
feront a contraindre par toute (sic) voyes et manieres deues et raisonnables, Nonobstant oppositions ou appellations quelzconques, pour
lesquelles ne voulons estre differe. Et pource qu'il est besoing faire
notiffier nosdictes deffences en plusieurs lieux de nostre Royaulme,
terres et seigneuries, affin de les faire obseruer, Nous voullons
qu'au vidimus d'icelles faict soub seel Royal, ou signe par collation
par l'ung de nos aymez et feaux notaires et secretaires, soit adiouxtée
[foi] comme au present Original. Mandons en oultre à tous noz aultres iusticiers, officiers, et a chascun d'eulx sicomme a luy appartiendra, que nosdictz deffences et inionctions ilz facent obseruer, en pro-
cedant par eulx contre les infracteurs d'icelles, sy aulcuns en y a, par
les peines cy dessus indictes et aultres qu'ils verront estre a faire
par raison. En TESMOING DE ce, nous auons faict mettre nostre
seel a cesdictz presentes. DONNE A Paris, le dixiesme iour de mars
L'an de grace mil cinq cens Quarante-troys, et de nostre regne le
Trentiesme (c'est-à-dire le 10 mars 1544).

Ainsy signe sur le reply, Par le Roy vous present Delachesnaye, Et
seellees du grant seel sur double queue de cire Iaulne.

Collation faicte A L'original Par les notaire soubz signez L'an mil
cinq cens quarante-trois le vendredy xxi. iour de mars [1].

Telle fut l'issue de cette lutte inégale, que Jean de
Launoy résume ainsi en tête du chapitre XIII de son

---

[1] On trouve cette sentence, en français et en latin, dans divers recueils
avec des dates différentes, ce qui a induit en erreur plusieurs écrivains,
et notamment l'abbé Goujet, qui bâtit là-dessus un véritable roman. Suivant lui, il y aurait des lettres de François Iᵉʳ datées de Paris le 30 mai
1543, et d'autres en date du 19 mars 1544. Par les *premières*, le roi aurait
supprimé les deux ouvrages de Ramus; et par les *secondes*, après avoir
confirmé les premières, le roi aurait fait défense à Ramus d'imprimer
aucun livre concernant la philosophie. Je ferai remarquer au lecteur, à
cette occasion, que l'on ne faisait alors commencer l'année qu'à Pâques,
et que ce fut à partir de 1568 seulement qu'on la fit commencer au
1ᵉʳ janvier. Voir Du Boulay, t. VI, p. 657.

Histoire de la fortune d'Aristote : « Alors, dit-il, on voit descendre dans l'arène Ramus et Aristote ; celui-ci remporte une victoire éclatante, mais facile : car François Ier combat pour lui, sans compter plus d'un professeur. »

Le parlement enregistra sans difficulté l'édit dû roi. « Les lettres patentes scellées du grand sceau, dit Jacques Charpentier, ont esté par son commandement enregistrées en la cour de parlement et en l'université, publiées à son de trompe par la ville de Paris, et depuis enuoyées par tout le royaume de France [1]. » Quant à l'université, elle les accueillit avec des transports de joie vraiment extraordinaires. Le signal fut donné, on peut le dire, par l'un des juges de Ramus, le fanatique P. Danès, qui, suivant son panégyriste Génébrard, fit brûler les livres de Ramus devant le collége de Cambrai [2]. « Les péripatéticiens, dit Bayle, firent plus de fracas à proportion que les princes les plus fastueux n'en affectent après la prise d'une grande ville ou après le gain d'une bataille très importante [3]. » Mais c'est Omer Talon qu'il faut entendre ici : « Lorsqu'on lui eut ainsi lié la langue et les mains, et enlevé tout moyen de défense contre les attaques de ses adversaires, on triompha à grand bruit d'une si belle victoire. La condamnation de Ramus, imprimée en latin et en français, fut répandue à profusion dans tous les quartiers de cette ville et affichée dans tous les lieux où il était pos-

---

[1] La Responce de Iacques Charpentier à la Remonstrance de maistre Pierre de la Ramée, etc. (Paris, G. Buon, 1567, in-8°), fol. 7, 8 r.

[2] Oraison funèbre de Danès par Génébrard, p. 90 du recueil intitulé : Vie, Eloges et Opuscules de Pierre Danès, Paris, 1731, in-4°.

[3] Dict. hist., art. Ramus, note E.

sible de la lire. On représenta dans les colléges, avec un grand appareil, des pièces où Ramus était accablé de toutes sortes de quolibets et d'outrages, aux grands applaudissements des péripatéticiens qui y assistaient. Le reste est si honteux que je n'en veux point parler. Les faits ne sont que trop authentiques, et chacun aujourd'hui s'en souvient; mais ils sont si étrangers aux habitudes littéraires, que je craindrais, en les racontant, de passer pour un imposteur aux yeux de ceux-là même qui y assistaient et qui les ont vus. Je laisserai donc de côté bon nombre de détails qu'on ne pourrait rappeler sans marquer d'infamie certaines personnes. Ce que j'ai raconté suffira pour faire comprendre à tout le monde combien la logique des péripatéticiens est redoutable et pleine de colère, puisqu'elle a recours à de tels arguments contre ceux qui la combattent [1]. »

L'indignation d'Omer Talon est, à coup sûr, fort légitime; mais, en vérité, quand on songe aux traitements bien plus atroces que réservait à Ramus la colère des scholastiques, on ne peut guère que sourire en lisant la sentence qu'ils obtinrent de François Ier contre la liberté de penser et d'écrire; car, si cette sentence rappelle d'une part l'édit sanglant rendu à Senlis par Louis XI, le 1er mars 1473, contre les nominalistes du siècle précédent [2]; si d'autre part elle ressemble à l'arrêt du parlement de 1624 qui, sous Louis XIII, près d'un siècle plus tard, défendait *sous peine de mort* d'attaquer le système d'Aristote; ne ressemble-t-elle pas aussi par plus

---

[1] Academia ad Carolum Lotharingum.

[2] Voir du Boulay, Hist. Univ. Paris., à l'année 1573; et Gaillard, Histoire de François Ier, l. VIII, ch. 1.

d'un côté à l'*Arrêt burlesque* de Boileau, où la raison étant proscrite au nom d'Aristote, on lui fait défenses expresses de troubler ou d'inquiéter ce *très haut, très admiré et très peu entendu philosophe* « dans la possession des écoles où ladite Raison n'a jamais été admise ni agrégée ? » Ce n'est pas que nous prétendions effacer l'odieux de pareilles persécutions, si peu de mise dans la république des lettres; mais ne savons-nous pas que la liberté, comme tous les biens d'ici-bas, ne peut être achetée qu'au prix des plus grandes épreuves? Nul n'a mieux connu cette vérité que notre philosophe. Cependant, sa patience paraît avoir été ébranlée en cette circonstance. Il ne subit pas sa condamnation sans en témoigner quelque ressentiment (non sine stomacho, dit Omer Talon), et plus tard il rappela dans plusieurs de ses écrits ce qu'il lui en avait coûté pour avoir voulu introduire dans les écoles de Paris la sagesse socratique. « J'avais entrepris, dit-il quelque part, de faire connaître la philosophie de Socrate, et il se trouva que j'avais attiré sur moi du même coup le malheureux sort de ce philosophe. Pour lui ressembler de tout point, il ne m'a manqué que la ciguë [1]. » Et ailleurs : « Ce socratisme fut trouvé si nouveau et si estrange, que je fus joué et farcé par toute l'université de Paris, puis condamné pour ignorant, impudent, malicieux, perturbateur et calomniateur. La langue et les mains me furent liées par ceste mesme condamnation, en sorte qu'il ne m'estoit loisible de lire ni escrire, ni publiquement ni privément..... Voilà le sommaire du jugement aristotélique mis jà par diverses fois en lumière par maistre Jac-

---

[1] Scholæ mathematicæ (1569), l. III init., p. 74.

ques Charpentier, affin qu'une telle histoire et si incroyable ne fust éteinte et abolie de la mémoire des hommes [1]. »

Tandis que la plupart des péripatéticiens laissaient éclater une joie indécente, quelques-uns regrettaient que le roi se fût contenté d'une peine si douce. Voici ce que dit Jacques Charpentier, avec sa violence ordinaire, dans un de ses pamphlets contre Ramus : « Ce n'était pas assez d'un perpétuel silence pour un homme si bavard et qui donnait des marques si évidentes de folie. C'est un exil perpétuel qu'on aurait dû lui infliger [2]. » Plusieurs historiens, prenant à la lettre quelques passages de Nancel, d'Omer Talon et de Ramus lui-même où il est question d'exil en termes vagues ou métaphoriques, ont prétendu qu'il avait été banni à perpétuité [3]. Ces écrivains ont pris pour une réalité ce qui ne fut qu'un vœu de quelques fanatiques. Au reste, on a lieu de croire que P. Danès avait voté dans le jury pour l'exil et le bannissement : c'est Génébrard qui lui attribue cette proposition dans son Oraison funèbre (l. c., p. 90, 92); et il ajoute que « cette grande lumière des lettres avait sagement et justement condamné cet ignorant à un exil perpétuel de cette université de Paris. » Il paraît même qu'il fut question de prononcer contre Ramus une peine beaucoup plus grave encore, et telle qu'on la réserve aux plus insignes malfaiteurs. C'est Pierre Galland, témoin peu suspect, qui raconte ce fait incroyable dans la vie de Pierre Du Chastel [4] :

---

[1] Remonstrance au conseil privé, etc., p. 25.
[2] Animadv. in Dialect. instit. P. Rami, fol. 13 r.
[3] Félibien, Hist. de la ville de Paris, t. II, p. 987; etc.
[4] P. Castellani vita (Paris, édit. Baluze, 1674, in-8°), § XLV, p. 75.

« Du Chastel, dit-il, usa plus d'une fois de son crédit pour calmer la colère du roi qui, en vieillissant, était devenu chagrin et irritable. Lorsqu'il y a huit ans un sophiste fameux se produisit dans cette académie, et que cet ennemi des muses, poussé par une soif inextinguible de popularité, vint attaquer sans retenue et avec une grossière ignorance Aristote, Cicéron et Quintilien, comme on ne prévoyait pas qu'il dût mettre un terme à ses fureurs contre les auteurs classiques, avant d'avoir complétement renversé et perverti à sa guise l'état présent des lettres, un grand nombre d'hommes remarquables par leur science et leur vertu, virent avec indignation une si monstrueuse audace. Ils adressèrent au roi leurs plaintes et leurs supplications, afin que, dans son amour pour les lettres et sa bienveillance pour les maîtres qui les enseignaient, *il voulût bien condamner cet homme aux galères.* Ce fut alors que Du Chastel, tournant cette affaire en plaisanterie, apaisa l'esprit du roi et lui inspira une résolution plus douce. Il lui représenta qu'il ne convenait pas à un roi aussi éclairé d'infliger une peine criminelle à un sophiste que personne ne prenait au sérieux et qui n'entendait rien à la philosophie, mais qu'il fallait l'obliger à disputer avec quelques savants devant des juges considérables, que leurs arguments le convaincraient et que peut-être on le guérirait de sa folie. Lorsque le roi eut vu l'arrêt de ces juges qui condamnait Ramus pour cause d'ignorance, d'impudence et de témérité, et lui infligeait la peine du silence, il y acquiesça aussitôt et ne prit pas contre lui de mesures plus sévères. »

Certes, Ramus dut se louer d'une telle modération !

Au reste, le récit de P. Galland se trouve confirmé par Jacques Charpentier dans un écrit en français que j'ai cité plus haut, et qui paraît n'avoir été remarqué par personne jusqu'ici. « Ceux auxquels il souvient encore de ce temps disent que si l'on n'eust adouci le roy, il vous eust dès lors enuoyé plus loin semer vostre doctrine, *et paraduenture occupé en un lieu où vous n'eussiez eu le loisir de faire des Animaduersions sus Aristote.* » (Responce à la Remonstrance de P. de la Ramée, 1567, fol. 8).

Comme Ramus ne pouvait que se soumettre, il lui fallut dévorer les injures et l'insolent triomphe de ses ennemis. Il se rappela Socrate et s'efforça d'imiter la patience proverbiale du philosophe qu'il s'était proposé pour modèle ; et quand ses amis le plaignaient, il leur récitait en souriant ces vers d'Horace :

> Inter spem curamque, timores inter et iras,
> Omnem crede diem tibi diluxisse supremum :
> Grata superveniet, quæ non sperabitur, hora.

« Dans le chagrin comme dans l'espérance, dans les agitations de « la crainte ou de la colère, regarde chaque jour comme le dernier « de ta vie : l'heure sur laquelle tu n'auras pas compté te sera douce. »

III

(1544-1551)

—

Quelques écrivains, parmi lesquels il faut ranger
Bayle [1], ont prétendu, mais à tort, que Ramus fut réduit jusqu'en 1547 à un mutisme absolu. Il est vrai que
le passage suivant de sa Remonstrance au conseil privé
pourrait le donner à penser : « La langue et les mains
« me furent liées..... en sorte qu'il ne m'estoit plus loi-
« sible de lire ni écrire aucune chose ni publiquement
« ni privément. » Mais il y a là une exagération évidente.
La philosophie seule lui était interdite, et d'ailleurs on
a des preuves certaines qu'il n'observa pas si rigoureu-
sement cette loi du silence. Ainsi, dans l'année même
de sa condamnation, il enseigna comme à l'ordinaire au
collége de l'Ave Maria, en compagnie de ses fidèles amis
Omer Talon et Barthélemy Alexandre. Seulement au lieu

---

[1] Dict. hist., art. Ramus, not. L. Cf. Freig:, l. c., p. 17.

de traiter de la logique ou de quelque autre partie de la
philosophie, ses leçons portaient tour à tour sur l'éloquence et sur les mathématiques. Nous avons sous les
yeux le discours d'ouverture qu'il prononça en présence
d'un nombreux auditoire le 4 novembre 1544, et qui
fut imprimé la même année[1]. Ramus y développe le
dessein et le plan de son cours; il y défend l'union des
études littéraires et des études philosophiques, il ne
craint même pas de faire plus d'une allusion à ses ré-
centes disgrâces : « Quant à la philosophie, disait-il (fol.
« 10), permettez-moi de ne point vous rappeler le coup
« qui m'a frappé; l'épreuve a été cruelle, mais, je le ré-
« pète, elle n'a frappé que moi. » Et plus loin (fol. 11) :
« Appliquons aux mathématiques notre esprit, dont les
« pensées sont toujours libres. » Puis, après avoir répondu à ceux qui blâmaient ses innovations, il annonçait hardiment qu'il maintiendrait pour sa part l'union
des lettres et des sciences. Son discours même, j'ose le
dire, était un modèle en ce genre.

Omer Talon ne restait pas en arrière de son ami. Au mois
de janvier 1545 il publia pour la première fois sa Rhétorique, ouvrage fort estimé jusque dans le XVIIe siècle,
et dont la préface était de nature à attirer sur lui la colère des scholastiques. Il y déclarait courageusement que
la cause de Ramus était la sienne, que tous deux avaient
résolu de tirer la philosophie des ténèbres et de la barbarie, et qu'aucune injustice, aucun outrage ne les em-
pêcherait de vouloir le bien de l'université, et de travailler à sa gloire. « Notre seule vengeance, disait-il, sera

---

[1] Tres Orationes, etc. Ap. J. Bogardum, in-4° (du 9° au 16° feuillet).

d'oublier à jamais toutes les injures. » Enfin il rappelait avec éloge les Animadversions et annonçait un ouvrage tout semblable sur la rhétorique [1]. Cependant il ne paraît pas qu'on ait inquiété le moins du monde Omer Talon. Peut-être était-on fatigué de ces longues querelles ; peut-être aussi attendait-on l'ouvrage annoncé par Talon et qui parut en effet quelques années plus tard.

Ramus, à la fin de ce même mois de janvier 1545, ayant expliqué les premiers livres d'Euclide, en publia une traduction latine, dédiée à Charles de Lorraine, qui avait été son unique protecteur au milieu de ses épreuves [2], et qui, n'ayant pas eu assez de crédit pour lui épargner une condamnation, en eut peut-être assez pour empêcher qu'on n'exécutât à la rigueur la sentence royale. En effet, le jeune prélat, à peine sorti du collége, avait été présenté au roi par son oncle le cardinal Jean de Lorraine. François Ier, frappé de son mérite, l'avait donné pour précepteur au dauphin Henri ; et quoique Monsieur de Lorraine, comme on l'appelait alors, fût plus jeune que son royal élève, il eut bientôt gagné sa confiance. Il usa sans doute de son pouvoir naissant en faveur de son protégé, et celui-ci, plein de gratitude, l'appelait son Mécène.

D'ailleurs l'université eut bientôt besoin de celui qu'elle avait si violemment persécuté. Une épidémie qui régnait à Paris depuis les premiers jours de l'année 1545, avait chassé les étudiants de cette ville et dépeuplé les écoles. Les maîtres avaient suivi l'exemple de leurs

---

[1] Collectaneæ præfat., etc. (1577), p. 19, 20.

[2] Oratio habita in Prælleo gymnasio, dec. anno 1545 ; Orat. habita anno 1551, etc.

élèves, et Ramus avait fait comme eux. Il était loin de
Paris, sans doute auprès de sa mère, à Cuth, lorsqu'un
vieux principal, nommé Nicolas Lesage, lui écrivit pour
solliciter son concours, le priant de venir relever par
son enseignement le collége de Presles [1]. Le jeune professeur se laissa aisément persuader d'accepter le rôle
qu'on lui offrait et, après avoir fait ses conditions, il prit
la direction du collége. Son discours d'installation est du
1er décembre 1545 : on y trouve, avec les détails qui
précèdent, une description éloquente de la peste qui
avait désolé Paris, et qui avait frappé le corps enseignant
dans plusieurs de ses membres les plus éminents. Ramus
rend un juste hommage à son ancien protecteur et ami
le docteur Jean de Baumont, qui vient de succomber au
fléau, et dont le souvenir est lié à celui de ses disgrâces.
Il ne craint pas de parler en termes fort clairs de son
procès ; et malgré la sentence qui lui interdit l'enseignement de la philosophie, il annonce qu'il prendra pour
texte de ses premières leçons l'admirable épisode de la République où Cicéron s'efforce d'initier les Romains aux
grandes idées de la philosophie platonicienne. L'éloquent
et hardi professeur commenta le Songe de Scipion avec un
tel succès, qu'au bout de quelques jours le collége, qui
était devenu désert, fut fréquenté par une nombreuse jeunesse. Cependant Ramus ne s'établit pas sans difficulté
dans ce nouveau poste. Il avait conclu avec Lesage, que
son âge et des infirmités de toutes sortes rendaient incapable de parler et d'agir, un traité par lequel, tout en
lui laissant le titre de principal et l'honneur du premier
rang, il remplissait en réalité tous les devoirs de sa

---

[1] Collectan. præfat., epist., orat., etc. p. 287.

charge [1]. Les docteurs de Sorbonne, qui lui furent toujours très hostiles, lui reprochèrent à cette occasion d'a-
voir dépouillé un vieillard à qui il devait sa fortune [2];
et ils firent si bien que Lesage, excité par eux, intenta
un procès à son collègue. Mais la cause ayant été portée
au Parlement, Ramus obtint un arrêt qui le confirma
dans la principauté du collége de Presles. Il n'usa pourtant pas de son droit en toute rigueur, mais ayant fait
de nouvelles conditions avec Lesage, il vécut fraternellement avec lui jusqu'à la mort du vieux principal, qui
arriva peu d'années après [3].

Le collége de Presles, qui désormais devait être la
demeure de Ramus, était situé rue des Carmes, près
l'église de ce nom, à peu de distance de la place Maubert.
Il avait été fondé en 1314 par un secrétaire du roi Philippe le Bel, nommé Raoul de Presles, homme très riche
et natif de Laon en Picardie [4]. D'après les intentions du
fondateur, on devait y élever dans la connaissance des
arts libéraux douze élèves boursiers; mais à l'époque où
Ramus en vint prendre le gouvernement, le collége était
si pauvre que cette clause du testament n'était pas remplie. Bientôt sous la direction d'un homme jeune et entreprenant, tout changea si bien de face, qu'un ancien
élève de ce collége, qui y faisait alors même ses études,
a pu dire sans être démenti : « Je ne crains pas d'affir-

---

[1] Nancel, l. c., p. 18; Banosius, p. 9.

[2] Cette calomnie fut reproduite dix ans plus tard par J. Charpentier,
dans ses Animadversiones adv. P. Ramum de 1555, fol. 4 v., et ailleurs.

[3] Nancel, p. 18; Banosius, p. 9, 10.

[4] Voyez Félibien, Hist. de la ville de Paris, t. I, p. 525, 668, 671; Du
Boulay, Hist. univ. Paris., t. IV, p. 167; Nancel, p. 15, 17, 18.

« mer qu'il n'y avait pas alors à Paris un collége plus
« fréquenté des étudiants[1]. »

Ramus, suivant une expression d'Estienne Pasquier,
était par nature « grandement désireux de nouveautés, »
et l'on devait s'attendre qu'aussitôt qu'il aurait la haute
main quelque part, il se donnerait pleine carrière. Cependant lorsqu'il fut devenu principal du collége de
Presles, il sut mettre de la mesure dans ses innovations ;
il conserva même d'abord des coutumes dont il n'était
pas partisan, et que plus tard il abolit : par exemple,
l'usage passablement ridicule, quoi qu'en disent les jésuites, de faire jouer aux enfants la tragédie et la comédie[2].
Il entreprit avec plus de hardiesse la réforme de l'enseignement. Son ancien confrère, Barthélemy Alexandre,
quittait alors Paris, pour aller professer dans l'Académie
fondée à Reims par Charles de Lorraine, archevêque de
cette ville[3] Mais il restait à Ramus le concours d'Omer
Talon, qui était revenu auprès de lui, après avoir donné
quelque temps des leçons au collége de Beauvais[4]. Les
deux amis, toujours unis dans une même pensée, enseignèrent de nouveau les lettres grecques et les lettres latines, et joignirent l'étude de l'éloquence à celle de la
philosophie. Ramus pour sa part expliquait Quintilien,
et, chose inouïe, il le discutait : bien plus, il se permettait quelquefois de le critiquer. Il poussait même la
liberté, ou plutôt la licence, au dire de ses détracteurs,

[1] Nancel, p. 19.

[2] Nancel, p. 15.

[3] Id., ibid. Cf. De Thou, l. VI, ch. IV, V et VI, à l'année 1549, et Du
Boulay, ibid., t. VI, p. 461, à l'année 1553.

[4] Nancel, p. 15, 19.

jusqu'à faire des observations sur Cicéron! De là d'étranges rumeurs parmi les régents, qui se plaignaient amèrement et avec une sorte de consternation de ce que « les auteurs classiques eux-mêmes » ne pouvaient échapper aux critiques de Ramus[1]. Celui-ci n'en continuait pas moins sa route ; il préconisait toujours l'union nécessaire de l'éloquence et de la philosophie, et il prononça en octobre 1546 un discours public sur ce sujet[2]. Toutefois, respectant dans sa lettre le décret royal qui lui interdisait l'enseignement de la philosophie, il partageait la journée avec son confrère de telle sorte que Talon faisait le matin un cours de philosophie, tandis que lui-même donnait le soir des leçons de rhétorique, montrant dans les poëtes, dans les orateurs, dans les auteurs de tout genre qu'il lisait à ses élèves, l'usage et les applications variées des règles immuables de la logique. C'était, à ce qu'il paraît, la première fois que les élèves d'un collége étaient appelés à y entendre deux leçons dans la même journée, sur des matières différentes ; et Ramus, dans le discours cité plus haut, ne cachait pas son désir et son espoir de voir adopter dans tous les colléges cet usage, qui d'ailleurs, avait-il soin d'ajouter, était conforme à l'intention et à l'exemple d'Aristote, aussi bien qu'à la pratique du Collége royal fondé par François Ier.

Cette méthode nouvelle servit de prétexte aux attaques intéressées de ses rivaux. Plusieurs fois, en 1546 et 1547, les recteurs de l'université eurent à examiner les plaintes des principaux et des régents contre Ramus qui,

---

[1] Nancel, p. 14. Cf. P. Galland, Préf. de Quintilien, Paris, 1549, in-f°.
[2] Oratio de studiis philosophiæ et eloquentiæ conjugendis.

disaient-ils, « bouleversait le collége de Presles [1]. » Touchante sollicitude pour un établissement qui n'avait
jamais été si prospère! Il est vrai que cette prospérité
coïncidait avec la décadence de certains colléges voués à
la routine, et dont les chefs s'en prenaient à Ramus.
Celui-ci fut poursuivi pour ce fait par P. Galland jusque
devant le parlement, et s'il fut acquitté, il le dut à l'archevêque de Reims qui assistait à la séance [2].

Cependant, l'*heure favorable* (grata hora) pour laquelle
Ramus s'était réservé, arriva enfin, l'heure où l'odieuse
sentence qui pesait sur lui devait être levée, grâce encore
à son Mécène.

François Ier venait de mourir, le 31 mars 1547. Son
fils Henri II, qui lui succéda, ne voyait que par les yeux
de Diane de Poitiers et de Charles de Lorraine, son ancien précepteur, et l'ami de la belle duchesse. Le qua-
train suivant cité par Brantôme, nous en donne une
preuve entre mille autres :

> Sire, si vous laissez, comme Charles désire,
> Comme Diane fait, par trop vous gouverner,
> Fondre, pestrir, mollir, refondre, retourner,
> Sire vous n'estes plus : vous n'estes plus que cire.

Et Brantôme ajoute : « Il entend par ce *Charles* le
cardinal de Lorraine, lequel portoit pour devise une
pyramide entourée de lierre avec ces mots : *Te stante
virebo* (Si tu demeures, je grandirai). Mais le pasquin le
tourna au contraire : *Sed te virente peribo* (Si tu grandis,
je périrai), étant le naturel du lierre de ruyner et faire

---

[1] « Turbatorem collegii Prællei. » Du Boulay, t. VI, p. 399.
[2] Ramus, Pro phil. disciplina (Collect. præf., etc., p. 310).

périr ce qu'il estrainct [1]. » C'est de l'avénement de
Henri II, comme on sait, que date la grandeur des
Guise, et notamment de Charles de Lorraine, qui, le
27 juillet 1547, le lendemain même du jour où il avait
sacré le roi à Reims, reçut le chapeau de cardinal, et
fut désigné sous le nom de cardinal de Guise, jusqu'à la
mort de Jean de Lorraine, son oncle, qui devait lui
laisser son titre en même temps que ses immenses bénéfices. Dès lors Charles de Lorraine fut constamment
mêlé au gouvernement et à la direction des affaires du
royaume [2].

L'ancien et puissant condisciple de Ramus parla pour
lui au roi. Il lui remontra de quelle importance il était
en philosophie de pouvoir librement suivre ou rejeter
les opinions soit de Platon, soit d'Aristote, soit de tout
autre; notre philosophe obtint enfin, suivant l'expression de Bayle, « la main-levée de sa plume et de sa langue. » La liberté de parler et d'écrire en philosophie
lui fut rendue par une décision royale, que consentit et
enregistra le parlement [3]. Ramus a témoigné sa reconnaissance en plusieurs endroits de ses écrits, et particulièrement dans sa Remonstrance au conseil privé :
« Dieu, dit-il, réserva la définitive de ceste cause au
bon roy Henry, lequel ayant entendu ceste controverse,
me délia et la langue et les mains, et me donna pouvoir
et puissance de poursuivre mes études. » Pendant quatre
années, dit-il encore, il put se livrer en paix à ses tra-

---

[1] Hommes illustres, discours LXVI. Cf. De Thou, l. VI, ch. VI.

[2] J. J. Guillemin, Le Cardinal de Lorraine, p. 11, 12.

[3] Banosius, p. 10. Voir plus bas le Catalogue des écrits de Ramus.

vaux, ou du moins, en comparant les quatre années qui
suivirent avec le reste de sa carrière, il déclare qu'elles
furent paisibles. Il en faut conclure seulement que ses
ennemis, le voyant mieux protégé, le persécutèrent avec
moins d'acharnement ou par d'autres voies : car un tel
homme ne pouvait jouir d'un véritable repos. A défaut
de l'université, c'était au clergé qu'il avait affaire. Ainsi
en 1548, il fut quelque peu mêlé aux querelles souvent
trop animées qui divisaient les écoliers de l'université
et les religieux de l'abbaye Saint-Germain-des-Prés. Un
historien de la célèbre abbaye, Jacques Bouillart, prétend même, d'accord avec dom Félibien, que ce furent
les discours de Ramus qui excitèrent les étudiants contre
les moines et leur donnèrent l'idée de mettre le feu à
l'abbaye [1]. L'auteur des Mémoires historiques sur le
Pré aux Clercs va jusqu'à dire (p. 166), que ce fut une
harangue prononcée par Ramus « au commencement des
classes de l'année 1548 » qui causa cette sédition. Or,
l'émeute dont il s'agit eut lieu le 4 juillet, et je ne sache
pas que l'usage ait jamais été à Paris de commencer les
classes à cette époque de l'année. Voici du reste le témoignage de Jacques du Breul, sur lequel se fondent
ces trois auteurs : « Les escoliers donques animez par le
séditieux conseil de Ramus ou de La Ramée, au susdit
an 1548, en juillet, posèrent des placards aux carre-
fours, rues et portes des plus fameux colléges, admones-
tans, etc... Leur premier assaut fut contre le clos des
moines, où ils firent plusieurs bresches, rompirent les
arbres fruitiers, etc... J'en parle comme une personne

---

[1] Hist. de l'Abb. roy. de Saint-Germain-des-Prés, 1724, in-f°, p. 185 ;
Hist. de la ville de Paris, t. II, p. 1025 et suiv.

qui y estoit, *turbam ad malum secutus* [1]. » Je ne m'atta-
cherai pas à montrer que Du Breul est un témoin suspect,
puisqu'il était religieux de Saint-Germain-des-Prés; je
ne m'arrêterai pas à rappeler les nombreux et éclatants dé-
mentis que donnent à son histoire les arrêts et les débats
authentiques du parlement; je ferai seulement remarquer que dans le passage cité, il dit avoir été présent aux
dégâts commis par les écoliers, mais non à un discours
de Ramus. D'un autre côté, l'historien De Thou (l. V,
ch. 6) et Du Boulay (t. VI, p. 406-429), qui donnent
tous les détails de cette affaire depuis le commencement
jusqu'à la fin, ne mentionnent même pas Ramus; et
l'on peut conjecturer de là que, s'il prit quelque part à
ces débats dans l'origine, il y demeura étranger dans la
suite; ou plutôt je soupçonne que Du Breul, qui écrivait
plus de cinquante ans après l'événement, et dont l'ouvrage est plein de fautes de ce genre, aura commis
quelque anachronisme et placé en 1548 un discours
que prononça Ramus en 1557, on verra plus loin pourquoi et dans quelles circonstances. J'en dirai autant de
Crevier, qui, dans son Histoire de l'université de Paris
(l. X, § 2), a donné aussi une relation de ces querelles.
Cet auteur renchérit encore sur du Breul, et sans renvoyer à d'autres sources qu'à du Boulay, qui n'en dit
pas un mot, il raconte (t. V, p. 425) que Ramus, profitant de la liberté dont il jouissait sous Henri II, lança
des *invectives* contre les usurpations des moines, que
« les écoliers entrèrent dans ses sentiments avec trans-
port, » et que « pleins de la fougue que leur avaient
inspirée les discours de Ramus, ils s'attroupèrent en

[1] Théâtre des antiquitez de Paris, 1612, in-4°, l. II, p. 385-386.

armes le 4 juillet 1547, etc. » Et voilà comme on écrit l'histoire !

A l'époque dont il s'agit, Ramus était occupé d'autres soins, et faisait un autre usage de la liberté que lui avait rendue Henri II. Tandis qu'Omer Talon dédiait au cardinal de Lorraine sous le titre d'Academia le récit le plus piquant des persécutions dirigées autrefois contre son inséparable confrère, celui-ci publiait de nouveau, en les augmentant beaucoup, les deux livres condamnés par François Ier, notamment ses fameuses remarques ou Animadversions sur Aristote, qui cette fois parurent avec quelques adoucissements, mais étendues en vingt livres ou sections. De plus, les leçons qu'il avait faites sur les lettres de Platon, sur les discours et ouvrages de rhétorique de Cicéron et sur les Institutions oratoires de Quintilien, lui avaient fourni la matière de diverses publications. Déjà il avait fait paraître au commencement de l'année 1547 ses Brutinæ quæstiones in Oratorem Ciceronis, dédiées à Henri II, alors dauphin. Il les publia de nouveau en 1549, en même temps que les Rhetoricæ distinctiones in Quintilianum. Enfin, en 1550, il donna un commentaire très remarquable et des notes sur le traité De fato et sur quelques autres morceaux de Cicéron.

Dans cés écrits, comme dans le discours sur l'union de l'éloquence et de la philosophie, Ramus réclamait pour la rhétorique aussi bien que pour les autres arts une forme plus humaine et plus méthodique. Il se permettait en outre, comme nous l'avons déjà vu, de critiquer Cicéron et surtout Quintilien. Ces auteurs, on le devine bien, ne lui furent pas abandonnés sans combat. Joachim de Périon, son ancien adversaire, pensa qu'il

était de son devoir de défendre Cicéron, qui certes
n'avait pas besoin d'un si lourd et si insipide panégyriste[1].
« Vous savez, disait-il à Pierre du Chastel dans son épître dédicatoire, que j'ai défendu Aristote contre Ramus
il y a quatre ans dans un assez long discours ; j'ai cru
que je ne pouvais lui livrer sans défense Cicéron, le père
de l'éloquence latine. » Puis, s'adressant aux professeurs
de toutes les facultés, il rappelait et ses anciennes prédictions, et la promesse ou la menace que Ramus lui-
même ne craignait pas de faire entendre sur la réforme
de toutes les sciences : « Je ne m'arrêterai pas, avait dit
l'adversaire de la scholastique, que je n'aie entièrement
délivré la logique des ténèbres d'Aristote, et montré
comment on doit l'appliquer à toutes les sciences[2]. » Sur
quoi Périon poussait un long cri d'alarme. « Il y a quatre ans, j'avais prédit ce que nous voyons aujourd'hui :
je disais que Ramus, qui s'efforçait d'ébranler et même
de ruiner la philosophie d'Aristote, ne bornerait pas là
les efforts de sa critique, mais qu'il abuserait de la patience des philosophes pour la perte et la destruction des
autres sciences... Qui doute aujourd'hui que Ramus ne
s'apprête à rejeter aussi Hippocrate et Galien, Euclide et
Archimède, et à soutenir que vous ignorez la médecine,
la géométrie, l'astronomie ?... Rhéteurs et orateurs,
vous tous qui chérissez Cicéron comme le père de l'éloquence, je vous en conjure, résistez à Ramus, qui lui
refuse l'art et le jugement! etc. (fol. 3, 4). » Après ce
plaidoyer emphatique et aussi insignifiant que pédantes-

---

[1] Joach. Perionii Benedictini Cormœriaceni, pro Ciceronis Oratore
contra Petrum Ramum Oratio. Lutetiæ Parisiorum, 1547, in-8°, 51 fol.

[2] Préf. de la trad. des lettres de Platon.

que en faveur de Cicéron, Périon opposa à la seconde
édition des Animadversiones de Ramus une réimpression
de ses deux anciens discours pour Aristote (1548, in-8°,
chez Thomas Richard).

Mais ces luttes ne paraissent pas avoir fait autant de
bruit que celles dont Quintilien fut l'objet. Cet écrivain
trouva en effet un chaud défenseur dans ce même Pierre
Galland qui s'était déjà si fort agité pour Aristote. Si les
partisans de la routine avaient été choqués de voir un
logicien attaquer Aristote, ils le furent tout autant de
voir un professeur de rhétorique blâmer Quintilien. Puis,
comme le fait observer Gaillard, dans son Histoire de
François Ier (l. VIII, c. 3), «cette réunion de la philosophie
et de l'éloquence était chose nouvelle, car assurément la
scholastique n'était pas éloquente, et l'idée de Ramus se
rapportait à son système : c'était une suite de la déclaration de guerre qu'il avait faite à la scholastique. » Aussi
Galland fut-il accueilli avec applaudissements par une
grande partie de l'université, lorsqu'il fit paraître son
édition de Quintilien (Paris, 1549, in-fol.). Dans la
dédicace adressée à son patron Pierre du Chastel, qu'il
compare à « Apollon présidant le chœur des Muses, »
Galland s'élève avec une véritable fureur contre Ramus et
contre les livres *ineptes* par lesquels il corrompt la jeunesse, en lui enseignant, avec le mépris de Quintilien,
« la présomption, l'insolence et tous les vices, l'égoïsme,
« l'avidité, toutes les hontes et toutes les trahisons! (p. 3) »
Ramus, suivant son habitude, ne répondit pas aux invectives dont il était l'objet; mais ses adversaires avaient
aussi l'habitude de ne point se laisser désarmer par le
silence; ils firent tant de bruit et se donnèrent tant de

mouvement, que cette affaire faillit avoir pour lui des
conséquences aussi funeste que les précédentes disputes
sur Aristote. Bientôt en effet la querelle allumée par
Galland prit de plus grandes proportions par l'entrée dans
la lice d'un nouveau combattant, plus jeune et plus redoutable, le plus dangereux ennemi que dût rencontrer
Ramus : je veux parler du trop fameux Jacques Charpentier.

Charpentier, ancien élève de Pierre Galland, était alors
régent de philosophie au collége de Boncour. Il était
d'une famille riche et très connue dans l'université de
Paris[1]; il avait des patrons puissants, surtout dans le
clergé, et il avait été mêlé de bonne heure aux brigues
universitaires, en sorte qu'aux élections du 15 décembre 1550, étant à peine âgé de 25 ans, il fut en état de
se faire nommer recteur. Il voulut sans doute signaler
par un coup d'éclat sa magistrature trimestrielle. Peut-être
aussi était-il poussé par Pierre Galland, que Ramus appelait « le mauvais génie de l'académie de Paris. » Cependant, il ne serait pas impossible que Charpentier eût déjà
fait son coup d'essai en ce genre, en figurant comme acteur sur les théâtres des colléges de Paris, dans les représentations où s'exhala la joie furieuse des scholastiques, après la condamnation de leur adversaire par
François I[er][2]. Quoi qu'il en soit, le nouveau recteur, à

---

[1] Du Boulay (t. VI, Catalog., p. 941) mentionne jusqu'à six professeurs
de ce nom, avant l'année 1550.

[2] Scholæ dialect., l. XVIII, c. 10. Ramus, en cet endroit, accuse formellement
un professeur royal d'avoir figuré comme acteur dans ces pièces. Il ne nomme
personne, mais cette allusion peut s'appliquer à Charpentier, qui, en 1569,
était en effet professeur au collége de France. Peut-être aussi était-ce Léger
Du Chesne, que Ramus paraît avoir appelé *histrion du roi*. Voyez là-dessus

peine installé, exerça au nom de l'université des poursuites vexatoires contre Ramus, l'accusant de délits pour
la plupart imaginaires, et lui reprochant de prétendues
violations des règlements. Son principal grief était, à ce
qu'il paraît, que les professeurs du collége de Presles,
dans le cours de philosophie, n'expliquaient pas toujours
des philosophes, mais quelquefois aussi des poëtes et des
orateurs, contrairement aux statuts de l'Académie.

Ramus espérait que son accusateur, qui était aussi
son juge, lui donnerait le temps et les moyens de se
disculper. Il demandait que l'on ouvrît une enquête au
collége de Presles, que l'on examinât l'enseignement qui
s'y donnait, enfin qu'on lui indiquât d'une manière précise les points sur lesquels on désirait une réforme. Mais
deux jours après, le recteur, assisté de quelques régents
de son choix, prit dans son cabinet une décision par laquelle les élèves du collége de Presles, sans enquête
préalable, sans avoir été appelés ni entendus, furent dé-
clarés déchus des priviléges et exclus des grades de l'université. Les pauvres écoliers, qui n'en pouvaient mais,
en appelèrent d'une sentence si étrange. Leur appel fut
porté à l'assemblée des régents de philosophie qui, d'un
commun accord, les renvoyèrent absous, mais à la condition que leur professeur affirmerait avec serment qu'il
leur avait expliqué les livres prescrits par les règlements.
C'était une sorte de malice à l'égard de Ramus : car les
livres dont il s'agissait étant ceux d'Aristote, il pouvait
ne pas être agréable à l'auteur des Animadversions d'a-
vouer qu'il avait suivi comme tout le monde un usage

le pamphlet anonyme intitulé : In P. Rami insolentissimum Decanatum
Philippica prima. Paris, 1567.

qu'il blâmait. Mais, comme il était en règle, il n'hésita
point à prêter le serment qu'on exigeait de lui.

Avec tout autre que Charpentier, l'affaire en fût peut-
être demeurée là; mais il ne s'était pas mis en campagne
pour si peu. Laissant de côté les élèves, il s'en prit directement à leurs maîtres, Omer Talon, Nicolas Charton
et Ramus. On lit en effet dans les registres de la faculté
de médecine que l'université fut convoquée le 15 janvier
1551, pour décider entre M. le Recteur qui la défendait
et Pierre Ramus, qui était son ennemi (universitatis
hostem). Cette fois Charpentier, sans insister sur la nature des ouvrages expliqués, attaqua Ramus sur la manière dont on les expliquait au collége de Presles, disant
qu'il ne suffisait pas de lire Aristote, et qu'il était contraire aux statuts et règlements de mêler à cette lecture
celle des poëtes et des orateurs. Ramus de son côté soutenait qu'il importait de maintenir l'union des lettres
et de la philosophie. La discussion ayant dégénéré en
une dispute violente, on remit la décision de l'affaire à six
députés élus par chacune des facultés supérieures, de
droit, de médecine et de théologie, et dont on entendit
le rapport le 24 janvier et le 3 février. Cette mesure ne
tourna pas à l'avantage de Ramus. Les médecins, il est
vrai, étaient divisés et trouvaient la question douteuse;
les jurisconsultes étaient même d'avis de rouvrir les
cours interrompus du collége de Presles; mais les théologiens, qui voyaient de mauvais œil toute nouveauté,
donnèrent raison à Charpentier. Celui-ci triomphait au
milieu de ces divisions que lui-même avait provoquées,
et, quoique la majorité des députés fût favorable à Ramus, il maintint les mesures qui avaient déjà frappé le

principal de Presles et qui menaçaient de ruiner en peu de temps son collége.

Heureusement, il restait à Ramus un refuge. L'autorité universitaire, toujours si étroite et si tyrannique, ne rendait pas alors des jugements sans appel. Sous cet ancien régime, d'ailleurs si peu favorable à la liberté, on avait du moins quelque notion de la justice; on comprenait, par exemple, qu'un professeur eût des droits et des garanties en même temps que des devoirs; et les membres du corps enseignant qui se croyaient injustement frappés pouvaient en appeler au parlement de Paris. Ramus n'hésita pas à porter l'affaire devant un tribunal où il n'aurait plus pour juges des confrères, c'est-à-dire des rivaux et des envieux. Mais il rencontra un autre obstacle dans les lenteurs de la justice, et il désespérait d'en triompher, lorsque Charles de Lorraine lui vint de nouveau en aide.

Ce prélat avait quitté depuis le 10 mai 1550 le titre de cardinal de Guise pour prendre celui de cardinal de Lorraine, devenu vacant par la mort de son oncle Jean. Le nouveau cardinal de Lorraine, pourvu d'une riche succession de bénéfices, avait vu s'accroître en même temps son crédit dans l'Eglise et sa puissance dans l'Etat. Il revenait de Rome, où il avait concouru à l'élection du pape Jules III, lorsque éclatèrent contre Ramus les persécutions dont il s'agit. Il essaya d'abord de s'entremettre dans les débats, et d'éteindre la querelle en réunissant chez lui les deux parties. Mais n'ayant pu obtenir la moindre concession de Charpentier et de ses adhérents, il s'employa auprès du premier président pour que l'affaire de Ramus fût promptement appe-

lée [1] : ce qui eut lieu en effet le 17 février 1551. Le jour
de la justice était venu. Ramus eut enfin la liberté d'exposer et de défendre devant de véritables juges ses idées
sur l'enseignement. Il démontra combien il était ridicule de vouloir que les professeurs de philosophie expli-
quassent mot à mot Aristote, et combien une telle exi-
gence aurait été réprouvée par Aristote lui-même. Il
justifia son système d'instruction et en fit sentir la supériorité, non-seulement en rappelant la foule qui se pressait pour suivre ses cours, mais encore en prouvant qu'il
abrégeait de plusieurs années le temps alors consacré
aux études. Il réclamait à la fois contre une interprétation tyrannique des règlements et contre les abus de
toutes sortes qui pesaient sur la jeunesse pauvre et studieuse ; il exprimait enfin le vœu très hardi qu'un petit
nombre de professeurs payés par l'Etat fissent des cours
publics et gratuits. Son éloquence, aidée de celle de ses
avocats, Jacques Fabricius et Christophe de Thou, l'impartialité de l'avocat général Pierre Séguier, enfin la
présence du cardinal de Lorraine, tout se réunit en faveur du principal que l'université opprimait. On exigea,
il est vrai, qu'aux jours et heures ordinaires de classe il
expliquât les auteurs prescrits par les règlements ; mais
on lui accordait au fond tout ce qu'il demandait : car on
lui permettait d'expliquer ces auteurs suivant une méthode plus large et plus libre, et non mot à mot comme
le voulait Charpentier ; et de plus, on l'autorisait à enseigner comme il l'entendrait les jours extraordinaires
et fériés, qui étaient alors au nombre de 200 [2], et même

[1] Voir le discours d'ouverture de Ramus en 1551.
[2] Oratio pro philos. disciplina (Collect. præf., epist , orat., etc.)

les jours ordinaires, aux heures laissées libres par les ré-
glements.

Au reste, il arriva ici ce qu'on voit souvent dans d'autres luttes : les deux partis s'attribuèrent la victoire.
Tandis que Ramus reprenait librement ses cours et gou-
vernait de nouveau le collége à sa guise, l'université
triomphait, et la faculté de médecine, usant de ce latin
barbare que Molière a si bien ridiculisé, mettait dans son
registre la mention suivante, à la date du 13 avril 1551 :
« Un arrêt a été rendu (Datum est *Arrestum*) contre
Pierre Ramus, pour l'obliger à observer les statuts de
l'université, contre l'attente de beaucoup de personnes, parce que le cardinal de Lorraine, qui favorisait
grandement ledit Ramus, était présent à la séance où
la cause fut plaidée. Mais la vérité l'emporta[1]. »

Les détails qu'on vient de lire suffisent pour montrer
de quelle manière Charpentier engagea une lutte qui
devait durer plus de vingt ans, et qui commença par
d'insupportables vexations de sa part, pour se terminer
par un crime atroce. Ses premières attaques n'eurent
pas, on vient de le voir, tout le succès qu'il s'en était
promis ; elles furent même pour Ramus l'occasion d'une
faveur inespérée.

Le cardinal de Lorraine, qui était entré dans les vues
de son ancien condisciple pour la réformation des arts
libéraux et particulièrement de la logique, et qui avait
même appelé dans son université de Reims un des collaborateurs de Ramus, Barthélemy Alexandre, ainsi qu'on
l'a dit plus haut ; le cardinal, dis-je, avait vu de près les

[1] Du Boulay, t. VII, p. 439.

tracasseries incroyables auxquelles Ramus était en butte.
Il en avait été indigné et il avait formé le dessein de l'y
soustraire. Etant allé rejoindre la cour à Blois vers le
27 juillet, il entretint le roi Henri II du procès qui avait
fait tant de bruit à Paris; il sut l'intéresser à notre philosophe et lui persuada d'achever l'œuvre de son père
François Ier, en instituant au collége royal une nouvelle
chaire en faveur de Ramus, afin qu'un homme d'un si
grand mérite et d'un esprit si original fût désormais à
l'abri des misérables chicanes par lesquelles on entravait
le progrès des lettres et de la philosophie. Le roi, ayant
agréé cette demande, adressa lui-même à Ramus une
lettre pleine d'encouragements et d'éloges [1], où il lui
annonçait qu'il venait de créer en sa faveur une chaire
d'éloquence à la fois et de philosophie, et qu'il l'autorisait à y poursuivre ses études suivant le plan qu'il s'était
tracé. Cette nomination fut en général bien accueillie
des écoliers de l'université, et fit taire pour un moment
l'envie.

Ramus, nommé professeur royal vers le milieu du
mois d'août 1551, ouvrit son cours un mois après. Sa
leçon d'ouverture fut un événement. L'université, le
parlement, le clergé s'y portèrent en foule, et Ramus
eut enfin une occasion solennelle de réhabiliter, devant
deux mille auditeurs, appartenant à toutes les classes de
la société [2], son enseignement et son caractère outrageusement calomniés. Il rendit d'abord à Henri II et à
Charles de Lorraine l'hommage de sa juste reconnais-

---

[1] Voir le début du Discours d'ouverture de Ramus en 1551.

[2] Banosius, p. 10 ; Nancel, p. 20 ; Scév. de Sainte-Marthe, Eloge de Ramus ; Th. Zuinger, Theatr. hum. vitæ, p. 3697, col. b.

sance. Puis il releva avec une grande dignité de langage les propos odieux par lesquels on avait cherché à le flétrir. On lui avait reproché jusqu'à ses malheurs. On lui avait prêté tous les défauts, tous les vices, toutes les erreurs. Parce qu'il ne partageait pas toutes les opinions d'Aristote, on l'avait accusé de saper la religion et la morale ; et parce qu'il s'efforçait de rendre plus humain le langage si rude et si inculte du moyen âge, en rappelant l'aimable sagesse de Socrate et de Platon, on le traitait d'académicien et de sceptique, on l'appelait impie, athée, ennemi de la société et de l'Etat. Après avoir repoussé ces imputations avec autant d'énergie que de noblesse, sans nommer ni attaquer personne, il exposa ses propres idées avec une éloquence qui lui valut les applaudissements de l'assemblée, quoiqu'il y comptât plus d'un adversaire. Son discours, qui a été plusieurs fois réimprimé, est un chef-d'œuvre d'élégance, de simplicité, de noblesse, et l'on citerait difficilement dans tout le XVIe siècle une œuvre de polémique où tant de politesse se rencontre avec tant d'ardeur et de vivacité.

Voici la dédicace assez originale que Ramus mit en tête de ce discours, en l'envoyant au cardinal de Lorraine : « Je vous adresse la préface de mon cours : elle a été prononcée au milieu d'une si grande affluence de monde que plusieurs personnes à demi asphyxiées ont dû être emportées hors de la salle, et que l'orateur lui-même, pris d'un accès de toux dans cette grande chaleur, a failli en être suffoqué. Vous lirez donc plus d'un détail que n'ont pu entendre deux mille auditeurs, venus pour assister à votre éloge. »

IV

(1551-1561)

—

Enseignement de Ramus au collége de France. — Ses grands desseins pour la réformation des arts libéraux. — Grammaire : affaire des *quisquis* et des *quanquam*. — Rhétorique : P. Galland, Rabelais, Joachim du Bellay. — Logique : J. Charpentier, Léger Du Chesne, Turnèbe. — Mathématiques : J. Péna, A. d'Ossat, etc. — Ecrits et publications de toutes sortes. — Faveur de Ramus à la cour, au parlement et même dans l'université, sous les rois Henri II et François II.

La suite de l'enseignement public de Ramus répondit à ce brillant début. « Sa voix, dit un écrivain de nos jours, contenue jusque-là dans l'étroite enceinte d'un collége, retentit publiquement dans Paris, et appela autour de sa chaire une innombrable jeunesse. Dès lors, la logique naturelle et le bon sens eurent un organe, et l'enseignement philosophique entra dans une nouvelle voie [1]. »

Ramus s'était formé la plus haute idée de la tâche qui lui était confiée [2]. Il sentait que les amis des lettres avaient les yeux sur lui, et il s'efforçait de répondre à cette attente. Cette pensée soutenait son courage, et dans

[1] J. J. Guillemin, Le Cardinal de Lorraine, p. 455.
[2] Oratio de sua duodecim annorum professione, 1562.

6

ses leçons d'éloquence et de philosophie, il s'élevait fort
au-dessus des vues ordinaires d'un simple professeur.
Je crois avoir déjà cité ce mot d'Estienne Pasquier :
« Ramus, en enseignant la jeunesse, estoit un homme
d'Estat. » On remarquait jusque dans ses manières et
dans son langage quelque chose de noble et de fier, que
l'on ne retrouvait pas chez d'autres, et qui plaisait singulièrement aux gens du monde. Il parlait *en seigneur*,
suivant un de ses contemporains dont je rapporterai ici
les paroles. Dans son éloge de Henri II (Hom. ill., discours LXVI), Brantôme passe en revue plusieurs écrivains et hommes de lettres qui vivaient sous ce prince;
il cite entre autres : « Monsieur Gallandius Torticolis en
l'art d'oratoire ; mais (ajoute-t-il) Monsieur Ramus, son
ennemy, le passoit, qui estoit un fort disert et éloquent
orateur ; et peu s'en est-il veu de semblables : car il
avoit une grâce inégale à tout autre, qui secouroit davantage son éloquence...., Monsieur Turnebus fut aussi un
très sçavant homme en grec et en latin, mais non qu'il
eust telle piaffe de parler en seigneur, comme Ramus. »
Celui-ci effaça bientôt tous ses collègues par son éloquence et par le nombre de ses auditeurs. Sa réputation
se répandant par toute l'Europe, attirait à Paris plus
d'un étranger désireux de l'entendre. « Plusieurs Allemands, dit Nancel (l. c., p. 63), m'ont assuré avoir fait
ce voyage dans le seul but d'entendre Ramus d'abord et
ensuite Turnèbe. » Suivant un autre de ses admirateurs,
Scévole de Sainte-Marthe (Eloge de Ramus), « il était
surtout remarquable, lorsqu'en présence d'une foule
compacte d'auditeurs, il interprétait avec une grande
dignité de geste et de langage les grands écrivains latins,

et singulièrement Cicéron. » C'est par ce dernier qu'il commença ses cours au collége de France.

On a conservé les commentaires de Ramus sur un assez grand nombre de discours de Cicéron ; il en avait lu un plus grand nombre encore ; il s'était même proposé de les expliquer tous ; mais il n'acheva point cette entreprise, et passant de l'éloquence à la poésie, il commenta à sa manière les Bucoliques et les Géorgiques de Virgile, puis le premier livre de l'Enéide. Il fit aussi un cours sur les Commentaires de César, et y trouva la matière de deux ouvrages qui eurent un succès presque populaire. L'un, sur les mœurs des anciens Gaulois, eut l'honneur d'être traduit en français la même année par un personnage considérable à la cour et dans la diplomatie, Michel de Castelnau, le même qui fut ambassadeur de France en Angleterre. L'autre, sur l'art militaire d'après César, fut aussi traduit en français, mais un peu plus tard, par un conseiller, nommé maître Pierre Poisson, sieur de la Bodinière. Les cours de Ramus donnèrent encore naissance à un autre livre non moins prisé des savants. Il avait eu l'occasion, en lisant le Brutus de Cicéron, de faire pendant huit ou dix jours une suite de leçons sur l'imitation du style cicéronien, si fort à la mode alors parmi les érudits et les humanistes. Ces discours, d'une véritable éloquence, avaient été suivis par une grande foule d'auditeurs, parmi lesquels on remarquait le cardinal de Lorraine : Ramus les réunit en un livre intitulé Ciceronianus, qui fut plusieurs fois réimprimé, surtout en Allemagne.

Il ne faudrait pas croire cependant qu'il eût le dessein d'enseigner la littérature proprement dite. Philosophe et

logicien avant tout, son unique préoccupation était de
profiter de la bienfaisante liberté dont il jouissait au collége de France, pour rendre plus accessible et plus pratique l'étude des arts libéraux ; et s'il joignait la lecture
des poëtes et des orateurs à celle des philosophes, c'était
pour démontrer l'excellence des préceptes de la logique
qui trouvaient leur emploi en toute œuvre d'intelligence.
Puis, lorsqu'il expliquait un auteur, quel qu'il fût, il avait
toujours devant les yeux quelque science à laquelle il
rapportait ses leçons. C'est ainsi que les Discours de
Cicéron et le traité De fato lui servaient de texte pour
réformer l'enseignement de la rhétorique et de la dialectique. Les Géorgiques lui étaient une occasion pour
s'occuper de physique, et le Songe de Scipion, pour
traiter de l'astronomie. Il aimait et pratiquait ce genre
d'enseignement, parce qu'il lui semblait propre à faciliter l'étude des sciences et à les rendre d'une application
plus usuelle. Sa prétention, bien ou mal fondée, de
chercher en tout la pratique et l'usage, lui avait fait
donner par ses adversaires le surnom d'*usuarius*. Turnèbe
prétend que ce furent les conseillers du parlement qui le
désignèrent ainsi [1]. Un autre sobriquet, en vogue parmi
les étudiants, faisait allusion à une habitude et presque
à une manie du professeur qui, en expliquant Cicéron
et Virgile, en lisait chaque jour une page, ni plus ni
moins : de là le nom de *paginarius*. Enfin, suivant
Nancel (p. 24), il avait également l'habitude, quelque
sujet qu'il traitât, de parler une heure, sans avoir jamais
devant lui plus de deux ou trois lignes de notes sur un
carré de papier.

[1] Adr. Turnebi Disputatio ad libr. Cic. De fato (1556, in-4°), fol. 27 v.

Le collége de France fut pour Ramus une sûre retraite, où, pendant plusieurs années, il enseigna à son gré la philosophie et appliqua librement aux lettres et aux sciences sa nouvelle méthode. Soumis à l'université comme principal du collége de Presles, il ne dépendait que du roi comme lecteur royal. Il sentait bien tous les avantages d'une telle position, et il ne manquait jamais une occasion de témoigner à Dieu sa reconnaissance pour lui avoir rendu la liberté et l'avoir mis à l'abri des attaques de ses ennemis [1]. Cependant, comme il avait entrepris une réforme générale de tous les arts libéraux, il rencontra dans chacun d'eux des adversaires, des envieux et même des ennemis ; mais partout il eut à lutter contre l'hostilité déclarée des docteurs de Sorbonne, dont l'ignorance et l'opiniâtreté égalaient pour le moins, et ce n'est pas peu dire, le besoin de progrès dont il était possédé. Il eut bientôt lieu de s'en convaincre par la manière dont on accueillit ses essais de réforme en grammaire. Ici se présente l'histoire fameuse des *quisquis* et des *quanquam*.

C'était en 1551. Les lecteurs royaux, frappés de certains abus qui s'étaient introduits dans la prononciation de la langue latine, avaient résolu d'un commun accord de les faire disparaître, au grand déplaisir des routiniers de l'école et particulièrement des théologiens, à qui il en coûtait trop de renoncer dans un âge avancé à des habitudes contractées dès l'enfance. Aussi la dispute fut-elle un instant très vive. Le principal point en litige était la prononciation de la lettre *Q*. Les anciens, on le sait, prononçaient cette lettre en faisant sonner l'*u* qui

[1] Banosius, Vie de Ramus, p. 10, 11.

la suit, comme dans les mots quisquis, quanquam, quantus, qualis, etc. Les gens de Sorbonne, au contraire, prononçaient ces mots comme s'ils eussent commencé par un *K* : *kiskis, kankam, kantus, kalis,* etc. Les professeurs du collége de France repoussaient comme de véritables barbarismes ces manières de parler et d'autres semblables, telles que *michi* pour mihi. Mais ils eurent beaucoup de peine à détruire un abus invétéré, et il fallut, dit-on, l'intervention du parlement, pour leur donner gain de cause. Voici comment un savant Allemand, Théodore Zuinger de Bâle, qui était alors à Paris, raconte cette affaire.

Au commencement de l'année 1551 (1552), un ecclésiastique, qui avait adopté la vraie prononciation et qui possédait d'assez gros revenus, fut attaqué par les sorbonistes pour son amour des nouveautés. Il était question de le dépouiller de son titre et de tous les avantages qui y étaient attachés ; et le procès ayant été porté devant le parlement, le malheureux courait grand risque de payer de son bénéfice ce qu'on appelait son hérésie grammaticale. Heureusement pour lui, les professeurs du collége royal, et parmi eux Ramus, se transportèrent en corps à l'audience, et après avoir montré ce qu'une telle poursuite avait d'inouï, ils firent sentir aux juges que leur mission était d'appliquer les lois et ordonnances royales, non de discuter des règles de grammaire ; en sorte que le parlement rendit un arrêt qui non-seulement renvoyait absous l'ecclésiastique persécuté, mais encore garantissait implicitement pour l'avenir l'impunité en matière de prononciation [1]. « Alors pour la pre-

---

[1] Theatr. hum. vitæ, vol. IV, l. i, p. 1100, col. b. Cf. Freigius, l. c., p. 24.

mière fois, dit Ramus, j'entendis prononcer à la manière des Latins et des Romains, Quis, Qualis, Quantus,
Mihi, et l'on n'osa plus réclamer sur ce point contre les
lecteurs du roi, au moins en public [1]. »

Le professeur Crevier, sans doute pour être agréable
à la faculté de théologie, a cru devoir contester la vérité
de ces faits. « Un disciple de Ramus, dit-il, raconte l'a-
venture ridicule d'un procès, etc... Il faudrait être bien
dupe pour croire qu'un ecclésiastique qui se conformait
à la prononciation des professeurs royaux, fut poursuivi
pour ce sujet comme hérétique par la Sorbonne.....
Bayle lui-même n'ajoute pas foi à ce conte absurde et
c'est un avertissement pour nous de nous défier du témoignage des disciples et partisans de Ramus dans les
faits qu'ils allèguent contre leurs adversaires [2]. » Les
poursuites dirigées contre l'ecclésiastique en question ne
sont pas seulement ridicules, comme le dit Crevier;
elles sont de plus fort odieuses, mais ce n'est pas une
raison suffisante pour rejeter le récit d'un témoin oculaire, confirmé par plus d'un contemporain et par l'allusion discrète de Ramus que nous avons citée. Ce n'est
d'ailleurs qu'un détail, et il ne sert de rien de le nier
sans preuve, puisqu'on ne saurait mettre en doute le
fond de l'affaire, savoir l'opposition très bruyante et parfaitement ridicule des sorbonistes à la vraie prononciation des mots quisquis et quanquam, témoin le mot
cancan qui en est resté dans notre langue [3]; et une fois

---

[1] Scholæ grammaticæ, l. ii.

[2] Hist. de l'Univ. de Paris, l. x, § 2.

[3] Mélanges tirés d'une grande biblioth., t. L, p. 117 : « Cette affaire,
dont le sujet nous paraît aujourd'hui ridicule, fit tant de bruit au XVIᵉ

ce point admis, il est très probable qu'ils auront persécuté, suivant leur coutume, ceux qui n'étaient pas de
leur avis. Aussi Bayle n'en a-t-il point douté, quoi qu'en
dise Crevier, et ceux qui connaissent ces temps-là n'en
douteront guère. Quant aux membres du parlement,
c'étaient d'assez mauvais juges en cette affaire ; car il
n'y avait pas si longtemps qu'ils avaient cessé de défi-
gurer la langue latine à la fois et les actes publics en
employant le latin dans leurs jugements. C'était François Ier qui, en 1539, par une ordonnance célèbre datée de Villers-Cotterets, avait mis fin à des scandales
inouïs en ce genre. On prétend qu'il s'était mis un jour
en colère contre le premier président qui, pour exprimer la formule : Déboutons et avons débouté, n'avait
pas craint de dire : *Debotamus et debotavimus* [1] *!*

On voit par cet exemple quel était alors l'empire des
vieilles coutumes, et quel courage il fallait pour entreprendre, contre des adversaires si obstinés, la réformation des lettres et des sciences. Cependant il ne faut pas
exagérer la résistance que rencontra Ramus en grammaire, et Voltaire est tombé dans cette faute quand il a
dit, avec son érudition un peu légère : « Une des plus
violentes persécutions excitées au XVIe siècle contre Ramus, eut pour objet la manière dont on devait prononcer
quisquis et *quanquam* [2]. » Ce n'est pas en grammaire que
notre philosophe eut le plus à combattre : loin de là ; il

siècle, qu'il nous en est encore resté cette expression populaire, qui est
de dire qu'une affaire fait bien du kankan (cancan) lorsqu'elle fait
beaucoup de bruit. »

[1] Voir de Thou, l. III, c. 3. Cf. Addit. à l'Hist. de Louis XI de Naudé,
p. 369.

[2] Dict. philos., Du quisquis de Ramus, et ailleurs.

nous apprend lui-même, dans la préface de ses Scholæ
in liberales artes, que « nulle part la discussion ne lui
a été plus facile. » La réforme en effet était commencée
depuis assez longtemps sur ce point : le barbare *Doctri-*
nal d'Alexandre de la Ville-Dieu n'était plus suivi dans
les classes, et les écoliers de l'université ne pensaient
plus que ce fût bien parler de dire : *ego amat* pour *ego*
amo, comme ce joyeux buveur Bragmardus, que Rabelais met en scène, et qui dit, en brouillant les cas et les
personnes : *Ego habet bonum vino* [1].

Ramus rassembla plus tard, sous le titre d'Etudes sur
la grammaire (Scholæ grammaticæ), toutes les critiques
que lui suggérait la lecture de Priscien et des autres
grammairiens. Mais il ne se borna pas à la critique et
voulut mettre lui-même la main à l'œuvre : de là trois
grammaires qui parurent, la latine en mai 1559, la
grecque en 1560, la française en 1562, et qui eurent
un nombre considérable d'éditions, comme on peut s'en
convaincre en jetant un coup d'œil sur le catalogue des
écrits de Ramus, que nous donnons plus bas, à la fin
de ce volume.

Après la grammaire vint la rhétorique, et avec elle
une lutte bien autrement grave et de plus longue durée
contre Cicéron et Quintilien, ou plutôt contre leurs fanatiques partisans. Celui qui prit avec le plus d'ardeur
la défense de ces deux illustres morts, dont apparemment il se considérait comme le tuteur, fut, comme on

---

[1] Voici où Bayle (art. Ramus) a exprimé quelques doutes : c'est au sujet
de *ego amat*. Mais ses doutes se seraient dissipés, s'il eût connu le passage
formel des Advertissements au Roy touchant la réformation de l'univ.
de Paris (1562, in-8°), p. 90.

l'a vu plus haut, Pierre Galland, le plus ancien adversaire de Ramus. Le débat entre ces deux champions divisait l'université, occupait le parlement et amusait le
public. J'ai déjà raconté en partie les querelles soulevées
par la publication des Brutinæ quæstiones de Ramus et
de ses Distinctiones in Quintilianum. Il me reste à expliquer comment, après avoir atteint des proportions
presque tragiques, cette affaire prit alors un tour plus
plaisant, grâce à l'intervention d'un nouveau personnage
dont on sera surpris de rencontrer ici le nom : je veux
parler de Rabelais. Celui-ci, qui ne s'y attendait guère,
y avait été quelque peu mêlé par Galland, qui l'avait
traité assez légèrement dans sa harangue contre Ramus.
Les remarques de ce dernier sur Quintilien ayant obtenu
les suffrages du public lettré, Galland lui conseillait de
ne pas trop s'enorgueillir du succès de son livre. « En
effet, lui disait-il (fol. 12 v.), la plupart de ceux qui
lisent vos sornettes ne le font pas pour en retirer le moindre profit, mais pour se divertir et par manière de passe-
temps, comme ils lisent les fables grossières de Pantagruel. » Rabelais ne laissa point passer cette attaque ;
mais ayant donné, en 1552, un nouveau Prologue du
IVe livre de Pantagruel, il saisit cette occasion d'interve-
nir dans la lutte pour dire son mot, qui sans doute était
un peu celui de tout le monde.

« Mais que ferons-nous (dit Jupiter) de ce Rameau et
de ce Galland, qui caparaçonnez de leurs marmitons,
suppous et astipulateurs, brouillent toute ceste académie
de Paris? l'en suis en grande perplexité. Et n'ay encore
résolu quelle part ie doibue encliner. Tous deux me semblent aultrement bons compaignons... L'ung a des escus

au soleil, ie dy beaulx et tresbuchans : l'aultre en voudroit bien auoir. L'ung ha quelque sçavoir, l'autre n'est ignorant. L'ung aime les gens de bien, l'aultre est des gens de bien aimé. L'ung est ung fin et cauld regnard, l'aultre mesdisant, mesescrivant et abayant contre les anticques philosophes et orateurs comme ung chien. Que t'en semble?... — Roy Iupiter, répondit Priapus,... puisque l'ung vous comparez à ung chien abayant, l'aultre à ung fin frété regnard, ie suis d'aduis que, sans plus vous fascher ne altérer, d'eux faciez ce que iadis feistes d'ung chien et d'ung regnard... A cestuy exemple, ie suis d'opinion que petrifiiez ces chien et regnard. La métamorphose n'est incongrue : tous deux portent le nom de Pierre. Et parce que, selon le prouerbe des Limosins, à faire la gueule d'un four sont trois pierres nécessaires, vous les associerez à maistre Pierre du Coingnet, par vous jadis pour mesme cause pétrifié. Et seront en figure trigone équilatérale au grand temple de Paris, ou au milieu du paruis posées ces trois pierres mortes, en office de exteindre avec le nez les chandelles, torches, cierges, bougies et flambeaux allumez : lesquelles viuantes allumoyent le feu de faction... — Vous leur fauorisez, dit Iupiter, à ce que ie voy, bel messer Priapus. Ainsi n'estes à tous fauorable. Car veu que tant ilz conuoitent perpétuer leur nom et mémoire, ce seroyt bien leur meilleur, estre ainsi après leur vie en pierres dures et marbrines convertis, que retourner en terre et pourriture. »

Cette bouffonnerie fut accueillie avec une grande faveur; elle fait tous les frais d'un poëme, alors très admiré, de Joachim du Bellay : la Satyre de Maistre Pierre

du Cuignet sur la Pétromachie de l'université de Paris.
Là, Pierre de la Ramée est mis en scène avec tous les
autres *Pierre* de l'Académie.

> Voicy un Platon tout nouveau,
> Qui s'est rongé tout le cerveau
> A ronger le pauvre Aristote,
> Désormais dont nul ne se frotte
> De pénétrer aux obscurs lieux,
> S'il n'a ce rameau précieux :
> Car c'est un guide fort habile
> Dedans le trou de la sibylle.

> Mais qui a mis en chaude chole
> Nostre grand magister d'eschole,
> Ce grand Atlas, gros de mesdire,
> Qui, pour nous faire très-tous rire,
> Enfanta naguère à Paris
> Une ridicule souris, etc.

Ce dernier trait, emprunté au discours de Galland,
est une allusion dédaigneuse à la dialectique publiée par
Ramus. Mais le poëte maltraite surtout Galland, que sa
conformation disgracieuse avait fait surnommer *Torticolis* [1], et qui s'était aliéné les gens d'esprit en attaquant
Rabelais. Il lui reproche aussi d'avoir fait des emprunts à
Périon et d'avoir employé la plume de son élève Turnèbe.

> O le *galand* législateur
> Qui le poëte et l'orateur
> Bannist avec tous leurs supposts [2],
> Dont néanmoins à tous propos

---

[1] Collectan. præfat., orat., etc., p. 321, 350. Ramus ne nomme point
Galland ; mais, s'adressant au *mauvais génie*, il le somme de *lever la tête,
s'il le peut*, etc. Cette saillie avait beaucoup amusé le parlement.

[2] Galland ne voulait pas que l'on enseignât la dialectique au moyen
des poëtes et des orateurs.

Il emprunte les instruments
.Pour forger ses beaux arguments,
Qui ne sont creux, comme je cuide,
En sa tête de pyramide.

Mais je ne m'esmerveille point
Si furieusement il poingt
Les Muses et Grâces tant belles,
Veu qu'il est fait en dépit d'elles.
Son oraison tant bien parée
Semble une jupe bigarrée
De plus de sortes de couleurs
Que les prés ne portent de fleurs.
Ha, je recognois bien le style
Que sa douce plume distille :
Il est tout *Périonizé*
Et quelque peu *Tornebuzé* ;
Mais il me semble trop cruel
Contre le bon Pantagruel.

Voici quelques traits qui pourront faire juger du style
et de la *douce plume* de Galland. Je les emprunte à l'é-
crit qu'il publia contre ce qu'il appelait « la nouvelle
Académie de Ramus [1]. »

D'abord il joue, d'une manière qui lui paraît agréable, sur le nom de son adversaire, en prenant pour épigraphe ces mots de Virgile :

Aperit *Ramum* qui veste latebat [2].

Puis, prenant son sujet plus au sérieux, il lance, à défaut d'arguments, une véritable bordée d'injures entre
lesquelles je remarque les suivantes : Ramus est com-

---

[1] P. Gallandii, literarum latin. prof. regii, pro schola Paris. contra
novam acad. P. Rami oratio. Lutetiæ, MDLI, in-8°, 78 fol.

[2] Cette épigraphe n'est pas dans tous les exemplaires.

paré aux Gracques pour le besoin de l'exorde (fol. 5 r.);
mais en réalité, suivant l'auteur, c'est un maître de deux
liards (fol. 3 r.), un homme inepte, aussi sot que bavard, d'une pétulance plus que cynique, léger, inintel-
ligent, malicieux, médisant, enragé, stupide, ignorant,
calomniateur, téméraire, impudent, etc., etc., et les
mêmes épithètes se retrouvent au superlatif (fol. 2, 5,
10, 12, 20, 29, 30 v., 44, 47, 60 sq., 77). C'est un
insensé, un fat, un brouillon, un misérable, un vaurien
et un impudent qui a bien osé, en plein parlement, s'asseoir à la place du recteur ! C'est un chien toujours prêt
à aboyer et à mordre (fol. 10 r.), une harpie qui salit
tout de son contact (ibid.), une peste, un fléau (fol. 60 v.,
69), une vipère qui vomit à flots le poison (f. 44 r.), etc.
Il est vrai qu'on lit ses ouvrages, mais on lit bien
Pantagruel ; et puis ne voyez-vous pas les épiciers, les
charcutiers et les apothicaires qui s'apprêtent à en faire
des cornets pour en envelopper des drogues, du poivre,
du beurre ou des cornichons (fol. 12)? Galland ne se
refuse pas un calembour sur les *stupides* écrits de son
adversaire [1]. Assurément, dit-il, un tel homme, un fils
de charbonnier (fol. 66 v., 71 v.) ne devrait pas porter
la tête si haute (fol. 22 r.). Ramus se dit académicien ; il
avoue donc qu'il est l'ennemi du christianisme (fol. 65),
ennemi du droit et de la justice, de toute science, de tout
repos, de toute paix, de toute vertu, de tout devoir (f. 71 r.).
Il a beau citer l'Evangile : tout académicien, tout adversaire d'Aristote est évidemment impie et déclare la guerre
à la tradition, aux papes, aux empereurs et aux rois (fol.
65 v., 73 v.). Attaquer Aristote! Ce n'est pas une er-

[1] Brutas (c'est-à-dire Brutinas) tuas quæstiones (fol. 20 v.).

reur, c'est un crime (fol. 9 v., 10 r., 77 v.). Est-il bien possible que la France ait produit des hommes, ou plutôt des *monstres* capables de traiter ainsi un tel homme, si même c'est un homme, *si modo homo dicendus est* (f. 75, 76), et qu'il y ait eu des avocats pour oser les défendre en plein parlement (fol. 76, 77)! Il serait temps que l'illustrissime et intelligentissime cardinal de Lorraine, que le clergé tout entier, que le roi et le parlement missent enfin un terme à ces sacriléges, dignes des peines ou, pour mieux dire, des supplices les plus rigoureux, *gravissimis suppliciis dignissimus* (fol. 66 r.).

Voilà le style de Pierre Galland ; et, ce qu'il y avait de plus fâcheux, c'est que la faculté de théologie approuvait hautement ce genre de polémique. Voici en effet ce qu'on lit en tête de l'ouvrage :

EXTRAIT DES REGISTRES DE PARLEMENT.

« Après auoir veu par la Court la requeste à elle présentée par Michel de Vascosan, imprimeur et libraire en l'uniuersité de Paris, avec l'acte et certification du doyen de la faculté de théologie, commis par la Court au lieu de recteur de ladicte uniuersité, et des députez docteurs en théologie signez en ladicte requeste, déclarans avoir leu le liure intitulé Petri Gallandii... oratio : *lequel liure ils auoyent trouué bon, catholicque et contre les opinions dudict Ramus, vtile et commode pour l'institution et discipline de ladicte vniuersité :* A ladicte Court permis et permet, etc... Faict en Parlement le dernier iour d'auril, l'an mil cinq cens cinquante vng.

« *Camus.* »

Je suis vraiment fâché de fournir cette autorité de
plus à certains écrivains qui n'ont d'autre moyen de
succès que d'injurier platement leurs adversaires. Mais
je me hâte d'ajouter que le public lettré n'estimait pas
plus alors qu'aujourd'hui cette méthode par trop commode de réfutation, qui, entre autres inconvénients, aurait celui de donner toujours l'avantage aux gens grossiers
sur les honnêtes gens. Joachim du Bellay, pour sa part,
ne trouvait pas que l'œuvre de Galland y gagnât beaucoup de force, d'éclat, ou même de chaleur; voici du
moins ce qu'il en dit :

> C'est ceste pierreuse responce,
> Plus sèche que pierre de ponce,
> Plus dure que pierre marbrine,
> Plus fresle que pierre ardoisine,
> Plus rude que la pierre grise,
> Et plus froide que pierre bise.

La querelle se prolongeant, le poëte la fait juger comme
Rabelais par feu Pierre de Cuignières, qui retire l'affaire
au parlement; car, dit-il,

> Cela m'appartient seulement,
> Non à la cour de parlement,
> Qui ne se doit point empescher
> Pour les pierres espelucher, etc.

On peut enfin recueillir dans ce poëme le passage suivant, où il est fait mention des premiers troubles surve-
nus dans le Pré aux Clercs, et qui ne prirent fin qu'en
mai 1551, par un arrêt du parlement[1] :

[1] Le 14 mai. Félibien, Hist. de la ville de Paris, t. II, p. 1027.

Venez tous esteindre le feu
Que ces Pierres ont excité
Parmi nostre université,
Qui n'estant d'un recteur guidée [1],
Semble une jument desbridée,
Ou une barque vagabonde
Laissée à la merci de l'onde.
Le Pré aux Clercs en est tesmoing
Où il n'y a si petit coing
De muraille, qu'à coups de pierre
On ne fasse broncher par terre,
Lapidant les champs fructueux
Et les beaux logis somptueux,
Ausquels la pierreuse tempeste
Gresle sans fin dessus la teste [2].

En rhétorique comme en grammaire, Ramus distinguait l'exposition et la réfutation, et, tandis qu'il exerçait sa critique sur les livres de rhétorique de Cicéron et de Quintilien, et dirigeait contre eux les deux ouvrages qui venaient de faire tant de bruit, et qu'il réunit plus

[1] Il y avait eu une vacance de deux mois dans le rectorat, après la sortie de J. Charpentier, le 14 mars 1551, parce que les factions rivales ne purent s'accorder, et le parlement délégua, pour faire les fonctions de recteur, le doyen de la faculté de théologie, comme on l'a vu plus haut, p. 95.

[2] Le même poëte, jugeant apparemment que ses plaisanteries pétromachiques avaient réussi dans le public, revint à la charge dans une autre pièce beaucoup plus courte, intitulée *Problesme*, et que voici :

Naguère un Galand s'attacha
A un Rameau de telle sorte
Que le rameau il arracha,
Dont le faix à terre le porte.
Un chascun d'eux se desconforte :
L'un gist en terre tout honteux,
L'autre en a le col tout boiteux,
Qui ne sçait quelle mine feindre.
Or, devinez lequel des deux
A plus grand cause de se plaindre ?

Quand se tairont ces deux criars
Qui ne font que japper et braire ?
Faut-il qu'un abbé des Conars (du Cuignet)
Se mesle de les faire taire ?
Pensez qu'on avait bien affaire
De les ouyr crier si fort,
Veu que tout leur plus grand effort
Dont mesme les enfans se mocquent,
N'est qu'une scintille qui sort
De deux *pierres* qui s'entrechocquent.

7

tard sous le titre moins agressif d'Etudes sur la rhétorique (Scholæ rhetoricæ), il confiait à son ami et collaborateur Omer Talon la tâche plus paisible, sinon plus
facile, de rédiger des préceptes de rhétorique. Talon
donna en 1554, d'après les vues de Ramus, une nouvelle
édition de l'ouvrage qu'il avait publié pour la première
fois en janvier 1545.

Dans le même temps, Ramus faisait exercer les élèves
du collége de Presles dans l'art oratoire sur des sujets de
philosophie, de morale et même de politique. J'ai retrouvé dans un recueil fort rare, que possède la bibliothèque de l'université[1], cinq discours prononcés par des
élèves du collége de Presles le 17 décembre 1554, et qui
donnent une idée de cette méthode d'enseignement. Un
élève de la classe d'Antoine Foquelin prononce d'abord
un discours pour prouver qu'un roi ne doit pas être
philosophe; puis un autre élève soutient la thèse opposée
dans un second discours. Le troisième établit qu'un roi
ne doit pas s'adonner aux armes, et le quatrième au contraire, qu'il en a l'obligation. Enfin un cinquième et
dernier orateur, qui n'est autre que Nicolas de Nancel,
le futur biographe de Ramus, est chargé de tirer en
quelque sorte la conclusion des discussions précédentes,
et d'expliquer dans quelle mesure il convient qu'un souverain soit guerrier à la fois et philosophe. Il paraît qu'en
débitant ces discours, les élèves avaient grand soin de
composer leurs jeunes visages, de prendre une attitude

---

[1] Quinque orationes politicæ, a quinque discipulis Ant. Foquelini
habitæ in gymnasio Prœlleorum, etc. Parisiis, 1554 (c'est-à-dire 1555),
in-4°, 16 feuillets sans pagination.

noble et de faire les gestes convenables. Tous ces exercices,
nouveaux dans les colléges, excitaient l'hilarité des adversaires de Ramus. Charpentier surtout prétendait qu'il était
fort plaisant de voir des enfants, qui avaient encore moins
de raison que de barbe au menton, déclamer ainsi en
affectant des gestes qui n'étaient point de leur âge[1]. Mais
Ramus ne se troublait pas pour si peu, et les professeurs
du collége de Presles, y compris Omer Talon, allaient le
voir et l'entendre au collége royal, le considérant comme
le plus parfait modèle qui fût alors de diction, d'action
et d'éloquence[2].

Ce fut ensuite le tour de la logique. Comme Ramus
prétendait que toutes les autres sciences n'en étaient que
l'application, il s'efforça d'en démontrer la pratique et
l'usage pendant toute sa carrière de professeur. Cependant il crut devoir, en 1553, enseigner séparément la
dialectique, d'après son ouvrage autrefois proscrit, aujourd'hui célèbre, et qui chaque année était réimprimé
sous le titre de Institutiones dialecticæ[3].

Ici, ce ne furent plus seulement des écrits qu'il eut à
combattre : il eut à soutenir des luttes jusque dans son
propre auditoire. Lorsqu'il fit sa leçon d'ouverture au
collége de Cambrai vers la fin de l'année 1552, ses ennemis ayant monté une cabale, il se vit interrompu par
de grands cris, des huées, des trépignements et des sifflets. Mais il déconcerta ce petit complot par une fermeté
calme et imposante. A chaque interruption, il s'arrêtait
et attendait que le bruit cessât. Puis, sans s'émouvoir, il

---

[1] Animadv. in P. Ramum (1555), fol. 3 r.
[2] C'est ce que dit Talon dans sa Rhétorique de 1554.
[3] Collectan. præfat., etc. (1577), p. 42.

reprenait sa leçon dans les moments de répit qui lui étaient laissés ; et triomphant à la fin d'une minorité malveillante, il redevint maître de son auditoire comme de lui-même, et termina au milieu des applaudissements. Tant de constance et de talent le préservèrent à l'avenir de semblables injures dans l'exercice de ses fonctions. Mais au dehors les disputes et les persécutions recommencèrent de plus belle.

Pierre Galland, ne voulant plus sans doute attaquer lui-même un homme qui ne lui répondait jamais[1], et qui d'ailleurs était devenu son collègue, et étant peut-être intimidé par les plaisanteries de Rabelais et de du Bellay, ne paraît plus dans ces nouveaux conflits. Mais il est remplacé par son élève Charpentier. Celui-ci, qui n'avait rien à perdre, brûlait de prendre sa revanche contre Ramus qui, dans le procès de 1551, l'avait traité fort dédaigneusement[2]. On voit par l'Histoire de l'université de du Boulay, que Charpentier et son ami Muret, docteur en médecine, n'osant attaquer directement les cours d'un lecteur du roi, ne cessaient de poursuivre, soit auprès de l'université, soit devant le parlement de Paris, les leçons que donnait Ramus au collége de Presles. En 1552 et 1553, ils renouvelèrent les querelles un moment assoupies, sur la manière d'enseigner la philosophie. Ils s'obstinaient à demander que l'on expliquât mot à mot Aristote, tandis qu'au collége de Presles on se bornait à l'expliquer de point en point et avec une certaine liberté. Ils s'opposaient surtout à ce qu'on joignît l'étude de

---

[1] Voyez cependant dans les Collect. præfat., etc., p. 150, 152, une vive sortie contre Galland.

[2] Ibid., p. 321. Juvenculus es, imberbis es, etc.

l'éloquence à celle de la philosophie. La faculté de théologie, qui pensait comme eux, déclara, par une délibération du 29 janvier 1553, qu'elle voyait avec peine les nouveautés qui divisaient la faculté des arts, et qui menaçaient l'existence même des autres facultés. Heureusement, le parlement maintint ses décisions précédentes, et autorisa Ramus et ses partisans à enseigner comme ils l'entendraient, au moins à certains jours et à certaines heures. Cette autorisation accordée aux adversaires d'Aristote devait être d'autant plus désagréable aux péripatéticiens, que les jours de congé étaient appelés dans les écoles jours d'Aristote (dies aristotelici), parce que ces jours-là en effet des maîtres particuliers donnaient des leçons complémentaires sur la philosophie d'Aristote[1]. Les dimanches, les jours de fête et les jours de congé faisaient alors un total de 200 jours, comme je l'ai déjà fait observer; et quant aux jours ordinaires, une heure seulement étant exigée par les statuts pour l'étude d'Aristote, l'emploi du reste de la journée était laissé libre. On voit toute l'étendue de la permission accordée à Ramus.

Cependant Charpentier ne se tint pas pour battu, et il eut recours à d'autres moyens pour continuer une lutte, où il était soutenu par un parti nombreux et puissant. Sous prétexte de faire des remarques ou animadversions sur une nouvelle édition des Institutions dialectiques de Ramus qui venait de paraître, il lança contre son adversaire un véritable pamphlet[2], où

[1] Suivant Michault, Mél. hist. et philol. (1754), t. II, p. 19-20, cette expression était encore employée dans ce sens en Flandre au milieu du XVIIIe siècle

[2] Jacobi Carpentarii Animadversiones in libros tres Dialecticarum institutionum Petri Rami, Parisiis, 1555, in-4°, 42 fol.

il reproduisait assez habilement, mais avec une grande
âpreté, tous les anciens reproches adressés au principal
du collége de Presles et à l'auteur *impudent, cynique* et
criminel des Animadversions sur Aristote. A l'en croire,
c'est un médisant, un plagiaire, un sophiste, un comédien, un sceptique, un corrupteur de la jeunesse [1]. Il
reprend l'histoire du procès de 1543, en l'entremêlant
de plus d'une injure où perce la colère la plus haineuse
(f. 13 v.). Il rappelle la sentence de François Iᵉʳ; puis il
fait remarquer que Ramus a donné raison à ses juges par
les changements qu'il a apportés chaque année dans sa
dialectique, et il fait ressortir avec complaisance ces petites variations (f. 18 suiv.). Il se moque des prétentions
de son adversaire *à la majesté* (f. 35) : il le plaisante
même sur sa grande barbe, qui ne l'empêche pas d'être
regardé par tout le monde comme un brouillon et un
étourdi, tandis que lui, Charpentier, sans avoir de barbe,
a été élu recteur de l'université (f. 4 v.).

Ramus laissa passer, sans y prendre garde, la diatribe
de Charpentier, et pendant douze ans, il laissa cet obscur
détracteur se déchaîner contre lui, sans l'honorer une
seule fois d'un mot de réponse.

Le célèbre érudit Adrien Turnèbe fut plus heureux
et réussit à piquer notre philosophe. Il est vrai que sa
position, son crédit, sa science, la finesse de son esprit
et l'élévation de son caractère en faisaient un adversaire
plus considérable de tout point. Si l'on en croit Nancel,
ce fut P. Galland, son ancien professeur, qui lui persuada d'écrire contre Ramus. Peut-être son amour-pro-

---

[1] Fol. 2, 3, 22, 26, 28, 37, 38, 42, etc.

pre blessé n'y fut-il pas étranger. En 1550, Ramus, dans la préface des Lettres de Platon, avait témoigné sa vive douleur de la mort de Jacques Tousan, lecteur royal en langue grecque, et l'un de ses anciens maîtres, et il avait paru considérer comme irréparable la perte du savant prédécesseur de Turnèbe[1]. Celui-ci, se trouvant deux ou trois ans plus tard en concurrence avec Ramus pour un commentaire sur certain discours de Cicéron, ne dissimula point sa mauvaise humeur de cette rencontre avec son collègue, et, dans un avis au lecteur[2], il fit remarquer, non sans amertume, que « cet homme embrassait dans un seul enseignement l'éloquence et la philosophie. » Enfin, ayant été repris et corrigé par Ramus, qui cependant avait eu la discrétion de ne le point nommer, il se laissa entraîner dans une lutte regrettable pour lui : car il fut l'agresseur et n'eut pas les honneurs de la guerre. Au reste, il y apporta de l'esprit, du goût et une certaine modération, qualité alors bien rare, et que l'aménité de ses mœurs lui rendait plus facile qu'à d'autres. Dans le titre assez piquant de l'écrit qu'il dirigea contre Ramus, il raillait les prétentions de ce dernier comme logicien[3]. « Vous êtes logicien et même dialecticien, lui disait-il, je suis loin de le contester; je sais trop à quel prix vous avez acheté ce titre. Mais vous nous accusez d'ignorer la dialectique : laquelle, je vous prie? La vôtre sans doute; mais où est-elle? Comment la connaître

---

[1] Collectan. præfat., etc., p. 99-100.

[2] Comment. sur le Pro Rabirio, Paris, 1553, in-4° (fol. 2 r.).

[3] Ad. Turnebi Disputatio ad lib. Ciceronis de fato, adversus quemdam qui non solum logicus esse, verumetiam dialecticus haberi vult, Lutet., Mich. Vascosan, 1554 et 1556, in-4°.

avant que vous l'ayez publiée? Entre tant d'éditions différentes de cette dialectique, laquelle est la bonne? Sa-
vez-vous bien vous-même ce que vous voulez? (fol. 5 r.,
17 r.) Si l'on vous adresse des observations sur quelque
partie de la logique, aussitôt, *usuarius* que vous êtes [1],
vous vous retranchez dans l'usage (fol. 27). C'est un
mauvais moyen de cacher votre ignorance, lui disait-il
encore, que de médire sans cesse des grands écrivains
(fol. 21 v.); vous n'y avez gagné qu'une triste réputation d'ignorance, d'impudence et d'orgueil (fol. 47 v.).
En tout cas, il faut n'être pas bien savant pour en être
réduit à piller mes écrits, comme vous le faites (fol. 3
et pass.). »

Dans sa préface, Turnèbe avait dit qu'il s'attendait à
n'avoir point de réponse d'un adversaire qui avait l'habitude d'attaquer toujours, mais de ne jamais soutenir de
lutte (f. 2). Ramus lui répliqua cependant sans perdre
de temps; car, en deux jours, sa réponse fut composée,
écrite et publiée. Mais, pour ne point déroger à la loi
qu'il s'était imposée vis-à-vis de ses adversaires, il fit paraître, sous le nom de son ami Omer Talon, son Avertissement à Turnèbe [2]. Sous ce titre, il lui donna une véritable leçon en même temps qu'un exemple de goût, de
modération et d'urbanité; il lui fit sentir que sa place
n'était pas avec les Charpentier, qu'il ne devait pas s'exposer à passer pour envieux, et, qu'au lieu de médire et
de calomnier, il ferait mieux de sacrifier aux grâces et
surtout de se montrer le digne successeur de Jacques
Tousan. Enfin, tout en repoussant ses injustes accusa-

---

[1] Voir plus haut, p. 84.

[2] Admonitio ad Turnebum. Voir le Catalogue des écrits de Ramus.

tions de plagiat, tout en lui rendant épigramme pour épigramme, il lui témoignait des égards et professait la plus grande estime pour son caractère et pour ses mœurs.

Turnèbe fit répliquer à Talon par son ami Léger Du Chesne, qui plaisanta sur sa mauvaise santé l'auteur pré· sumé de l'Avertissement[1], et la querelle en demeura là.

Cependant il y avait dans toute cette polémique un reproche qui, en se reproduisant, avait fini par toucher Ramus; et il y répondit, sans nommer personne, en plus d'un endroit de ses écrits, et, par exemple, dans la préface de sa Dialectique (1555) : « Combien de fois, admonesté par l'usage, corrigeons-nous non-seulement les escripts des autres, mais aussi plusieurs passages des nostres?... Et jà-soit que par aventure je satisface de soing et assiduité à tous autres, néantmoins me voyant en plusieurs lieux esgaré de mon but, je m'accuse moi-mesme de lascheté et paresse comme ayant consumé si long temps laschement et paresseusement : Ainsi donques esmu de ceste vergongne, je m'efforce de plus en plus et employe voiles et vents par tout moyen de labeur et diligence, désirant la perfection de l'œuvre, pour lequel achever nous voyons tant de manœuvres, voire tant d'excellents architectes et maistres d'œuvre avoir esté occupez. Ce qu'appellent en moy ces grands personnages légèreté et inconstance. Mais certes ceste inconstance est pour grande constance louée et célébrée non-seulement par Horace et Apelle, ains par les philosophes et singulièrement par Aristote, qui nous enseigne que le philosophe doibt, pour la vérité, reprendre non-seulement

---

[1] Leod. à Quercu Responsio ad Aud. Talæi Admonitionem. Ex offic. Mich. Vascosani. MDLVI, in-4°, 17 feuillets.

tous les autres, mais aussi soy-mesme. Voire qui plus
est, ceste constance accusée d'inconstance est ordonnée
de Dieu et de nature, comme une montée difficile e
glissante, par les marches de laquelle nous est dressé et
limité un seul chemin à la cognoissance de science et
doctrine. Et partant, non-seulement je me console contre
telle répréhension, mais j'espère par cette philosophique
persévérance rapporter nouvelle victoire, sans respondre
à injure aucune, ains endurant toutes choses adverses
(fol. 5). »

Ces efforts et cette « philosophique persévérance » ne
furent point stériles. Il en sortit d'abord, en 1554, une
magnifique édition des Institutiones dialecticæ. L'année
suivante parut la Dialectique en français, c'est-à-dire le
plus important ouvrage de philosophie que nous ayons
eu dans notre langue jusqu'au Discours de la méthode;
puis, en 1556, les Dialecticæ libri duo, qui sont le dernier mot de notre philosophe en logique; enfin des études ou essais de logique (Scholæ dialecticæ) en vingt livres, c'est-à-dire, sous un autre titre et avec de grands
remaniements, son ancien et fameux ouvrage des Animadversiones Aristotelicæ.

Tel fut l'enseignement de Ramus, tels furent ses travaux
et ses luttes pendant les huit premières années de sa profession royale, de 1551 à 1559. On voit que tout ce temps
fut consacré aux trois premiers arts libéraux, qu'il appelait élémentaires ou exotériques, c'est-à-dire la grammaire, la rhétorique et la dialectique. Pendant toute la
durée de ce long enseignement, chaque leçon fut un
triomphe. La vaste salle du collége de France, qui con-
tenait aisément deux mille auditeurs, n'était presque ja-

mais suffisante pour contenir la foule qu'attirait l'éloquent professeur [1]. Jamais, depuis Abélard, on n'avait
vu un succès aussi brillant et aussi soutenu. Cependant
Ramus n'en fut pas ébloui, et il sut faire à son devoir
le sacrifice de cette popularité.

En effet, après avoir montré avec tant d'éclat l'application de la logique à l'éloquence, à l'histoire, à la poésie,
il était impatient, pour achever son œuvre, d'en faire voir
l'usage dans d'autres sciences plus sévères, et particulièrement en mathématiques. Il avait dû les apprendre
de nouveau pour se mettre en état de les enseigner,
et la nécessité de savoir ce dont il faisait profession
était pour lui comme un aiguillon qui le pressait de
s'instruire. Il avait déjà suivi la même méthode pour la
langue grecque, qu'il avait étudiée à deux ou trois reprises, si bien qu'en 1548, il s'était remis aux premiers
éléments avec le secours d'un régent nommé Jean Dau-
gerie, qui venait tous les jours de grand matin au collége
de Presles [2] : ils repassaient ensemble les déclinaisons, les
conjugaisons, et pratiquaient scrupuleusement les moin
dres exercices de la grammaire. Il fit de même pour les
mathématiques. Il avait été autrefois l'un des meilleurs
élèves d'Oronce Finée, le premier professeur de mathématiques qui eût enseigné à Paris. Puis, en 1544, il
avait commenté, au collége de l'Ave-Maria, les six premiers livres d'Euclide avec la Sphère. Il revint dix ans
après à l'étude des mathématiques, et il y mit tant d'ardeur, qu'il triompha de toutes les difficultés qu'elle

---

[1] Discours de 1563. Tous les contemporains sont unanimes sur ce point.
[2] Nancel) p. 25 : Quo primum anno (1548) ad illum accessi, eodem
videbam Jo. Baugerium summo mane ventitantem homunculum, etc.

présentait à cette époque. Il raconte lui-même ses travaux en ce genre dans le discours de 1563, De sua professione : « Pendant quatre ans, dit-il, je m'appliquai à des sciences que l'académie de Paris avait toujours négligées, et qui, en grande partie, n'avaient été enseignées par personne avant moi dans cette chaire... J'avais entrepris d'appliquer la logique aux quinze livres d'Euclide... Je me mis à l'œuvre sans m'inquiéter de la redoutable obscurité des mathématiques, et j'arrivai promptement jusqu'au dixième livre d'Euclide. Là, malgré les savants commentaires de Pierre de Mondoré, je trouvai tant de difficultés (pourquoi ne l'avouerais-je pas dans cette chaire témoin de mes travaux), qu'un jour, après avoir longtemps cherché une démonstration qui m'échappait, étant resté une heure immobile, je sentis dans les nerfs du col une sorte d'engourdissement; je rejetai bien loin la règle et le compas, et je m'indignai contre les mathématiques, qui donnent tant de mal à ceux qui les étudient et qui les aiment. Mais bientôt j'eus honte de m'arrêter ainsi, et, me relevant plus fort après ce faux pas, je dévorai le dixième livre, et continuai l'étude des pyramides, des prismes, des cubes, des sphères, des cônes et des cylindres. Bien plus, une fois que j'eus franchi ces premiers écueils et enseigné les éléments d'Euclide, je lus en entier les Sphériques de Théodosius, les Cylindriques d'Archimède. Déjà je préparais Apollonius, Sérénus et Pappus; encore quelques mois, et j'allais percer les derniers mystères de la géométrie, lorsque mes études furent interrompues par un danger qui menaça ma vie. »

Si quelqu'un, en lisant ce passage, se prenait à sourire, je le renverrais à la Recherche de la vérité de Malebranche. Il y verrait que, plus d'un siècle après Ramus, un commentateur anglais croyait avoir rendu un grand service à la science en expliquant les huit premières propositions d'Euclide : tant ces études s'introduisirent difficilement en Europe ! Ce qui aujourd'hui est un jeu pour un jeune homme intelligent était un rude labeur pour un savant du XVI⁰ siècle. Qu'on y songe en effet : on manquait alors de livres aussi bien que de maîtres ; il fallait lire et dépouiller les écrits alors très rares des mathématiciens grecs, dont on n'avait aucune traduction, mais seulement des éditions très imparfaites. C'est à ce rude labeur que se livrait Ramus, tantôt seul, tantôt avec quelques-uns de ses élèves ; c'est ainsi qu'il se mettait en état de réformer et d'étendre l'enseignement encore tout nouveau des mathématiques.

Il avait dans ces travaux des compagnons et des aides. Il faisait travailler sous sa direction plusieurs de ses meilleurs élèves, qui lui rendaient ainsi d'utiles services, non qu'il les prît pour maîtres, ainsi qu'on l'a cru par erreur ; mais seulement il en faisait, pour ainsi dire, ses condisciples et ses collaborateurs. Les plus distingués dans cette pépinière de jeunes mathématiciens furent Jean Péna, qui fut en peu d'années capable d'enseigner lui-même les mathématiques au collége de France ; Forcadel, auteur d'une Arithmétique assez estimée ; Fréderic Reisner, qui occupa le premier la chaire fondée par Ramus ; enfin Arnaud d'Ossat, le futur cardinal, qui plus d'une fois prêta sa plume, ou du moins son nom à Ramus, pour répondre à ses adversaires, et qui, sans Charpentier, eût été probablement professeur au collége de France, comme on le verra plus loin.

Dans cette partie de son enseignement, Ramus aurait
dû être dispensé, ce semble, de toute lutte et de toute ri-
valité : car aucun de ses adversaires, si ce n'est peut-être
Turnèbe, n'était assez instruit pour entrer en lutte avec
lui. Mais l'ignorance et l'envie furent ici, comme ailleurs, ses redoutables ennemis.

Tel était alors le triste état des sciences, que l'indiffé-
rence et le mépris accueillirent les premières leçons de
Ramus sur les Eléments d'Euclide. Il paraît, et nous le
croyons sans peine, que le nombre de ses auditeurs avait
diminué, quoiqu'il fût encore considérable ; et ce fut une
arme entre les mains de ses envieux [1]. Puis, lorsqu'ils
virent que peu à peu Ramus acquérait la réputation d'ê-
tre le meilleur mathématicien de son temps en France, ils
cherchèrent à rabaisser son mérite, en affectant de considérer comme ses maîtres les jeunes gens qu'il avait formés en les faisant travailler sous lui. Ramus répondit
victorieusement à ce reproche, en citant lui-même tous
ceux qui l'avaient aidé dans l'étude des mathématiques;
loin d'en rougir, il se faisait gloire d'avoir consulté
tous ceux qui pouvaient lui être de quelque secours. « Il
n'y a pas eu à Paris, dit-il, un seul homme instruit en
mathématiques dont je n'aie recherché la société et l'amitié. Mais pourquoi ne parler que des savants de Paris?
Il n'y a pas un mathématicien distingué en Angleterre,
en Allemagne, en Italie, avec qui je n'aie entretenu un
commerce de lettres [2]. »

En 1556, Ramus avait eu un moment l'espoir de donner à la France un grand mathématicien, dans la per-

---

[1] Scholæ math. (1569), l. II init., et Errata, ad pag. 40, v. 33.

[2] Collectan. præfat., epist., orat. (1577), p. 552.

sonne d'un de ses élèves, nommé Jean Péna. Ce jeune homme, qui était du Soissonnais, et qui avait fait d'excellentes études au collége de Presles, avait montré de si grandes dispositions pour les mathématiques, que Ramus lui-même en était dans l'admiration. A 25 ans, l'élève était passé maître, et une chaire de mathématiques étant devenue vacante au collége royal, Ramus demanda au cardinal de Lorraine qu'elle fût mise au concours, pensant bien que Péna l'obtiendrait sans difficulté : ce qui eût lieu en effet; car, dans les épreuves publiques, il se montra tellement supérieur à ses concurrents, que ceux-ci d'accord avec les juges proclamèrent eux-mêmes sa victoire. Déjà le jeune savant était monté dans sa chaire, et ses débuts répondant aux espérances qu'on avait conçues, Ramus songeait à se reposer sur lui du soin d'enseigner les mathématiques, lorsqu'une mort prématurée, résultat d'une trop grande ardeur au travail, enleva Jean Péna à l'âge de 26 ans[1]. Il fallut qu'au lieu de se livrer à l'étude de la physique, comme il s'y préparait, Ramus continuât à rechercher dans les écrits des mathématiciens grecs une science communément ignorée, et à laquelle il s'agissait de donner pour ainsi dire l'existence à la fois et une forme approuvée par la logique.

Ramus avait publié, en 1555, une Arithmétique qui eut un nombre incroyable d'éditions; mais ce n'est qu'en 1559 qu'il commença à faire des leçons au collége de France sur les mathématiques. Cette année est une des plus remplies de sa vie. Au mois d'août, il s'excuse auprès du cardinal de Lorraine de lui avoir dédié, coup sur coup, quatre ouvrages; mais en même temps il lui annonce que dans

[1] Collectan. præfat., orat., etc., p. 35 et p. 188.

les difficiles études auxquelles il va se livrer, il ne pourra montrer la même abondance; et cependant il trouve moyen de concilier le laborieux enseignement des mathématiques avec une foule de réimpressions et même avec de nouveaux ouvrages, tels que cette fameuse grammaire grecque, que D. Lancelot de Port-Royal admirait encore un siècle plus tard.

Enfin, en 1562, à force de travail et de persévérance, et en dépit des tracasseries qu'on lui suscitait de toutes parts, Ramus était parvenu à embrasser le cercle presque entier des arts libéraux, suivant le dessein qu'il en avait formé au début de son enseignement au collége royal. Il avait à cœur de remplir ce qu'il regardait comme une obligation, et sans doute il eût entièrement accompli la tâche qu'il s'était tracée, si les guerres civiles et une mort prématurée ne l'en eussent empêché. Mais n'anticipons point sur les événements; contentons-nous d'avoir donné une idée des travaux de Ramus comme lecteur et professeur royal. Ces travaux lui avaient acquis dans toute l'Europe une réputation, dont le passage suivant d'Estienne Pasquier peut nous donner une idée. L'auteur des Recherches de la France (l. IX, ch. 18), passant en revue les professeurs royaux les plus célèbres, signale « Entre ceux-cy principalement, Tournebus et Ramus. Cestuy-cy (Ramus) d'un esprit universel, comme on recueille par ses œuvres concernans tant les lettres humaines que philosophie. J'ay autrefois appris de trois Allemans, gens d'honneur, qu'en plusieurs universitez d'Allemagne, lorsque ceux qui sont en chaire allèguent Tournebus et Cujas, aussitost mettent-ils la main au bonnet pour le respect et l'honneur qu'ils portent à leurs

mémoires. Et qu'ès Universitez qui sont sous la domination du lantgrave de Hain (Hesse), ils ont banny la
philosophie d'Aristote, pour embrasser celle de Ramus,
se donnans ceux qui estudient en dialectique le nom et
titre de Ramistes. »

En France, Ramus jouissait partout d'un crédit en
rapport avec cette grande renommée. Il était connu de
tous les seigneurs de la cour et de Henri II lui-même,
qui le goûtait fort, et dont la protection ne lui fit jamais
défaut. Ce monarque, que l'histoire nous dépeint cependant comme assez peu lettré, avait eu avec son lecteur
en éloquence et en philosophie plus d'un docte entretien,
soit sur les objets de son enseignement, soit sur la réforme générale des études dans les colléges de l'université [1]. Le 7 janvier 1556 (c'est-à-dire 1557), il l'avait
nommé membre d'une commission dont faisaient partie
Hennuyer, son confesseur, P. Danès, confesseur du
dauphin, l'abbé Duval, grand-maître du collége de
Navarre, Jean Quentin, Chapelain, De Flexelles, docteur
en médecine, G. Galland, principal du collége de Boncour, et P. de la Ramée, principal du collége de Presles.
Cette commission était chargée de procéder à une enquête, et de proposer les réformes les plus utiles et les
plus urgentes à opérer dans le sein de l'université de
Paris [2]. Ce fut là sans doute ce qui donna à Ramus la
première idée d'un écrit dont j'aurai à parler tout à
l'heure.

[1] Voir les Advertiss. au roy sur la réf. de l'univ. (1562), p. 57 et suiv.
Voir aussi une lettre de Ramus à Th. Zuinger du mois de mars 1571, qui
est publiée pour la première fois plus bas, III⁰ partie, chap. II.

[2] Du Boulay, Hist. univ. Paris., t. VI, p. 489.

L'université, de son côté, le choisit plus d'une fois pour agir en son nom à la cour et auprès du roi ; et dans cette même année 1557, elle eut à se louer de la manière dont il plaida sa cause dans une circonstance très importante. Je veux parler du renouvellement des anciennes querelles entre les étudiants et les religieux de Saint-Germain-des-Prés, pour la jouissance du Pré-aux-Clercs. On se rappelle qu'en 1548, les étudiants avaient dévasté les jardins de l'abbaye, et brisé les fenêtres à coups de pierres. Il paraît que les religieux, pour compenser le désavantage du nombre, avaient eu recours dès lors aux armes à feu, et qu'ils avaient fait venir de l'artillerie [1]. Les troubles, après avoir duré plusieurs années, avaient été assoupis à grand'peine. Ils éclatèrent de nouveau le 12 mai 1557 [2] avec tant de violence, que des coups de fusil furent tirés, et que le sang coula dès le premier jour. Les torts avaient été grands de la part des écoliers, mais ils n'avaient pas été les premiers à ensanglanter le théâtre de l'émeute. Cependant ce fut à eux seuls que s'en prit le parlement, qui usa dans cette affaire d'une sévérité cruelle, à ce point qu'un écolier de vingt-deux ans, accusé de rébellion, fut condamné le 20 mai à être pendu et brûlé, et qu'il fut exécuté le même jour. D'autres étudiants avaient été arrêtés et semblaient destinés au même sort. L'université était sous le coup d'une profonde terreur : d'un côté, le parlement rendait un arrêt par lequel il ordonnait que les portes des colléges fussent fermées à six heures du soir, les étudiants dés-

---

[1] Du Boulay, Hist. univ. Paris., t. VI, p. 415.

[2] Du Boulay, t. VI, p. 491 suiv. ; Félibien, Hist. de la ville de Paris, t. II, p. 105 et suiv.; Crevier, l. XI, § 1, t. VI, p. 29 et suiv.

armés, les lectures publiques interrompues. D'un autre
côté, le roi, en recevant la nouvelle de ces émeutes,
était entré dans une grande colère et avait pris les mesures les plus rigoureuses : par un édit du 23 mai, il confis-
quait le Pré-aux-Clercs, ordonnait à tous les étudiants
étrangers de sortir du royaume avant quinze jours, et
chassait de l'université tous les élèves externes, ceux
même dont les familles habitaient Paris. Les colléges,
les principaux, les régents, les lecteurs du roi étaient
tous dans la consternation. Le 24 mai, on résolut d'envoyer à la Fère en Tardenois, où était alors Henri II,
une députation composée des quatre théologiens de Salignac, Harlot, d'Espence et Pelletier, des docteurs en
décret Quentin et Dodier, des deux médecins Du Four
et Desplanches, et enfin des deux lecteurs du roi Ramus
et Turnèbe. « Ces deux derniers surtout, est-il dit dans
l'Histoire de l'université, étaient connus et agréés des
membres du parlement. » Tous les deux avaient fait
leurs efforts pour apaiser les étudiants dès les premiers
jours de l'émeute, et Ramus, pour sa part, les avait
harangués à deux reprises, non d'une manière séditieuse,
comme le prétend Jacques du Breul [1], mais dans l'intérêt de l'ordre, « ne pensant point, dit-il, qu'il y ait un
plus fascheux ny plus dangereux mal en une cité qu'est
la sédition [2]. »

Les députés partirent fort tristes et peu rassurés sur
l'accueil qui les attendait. Arrivés à la Fère, ils s'adressèrent d'abord au cardinal de Lorraine, qui fut gagné
par un discours très ferme et très éloquent de Ramus,

[1] Voir plus haut, chap. III, p. 68.
[2] Harangue de 1557, f. 18 r.

puis au cardinal de Châtillon, conservateur des priviléges de l'université, et enfin au connétable de Mont-
morency. Ces trois personnages, revenus de toute mauvaise impression, parlèrent au roi, et l'ayant calmé,
obtiurent qu'il donnerait audience aux députés. Salignac, ayant présenté ses collègues, le roi les accueillit
gracieusement, se fit rendre compte de toute l'affaire,
et entendit surtout avec satisfaction les discours que
Ramus et Turnèbe avaient tenus aux étudiants pour les
faire rentrer dans l'ordre. « Voylà, dit Ramus, ce que
M. de Salignac dit des lecteurs du roy, que luy-mesme
estant présent en ces troubles, leur avoit ouy dire[1]. »
Le roi se laissa enfin persuader de révoquer ou de suspendre les mesures prises contre l'université; il fit sur-
seoir à l'exécution des écoliers qui déjà étaient condamnés par le parlement, permit la reprise des cours
publics et retira son ordre de bannissement à l'égard
de tant d'étudiants étrangers qui fréquentaient les colléges.

Dès le 31 mai, le parlement avait reçu l'ordre de
cesser ses poursuites; mais le retour des députés fut re-
tardé par plusieurs causes jusqu'au 8 juin. Le lendemain,
l'université, réunie en assemblée générale, combla
d'éloges Salignac et tous ceux qui l'avaient accompagné
à la cour. Chacun des députés avait fait son devoir;
mais nul n'avait aussi fortement insisté que Ramus pour
qu'on « rendît aux clercs le Pré-aux-Clercs; » nul

---

[1] Harangue de 1557, fol. 27, 28. Ce témoignage précis de Salignac et les
discours de Ramus lui-même détruisent l'assertion de Jacques du Breul.
Le religieux de Saint-Germain-des-Prés s'en sera pris à Ramus à cause
de la fermeté de ce dernier dans la question du Pré-aux-Clercs, et parce
qu'il était protestant.

n'avait mieux démontré les funestes effets de l'arrêt du parlement et de l'édit du roi. Il avait protesté avec un noble désintéressement contre l'obligation qu'on voulait imposer à tous les étudiants d'être internés dans quelques colléges : ce serait, avait-il dit, « commettre certain nombre de fermiers à l'étude des arts libéraux. » Et blâmant énergiquement le renvoi des étrangers, il s'était écrié : « Ce seroit chose trop cruelle que la guerre fust cause qu'on les jectast dehors, veu que la guerre ne se dénonce pas aux arts et sciences, mais aux ennemis. Et ne fault pas estimer que l'université de Paris soit particulière aux Françoys seulement, mais que c'est aussi la commune escole de toutes nations. » Le 10 juin, la faculté des arts, en séance publique, accueillit avec de grands applaudissements une harangue où Ramus faisait le récit de toute l'affaire, et qui se terminait par des remercîments au roi et un vœu pour la réformation de l'université.

Le roi n'avait pas oublié son édit du mois de janvier; car, le 28 mai, il donna des lettres patentes pour presser la réforme qu'il avait ordonnée, et pour la recommander expressément à la commission instituée à cet effet, et dont Ramus faisait partie, comme on l'a vu plus haut. Le parlement enregistra ce nouvel édit et donna des ordres en vertu desquels l'université eut à élire des députés. La faculté des arts ne manqua point de nommer Ramus, en lui adjoignant, il est vrai, son adversaire Charpentier, qui était, comme lui, de la nation de Picardie [1].

Quelques mois après, le 27 octobre 1557, l'univer-

[1] Du Boulay, t. VI, p. 517-518; Félibien, t. II, p. 1057, 1058.

sité envoya Ramus et P. Galland à la cour, pour obtenir
l'exemption de l'impôt sur le vin ; mais cette députation
n'eut pas autant de succès que la précédente [1].

Cependant Henri II protégea toujours l'université de
Paris, qui, sous lui, comptait jusqu'à vingt mille écoliers,
venus de tous pays, tandis qu'en 1562 et 1563, elle en
avait à peine cinq cents [2]. Ce règne tout entier fut pour
Ramus une époque de grande liberté, de gloire et de faveur.
Il profita plus qu'aucun autre de la protection que ce roi ne
cessa d'accorder aux lettres, et dont on voit partout la
trace dans les historiens qui ont parlé de cette époque.
Félibien, dans son Histoire de la ville de Paris (t. II,
p. 1068), fait remarquer que Henri II « fut surtout libéral envers les poëtes de son temps, du Bellay, Baïf,
Jodelle, Passerat, Denisot, Du Bartas, Garnier et Ronsart.
Il eut aussi beaucoup de considération pour Muret, Turnèbe, Dorat, *Ramus*, aussi bien que pour Danès et
Amyot, et les deux plus fameux médecins qui fussent
alors, Fernel et Sylvius, qui eurent part à ses bienfaits. »

Personne n'a plus et mieux célébré ce règne que
Pasquier. Tantôt il s'étend avec complaisance sur « la
grande *flotte* de poëtes » qui s'élevèrent alors (Recherches de la France, l. VIII, ch. 6); tantôt il déplore
éloquemment la décadence de l'université depuis la
mort du fils de François Ier : « Il faut, dit-il (Rech.,
l. IX, ch. 25), que cette parole à mon grand regret
m'échappe. Soit ou qu'en l'ancienneté de mon âge, par
un jugement chagrin de vieillard, toutes choses du

---

[1] Du Boulay, t. VI, p. 520.

[2] Denis Lambin cité par Goujet, Mémoire sur le collége royal, t. I, p. 141.

temps présent me déplaisent, pour extoller celles du
passé; ou que, sous cette grande voûte du ciel, il n'y
ait rien lequel, venu à sa perfection, ne décline puis
après naturellement jusques à son dernier période, je
trouve bien quelques flammèches, mais non cette grande
splendeur d'études qui reluisoit en ma jeunesse; et à
peu dire, je cherche l'université dedans l'université,
sans la retrouver, pour le moins celle qui étoit sous les
règnes de François Ier et Henri II. La mort malheureuse
et inopinée de cestuy, le bas âge de ses enfants, bigar-
rement de religion, troubles, etc., lui ont fait cette
brèche. » Pasquier, Brantôme et tous ceux qui ont
parlé de Henri II, comptent Ramus parmi les gloires de
son règne. Mais il est juste d'entendre comment s'exprime Ramus lui-même dans la préface de ses Scholæ
rhetoricæ. Il rend grâces au roi de son amour pour les
lettres et singulièrement de ce qu'il a fait pour lui.
« Comment serais-je assez ingrat, dit-il, pour garder
le silence à cet égard? Quand nos péripatéticiens m'eurent si bien enchaîné et bâillonné, qu'il m'était interdit de parler, d'écrire et presque de penser, n'est-ce pas
vous qui m'avez rendu ma liberté première? N'est-ce pas
vous qui, après avoir brisé la sentence aristotélique, m'a-
vez donné la permission de me livrer en paix à mes études
favorites, d'écrire sur les arts libéraux et de philosopher?
J'ai usé de votre bienfait, et, avec le secours d'en haut,
je veux en user encore; je veux que même les partisans
d'Aristote se réjouissent un jour de la protection et de
la liberté que vous avez accordées à ce Ramus, qu'ils
ont si fort et si cruellement persécuté. »

Aussitôt après la mort de Henri II (le 10 juillet 1559),

le pouvoir étant tombé aux mains débiles de François II, des temps plus durs commencèrent pour les lettres et les lettrés. Les finances, livrées aux Guise, furent si mal administrées, que pendant quatre ans, de 1559 à 1563, les professeurs royaux ne reçurent aucun traitement [1]. Ils n'en continuèrent pas moins de remplir avec zèle leurs honorables fonctions, soutenus qu'ils étaient par la conscience du service rendu à leur pays et à l'esprit humain.

On ne voit pas que la faveur de notre philosophe à la cour ait sensiblement diminué sous François II, ni pendant les premières années du règne de Charles IX, qui succéda à son frère aîné le 5 décembre 1560, étant âgé de dix ans et demi. En 1561, Ramus est choisi, quoique absent, par l'université pour aller trouver le roi à Fontainebleau. Il a beau refuser, on lui impose cet honneur. Il s'agissait cette fois des priviléges de l'université. A chaque mutation de règne on avait soin de les faire confirmer et renouveler. Cette confirmation n'avait pu avoir lieu sous François II, à cause de la courte durée de son règne. Jean Quentin, en partant pour les états d'Orléans, avait été chargé du soin de la solliciter. Il l'avait obtenue de Charles IX; mais au mois de mars 1561, les lettres confirmatives des priviléges n'étaient pas encore arrivées [2]. C'est dans ces circonstances que Ramus fut envoyé à la cour. Les Guise et le cardinal de Lorraine n'y étaient plus; mais le prince de Condé, le cardinal de Châtillon et le chancelier de L'Hospital étaient favorables à Ramus, ainsi que la reine mère et le jeune roi lui-même. Nonseulement il réussit dans sa négociation, mais encore il

---

[1] Goujet, Mém. sur le coll. royal, t. I, p. 140.
[2] Crevier, Hist. de l'univ., t. V, p. 416, et t. VI, p. 96.

rapporta au trésor de l'université une partie des fonds
qu'on lui avait donnés, et qui n'étaient que la cinquième
partie de la somme consacrée d'ordinaire en pareille circonstance. Bien plus, profitant d'un retard qui lui était
opposé à Fontainebleau, il fit faire le premier, de toutes
les chartes et priviléges, un seul volume qui offrait le
double avantage d'être plus facile à garder et moins coû-
teux pour les frais du sceau royal. Quand, le 12 avril 1561,
Ramus eut rendu compte de sa mission aux quatre facultés rassemblées aux Mathurins, son zèle, son désintéressement et l'importance du service rendu excitèrent un
tel enthousiasme qu'on ne se lassait point de le louer. Le
théologien de Salignac s'écria que, si l'usage le permettait, on devrait élever une statue au député. Enfin on
décida, par acclamation, que le souvenir de cette députation serait consigné sur le dos du recueil manuscrit des
priviléges [1].

Salignac, l'ancien président du tribunal qui avait condamné Ramus, Salignac était donc devenu son admirateur !
Ce seul fait prouve assez clairement la différence des temps,
les progrès accomplis et l'ascendant irrésistible du mérite.
Mais d'autres que Salignac avaient subi cet ascendant.
Presque tous les anciens adversaires de Ramus avaient fini
par céder à une modération plus constante et plus forte
que leurs colères. Pierre Galland et Adrien Turnèbe avaient
eux-mêmes été vaincus par cette longue patience et par
cette évidente sincérité. L'estime avait enfin succédé à une
hostilité déraisonnable, et les deux collègues de notre philosophe s'étant réconciliés avec lui, moururent ses amis [2].

---

[1] Voir le discours De legat. sec. dans les Collectan., etc., p. 452-456.
[2] Nancel, Vie de Ramus, p. 66, 67.

Un seul adversaire de Ramus demeura indomptable, parce que ce n'était pas seulement la colère ou l'esprit de parti qui l'animait, mais l'envie, cette passion violente et tenace des âmes médiocres. Tel était Jacques Charpentier, jaloux des succès de celui qu'il avait persécuté gratuitement, et qu'il ne cessait d'attaquer en toute circonstance. Tant que Ramus fut en faveur auprès du roi, auprès du parlement et de l'université elle-même, Charpentier n'osa guère le tourmenter. A peine éleva-t-il la voix une seule fois, en décembre 1558, dans les comices universitaires, pour déclamer contre les innovations de Ramus ; ses plaintes restant sans écho, il sut se taire et attendre une meilleure occasion. Les guerres de religion la lui devaient bientôt fournir.

V

(1561-1563)

—

Des sentiments religieux de Ramus. — Comment il fut conduit à embrasser la Réforme. — Le colloque de Poissy et le cardinal de Lorraine. — Edit de janvier. — Ramus se déclare protestant. — Advertissements sur la réformation de l'université de Paris (1562). — Massacre de Vassy : première guerre civile. — Séjour à Fontainebleau. — Aventures de Ramus. — Son retour à Paris.

Jusqu'en 1561, Ramus s'était montré fort attaché à l'Eglise catholique romaine. Elevé dans la tradition de cette Eglise, il était demeuré soumis à son autorité, et avait pratiqué à son égard, sans scrupule et sans réserve, cette entière docilité de l'esprit que le catholicisme, comme Aristote[1], réclame de tous ceux à qui il s'adresse. Il avait donc toujours professé jusque-là la religion reçue autour de lui, et il en avait même observé avec zèle toutes les pratiques extérieures. « Chaque jour (dit son biographe Nancel, qui vivait auprès de lui depuis 1548) il assistait à la messe à six heures du matin, et il y faisait aller tout son monde (c'est-à-dire les maîtres et élèves boursiers de son collége). Quiconque s'en absentait deux ou

---

[1] Voyez plus haut, chap. I, p. 24.

trois fois, sans une bonne et légitime excuse, était sévèrement tancé... Il prolongeait quelquefois assez longtemps
la lecture du bréviaire qu'il apportait tous les matins à la
messe, etc. (Vie de Ramus, p. 33-34, 53, 70). » Le célèbre avocat Antoine Loisel, qui avait fait ses études au collége de Presles (1549-1554), confirme ce témoignage par
le sien : « Ramus, dit-il dans ses Mémoires, n'estoit pas
encores de ceste religion nouvelle : au contraire, on
chastioit ceux qui n'alloient point à la messe [1]. » En 1556,
Omer Talon s'exprimait ainsi dans l'Avertissement à
Turnèbe : « Jamais, je crois, un homme ne fut dénigré
avec plus d'audace et de fureur que ne l'a été Ramus, et
pourtant chaque fois que ses ennemis ont dû produire
leurs griefs en public, la pureté de ses mœurs et sa religion sont demeurées sans tache et sans reproche, de l'aveu
même de ses accusateurs [2]. »

Cependant Nancel nous apprend (ibid., p. 33, 63) que
son maître avait été de bonne heure suspect de luthéra-
nisme, et qu'il avait à se tenir en garde sur ce point contre
les délations de ses ennemis. Le savant précepteur de la
reine Elisabeth, Roger Asham, croyait déjà, en 1552,
que Ramus était protestant, mais qu'il hésitait à se prononcer ; et il écrivait à son ami J. Sturm, que Jérôme
Wolf, ancien élève de Ramus, partageait cette opinion [3].
Or, il faut bien dire qu'à juger des dispositions de notre
philosophe par les apparences et par les signes extérieurs,
ces soupçons n'étaient pas dénués de tout fondement.

Le catholicisme, depuis Constantin jusqu'à Louis XIV,

---

[1] Vie d'Ant. Loisel, dans ses Opuscules, publiés à Paris, 1652, in-4°.
[2] Collectan. præfat. epist., orat. (édit. de 1577), p. 592.
[3] Lettres d'Asham (Oxford, 1703), liv. I, lettre 9.

n'a pas craint de faire plus d'une fois cause commune avec les puissances du siècle ; il s'est même appuyé volontiers sur elles. Cette alliance, souvent utile pour la domination temporelle, aurait pu aussi parfois devenir compromettante à plus d'un égard, si l'Eglise romaine, dans son remarquable esprit de conduite, n'avait su en général éviter un excès d'attachement pour les puissances arrivées à leur déclin. Il est cependant une autorité qu'elle me semble avoir patronée trop longtemps pour ses propres intérêts, et dont la ruine lui a causé un véritable préjudice dans les derniers siècles : je veux parler de l'autorité d'Aristote. La fortune de ce philosophe dans l'académie de Paris est, à coup sûr, un des chapitres les plus curieux de l'histoire de l'esprit humain. Un docteur de Navarre, Jean de Launoy, a composé sous ce titre un livre célèbre et toujours bon à consulter, quoiqu'on y pût ajouter plus d'un fait intéressant, en le continuant jusqu'à nos jours. On y voit, par exemple, qu'au moyen âge il fut un moment question de canoniser Aristote, comme le philosophe par excellence [1]. Dans la réforme de l'université de Paris par le cardinal Guillaume d'Estouteville, en 1452, la morale d'Aristote était expressément recommandée [2]. Plus tard, « le cardinal Pallavicini ne faisait pas difficulté d'avouer en quelque façon que, sans Aristote, l'Eglise aurait manqué de quelques-uns de ses articles de foi [3]. » En plein XVII⁰ siècle, les jésuites se prononçaient avec autant de force qu'on aurait pu le faire au moyen âge, en fa-

[1] V. Cousin, Cours, 2ᵉ série, t. II (1847, in-12), p. 240.
[2] De Launoy, l. c., ch. XI.
[3] Bayle, Dict., art. Aristote.

veur du péripatétisme; le P. Rapin entre autres en
faisait en quelque sorte la philosophie obligée du catholicisme [1], et il rappelait avec complaisance que« les
remontrances de la Sorbonne, sur lesquelles le parlement donna un arrêt contre des chimistes, l'an 1629,
portaient qu'on ne pouvait choquer les principes de la
philosophie d'Aristote sans choquer ceux de la théologie
scholastique reçue dans l'Eglise [2]. »

Au commencement du XVIᵉ siècle, cette union d'A-
ristote et de l'Eglise était universellement admise en Europe, en sorte que l'on tenait pour hérétiques ceux qui
ne se montraient pas attachés aux opinions d'Aristote en
philosophie, surtout en logique; et quoiqu'il soit très
inexact de dire, avec le P. Rapin (ibid.), que les réformés
ont montré contre Aristote « un acharnement héredi-
taire, » on ne saurait nier que plusieurs réformateurs,
par exemple, Luther, Zwingle, Pierre Martyr, Zanchius,
Bucer et Calvin avaient d'abord songé à supprimer
l'enseignement du péripatétisme. Parmi les propositions
de Luther condamnées par la faculté de théologie de
Paris, en 1521, on en remarque deux qui se rappor-
taient uniquement à la doctrine d'Aristote [3]. Lorsque
Ramus, en 1543, avait écrit contre Aristote, on se rappelle que son livre avait été condamné par la faculté de
théologie; et comme il citait Platon, dont les disciples
avaient à plusieurs reprises enseigné un scepticisme plus
ou moins élégant, on l'appelait athée, impie, douteur,

---

[1] Réflexions sur l'usage de la philosophie, § VI.

[2] Comparaison de Platon et d'Aristote, p. 413.

[3] De Launoy, De var. Arist. fort., chap. XII; Cf. J. Sleidan, Hist. de la
Réf., l. II, ad ann. 1520.

académique. Pierre Galland, soutenu et approuvé par la Sorbonne, déclarait hautement suivre en tout point, aimer, cultiver, *adorer* Aristote [1]. Il se demandait si c'était un homme ou un Dieu (fol. 76 r.); il faisait remarquer que « la doctrine d'Aristote, au jugement de l'ordre très sacré des théologiens, est intimement unie (conjunctissima) à la religion (fol. 73 v.); » il soutenait enfin avec beaucoup de véhémence qu'on ne pouvait attaquer ce philosophe « sans déclarer en même temps la guerre aux souverains pontifes (fol. 65 v.) » Comment des hommes si entêtés d'Aristote, au point de vue catholique, auraient-ils pu ne pas considérer leurs adversaires comme des hérétiques? Et il faut remarquer que nous sommes encore en 1551, à une époque où Ramus protestait de son attachement à l'Eglise, et n'attaquait Aristote qu'au nom de l'Evangile, s'indignant que par un abus qui était au moins surprenant, on eût osé lire au prône la Morale assez peu chrétienne d'Aristote [2]. Son langage fut taxé d'hérésie, et les prédicateurs, c'est Galland lui-même qui nous l'apprend, tonnèrent contre lui en chaire (ibid., fol. 15 v.).

Ramus n'était pas seulement repoussé hors de l'Eglise romaine par la protection que celle-ci accordait au péripatétisme. Il devait encore en être éloigné par d'autres causes, et notamment par l'ignorance vraiment déplorable du clergé d'alors. « Jean de Montluc, évêque de Valence, assure dans ses Sermons (1559, in-8°,

---

[1] P. Gallandii pro schola Paris, oratio (1551, in-8°), fol. 59 r.

[2] J. Herm. ab Elswich, De var. Arist. in sch. protest. fort., etc. Wittemberg, 1720, in-8°, p. 14 et pass.; Ch. Labitte, l. c.; Du Verdier, Bibl. fr., au mot Aristote, note de la Monnoye.

p. 684) que, sur dix prêtres (il exagère sans doute), il
y en avait huit qui ne savaient pas lire [1]. »

Ce fut au contraire un des attraits du christianisme réformé d'avoir pour interprètes, à partir de Lefebvre d'Etaples, le plus grand nombre des érudits et des savants du
siècle. « Une des causes qui ont le plus efficacement contribué au succès de la Réforme, a dit avec raison un écrivain
catholique de nos jours, c'est qu'elle eut, pour ainsi dire,
le privilége et presque le monopole de la science et du
talent [2]. » Ramus devait subir cet attrait comme tout le
monde, en attendant qu'il contribuât pour sa part à
l'accroître. La Réforme, professée par les savants étrangers que François Ier avait appelés en France, compta
bientôt de nombreux disciples à la cour et parmi la
noblesse, dans les universités, dans les parlements et
même dans les rangs du haut clergé : car plus d'un
évêque et plus d'un cardinal donnèrent les mains à cette
renaissance religieuse. Tous ceux qui avaient applaudi à
la restauration de l'antiquité en littérature, voyaient
dans ce retour à la Bible et à l'Eglise des premiers siècles une conséquence nécessaire de la réaction contre la
barbarie du moyen âge. Les professeurs du collége de
France, en particulier, étaient en majorité protestants
ou soupçonnés de l'être. François Vatable, professeur
d'hébreu, qui avait fait pour Marot le mot à mot des
Psaumes, et dont Robert Estienne avait publié des notes
savantes sur l'Ecriture, désavouées, il est vrai, par leur

---

[1] Ch. Labitte, Introduction, p. xxviii.

[2] Id. , De la démocratie chez les préd. de la Ligue, ch. I, § 1; Cf.
Guillemin, Le cardinal de Lorraine, p. 215 : « Le calvinisme avait à son
service les meilleures plumes et la supériorité que donne la science.

auteur; Jean Mercier, le plus célèbre disciple de Vatable, et protestant plus décidé que son maître; le savant helléniste Jacques Tousan; l'orientaliste Guillaume
Postel et son ami Coroné; Luc Fruter; Pierre de Mon-
tauré, habile mathématicien, qui mourut à Sancerre
pendant le fameux siége que soutint cette ville en 1570;
Denis Lambin, qui fut au moins *politique*, suivant une
expression que lui-même avait contribué à répandre;
plusieurs autres encore, et parmi eux le fameux Adrien
Turnèbe, le plus savant de tous : toute cette élite des
plus célèbres professeurs du temps penchait pour la
Réforme ou l'avait embrassée ouvertement. Tels étaient
les exemples que donnaient à Ramus ses collègues au
collége de France, sans compter ceux de ses patrons et
de ses amis, qui avaient plus ou moins subi l'influence
de l'esprit nouveau en religion : le cardinal de Châtillon
et, jusqu'à un certain point, le cardinal de Lorraine lui-
même; l'évêque de Valence, Jean de Montluc, et plus d'un
théologien; le fougueux docteur en décret Jean Quentin;
les médecins de Gorris, Albert Lefebvre, etc. ; la famille
des Estienne avec qui Ramus était en relations; André
Wéchel, son imprimeur ordinaire, et l'hôte d'Hubert
Languet, dont il lui fit faire sans doute la connaissance; le
conseiller Arnaud du Ferrier; Guillaume Galland, le neveu
de Pierre et l'ami intime de Ramus; les principaux Jean
Dahin et Nicolas Charton, qui partagèrent plus tard ses
disgrâces; et une foule d'autres qu'il serait trop long
d'énumérer. Voilà dans quel milieu vivait Ramus. Disposé comme il l'était déjà, comment aurait-il résisté à
cette influence victorieuse, qui s'était fait sentir même à
ses adversaires et à ses persécuteurs, depuis le roi Fran-

çois Ier, qui avait invité Mélanchton à venir à sa cour,
avant de faire brûler en France ceux dont il était l'allié
au dehors, jusqu'au fanatique recteur Pierre Galland, qui
avait dirigé contre les évêques de Rome des invectives à
faire frémir son élogieux éditeur Estienne de Baluze [1] !

D'autres circonstances encore pouvaient faire naître
des soupçons sur les sentiments religieux de Ramus. Il
avait eu pour élèves et pour pensionnaires un assez
grand nombre de protestants, ainsi que l'atteste Nicolas
de Nançel : « Je sais, dit-il, qu'il est sorti de son collége
beaucoup d'hommes très savants, mais qui dans la
suite professèrent la religion dite réformée [2]. » Nous
avons retrouvé les noms de plusieurs des élèves protestants de Ramus : Théodore Zuinger de Bâle, neveu du
célèbre imprimeur Jean Oporin, et dont nous aurons à
parler encore plus d'une fois; l'imprimeur Jean Hervagius [3], Jérôme Wolf, François Fabricius avaient été ses
auditeurs. Il avait eu également pour pensionnaire
James Stuart, le fils naturel de Jacques V d'Ecosse, le
frère de Marie Stuart, qui, à partir de 1560, devait jouer
un si grand rôle en Ecosse comme chef politique du
parti presbytérien, et comme régent du royaume (de
1567 à 1570). Ces jeunes gens pleins de zèle pour la
Réforme et qui ne furent pas seulement les disciples,
mais les amis intimes de Ramus, durent exercer sur lui
quelque influence. Le fameux Palma Cayet (Caïetanus),
qui, en 1562, était sous-précepteur de Henri de Béarn,

---

[1] P. Castellani Vita, etc. Paris, 1674, in-8°. Voir la Préface de Baluze. —
Henri Estienne et Th. de Bèze traitent P. Galland d'apostat et de déser-
teur de la vraie religion.

[2] Vie de Ramus, p. 63; Cf. Ant. Loisel, Opuscules, l. c.

[3] Voir plus bas une lettre inédite de Ramus (IIIe partie, ch. II).

avait été l'élève de Ramus, et Goujet suppose, je ne sais sur quel fondement, que ses croyances calvinistes lui venaient de son maître. Ce fut aussi un ancien élève de Ramus qui fut le premier ministre de l'Eglise réformée à Paris, vers 1555, ainsi que le rapporte Estienne Pasquier (Rech. de la France, l. IX, ch. 55) : « Calvin, voyant les cœurs de plusieurs personnes disposez à sa suite, voulut franchir le pas et nous envoyer des ministres, qui furent par nous appelez *prédicans*, pour exercer sa religion en cachette, voire dans nostre ville de Paris, où les feux estoyent allumez contre eux. Le premier qu'il employa fut Jean Macart, que j'avois autrefois veu disciple de Ramus au collége de Presles, jeune homme qui avoit fort bien estudié, et depuis s'estant retiré à Genève en l'an 1548, se trouva si agréable à Calvin qu'il luy fit espouser sa niepce, et quelques années après fut envoyé par luy en ceste France pour prescher, lequel se vint placer dans ceste ville, etc. »

Une Eglise protestante s'était formée à Paris en 1555 : les commencements en sont attribués à un gentilhomme du Maine, nommé le sieur de la Ferrière, et qui demeurait près du Pré-aux-Clercs[1]. Quoi qu'il en soit, les réformés eurent bientôt fait de tels progrès, qu'ils s'assemblaient de nuit dans le Pré-aux-Clercs au nombre de huit mille, pour chanter les Psaumes mis en vers français par Marot. Là venaient le roi de Navarre, Antoine de Bourbon et sa femme l'héroïque Jeanne d'Albret, le prince de Condé, Coligny, Dandelot et une foule de seigneurs de la cour. La Réforme gagnait ainsi du terrain, en face

---

[1] Théod. de Bèze, Hist. des Egl. réf. (1580), t. I, liv. II, p. 98-99; Du Boulay, t. VI, p. 483.

des bûchers ; et avant la fameuse *mercuriale* de Henri II,
qui coûta la vie au conseiller Anne du Bourg, les huguenots de France étaient déjà *un peuple*, suivant l'expression
de l'ardent catholique Pasquier (l. c.). Sous François II,
les Guise avaient cru triompher : « Si ce roi eût vécu plus
longuement, dit le ligueur Génébrard (Oraison funèbre de
P. Danès), les hérétiques n'eussent pas dressé les cornes
comme ils ont fait depuis. » Mais, lorsque Charles IX
monta sur le trône, sous la tutelle de sa mère, Catherine
de Médicis, la Réforme avait fait de tels progrès que la
noblesse presque tout entière avait déserté le catholicisme, qu'un sixième au moins de la population avait
embrassé la Réforme, et qu'un envoyé du pape craignait
qu'elle n'envahît tout le royaume [1]. Tels étaient les puissants effets de la lecture de la Bible qui, à peine traduite en
langue vulgaire, avait bientôt pénétré partout. L'Ancien
et le Nouveau Testament, cessant d'être le patrimoine
stérile du clergé, devenaient peu à peu, suivant l'ingénieuse expression d'un écrivain de nos jours, ce qu'a-
vaient été les pénates et les dieux lares dans l'antiquité [2].

Avant 1561, Ramus n'avait pas les livres saints dans
sa bibliothèque, mais seulement le bréviaire romain et une
traduction latine du Nouveau Testament par Castalio [3].
Quant aux « livres protestants, » dont parle l'abbé Goujet,
et dont la lecture l'aurait séduit, on peut ranger cette assertion au nombre des erreurs que fait sans cesse commettre à cet écrivain son goût excessif pour les conjectures. Mais à défaut des enseignements écrits, ses amis,

[1] J. J. Guillemin, Le cardinal de Lorraine, chap. X.
[2] J. M. Dargaud. Hist. de Marie Stuart, t. I, p. 154.
[3] Nancel, l. c., p. 34 ; Banosius, p. 31, 36.

ses collègues, ses protecteurs, aussi bien que ses élèves, embrassant autour de lui la cause de la Réforme, lui offraient l'enseignement si puissant de l'exemple. Qu'on ajoute à cela les violences et les persécutions, qui contribuaient plus que toute autre cause extérieure à augmenter le nombre des protestants. Le courage des martyrs fortifiait les plus timides. On s'animait au récit d'atroces cruautés héroïquement souffertes. Comment songer de sang-froid au supplice odieux d'Anne du Bourg, coupable de s'être opposé à l'établissement d'une damnable inquisition [1]? La constance des protestants au milieu des bûchers n'avait-elle pas suffi pour convertir au protestantisme des hommes tels que François Hotman [2]?

Telles étaient les circonstances où vivait Ramus, et quand alors on l'accusait d'hérésie, on l'y poussait peut-être. « Persécutez un homme pour une opinion qui n'est pas encore la sienne, vous la lui ferez bientôt adopter [3]. » Puis, embrasser le parti des faibles et des opprimés, quelle tentation pour une âme généreuse! Un écrivain catholique, Florimond de Rémond, dans son Histoire de la naissance, progrez et décadence de l'hérésie de ce siècle (l. VIII, c. 6, § 2), ne craint pas de développer cette pensée, que *la constance des hérétiques a donné poids à leur doctrine.* « Ils taschoient à s'establir, dit-il, non avec la cruauté, mais avec la patience, non en tuant, mais en mourant : de sorte qu'il sembloit que la chrestienté fust revenue en eux en sa première innocence, et que ceste sainte réformation deust ramener le siècle d'or. »

---

[1] Voir les paroles remarquables de l'historien de Thou, l. XXIII, an. 1559.
[2] Voir l'excellent Essai sur Fr. Hotman, par Rod. Dareste, 1850, p. 2.
[3] Gaillard, Hist. de François Ier, l. VIII, c. 3.

Il s'agit ici du plus grand événement de la vie de Ramus. Mon dessein n'est pas de l'établir sur des conjectures, quelque vraisemblables qu'elles puissent être, et si j'insiste sur toutes ces circonstances extérieures, ce n'est pas que je prétende expliquer uniquement par là ce changement profond et mystérieux de l'âme, qu'on appelle une conversion. Dieu, qui l'opère en nous, en connaît seul le véritable secret. Mais l'âme que sa grâce a touchée peut du moins remonter à l'origine historique de sa régénération, et retrouver l'époque où sa foi a été renouvelée. Sous ce rapport, on possède à peu près tous les renseignements désirables en ce qui concerne Ramus. Nous ne sommes pas réduits aux indices qui précèdent et qui prouvent seulement qu'il devait être disposé en faveur de la Réforme : nous sommes en état de dire quand et comment il fut amené à en faire une profession ouverte.

Il résulte du témoignage formel de Ramus que sa conversion au protestantisme date du colloque de Poissy (septembre 1561). On pourrait croire, au premier abord, qu'elle fut l'effet des discours de Théodore de Bèze, l'habile et éloquent interprète du dogme calviniste. Il n'en est rien : si l'on en croit notre philosophe, ce fut au contraire la réplique du cardinal de Lorraine qui le fit renoncer au catholicisme. Singulier résultat et bien propre à démontrer, sinon la stérilité de pareils tournois, au moins la difficulté d'en diriger à son gré l'événement ! Le cardinal était un fort habile homme, comme chacun sait ; mais la vanité lui fit faire fausse route en cette circonstance. Il avait voulu, en répondant à Théodore de Bèze, faire montre d'un talent oratoire qui pourtant n'était pas du premier ordre, et il eut le malheur, dans son discours, de fournir lui-même à ses adversaires l'argument le plus fort contre la cause qu'il s'était chargé de défendre. « Il avoua *de bonne grâce*, suivant l'expression d'un de ses modernes panégyristes, les abus de l'Eglise et les vices du clergé[1]. » Il avouait de plus l'extrême supériorité de l'Eglise primitive sur l'Eglise romaine, et cependant il concluait que l'on devait demeurer attaché à celle-ci. D'autres pouvaient tirer de ses prémisses une conclusion tout opposée, et c'est ce que fit Ramus. Mais il est temps de l'écouter lui-même. Le curieux passage où il a expliqué son changement de croyance mérite toute notre attention; il se lit dans une lettre justificative adressée plus tard au cardinal de Lorraine[2] :

« On me reproche d'avoir abandonné légèrement le culte et la croyance de mes pères; mais s'il est vrai que jamais on ne put m'accuser de tiédeur dans les lettres humaines, encore moins devait-on m'en accuser dans les choses saintes. Cependant, ce n'est pas par moi-même, c'est par votre bienfait (le plus grand de tous ceux dont vous m'avez comblé) que j'ai appris cette précieuse vérité, si bien exposée dans votre discours au colloque de Poissy : que, des quinze siècles écoulés depuis le Christ, le premier fut véritablement un siècle d'or, et qu'à mesure qu'on s'en est éloigné, tous les siècles qui ont suivi ont été de plus en plus vicieux et corrompus. C'est alors qu'ayant à choisir entre ces différents âges du christianisme, je m'attachai à l'âge d'or, et, depuis ce temps, je n'ai cessé de lire les meilleurs écrits de théologie; je me

---

[1] J. J. Guillemin, Le cardinal de Lorraine, p. 487.

[2] En octobre 1570. Voir les Collect. præfat., etc., p. 256, 257.

suis mis en rapport et en communication avec les théologiens eux-mêmes, autant que je l'ai pu faire ; et enfin,
pour mon instruction personnelle, j'ai rédigé des Commentaires sur les principaux points de la religion. »

Ce qui jusque-là n'avait été peut-être qu'une aspira-
tion vague devint donc chez Ramus, à partir du colloque
de Poissy, un goût décidé, et bientôt une passion. Cette
âme ardente et toujours portée aux nouveautés, ne faisait
jamais rien à demi ; du jour où il désira la réforme de la
religion, il devait s'y employer avec ce zèle qu'il avait mis
en toute chose. «Mon ardeur logique, dit-il lui-même (ar-
dor logicus), fit invasion dans le domaine de la religion. »
Il prétendait, en effet, appliquer la dialectique à la théologie comme à toutes les sciences, et comme il portait
dans cette étude la même liberté que partout ailleurs, il
se séparait chaque jour davantage de l'Eglise catholique.
Son changement de religion devint d'abord manifeste par
son absence de la messe, et par la tolérance et bientôt la
faveur qu'il témoigna pour ceux de ses élèves qui se dispensaient d'y aller. Un de ses amis lui demandant un
jour des explications à ce sujet, il répondit sans hésiter
que, « dans tout l'Ancien et le Nouveau Testament, deux
choses surtout avaient été méconnues et défigurées par
les chrétiens des derniers temps, savoir le sacrement de
la sainte Cène, et le deuxième commandement de la loi
qui interdit tout culte rendu aux images ; en sorte que,
sur ces deux points, sous prétexte de piété, on tombait de
plus en plus dans une exécrable idolâtrie[1]. »

On ne sait si Ramus était du nombre des maîtres et pro-

---

[1] Théoph. Banosius, Vie de Ramus, p. 25.

fesseurs de l'université qui furent soupçonnés, en 1561,
d'aller au prêche et même d'y conduire quelquefois leurs
élèves ; mais il fut sans doute convoqué comme principal à
la réunion tenue aux Mathurins, le 30 novembre, et dans
laquelle le recteur, Louis d'Alençon, prononça une allocution qui ressemblait fort à une réprimande [1]. Il est
certain d'ailleurs qu'à cette époque les élèves du collége
de Presles étaient, en général, partisans de la religion
réformée, et avaient fini par déserter le culte catholique,
à tel point qu'aux fêtes de Pàques 1562, il n'y eut dans
la chapelle du collége que trois communiants, savoir :
Ramus lui-même, Nancel, son disciple, et le célèbre lecteur royal en médecine Jean Goupyl, qui se trouvait là
par hasard [2].

Cependant la Réforme grandissait en France. Le colloque de Poissy lui avait donné des forces nouvelles. En
effet, dit Théodore de Bèze, « quoique rien n'y eust esté
conclu ny accordé, ceux de la religion multiplièrent
merveilleusement, et sans attendre aucune ordonnance,
commencèrent peu à peu à prescher publiquement [3]. »
La tolérance, cette vertu élémentaire de la justice naturelle, sans laquelle il n'y a point de société légitime,
était alors personnifiée par la froide, mais noble figure
du chancelier Michel de l'Hospital. Ce vertueux magis-
trat, digne de vivre dans un meilleur temps, avait conseillé à Catherine de Médicis une politique loyale, mais
qui eût exigé dans le gouvernement plus de force et

[1] Du Boulay, t. VI, p. 545 ; Crevier, t. VI, p. 126.

[2] Nancel, Vie de Ramus, p. 72.

[3] Hist. des Egl. réformées, t. I, l. IV, p. 605 ; Cf. J. J. Guillemin,
l. c., p. 271.

d'énergie que n'en avait la race dégénérée des Valois. Sur son rapport, le fameux édit du 17 janvier 1562 vint pour la première fois donner aux protestants le libre exercice de leur culte et reconnaître leurs droits religieux. A cette nouvelle, les élèves du collége de Presles, avec ou sans le consentement de Ramus, se hâtèrent d'enlever les images et les statues qui ornaient la chapelle. Cette opération délicate ne put se faire sans donner lieu à quelques désordres. Soit à dessein, soit par mégarde, plusieurs statues furent brisées. Les adversaires de Ramus, qui épiaient son calvinisme naissant, ne perdirent point de temps pour ameuter contre lui la populace [1], et pour le dénoncer aux autorités académiques comme iconoclaste. Le 23 janvier, les députés de l'université réunis en conseil privé, décidèrent qu'une enquête serait ouverte par le recteur au sujet du principal qui avait brisé les images de son collége, et que, si ce fait était constaté, il serait privé des priviléges. Ce fut dans cette même séance que l'on résolut de déférer au procureur général les hérésies et propositions fausses enseignées par le célèbre jurisconsulte Baudouin [2]. On ne voit pas du reste que l'enquête ordonnée contre Ramus ait eu les suites fâcheuses qu'elle ne pouvait manquer d'avoir, s'il avait participé personnellement à l'acte incriminé. Félibien (t. II, p. 1084) a donc tort de dire que « Pierre de la Ramée, professeur royal et principal du collége de Presles, eut l'insolence d'abattre les images de la chapelle de son collége, et qu'en punition de cette impiété,

---

[1] Nancel, p. 71 : « Hac occasione maxime infamatus, et populo invisus fuit Parisiensi. »

[2] Du Boulay, t. VI, p. 549 ; Nancel, p. 71 ; Banosius, p. 24.

il fut destitué de sa charge et chassé de l'université. »
Le désordre commis au collége de Presles n'était pas le
fait du principal ; Du Boulay, sur qui s'appuie Félibien,
ne dit point ce que cet auteur lui fait dire, et il est
certain que Ramus ne quitta son poste qu'après que la
guerre civile eut éclaté. Crevier ajoute encore au récit
de Félibien des détails puisés dans sa seule imagination ;
puis il s'indigne contre l'action de Ramus, qu'il appelle
hardiment iconoclaste, mais sans aucune preuve (t. VI,
p. 130).

L'édit de janvier était un acte de justice ; encore
était-il incomplet, puisqu'il n'autorisait pas même le
culte réformé dans l'enceinte des villes ; mais tel était
le fanatisme qui régnait alors, que les catholiques en
général accueillirent très mal cette mesure réparatrice.
Bien peu comprenaient la pensée profonde de l'Hospital,
quand il remontrait « que c'estoit induire les gens à un
athéisme, en leur permettant de ne fréquenter les églises
catholiques, et néantmoins leur tollisant l'exercice de
leur religion [1]. » Quant aux régents de l'université, ils
furent presque unanimes pour repousser l'ordonnance
royale. Le 24 janvier, le recteur Jean de Verneuil, accompagné de quelques hommes de son choix, se rendit
au parlement, et le supplia, au nom de son corps, de
ne pas publier l'édit. Le surlendemain 26, dans une
assemblée tenue aux Mathurins, on résolut d'envoyer
des députés au roi touchant l'affaire de la foi (pro
negotio fidei). Ramus fut le seul qui osa s'y opposer ; il
fit la motion que les députés ne fussent envoyés à la

[1] Est. Pasquier, lettre 18 du livre IV.

cour qu'après qu'on se serait entendu et qu'on aurait
délibéré en séance publique sur les articles de la requête
qui devait être présentée au nom de l'université, et il
demanda que l'on prît acte de son opposition. Le même
jour, dans le conseil privé des députés, à deux heures de
l'après-midi, trois principaux, Ramus, Nicolas Charton et Guillaume Galland, protestèrent contre le discours
très violent que le recteur avait prononcé au parlement
l'avant-veille, et qui, du reste, valut à Jean de Verneuil
une admonition sévère de la part du roi [1].

Une lettre écrite alors de Paris par Hubert Languet,
et qui est citée par Bayle dans son article *Ramus* (note H),
« nous apprend, dit cet auteur, que Ramus se mit à la
tête de quelques suppôts de l'université, qui firent savoir à Catherine de Médicis qu'ils n'avoient aucune part
à la requête présentée au parlement par le recteur au
nom de toute l'université, aux fins que l'on ne publiât
pas l'édit de janvier, et qu'au contraire ils en deman-
doient la publication. Il est certain que le recteur n'a-
voit point délibéré sur cela avec ceux qu'il savoit affec-
tionnés à l'Eglise réformée. »

Le parlement, après y avoir opposé pendant deux mois
une résistance séditieuse [2], finit par enregistrer l'édit, mais
avec toutes restrictions. « Le vendredy, 26 mars, dit Estienne Pasquier (lettre 13 du livre IV), il a esté émologué
avec toutes les démonstrations de contrainte..... Il a esté
ordonné par la cour que sur le reply des lettres il seroit
mis qu'elles avoyent esté leües, publiées et enregistrées,
ouy le procureur général du roy, sans approbation tou-

---

[1] Du Boulay, t. VI, p. 549, 550; Génébrard, Chronogr., p. 746.
[2] Voir les détails rapportés avec complaisance par Crevier, t. VI, p. 129.

tefois de la nouvelle religion, le tout par manière de provision, et jusques à ce que par le roy en eust esté autrement ordonné. » Il est permis de croire que cette opposition, fomentée ouvertement par les chefs du parti lorrain, aurait été beaucoup moins vive, si les conseillers du parlement n'avaient été intimidés par les menaces du duc de Guise, qui, en pleine séance, avait déclaré « que son espée ne tiendroit pas au fourreau, » lorsqu'il s'agirait de forcer tout Français d'être catholique ou de sortir du royaume [1]. Parole inhumaine autant que factieuse, et qui préparoit le rôle sanglant des princes lorrains dans les malheurs de la France.

Pendant cette même année 1562, qui fut pour lui très féconde en hardiesses de tout genre, et qui vit paraître sa fameuse *Gramere* [2], Ramus, entreprenant de réaliser le vœu émis par les états généraux d'Orléans de 1561, présenta au roi et à la reine mère [3] un plan de réforme de l'université, qui fut publié sous ce titre : « Advertissemens sur la réformation de l'université de Paris, au Roy. 1562. » Quoique ce livre parût sans nom d'auteur, sans doute à cause des circonstances, personne ne pouvait s'y méprendre. D'abord, il sortait, comme cela était mentionné à la dernière page, de l'imprimerie d'André Wéchel, l'ami, le coreligionnaire et l'éditeur attitré de Ramus; puis, la main de ce dernier était marquée dans l'ouvrage d'une manière assez évidente. On pouvait assez reconnaître que l'auteur était protes-

---

[1] E. Pasquier, lettre 10 du livre IV.

[2] Voir plus bas, IIe partie, chap. I.

[3] Peu de temps avant la première guerre civile, suivant Est. Pasquier (Rech. de la France, l. XIX, chap. XVII).

tant, professeur de philosophie, lecteur du roi, et qu'il
avait eu mission de s'enquérir des abus de l'université :
et il n'y avait pas deux hommes à Paris qui réunissent
ces caractères.

La plupart des abus que l'on voulait réformer déri-
vaient, suivant Ramus, d'une seule et même cause, savoir le nombre illimité des professeurs. « Une infinité
d'hommes s'est eslevée, lesquelz, moyennant qu'ils
ayent acquis le nom et degré de maistre en la faculté
dont ils font profession, sans autre choix, tant les ignorans que les sçavans, ont entrepris de faire mestier
d'enseigner en la philosophie, médecine, jurisprudence
ou théologie (p. 8). » En philosophie, par exemple, une
centaine de régents, dans vingt-cinq colléges de plein
exercice, enseignaient ce que huit professeurs publics
auraient facilement et mieux enseigné. Le nombre des
maîtres s'étant ainsi multiplié, tandis que le nombre
des étudiants demeurait le même, il en était résulté pour
ces derniers une grande augmentation des frais d'études
et de grades. Ainsi, pour la philosophie, la dépense des
écoliers, qui avait été fixée d'abord à quatre ou six écus
en tout, avait fini par s'élever à cinquante-six livres et
même davantage. « C'est chose fort indigne, s'écrie Ramus, que le chemin pour venir à la cognoissance de la
philosophie soit clos et défendu à la povreté, encores
qu'elle fust docte et bien apprise (p. 14). » Mais que dire
des facultés supérieures ? La faculté de droit, depuis
l'an 1534, se contente, il est vrai, d'une redevance de
28 écus par élève ; mais les médecins et les théologiens,
se comparant aux philosophes qui avaient quadruplé leur
revenu primitif, ont augmenté le leur, non dans une

proportion arithmétique, qui eût été au-dessous de leur dignité, mais dans une proportion *géométrique* (p. 18), en sorte que les médecins, au lieu de 28 écus, perçoivent plus de 880 livres, sans compter les présents des *apothicaires* et des *barbiers,* leurs anciens élèves (p. 24), tandis que les théologiens, sous prétexte de thèses, de bonnets et de banquets, demandent aux malheureux étudiants plus de mille livres. De plus, dans chaque faculté on met aux enchères l'honneur d'être proclamé le premier à l'examen de licence, en sorte que celui-là est réputé le plus savant qui paye la plus forte somme (p. 11, 22, 59).

Le remède à cet abus, suivant l'auteur des Advertissemens, c'est d'établir dans chaque faculté un certain nombre de professeurs payés par l'Etat, qui renonceraient généreusement à rançonner la jeunesse pauvre et studieuse. «Que la seule et légitime dépense que fasse l'écolier soit d'avoir vescu, de s'estre entretenu d'accoutremens, d'avoir acheté livres, d'avoir travaillé, veillé et passé les nuits entières, d'avoir employé la meilleure part de sa vie aux lettres (p. 14, 25, 26, 34, etc.)» Noble appel de celui qui, dans une position brillante, se souvient des mauvais jours de sa jeunesse, lorsqu'il était pauvre écolier servant au collége de Navarre!

L'institution de professeurs publics, avec un traitement fixe et fourni par l'Etat, couperait court à bien d'autres abus. «Car de ceste infinité de docteurs, non-seulement se sont engendrez des fraiz infinis, mais encore un infini mépris et contemnement de la discipline (p. 35, 36). » La faculté des arts est la moins répréhensible peut-être. On regrette, il est vrai, l'interruption récente des leçons

publiques de la rue du Feurre[1] ; on regrette surtout que,
dans les colléges, les philosophes emploient des ques-
tionnaires sans utilité sur Aristote, qu'ils feraient mieux
d'expliquer lui-même ; mais les grammairiens et les
rhétoriciens donnent un enseignement irréprochable et
presque parfait, discutant peu sur les règles, mais prati-
quant la lecture et l'imitation des bons auteurs. Dans la
faculté de droit, on n'enseigne que le droit canon, d'où
les jurisconsultes ont pris le nom de canonistes, et l'on
néglige le droit civil : lacune déplorable et qu'il serait
temps de réparer. Mais que dire des docteurs en médecine et en théologie qui, par une paresse inouïe, ont totalement renoncé à leur enseignement, dont ils se mo-
quent (p. 61), et qui, sans rien faire que présider à des
thèses et à des disputes publiques, touchent de gros traitements, sur lesquels ils abandonnent quelques écus, d'un
côté à deux bacheliers en médecine pour faire de pauvres
et obscures leçons, de l'autre « à quelque nouveau maître
ès arts qui est loué pour un escu ! (p. 82.) » Abus criants,
qui se commettent « tous les jours aux yeux de tout le
monde, » et qui toutefois ont eu ce bon effet que plusieurs
professeurs du premier ordre ont percé par l'enseignement libre dans la faculté de médecine : car c'est en enseignant en leur nom privé que les Jacques Dubois (Sylvius) et les Jean Goupyl ont fait leur réputation et leur
fortune. Mais où sont les Sylvius et les Goupyl de la faculté de théologie ? (p. 66.)

---

[1] Le savant doyen de la faculté des lettres de Paris, M. Le Clerc, a relevé, dans l'Histoire littéraire de la France, t. XXI, p. 109 (art. Siger de
Brabant), ce précieux et unique renseignement qui donne la date de l'interruption des cours publics dans la faculté des arts.

Pour rétablir l'université dans sa splendeur, Ramus proposait une mesure aussi simple qu'énergique. Il fallait, suivant lui, établir un petit nombre de professeurs ordinaires rétribués par l'Etat, et qui fussent tenus d'enseigner toutes les parties de la philosophie, du droit, de la médecine et de la théologie, en mettant de côté les cris, les disputes et les stériles argumentations de l'école. Il laissait aux colléges les leçons de grammaire, de rhétorique et de logique, traçant ainsi plus de deux siècles à l'avance la ligne de démarcation adoptée en France depuis la Révolution entre l'instruction secondaire et l'instruction supérieure. Il faisait ressortir avec une grande force l'importance de ces réformes. « Le bruit et la renommée de ceste université de Paris court par toute l'Europe où le latin est entendu, de façon qu'on n'estime point celuy-là avoir esté bien institué aux lettres, qui n'a estudié à Paris. Ceste université n'est point l'université d'une ville seulement, mais de tout le monde universel. Quelle est la discipline de ceste université, telle est la discipline du reste du monde (p. 89) ».

Mais qu'importait la gloire de l'université à « ceste infinité de docteurs qui n'enseignaient rien, » et que Ramus proposait nettement de supprimer, comme ayant fait tomber les études et comme ayant « engendré ceste profusion et despense? (p. 31.) » La plupart des docteurs et régents, ne considérant que leur intérèt, repoussèrent de toutes leurs forces les idées d'un homme qui prétendait fonder sur la ruine de leurs abus tant de belles institutions : un enseignement sérieux, régulier et gratuit dans toutes les facultés; dans la faculté des arts, une chaire de mathématiques, et une année d'études en physique; dans

10

la faculté de droit, l'enseignement du droit civil ; dans la
faculté de médecine, des chaires de botanique, d'anatomie et de pharmacie, et la pratique sous les yeux des
professeurs, en suivant pour la théorie Hippocrate et
Galien ; enfin en théologie, outre des conférences et des
sermons, l'étude de la Bible, l'explication de l'Ancien
Testament en hébreu, et du Nouveau en grec.

La plupart de ces vœux devaient se réaliser sous
Henri III, Henri IV et leurs successeurs, aux applaudissements de tous les hommes éclairés ; mais en 1562, ils
furent très mal reçus, et même on les taxa d'hérésie.
Il est vrai, comme on a pu déjà le remarquer, que
Ramus, dans ses Advertissemens, se permettait plus
d'une attaque contre la faculté de théologie et contre le
clergé régulier. Tantôt il poursuivait avec une vivacité
piquante les exactions des théologiens : « La révérence
et la sainteté du nom de théologie, disait-il, criera que
tout ce que nous dirons icy contre ceste loy dépensière
n'est ny vray ny croyable. C'est vergogne et plustost horreur, de souspeçonner une tant saincte et tant divine profession estre si prodigue en banquetz et si avare en rapine
et exaction (p. 26 , 27). » Tantôt il les raillait au sujet
de leur négligence dans l'étude des Ecritures : « Mais si
aucun s'émerveille comment ou pourquoy le théologien
a dédaigné ce qui pouvoit luy porter tant de profit, la
raison est preste (comme dict un poëte latin) : il estoit
paresseux... Toutesfois pour faire semblant de garder le
statut, on a controuvé un moyen, qui est que les déclamations et sermons des théologiens se feroient, non en paroles théologiques, mais en bel argent comptant (p. 81). »
Puis, lorsqu'il s'agissait de dire sur quels fonds seraient

pris les gages des professeurs publics, Ramus indiquait
hardiment et à plusieurs reprises les gras revenus des couvents, des moines, des chanoines et même des évêques.
« Sire, donnez-leur gages. Tant de couvents de moines,
et tant de colléges de chanoines de vostre ville de Paris,
s'estimeront bien heureux et fort honorez de faire ceste despense, si seulement vous leur commandez (p. 14, 25)... Qué
par vostre autorité gages propres selon le mérite de si grande
profession, soyent fournis et pris des moines et chanoines.
Mesme, que deux prébendes de Nostre Dame, qui n'a pas
long temps ont esté ostées, soyent remises et reprises pour
les lecteurs ordinaires en théologie. Ce sera un divin
bienfaict à des hommes opulens et vivans en oisiveté [1],
d'ayder et entretenir des docteurs faisans profession de religion et de saincteté (p. 33, 34)... L'université supplie
que la récompense du labeur public soit prise du public,
aussy que les gages ordonnez aux lecteurs ordinaires
soyent assignez sur tant de rentes et tant de revenus que
tiennent les moines, les chanoines, abbez et évesques
(p. 94). » Enfin, tout ce qui concernait la réforme de
l'enseignement théologique était d'un zélé protestant.
« Les disputes qui se font en ce temps sont de grande et
dangereuse importance, concernans non quelque légère
cérémonie, mais tous les fondements de la religion chrestienne. Or si des lecteurs ordinaires et royaulx, bien choisis, entreprennent de lire, les uns le Vieil Testament
en hébreu, les autres le Nouveau en grec, non-seulement
avecques soigneuse diligence, mais avecques toute saincte
piété, quelle perverse opinion touchant la religion pour-

---

[1] Il y avait déjà des propositions analogues dans la Harangue de 1557,
fol. 13 v.

roit partir de ceux qui entendront l'un et l'autre Testament par l'interprétation de ces sainctz et grands docteurs? Mais l'Eglise chrestienne universelle, qui est par tout le monde, par le moyen de ces lecteurs les entendroit (p. 88).... Qu'on remette aux escoles publiques de la théologie les lecteurs du roy ordinaires. Qu'on rameine l'un et l'autre céleste et divin soleil, l'un du Vieil Testament en hébreu, l'autre du Nouveau en grec. Qu'on explique librement et sincèrement la pure vérité de la religion. Que les théologiens fouillent et descouvrent les riches trésors de si longtemps cachez et perdus, ou plustost méprisez, et les mettent au jour; lors vous verrez soudain... que la cognoissance du très-bon et très-souverain Seigneur... sera manifestée aux chrestiens et à toutes les nations du monde. Ce qu'étant advenu, les hommes ne pourroient recevoir un plus grand bien ny plus souhaitable de l'infinie bonté de Dieu. La théologie de Paris dépravée a dépravé et gasté l'estat de la religion; aussy estant bien constituée et réformée, elle constituera et réformera le mesme estat en son entier (p. 91, 92). » Il terminait en souhaitant au roi, par-dessus toutes les vertus humaines, « une vraye religion et piété surpassant de beaucoup toutes humaines louanges [1] ».

Ramus faisait assez voir par ses actes comment il entendait « la pure vérité de la religion. » Il avait entièrement

---

[1] Voici le jugement que Crevier, c'est-à-dire un des historiens les moins favorables à Ramus, a porté sur cet ouvrage : « Il contient, dit-il, plusieurs bonnes idées dont on a profité dans la suite. Il est aisé d'y reconnaître un homme d'esprit, mais d'un esprit libre, portant l'estime des lumières de son siècle jusqu'au mépris outré de tout ce qui se pratiquait avant lui : sans compter un *fumet* de protestantisme qui se fait sentir aux lecteurs attentifs. » T. VI, p. 96, 97.

modifié le culte qui se célébrait dans la chapelle de son collége. Il avait d'abord changé la nature des sermons qui s'y faisaient ; il avait ensuite aboli les services pour les morts et les litanies des saints. Il suivit enfin d'autres cérémonies et un autre culte que ceux de l'Eglise catholique [1]. Il ne pouvait rien faire qui fût plus agréable à ses ennemis. Tant que ceux-ci n'avaient eu à lui reprocher que des hérésies littéraires ou philosophiques, il avait pu se soutenir contre eux et même avec avantage. Mais lorsqu'une fois il leur eut fourni ce prétexte formidable de la religion, la lutte devint tout à fait inégale; tôt ou tard il y devait succomber.

Le chancelier de l'Hospital s'efforçait en vain d'apaiser les esprits et de ramener la paix et la concorde ; l'ambition des Guise en avait décidé autrement. Le massacre de Vassy (1er mars 1562) fut, comme on sait, le signal de la première guerre civile. Cet odieux attentat contre des gens paisibles, qui célébraient leur culte conformément à la loi, combla la mesure des indignes traitements dont les chrétiens réformés n'avaient cessé d'être l'objet. Remplis d'indignation, ils oublièrent, pour leur malheur, cette admirable résignation qui avait fait leur force, et qui eût fini peut-être par conquérir la France, comme celle des premiers chrétiens avait conquis le monde romain. N'espérant aucune justice d'un pouvoir qui, tantôt les opprimait et les condamnait à tous les supplices, tantôt était impuissant pour les protéger, ils résolurent de se défendre par les armes. Alors éclatèrent ces guerres dites de religion, où la religion servit en effet d'instrument à toutes les ambi-

[1] Nancel, p. 71, 72.

tions et de prétexte à tous les crimes, et qui désolèrent
la France à cinq ou six reprises. Ramus n'en put voir la
fin ; mais il assista aux trois premières guerres civiles,
et il partagea jusqu'à la Saint-Barthélemy le sort de son
pays et de ses coreligionnaires.

Au mois de juillet 1562, il dut obéir à l'arrêté par
lequel le maréchal de Brissac, gouverneur de Paris,
chassait de cette ville tous les calvinistes « sous peine de
la hart. » Ramus en partant confia l'administration de
son collége à un professeur de ses amis, nommé Jean
Poitevin. Mais le parlement, qui venait de souscrire une
profession de foi rédigée par la faculté de théologie, avait
décidé, le 9 juillet, que tous les principaux, professeurs
et suppôts de l'université seraient tenus de signer cette
même formule, « ce qui fut exécuté le mois d'août
suivant avec tant de rigidité, que ceux qui refusèrent
de signer perdirent leurs charges et leurs offices, et
d'autres furent substitués en leurs places [1]. » L'évêque
de Paris nomma pour chapelain au collége de Presles
un bachelier en théologie, nommé Antoine Muldrac,
qui, ayant considéré le collége comme une dépen-
dance de sa chapelle, s'y installa en qualité de principal ou de vice-principal, et le parlement le confirma
dans cette possession, malgré ce qu'elle avait d'irrégulier.
Jean Poitevin, le représentant de Ramus, eut beau faire
opposition : on lui répondit que Muldrac « avoit esté
pourveu par l'évesque de Paris, supérieur en cest endroit de la chapelle, à laquelle estoit annexée la principauté dudit collége [2]. » Cette prétention était évidem-

---

[1] Félibien, Hist. de la ville de Paris, t. II, p. 1084.
[2] Du Boulay, Hist. univ. Paris., t. VI, p. 659.

ment contraire à la vérité; mais on affecta de la prendre au sérieux, et l'acte de spoliation fut consommé sans plus de résistance.

Ramus avait quitté Paris avec un sauf-conduit de Charles IX, ou plutôt de la reine mère, qui le protégeait et qui lui donna un asile à Fontainebleau[1]. Là, dans le palais reconstruit et embelli par François Ier, dans la demeure favorite de Henri II, dans les jardins tracés sous François Ier, dans la belle forêt que ce prince avait fait percer, le professeur proscrit put oublier quelque temps ses ennemis et reprendre le cours interrompu de ses études. Mettant à profit les ressources que lui offrait la riche bibliothèque royale fondée par Charles V, accrue par François Ier, et que Henri IV devait plus tard transporter à Paris, il partageait son temps entre les mathématiques et la théologie. Mais ni l'éloignement de cette retraite, ni la protection du roi ne purent le garantir des poursuites dont il était l'objet. L'acharnement de ses ennemis était si grand, qu'ayant su l'endroit où il s'était réfugié, ils vinrent l'y chercher sans égard pour cet asile royal. Il n'évita la mort que par une fuite précipitée. Il eut un moment la pensée d'aller en Italie, où l'académie de Bologne lui faisait des offres magnifiques; parfois aussi il tournait les yeux vers l'Allemagne, où il entretenait de nombreuses relations. Sur ces entrefaites, le bruit courut que son collége de Presles avait été livré au pillage, ainsi que sa riche bibliothèque. Il se rapprocha alors de Paris et vint au château royal de Vincennes, probablement avec le dessein de rentrer dans la capitale

---

[1] Pour tous les détails qui suivent, voir Freigius, Vie de Ramus, p. 26 et suiv., et surtout Ramus lui-même, Oratio de sua professione.

et de reprendre son poste. Il paraît du moins qu'il avait pour cela l'autorisation du roi. Mais celui qui avait pris sa place n'était pas disposé sans doute à la lui céder; car nous lisons dans l'Histoire de l'université de Paris, que le 10 février 1563, le vice-principal du collége de Presles, Antoine Muldrac, avertit l'université assemblée aux Mathurins des tentatives de l'ancien principal, et que l'université décida qu'il ne fallait recevoir Ramus à aucun prix et d'aucune manière [1]. Bientôt d'ailleurs ce dernier fut de nouveau contraint de s'éloigner : un attentat dont il faillit être victime l'obligea de quitter Vincennes. Comme les routes étaient fort dangereuses, il quitta les chemins fréquentés, errant de lieux en lieux, se déguisant pour n'être point reconnu, et recevant çà et là dans sa fuite les témoignages de sympathie de quelques particuliers. Il a conservé les noms des hommes généreux qui le recueillirent et lui donnèrent l'hospitalité. A Royaumont [2], il fut reçu par Barnabé du Failleul (Faiollius); et peu de temps après, à Creil, par Bertrand Magdeleine, Jean Lebel (Bellus), et Louis Charbonnier (Carbonarius) : ce dernier était aussi savant qu'aimable, et fut pour Ramus un ami en même temps qu'un hôte. C'est dans ces courts moments de répit que, surmontant les préoccupations et les angoisses qui l'assiégeaient, il acheva son ouvrage intitulé : Etudes de physique (Scholæ physicæ).

---

[1] Du Boulay, t. VI, p. 552; Crevier, t, VI, p. 145.

[2] Royaumont, ancienne abbaye près Luzarches (Seine-et-Oise), et Creil Oise). Ces deux localités, peu éloignées de Paris, m'ont semblé être désignées par les expressions de Ramus (Schol. phys., l. II fin et l. VIII fin): Regium montem, Regium Creolium. Pour tous les détails qui précèdent, voir les trois biographes Freigius, Nancel et Banosius.

La paix d'Amboise, qui vint le 10 mars 1563 interrompre pour quelques années la guerre civile, mit enfin un terme à ces agitations et permit à Ramus de rentrer à Paris.

VI

(1563-1568)

—

Ramus reprend son poste au collége de Presles et au collége royal. — Ses
travaux. — Il refuse une chaire à Bologne. — Affaire des jésuites : opposition que leur fait l'université ; Charpentier se déclare pour eux. —
Affaire du collége de France : Charpentier achète une chaire de mathématiques ; Ramus et ses collègues s'opposent à ce trafic. — Charpentier
est maintenu par la faveur des Guise. — Sa fureur contre Ramus : libelles ; attaques à main armée. — Seconde guerre civile ; Ramus harangue les reltres. — Testament de Ramus ; il part pour l'Allemagne.

L'édit de pacification rendant aux réformés leurs anciennes positions, Ramus rentra sans difficulté au collége
de Presles, comme on peut s'en assurer par une requête
présentée plus tard par Antoine Muldrac au parlement,
et où il est dit que « ledict suppliant (Muldrac) auroit
jouy de ladite chapelle et principauté jusques à ce que
l'édit de pacification seroit survenu... au moyen de
quoy ledit suppliant auroit cédé le lieu audit Ramus, etc. [1] »

Muldrac, devenu simple régent au collége d'Harcourt,
passa sans doute pour une victime, et la brigue qui le
soutenait lui donna un dédommagement, en l'élevant

[1] Du Boulay, t. VI, p. 659.

quelque temps après à la dignité de recteur [1], le 24 mars 1563 (1564).

Ramus éprouva encore moins de résistance au collége royal, où il n'avait pas été remplacé. Seulement, suivant un usage assez ordinaire, ce fut dans son propre collége qu'il prononça son discours de rentrée, le 25 août 1563. Il y avait douze ans, jour pour jour, qu'il avait fait sa première leçon comme professeur royal. Il saisit naturellement cette occasion pour passer en revue son enseignement pendant ces douze années, et pour expliquer comment il se proposait d'en renouer le fil interrompu. Il rappela en peu de mots les dangers qu'il avait courus pendant la guerre civile ; mais ce fut pour prier Dieu d'effacer le souvenir de ces sanglantes discordes, et d'accorder une paix durable à la France et aux arts libéraux, enfants de la paix.

Dans ce même discours, il rend un dernier et douloureux hommage à Omer Talon ; il déplore la mort de cet ami, ou plutôt de ce frère, « dont le concours lui manquera désormais dans ses nouvelles études. » Depuis quelques années, en effet, Talon, atteint d'une maladie incurable, avait pris les ordres, et avait été nommé curé de la paroisse Saint-Nicolas-du-Chardonnet, grâce à Ramus, qui, étant propriétaire de cette cure, sans doute par la libéralité de Henri II, l'avait généreusement cédée à son vieux compagnon. C'est dans cette retraite que ce dernier était mort pendant la première guerre de religion, à l'âge de soixante ans [2].

Après avoir consacré ses premières leçons à repren-

---

[1] Du Boulay, t. VI, p. 954. Voir aussi la liste des recteurs.
[2] Nancel, Vie de Ramus, p. 40, 56.

dre rapidement la grammaire, la rhétorique et la logique [1], Ramus soumit à un examen sévère la physique
et la métaphysique d'Aristote, comme le prouvent deux
ouvrages publiés en 1565 et 1566. Puis il revint avec
plus d'ardeur que jamais à l'étude des mathématiques.
Tandis que Forcadel, qu'il avait fait nommer lecteur
royal, enseignait en français l'arithmétique et la géométrie au collége de France, il expliquait pour sa part
tous les mathématiciens grecs dont il avait pu se procurer des copies, soit par ses propres ressources, soit par
la faveur de la reine mère, qui lui ouvrait la bibliothèque royale de Fontainebleau, soit par l'entremise des
ambassadeurs Arnaud du Ferrier et Paul de Foix, qui
lui communiquaient les richesses de Venise et du Vati-
can, soit en s'adressant aux savants étrangers, comme
J. Camérarius et G. Joachim Rhéticus en Allemagne, et
Roger Asham en Angleterre; il écrivait à ce dernier
dans ce but le 24 février 1564 (1565). Il achetait ou
faisait copier à grands frais les précieux manuscrits où
était déposée la science des Archimède et des Proclus,
et il en avait formé une collection qui n'était pas le
moindre ornement de sa bibliothèque. Plusieurs de ces
mathématiciens avaient été traduits en latin, sous sa direction, par Frédéric Reisner, Arnaud d'Ossat et Nicolas
de Nancel [2].

Ainsi, Ramus n'épargnait ni soins, ni dépense, ni
travail pour achever son œuvre au collége de France. Il
sut sacrifier à ce devoir les offres brillantes de l'académie de Bologne, lorsqu'elle lui fit proposer, par l'organe

[1] Oratio de sua professione (1563). Voir plus bas, p. 159.
[2] Nancel, Epist., t. I (Paris, 1603, in-8°), p. 210 suiv., lettre 61.

du jurisconsulte Angelo Papio, la chaire occupée jadis
par Romulus Amasée, et à laquelle était attaché un traitement fort considérable. Bayle, dans l'article *Ramus*
de son Dictionnaire (note N), s'est donné beaucoup de
peine pour fixer la date de ce fait, parce qu'il ne connaissait pas les lettres adressées par notre philosophe au
sénat de Bologne et à Papio. Ces lettres démontrent clairement que, si l'offre des professeurs de Bologne avait
eu lieu avant 1562, la réponse et le refus ne vinrent
qu'après la guerre civile, c'est-à-dire en 1563. En renonçant à des avantages très supérieurs à ceux dont il
jouissait à Paris, Ramus exposait les motifs de son refus :
« Je suis Français, disait-il au sénat de Bologne, et la
libéralité du roi de France m'a soutenu de longues années dans mes études. Je me dois donc tout entier d'abord
à mon pays, puis à mon roi. » Il entrait dans de plus grands
détails avec Papio, et lui remontrait que son devoir,
comme professeur royal, étant de parcourir le cercle entier des arts libéraux, il ne pouvait laisser sa tâche ina-
chevée : or, il lui restait encore à enseigner la physique,
comprenant l'acoustique, l'optique et l'astronomie, sans
compter la morale et la politique [1].

En reprenant ses cours, Ramus avait annoncé à ses auditeurs qu'il entendait laisser là désormais toute polémique et se donner tout entier à la science. Tel était l'enga-
gement qu'il avait pris dans son discours de rentrée au
collége royal ; tels étaient en effet ses sentiments et ses
véritables desseins. Mais il avait compté sans ses ennemis,
conjurés contre son repos.

Dans ses longues luttes contre la routine et la pédan-

[1] Collectan. præfat., epist., etc. (1577), p. 195, 198.

terie, Ramus avait eu le tort de ne ménager personne :
aussi avait-il presque autant d'ennemis que d'admirateurs.
Les facultés de théologie et de médecine, en particulier,
ne pouvaient lui pardonner ses attaques contre la paresse,
l'ignorance et la cupidité de leurs membres. Mais parmi
tant d'adversaires intéressés de toute réforme et de tout
progrès, soit en religion, soit en littérature ou dans les
sciences, le plus fougueux et le plus implacable, à coup
sûr, était Jacques Charpentier, homme d'esprit, comme
on a pu le voir, mais d'un savoir médiocre, fort intrigant
d'ailleurs et qui avait acquis à prix d'argent ses grades et
ses dignités. Ramus, qui le méprisait profondément, n'a-
vait jamais daigné répondre à ses pamphlets ni s'occuper
de lui. A cette époque, un de ses disciples les plus distingués, Arnaud d'Ossat, le même qui plus tard fut cardinal sous Henri IV, crut devoir témoigner sa reconnaissance à son maître, en prenant ouvertement la défense
de ce dernier contre les attaques d'un adversaire dont
l'ignorance égalait à ses yeux la violence. Il publia dans
cette intention un écrit qui eut alors du succès, mais sur
lequel je ne puis m'arrêter ici. Je rapporterai seulement
quelques lignes d'Amelot de la Houssaye, dans sa Vie du
cardinal d'Ossat : « En 1564, dit-il, il fit paraître une
petite dissertation intitulée : « Expositio Arnaldi Ossati in
disputationem Jacobi Carpentarii de methodo, » qui est
une défense de la dialectique de Pierre de la Ramée contre
Jacques Charpentier, docteur en médecine. Ce petit ouvrage critique lui fit d'autant plus d'honneur qu'il en fit
beaucoup à la Ramée, qui avait été son maître en philosophie au collége de Presles, et qu'en donnant au public
ce premier échantillon de son esprit, il satisfit encore

pleinement au devoir de la reconnaissance. Charpentier
répondit à d'Ossat [1], mais ce fut par injures, comme font
ordinairement ceux qui n'ont rien de meilleur à dire. Il
le traite de *magistellus trium literarum*, ou, selon notre
mot vulgaire, *de sot en trois lettres.* » Une réplique spirituelle et incisive de d'Ossat provoqua un second volume
d'injures de la part de Charpentier, qui, dans sa colère
croissante, s'en prenait à Ramus, véritable auteur, suivant lui, des écrits publiés par son disciple [2].

Tandis que la haine de Charpentier semblait s'enve-
nimer chaque jour, il s'opérait au contraire un rapproche-
ment entre Turnèbe et Ramus. Déjà celui-ci, dans
son discours de rentrée de 1563, avait adressé à son collègue les éloges auxquels il avait droit par son grand
mérite. A l'espèce d'animosité qui les divisait autrefois,
avait succédé une noble émulation. Ce furent encore de
beaux jours pour le collége de France et l'université de
Paris que ceux où l'on voyait enseigner en même temps
Adrien Turnèbe, Denis Lambin et Ramus, unis par l'estime et l'amitié, rivalisant seulement de science et de
talent. Le célèbre publiciste Hubert Languet, qui était
alors à Paris, écrivait à J. Camérarius, le 6 mars 1564 :
« Le public se porte en foule pour entendre Ramus, qui
enseigne de nouveau l'éloquence. » Et l'année suivante,
le 22 mars 1565, il lui écrivait encore : « L'université
de Paris reprend peu à peu sa splendeur. Une lutte est
engagée entre Turnèbe et Ramus. Tandis que l'un attaque

---

[1] Ad Exposit. disput. de methodo, contra Thessalum Ossatum, Acad.
Paris. Methodicum, Responsio. Paris, Buon, 1564, in-4°.

[2] Arn. Ossati Additio ad expositionem de methodo. Parisiis, apud
A. Wechelum, 1564, in-4°, 8 feuillets.

Aristote et que l'autre le défend, Lambin donne une
édition de Cicéron où il a corrigé, dit-on, cinq ou six mille
passages [1]. » Ainsi l'enseignement public jetait une dernière et brillante lueur, dans l'intervalle de deux guerres
civiles. Peu de temps après, le 1er juin 1565, Languet
annonçait à son ami la dangereuse maladie à laquelle Turnèbe devait succomber au mois de septembre suivant.
Ramus et Lambin, de leur côté, étaient détournés de leurs
études par deux événements d'une importance diverse
plutôt qu'inégale, le procès des jésuites d'une part, marquant la décadence de l'université, et de l'autre, une
scandaleuse candidature au collége de France, où l'on vit
la science sacrifiée à la politique et au fanatisme.

Tout le monde connaît l'histoire de cette compagnie
fameuse par son habileté, dont le but avoué est d'extir-
per toute hérésie et par conséquent toute liberté de conscience, et qu'un pouvoir ne saurait patroner ni même
autoriser sans se faire du même coup l'instrument de
l'intolérance et de la persécution. La secte, ou plutôt la
milice redoutable organisée par Ignace de Loyola, vise
ouvertement à la domination temporelle, contrairement
à la parole de Celui qui avait dit : « Mon royaume n'est pas
de ce monde. » On peut donc affirmer qu'elle ne représente point une croyance, mais une ambition subversive
de toute paix comme de toute liberté. Aussi l'Eglise, qui
s'en était passée durant tant de siècles, a-t-elle accueilli
en général avec crainte et défiance des serviteurs trop
zélés peut-être pour ses intérêts ; et plus d'un Etat catholique a prouvé par ses actes que cette société secrète lui

---

[1] Lettres d'Hubert Languet à J. Camérarius (édit. de Groningue, 1646,
in-12, 284 p.), lettre xiii, p. 33, et lettre xvi, p. 41.

paraissait un danger pour sa propre existence. De tout
temps la France a été opposée à l'établissement des jésuites : l'opinion publique y a toujours soutenu les gou-
vernements qui leur étaient hostiles et redressé ceux qui
les favorisaient.

Depuis l'année 1543, où ils avaient été accueillis et
reconnus à Rome, les jésuites s'étaient efforcés à plusieurs reprises de s'introduire en France, et surtout
dans l'université de Paris. Patronés dès leur début par
plusieurs évêques, entre lesquels on remarquait P. Danès, ils avaient songé de bonne heure à se servir du
cardinal de Lorraine. Ce prélat, dit un de ses biographes,
« était trop habile et trop pénétrant pour ne pas entre-
voir immédiatement quel parti l'Eglise (catholique) pouvait tirer de ce nouvel institut. A l'esprit d'indépendance
qui animait toute l'Europe, cet ordre opposait la sou-
mission la plus complète, à l'affaiblissement de l'autorité et de la discipline, une hiérarchie inflexible et une
obéissance absolue. Enfin, et c'était là surtout le côté
par lequel le cardinal de Lorraine appréciait l'utilité de
cette création, les jésuites se vouaient particulièrement
à l'instruction de la jeunesse et à l'enseignement des
peuples par la prédication. Il promit à Ignace de Loyola
sa protection, et il tint parole... Henri II lui-même, à
son instigation, embrassa la cause des jésuites et prit
ouvertement leur défense [1]. » Mais s'ils eurent des protecteurs puissants, ils rencontrèrent des adversaires opi-
niâtres dans le parlement, dans l'université et dans le
clergé de Paris. En 1552, le parlement, par l'organe
de P. Séguier, s'était opposé à leur admission, et le 25

---

[1] J. J. Guillemin, Le cardinal de Lorraine, p. 264, 268 et pass.

février 1553 (1554), l'université prit une délibération
pour supplier le roi de ne point laisser publier la bulle
que leur avait accordée le pape Paul III. Sous le règne
de François II, le cardinal de Lorraine, qui était tout-
puissant, obtint des lettres patentes qui enjoignaient au
parlement d'enregistrer les bulles relatives à leur admission. Enfin, le 15 septembre 1561, au colloque de
Poissy, les jésuites furent reçus et approuvés, avec certaines restrictions, il est vrai, et à la condition expresse
de ne point paraître sous leur nom. Mais ils aspiraient
au droit d'enseigner, et ce droit était gardé avec une
jalouse et inquiète vigilance par l'université, le parlement et le clergé de Paris.

Héritiers de l'évêque de Clermont et reconnus comme
tels par le parlement, les jésuites avaient fait bâtir un
collége à Paris, où ils étaient établis, épiant un moment
favorable pour se faire immatriculer à l'université. Ils
trouvèrent bientôt, dit Crevier, « un recteur disposé à
leur rendre service aux dépens de toutes les lois de son
corps. Julien de Saint-Germain, bachelier de la maison
de Sorbonne, étant recteur au commencement de 1564,
les jésuites le gagnèrent, je ne sais par quels moyens ; et
ce recteur, de son propre mouvement, leur accorda, le
19 février 1564, des lettres de scholarité : acte passé si
furtivement, que le greffier même de l'université n'en
fut pas instruit, ou du moins ne le signa pas [1]. » Munis
de cette autorisation clandestine, les jésuites ouvrirent leur
collége au mois d'octobre, en y mettant cette inscription : *Collége de la Société de Jésus*, quoiqu'ils eussent
promis de ne point prendre ce nom en France. Ils avaient

---

[1] Crevier, Hist. de l'univ., l. XI, § 2, t. VI, p. 165-166.

des maîtres habiles, qui enseignaient gratuitement; aussi leurs leçons furent-elles bientôt suivies par un grand nombre d'étudiants. Ils demandèrent alors à être admis dans l'université. C'est ici que Ramus paraît, s'associant, bien entendu, à l'opposition unanime des quatre facultés, mais sans jouer un rôle beaucoup plus important que la plupart de ses confrères.

Le refus de l'université fut le signal d'une lutte mémorable : les jésuites réclamèrent auprès du parlement, afin d'être incorporés à l'université malgré elle. En vain leur opposait-on ce dilemme que rapporte Estienne Pasquier : « L'université reçoit deux manières de gens, réguliers ou séculiers..... S'ils sont réguliers, l'université ne les peut recevoir que premièrement ils ne soient receus en France, ce qu'ils ne sont; s'ils sont séculiers, ils n'ont cause de plaider contre l'université, car ils ne sont ceux auxquels l'évesque de Clermont a légué biens pour bastir un collége à Paris, qui est cause du procès ému. » Comme on leur demandait s'ils étaient réguliers ou séculiers, les jésuites, évitant une réponse directe qui les eût compromis, disaient simplement : « Nous sommes tels quels (sumus *tales quales* nos nominat curia). » Cette adresse, qui leur réussit, était traitée d'hypocrisie par les régents et principaux de l'université Plusieurs professeurs royaux faisaient à la Société de Jésus la plus vive opposition : Turnèbe avait écrit contre elle des vers très mordants; Denis Lambin se montrait aussi fort hostile à cette compagnie. Ramus ne resta pas en arrière de ses collègues et s'employa, pour sa part, à empêcher les progrès de la nouvelle corporation.

Dans l'assemblée générale de l'université où Pasquier

fut choisi comme avocat, on lui donna pour conseils deux
professeurs de chaque faculté. Les deux membres pris dans
la faculté des arts furent Ramus et Guillaume Galland.
Tous les deux étaient protestants, et cette circonstance, qui
ne pouvait passer inaperçue, fut tournée contre l'université par l'avocat des jésuites, Pierre Versoris : « Quant aux
habits, disait-il, Ramus et Gallandius, et celuy qui a fait
la rythme injurieuse sous le nom de l'université (Turnèbe?), se sont fort bien mécontez, disant que leurs ro-
bes agraffées, leurs soutanes et leurs bonnets apostoli-
ques estoient habits d'hypocrites... Quelque honnêteté
qu'ayent ces habits, ils n'ont garde de plaire à ceux qui
ont excité ceste tragédie, n'y en ayant point qui leur puissent plaire, appellans les cordeliers grisarts, les augus-
tins bouclez, et usans de tels et semblables termes, desquels on peut bien juger non-seulement l'habit, mais la
religion leur estre odieuse. » Crevier fait remarquer avec
raison que « ces noms cités dans l'affaire la décréditaient
auprès des juges zélateurs de la religion catholique, » et
que Versoris, en « attribuant les démarches de l'université moins à tout le corps qu'à Ramus et à Gallandius,
sert en cela sa cause plus qu'il ne respecte la vérité [1]. »
En effet, les quatre facultés étaient unanimes, et quant
à la faculté des arts, il avait été décidé que le recteur
pourrait, outre les députés, appeler pour les renseignements et les conseils tous les principaux, tous les régents
et professeurs de philosophie. Voici dans quels termes
Pasquier, de son côté, repousse la perfide insinuation de
Versoris, reproduite et aggravée plus tard par un membre de la congrégation (Catéchisme des Jésuites, 1602,

[1] Hist. de l'univ., l. XI, § 2, t. VI, p. 188-189.

in-4°, l. I, ch. vi, fol. 29, 30) : « La Fon, dit-il, est si
impudent de dire qu'un Ramus et Mercerus, depuis re-
cognus entre les professeurs du roy avoir fourvoyé de
nostre religion ancienne, estoient les solliciteurs de ceste
cause, et que, sans leur brigue, les jésuites eussent sur-
le-champ obtenu victoire, mais que pour éviter une sédition, la cour fut contrainte de caller sagement la voile
par un appointé au conseil. Tu mens, effronté jésuite, il
faut que ceste colère m'eschappe : ni Ramus, ni Mercerus ne s'en remuèrent en leur particulier; bien furent-
ils de la partie tout ainsi que leurs autres confrères professeurs du roy, pour ne se séparer du corps de l'université. Aussi quelle apparence y a-t-il que les volontez
générales de ceste grande ville de Paris se fussent en un
instant métamorphosées pour espouser le party de deux
huguenots, dont l'un, qui estoit Mercerus, estoit si esloi-
gné des brigues, qu'il ne cognoissoit que ses livres hé-
brieux... grand et superlatif en ceste langue, voire, au
jugement des plus doctes, ayant le dessus de tous les juifs,
en tout le demeurant des affaires du monde un vray
chiffre... Que si ce jésuite La Fon osoit, il diroit volontiers que la ville, l'université, la faculté de théologie de
Paris, tous les quatre ordres de mendiants et les curés
estoient huguenots, parce qu'ils empêchèrent l'imma-
triculation de leur sainct ordre, etc. »

Dans son plaidoyer comme dans l'écrit que nous venons de citer, Pasquier avait déployé une trop grande
chaleur, et qui dut nuire à sa cause. Mais ce serait s'abuser que d'attribuer au plaidoyer habile, mais froid et un
peu pédantesque de Versoris, le succès que remportèrent
ses clients en cette occasion. Il est vraisemblable que l'a-

vocat général Baptiste du Mesnil exprimait, comme toujours [1], l'opinion de la plupart des juges, lorsqu'il se prononçait contre la requête de la célèbre compagnie et
demandait que le droit d'enseigner lui fût retiré. Mais le
parlement, qui, au fond, était de cet avis, n'osa point
adopter ces conclusions énergiques; et voilà pourquoi, dans
son arrêt du mois d'avril 1565, il se contenta d'*appointer*
la cause. « C'estoit un coup fourré, dit avec raison Estienne Pasquier : car ils ne furent pas incorporez ; mais
aussi estans en possession de faire lectures publiques, ils
y furent continuez [2]. » Et cette situation devait durer
trente ans, jusqu'à ce que l'attentat de Jean Châtel, in-
tervenant au milieu d'un autre procès où figurait Ant.
Arnauld pour l'université, décida la condamnation de la
société dont les doctrines avaient fomenté la ligue et faisaient naître des assassins [3].

Le parti qui protégeait les jésuites était puissant; le
parlement n'avait pas eu cette fois le courage de s'opposer aux Guise et au cardinal de Lorraine, à qui pourtant
il avait su résister en 1558, lorsqu'il avait été question
d'établir en France l'inquisition [4]. Ainsi se trouva mo-
mentanément rompue, ou du moins affaiblie, l'étroite
alliance du parlement et de l'université. Celle-ci, de son
côté, avait eu à déplorer plus d'une défection, et entre
autres celle de son ancien recteur Jacques Charpentier.

---

[1] « Et il fut en une telle estime durant les sept ou huit dernières années de sa vie, que l'on disoit qu'il faisoit tous les arrests de l'audience,
ses conclusions estant quasi tousjours suivies. » Vie de B. du Mesnil,
par Ant. Loisel, p. 180 de ses Opuscules.

[2] Lettres IV et XXI ; Cf. Crevier, t. VI, p. 191-192.

[3] Feugère, Œuvres choisies d'Est. Pasquier, Introduction.

[4] Du Boulay, t. VI, p. 521.

Les relations de cet homme, son vif désir d'être agréable
au cardinal et son animosité contre Ramus, devaient
naturellement le disposer en faveur des jésuites; il était
leur ami (il s'en est vanté plus d'une fois dans ses écrits),
et il les soutint de toutes ses forces dans leur lutte contre
le corps dont il avait été le chef. Cette conduite lui valut
leur appui et la protection longtemps enviée du cardinal
de Lorraine. Charpentier d'ailleurs, plus habile en cela
que Ramus, savait flatter l'ambition du prélat, et pouvait lui rendre de plus grands services en temps de guerre
civile. On le verra tout à l'heure à l'œuvre comme capitaine de la milice bourgeoise de son quartier, et l'on
comprendra mieux alors que les Guise n'aient pas négligé de s'attacher un auxiliaire si précieux, et que le
cardinal de Lorraine lui ait permis de l'appeler son Mécène, à l'époque même où Ramus, ayant perdu ses bonnes grâces, ou bien s'éloignant d'un ennemi déclaré de
la Réforme, cessait de lui donner ce titre.

Ce grand procès n'avait point troublé le cours des
travaux de Ramus; il continuait à enseigner les sciences
dont il avait entrepris la réforme, lorsque, suivant les
expressions d'un historien du temps, « je ne sçay quelle
collégiale fureur l'aiant jà forcé à une guerre litéralle
contre Charpentier, alentit aucunement la chaude et ani-
meuse poursuite de ses estudes [1]. » Il s'agit ici de l'événement qui, en réveillant d'anciennes querelles, devait
être si fatal à notre philosophe : je veux parler de ses
dernières disputes avec Charpentier, pour la chaire de
mathématiques au collége de France. Charpentier, tout
ignorant qu'il était des mathématiques, sollicita cette

[1] La Popelinière, Hist. de France (1581, in-f°), t. II, fol. 66 v.

chaire; il l'obtint et la conserva malgré les vives réclamations de Ramus, mais il ne se crut vengé de son adversaire que lorsqu'il l'eut fait mettre à mort.

Cette affaire vaut la peine qu'on la reprenne à son origine.

Au mois d'octobre 1565, Paschal du Hamel, professeur royal en mathématiques et doyen du collége de France, étant mort, sa succession fut donnée par faveur à un mathématicien très médiocre, nommé Dampestre Cosel, qui était originaire de Sicile, et qui, suivant les expressions de Pasquier, « se trouva si disgracié, qu'il ne sçavoit parler latin ni françois. » Les lecteurs du roi se montrèrent fort émus de ce choix, qui était loin d'être flatteur pour leur collége. Ramus, dont le zèle pour les mathématiques n'était pas refroidi, et qui d'ailleurs était alors, comme il le dit, « le plus ancien de la compagnie, et le plus prêt à mettre dans la fosse que nous appelons doyen [1], » se crut plus particulièrement appelé à soutenir les intérêts de la science et l'honneur de sa compagnie. « Ce fut alors, dit Gaillard, qu'il eut la noble imprudence de se rendre si redoutable aux Dampestre et aux Charpentier, qui ne l'oublièrent pas. »

Comme le nouveau professeur se préparait à ouvrir son cours, Ramus lui adressa des exhortations et des avertissements, peut-être un peu sévères, lui remontrant qu'il s'agissait d'enseigner sérieusement les mathématiques, non d'expliquer à la manière des scholastiques la Sphère du ciel de Sacro Bosco. Denis Lambin joignit ses représentations à celles de Ramus [2]. Dampestre ne tenant

---

[1] Remonstrance au conseil privé, p. 4.

[2] Collectaneæ præfat., epist., etc. (1577), p. 200.

point compte de ces avis, monta en chaire et y fit tant de
barbarismes et de solécismes et tant de fautes de calcul,
qu'il fut sifflé et bafoué par son auditoire. Sur quoi Ramus présenta une requête au parlement, qui condamna
Dampestre à être examiné. Il écrivit aussi au roi, à la
reine mère, au cardinal de Châtillon, conservateur de
l'université de Paris, à Jean de Montluc, évêque de Valence, et aux autres seigneurs composant le conseil privé
du roi. Celui-ci donna enfin, le 24 janvier 1566, des
lettres patentes par lesquelles il ordonnait que Dampestre,
et en général tous ceux qui dorénavant se présenteraient
pour enseigner au collége de France, fussent examinés
publiquement par tous les autres lecteurs. « Alors, dit
« Ramus (ibid., p. 14, 15), Dampestre se voyant envi-
« ronné de tant de rets, et de la cour du parlement et
« du roy, procède simplement et rondement : cognois-
« sant qu'il ne pouvoit débiter sa marchandise en détail,
« il cherche marchand pour troquer et la vendre en gros;
« s'adresse à maistre Jacques Charpentier, docteur en
« médecine, et traffique, à quel prix? je le laisse à pen-
« ser... » Estienne Pasquier dit la même chose à sa manière : « Dampestre fut deux et trois fois chifflé et baffoué
par tout son auditoire, et par ce moyen contraint de quitter sa place; mais, par une voye inaccoustumée, la résigna
à Charpentier, homme non aucunement nourry aux mathématiques, mais qui d'ailleurs reluisoit en plusieurs
bonnes parties, et par ses lectures s'estoit moyenné
grand crédit dedans l'université » (Rech., IX, 20).

Précisément à cette époque le cardinal de Lorraine,
rappelé par la reine mère, reparaissait à la cour et s'y
trouvait plus puissant que jamais. Charpentier nous ap-

prend lui-même que ce fut sur la proposition de son nouveau Mécène qu'il fut pourvu de la chaire du collége de France, vers le milieu du mois de février 1566 [1].

Le successeur de Dampestre était encore moins versé que lui dans les mathématiques ; mais il avait plus d'audace et il se montra plus fécond en ressources. Dans un temps où ces sciences étaient pour ainsi dire inconnues, on ne pouvait guère les enseigner qu'en expliquant Euclide. On était donc incapable d'un tel enseignement, si l'on ne connaissait pas le grec. Or Charpentier, qui ne savait pas le premier mot de la géométrie, ignorait de plus la langue grecque. Il avait donc ses raisons pour ne pas vouloir d'un examen dont Euclide eût fait tous les frais. Il prétendit que la condition établie par le roi ne le concernait pas, et il refusa de s'y soumettre. Ramus n'était pas homme à lâcher prise : se sentant soutenu par la plupart de ses collègues, et surtout par Denis Lambin, il s'opposa aux prétentions de Charpentier, comme il avait fait auparavant pour Dampestre. Il écrivit de nouveau à la cour, se plaignant « d'être tombé de fièvre en chaud « mal, et que Dampestre était un Archimède au prix de « Charpentier. » Le roi, sur ses instances, fit paraître, le 8 mars 1566, un nouvel édit qui confirmait le premier. Charpentier déclarant toujours superbement qu'il n'entendait pas être examiné, l'affaire fut portée au parlement de Paris, qui accueillit tout d'abord l'ordonnance royale avec un véritable enthousiasme [2]. Le premier pré-

---

[1] Oratio habita init. prof. (Paris, 1566, in-8°), fol. 7 v.

[2] Voici cette ordonnance, qui contient probablement quelques-uns des termes de la requête de Ramus :

« Charles, par la grâce de Dieu roy de France, à tous ceux qui ces présentes lettres verront, salut. Le feu roy nostre très-honoré seigneur et

sident, Christophe De Thou, ami de Ramus et encore
plus ami des mathématiques dont il faisait une étude
spéciale, récita sur-le-champ ces deux vers de Juvénal :

Et spes et ratio studiorum in Cæsare tantum :
Solus enim tristes hac tempestate Camœnas
Respexit.

Ce qui fut traduit ainsi séance tenante, peut-être par
Ramus, si l'on en croit l'abbé Goujet :

ayeul, aima tant en son vivant et les lettres et les lettrez, qu'il voulut qu'en
l'université de Paris y eust des professeurs à ses gages en toutes langues et
sciences. Ce qui succéda si heureusement, que les plus doctes personnages
de l'Europe ont esté appellez à la dite profession, et fait un si grand fruit,
qu'il en est sorty un nombre infiny de gens doctes, qui par tout le monde ont
témoigné la grandeur de nostre dit ayeul. Ce qui a esté continué par feu nostre
très-honoré seigneur et père. Et nous avions un mesme désir et volonté, et
vacquant une place de professeur aux mathématiques, nous aurions donné
la dite place à un qu'on nous avoit dit estre suffisant et capable. Mais
nostre bien aimé maistre Pierre de la Ramée, doyen de nos professeurs,
voyant que contre nostre désir, celuy que nous avions pourvu de la dite
place estoit inconnu et son érudition cachée, et que voulant faire quelques leçons, il se seroit monstré ridicule, en auroit présenté requeste à la
cour de parlement, faisant entendre la surprise dommageable à toute la
République, atin que celuy qui se disoit pourveu fust examiné, ce qui
par la dite cour auroit esté ordonné, que nous aurions trouvé bon et
raisonnable; à cause de quoy, afin qu'à l'advenir l'estat de nos professeurs ne soit baillé qu'aux plus doctes et capables, nous avons ordonné
qu'advenant la vacation d'aucune place de nos professeurs en quelque
langue et science que ce soit, on le fera à sçavoir par toutes les universitez
fameuses et autres lieux, et que ceux qui se voudront présenter et soumettre à la dispute et lecture de la profession vacante, ainsi qu'il leur
sera proposé par le doyen et les autres professeurs, y seront receus pour
après estre choisy par nous le plus suffisant et capable de ceux qui auront
leu et disputé, dont nous serons advertis par le doyen et autres professeurs, et par nous pourveu ainsy qu'il appartiendra, et sans préjudice de
l'arrest de nostre dite cour pour le regard de celuy qui doit estre examiné. Donné à Moulins, le 8 mars 1566. Registré en parlement le 2 avril
1566. » Cette ordonnance se lit dans du Boulay, t. VI, p. 652, et en tête
de la Préface du proëme des mathématiques de Ramus (1567).

Des lettres et lettrez l'estime et l'espérance
Ne reposent sinon au grand Roy de la France :
Car en ceste saison, il n'y a que luy seul
Qui des Muses l'ennuy regarde de bon œil.

La cause fut d'abord plaidée à huis clos devant un petit nombre de conseillers, le 11 mars 1566, puis, le surlendemain, sur la demande de Ramus, en séance publique. Il faut entendre ici Estienne Pasquier, qui y assistait : « Grande cause, dit-il, et deux braves champions qui, sans ministère d'advocats, entrèrent aux champs, en présence du parlement et d'une infinité de peuple. En quoy je puis dire, comme celuy qui veis demesler ce fuzeau, que ce fut à bien assailly bien défendu, et à un beau jeu beau retour. Tous deux parlant latin, furent ouïs par leur bouche, avecques une admirable faculté et facilité de bien dire. Ramus disoit que c'estoit un nouveau monstre qu'on introduisoit en leur compagnie, d'y procéder par résignation, et non par mérite. Et choses encore plus monstrueuse, de voir un Sicilien gratifier de ceste place un François à lui incognu, accusant taisiblement qu'en la résignation il y avoit eu bource déliée. Qu'autre chaire n'estoit vacquante par la mort de Pasquier Hamel que celle de mathématiques, et que le sens commun ne pouvoit porter, que Dampestre aucunement nourry en ce subject eust esté contraint de quitter la partie, parce qu'il ne pouvoit descouvrir ses conceptions en langue latine, et qu'il luy eust esté loisible de surroger en son lieu un homme du tout ignorant les mathématiques, et qui sçauroit seulement parler [1] : partant, concluoit à ce que

---

[1] « Je montré, dit Ramus, que ce n'est point icy la cause de Ctésiphon ni de Milon, qu'il faillust employer l'éloquence de Démosthène ni de Ci-

Charpentier ne fust receu, qu'il n'eust esté premièrement examiné sur le fait des mathématiques, et qu'en entérinant les lettres patentes du roy, le semblable fust à l'avenir observé en la promotion de ceûx qui voudroient estre professeurs du roy. Contre cecy Charpentier, qui sçavoit se jouer de sa langue et de son esprit, ne révoqua du commencement en doubte qu'il estoit peu versé aux mathématiques, esquelles toutesfois mettant en jeu la rencontre de Cicéron, si on luy eschauffoit la cervelle, il se monstreroit grand maistre et docteur passé en trois jours, comme faisant peu de compte et mettant sous pieds cette objection. Mais pour récompense il coucha principalement de sa personne, que dès et depuis vingt ans en là, il avoit bien mérité des bonnes lettres dedans l'université, dont il pouvoit produire pour pièces justificatives une infinité de tesmoins ses disciples, tous personnages d'honneur et de qualité; que par degrez il avoit acquis quelque renom : premièrement régent grandement recognu, puis procureur de sa nation, puis recteur, et finalement entre ses compagnons avoit sans aucun contredit obtenu le premier lieu de licence en la faculté de médecine. Tellement que nul ne pouvoit ou devoit lui envier ce nouveau grade de professeur du roy, et que *s'il n'estoit capable pour enseigner les mathémati-*

céron, que c'estoit une question pythagoricienne, qui vouloit estre traitée en silence avec un crayon et une table, avec une reigle et un compas. Je présenté le livre d'Euclide qui avoit chassé Dampestre... Je feis instance que maistre Jacques Charpentier print ce livre, et s'il sçavoit démonstrer une seule proposition de toutes celles qui y sont contenues, que je serois des siens. Jamais ne fut possible par moyen aucun de lui faire parler un seul mot de mathématiques. » Remonstrance au conseil privé, p. 19, 20. Cf. Act. math. sec.

ques, il y avois en luy une infinité d'autres subjects dont il pouvoit accommoder le public par ses lectures, au contentement d'un chacun. Je vous ay réduit en petit volume les plaidoyez de l'un et de l'autre, qui toutesfois occupèrent l'audience toute une matinée. Enfin la cour, après avoir veu ces deux champions vaillamment combattre, leur donna un hola, etc. »

Uu des arguments de Charpentier qui produisirent le plus d'effet sur la cour, c'est qu'en supposant qu'il dût être soumis à une épreuve inouïe selon lui, l'examen ne devait pas être fait par Ramus, qui était son rival. Mais la réponse de Ramus sur ce point me paraît tout à fait victorieuse. « Vous prétendez que Ramus est votre ennemi ; mais quelle preuve en pourriez-vous alléguer? Avez-vous jamais reçu de moi le moindre dommage, et dans cette affaire ne vous avais-je pas maintes fois averti, en particulier et fraternellement, des conditions établies par le roy pour la profession royale?..... Huit autres lecteurs royaux demandent cet examen et poursuivent avec moi cette affaire : leurs signatures en font foi, leur requête a été déposée au parlement, et pourtant vous osez affirmer que je suis votre seul adversaire!..... Ce n'est pas moi seul qui m'oppose à votre admission ; ce sont tous ces professeurs royaux, et non-seulement ceux-là, mais encore Euclide, Archimède, Ptolémée, et tous les mathématiciens du monde..... On soutient que c'est la première fois que je soulève cette question de l'examen ; mais rien n'est plus faux : car c'est sur ma requête que le cardinal de Lorraine a exigé un pareil examen, il y a dix ans, de mon propre élève, Jean Pœna. Plus tard, après la mort de Paschal du Hamel, et avant la nomination officielle de Dampestre, Jean de Montluc, évêque de Valence, accédant à mes prières et poussé par son zèle pour les arts libéraux, avait écrit au roi pour obtenir qu'il y eût un examen public..... Mais, dit-on encore, je n'en ai pas appelé d'autres à l'examen. Je le confesse; car je ne suis doyen que depuis peu, et l'ordonnance du roi est trop récente pour que j'en aie pu faire déjà l'application. »

Quoique Charpentier avouât sa profonde ignorance en grec et en mathématiques, quoiqu'il eût écrit et signé cet aveu: « J'ignore la langue grecque et les mathématiques, je dois l'avouer (sum ἀναλράβητος, ἀγεωμέτρητος, agnosco hoc quoque); » quoiqu'il eût même affecté un profond mépris pour les mathématiques, qui étaient, disait-il, un jeu d'enfants, et qui, comparées à la métaphysique, lui semblaient une fange où un porc seul (Ramus) pouvait se complaire [1]; néanmoins le parlement lui tint compte du zèle qu'il affichait pour la religion catholique, aussi bien que de ses services dans l'enseignement de la philosophie d'Aristote; et comme il offrait de se mettre au courant des mathématiques en moins de trois mois, l'avocat général Baptiste Du Mesnil, après avoir remontré « que c'estoit chose périlleuse de com-« mettre une profession royale à un homme qui confes-« soit n'y sçavoir rien : toutefois, dit-il, pour trois mois, « non forcé; nous vous prenons au mot. » Charpentier fut donc maintenu *par provision*, et autorisé à ouvrir son cours, à la condition expresse d'enseigner les éléments d'Euclide dans trois mois, et de faire alors un essai sui-

---

[1] Scholæ mathemat. (1569), l. I., p. 21. Jac. Carpent. ad Exposit. de methodo, contra Thessalum Ossatum, etc. (1564), fol. 11 v.

vant sa promesse : triste mesure et bien peu digne de
l'illustre école où on l'appliquait[1]. Voici du reste, en partie, l'arrêt du parlement qui donne dans un style assez
curieux une idée très nette de toute cette affaire [2] :

« Entre Me Pierre de la Ramée demandeur à l'entérinement de
certaine requeste du 9 mars d'une part, et Me Jacques Charpentier
deffendeur d'autre. Après que du Mesnil pour le procureur général
du roi a dit que.... Au moyen de quoy après avoir communiqué par
ensemble sur la requeste présentée par la Ramée, ont advisé et re-
monstré à la cour que les professeurs et lecteurs du Roy sont instituez pour lire et enseigner des professions plus nécessaires et re-
quises, comme la langue latine, grecque et hébraïque, en médecine,
philosophie et mathématiques. Vray est qu'il n'y a eu aucune déter-
mination par écrit, combien y en doit avoir d'establis en chascune
des dites professions, sinon par une forme de police et observance
qui semble avoir quelque chose de bon. Ne doute pas qu'il n'y en
ait deux pour les lettres grecques, deux pour la philosophie, et deux
de mathématiques, laquelle profession des mathématiques est requise
et fort nécessaire, en laquelle il y a moins de lumière et adresse pour
y duire les estudiants, ains est cette science renvoyée *ad mutos
quodammodo magistros et ad privata studia*, par faute de bons
lecteurs ou bien d'auditeurs qui ayent voulu et désiré y estre instruits..... Et ont bien peu de gens veu lire Euclide en ceste université, combien que à la dilligence de la Ramée il ait esté esclaircy[3].
Vray est qu'il y a eu peu d'auditeurs, pour estre cette entreprise
fort grande et dont bien peu de gens ont esté capables. Et le roy,
qui veut avoir un collége pour exercer les principales sciences en
ceste université, ne veut pas laisser derrière les mathématiques.
Oronce de nostre temps en a esté le premier professeur ; après, Pas-
chalius ; par sa mort Dampestre pourveu, lequel a esté conseillé de
céder, pour ne luy estre cette profession à main, et en sa place Char-

---

[1] Collectan. præfat., epist., orat., etc. (1577), p. 544.

[2] Du Boulay, t. VI, p. 650 et suiv.

[3] Charpentier se faisait de cela même une arme. Il était inutile, suivant lui, d'expliquer Euclide et les autres mathématiciens, puisque Ramus les avait expliqués pendant deux ans (Scholæ mathem., édit. de
1569, *Errata*, ad pag. 40, v. 33).

pentier est pourveu par le Roy : sur quoy y a eu quelque émeute, pour raison de laquelle on a eu recours au Roy, afin d'éprouver ceux qui y entreront. Et de fait y a lettre en papier dudit seigneur, pour les éprouver par les autres lecteurs du Roy : lesquels assemblez ont fait entendre à Charpentier qu'il fallait subir examen, qui ne le veut souffrir, et sur quoy ils ont esté remis pour estre ouys.

« Est et consiste la question qui s'offre en deux points. Le premier *de admittendo vel non admittendo Carpentario in hoc genus professionis.* L'autre *pour sa preuve et examen.* Ad 4. pour son regard et omnium judicio, il a grande et longue recommandation et a beaucoup mérité, comme ses lettres et sçavoir le témoignent assez connu par un chacun ; hoc unum et solum objicitur, quod ipse confessus est, quia ἀγραμμάτης sit, n'ayant fait profession en mathématiques. Aussi il prend son titre de lecteur *en philosophie et mathématique.* En quoy est à craindre que la philosophie à lui fort familière ne lui fasse laisser ou discontinuer les mathématiques, qui est la place que l'on désire à présent estre remplie..... Joinct la règle commune qui veut que *ut quisque quam novit artem in hac se exerceat,* et une autre, *ne sutor ultra crepidam.* Vray est que si Charpentier, qui a l'esprit si heureux, s'y veut exercer, en peu de temps il en sçaura beaucoup, car n'y est l'éloquence si avant requise, mais plutôt une marque et signe du doigt avec un crayon.

« L'autre difficulté est pour l'examen, disant Charpentier que jusques ici l'on n'a examiné aucun pourveu d'estat de professeur et lecteur public, que néantmoins l'on veut commencer à luy, ce qui ne lui semble raisonnable, *qui jam super his probatus, deinde* ores qu'il fust sujet à l'examen, qu'il ne doit estre fait par Ramus, attendu leurs contentions *et verbis et scriptis* assez connues *pro re literaria...*

« Au moyen de quoy leurs conclusions seront, après avoir par la cour ouy l'un et l'autre..... que pour cette fois et par provision à l'avenir il y ait en l'université deux lecteurs du Roy en mathématiques, deux en philosophie, deux en médecine et deux en grec, suivant la volonté du Roy. Qu'il soit enjoint aux professeurs et lecteurs du Roy faire leur devoir, sans discontinuer leurs leçons ne s'écarter de leurs professions ; et si Charpentier y entre par provision, que ce soit suivant son offre de lire et interpréter la sphère et livres d'Euclide, avec ce qui appartient et est requis pour la science des mathématiques...

Ce fait, les dits de la Ramée demandeur, et Charpentier deffendeur présents, ouys l'un après l'autre, La cour en entérinant la requeste faite par le procureur général du Roy, et ayant égard aux conclusions par lui prinses, ordonné pour l'advenir, quand aucun sera pourveu par le Roy d'un estat de lecteur du Roy, il sera ouy et examiné par gens à ce connaissans et expérimentez en la profession dont le poursuivant sera pourveu, en la présence de deux conseillers d'icelle, qui à ce seront commis, ensemble le procureur général du Roy, ou l'un des advocats dudit seigneur. Et pour le regard de Charpentier pourveu par le Roy, la cour pour plusieurs bonnes causes justes et raisonnables considérations, ordonne par manière de provision, et jusques à ce que autrement en ait esté pourveu..... qu'il jouira du bénéfice de lecteur du Roy, suivant ce qu'il a présentement offert et promis, à sçavoir que dedans trois mois il commencera à lire Aristote au livre De Cœlo, le livre de la Sphère de Proclus, ou bien les Eléments d'Euclide et de Sacro Bosco ; et au surplus mettront ceux qui ont esté cy-devant pourveus par le Roy des estats de lecteurs et professeurs royaux en cette ville, leurs provisions devers la dite cour dedans trois jours, pour icelles veuës et communiquées au dit procureur général, et luy ouy en ses conclusions, ordonner ce que la raison pour la distinction des professeurs et de la profession qu'ils font..... Le 11 mars 1565 (1566). »

Charpentier, ne trouvant pas l'arrêt du parlement assez favorable, à ce qu'il paraît, eut soin d'y faire quelques changements de rédaction qu'un greffier complaisant accueillit, et qui se retrouvent dans le texte que je viens de citer. Voici du moins le récit de Ramus :

« Huit jours après cet arrest, je trouve que maistre J. Charpentier avoit icy employé la subtilité de son esprit à spécifier ses offres. Il avoit fait offre de satisfaire des mathématiques en trois mois ; il insère en son arrest qu'il commenceroit dans trois mois ; en quoy vous voyez qu'il fait de la fin le commencement, et retranche toute limitation.... Voilà l'esprit de nostre mathématicien.... En second lieu, il y avoit en sa provision une conjonctive de lire en mathématique (sic) et philosophie. Cela luy estoit fort contraire : il s'avise par sa logique de convertir la conjonctive en disjonctive, et met en son arrest, qu'il liroit en mathématique (*sic*) *ou* philosophie. Il n'y met point ces mots-là, mais il y met l'équivalent, qu'il liroit Aristote et Proclus, *ou* les Eléments d'Euclide et de Sacro Bosco. »

Charpentier commença donc à lire Aristote au livre De Cœlo. Dans son discours d'ouverture, il raconta à sa guise toute l'histoire de la chaire dont il prenait possession ; il se décerna à lui-même toutes sortes d'éloges et éclata en violentes et grossières invectives contre son adversaire qu'il traitait de vieux radoteur, etc. Enfin, triomphant à grand bruit : « Je l'ai emporté sur lui, disait-il, quelle gloire! n'ai-je pas le droit de m'écrier : Meurs, Charpentier ; après avoir vaincu Ramus en présence d'un si grand nombre d'hommes illustres, tu vas monter au ciel [1]! » Voilà sans doute ce que les partisans de Charpentier appelaient son éloquence. Il eut à cette première leçon un grand nombre d'auditeurs ; mais dès qu'il eut abordé le sujet de son cours, il en perdit la plus grande partie : « Maistre Charpentier, dit Ramus, a esté contraint non longtemps après de quitter son Aristote, pourtant que n'estant seulement à la quatrième partie de son livre, il se vit réduit de deux mille escoliers qui estoient à la première leçon, à treize pauvres galoches. » Puis il expliqua pendant trois mois les Commentaires d'Alcinoüs sur la Philosophie de Platon, et l'on ne prévoyait pas qu'il dût jamais parler de mathématiques. Mais ce qu'il y avait de plus grave, et ce que les lecteurs du roi virent avec

---

[1] Oratio habita init. prof., Paris, 1566, in-8°, fol. 9 v. « Morere Carpentari! Nunc enim in tanta hominum nobilissimorum frequentia victo Ramo in cœlum ascendes. »

indignation, c'est que le nouveau venu qui n'enseignait même pas la science dont il était chargé, exigeait un salaire de ses auditeurs. Ramus, qui depuis longtemps demandait que l'instruction supérieure fût absolument gratuite, ne pouvait laisser passer sans protestation un fait aussi monstrueux. Ayant obtenu une audience au Conseil privé du roi, en janvier 1567, il y prononça une éloquente *Remonstrance* en français, dans laquelle il fit valoir ce grief, ajouté à tant d'autres : « Messieurs, dit-il, pensez l'insolence de ce docteur. Il y a eu jusqu'icy au collége du roy de grandes povretez. Nous avons attendu un an, deux ans, trois ans, quatre ans, sans recevoir aucun gage. Jamais, toutesfois, ne se trouva lecteur du roy qui prinst jamais un seul denier des escoliers pour la lecture royalle, et cet apprentif, voire non apprentif, qui n'est qu'à la porte, qui n'est encore entré, et qui n'entrera jamais, si ce petit abécédaire d'Euclide en est ouy, au beau commencement va maquignonner la lecture royalle! Que feroit-il, s'il estoit le plus ancien et le doyen de ceste compagnie? » (Voir plus bas, IIIe partie, ch. I.)

Là encore, Ramus fournit la démonstration péremptoire de l'ignorance de Charpentier en grec et en mathématiques : « J'avois presque oublié l'une des singulières louanges de nostre professeur, qui entend autant en la langue grecque comme en la science des mathématiques; et néantmoins, pour persuader aux simples idiots qu'il estoit fort sçavant en grec, il a fait imprimer Alcinoüs en latin soubz son nom, comme s'il en eust esté le vray translateur; et sur ces entrefaites un estudiant de l'université s'est venu complaindre à moy de ce que ceste translation lui avoit esté soubstraite par ce vénérable docteur.

Et pour présente preuve de ceste effrontée hardiesse,
voilà Euclide en grec ; qu'il en interpreste une seule ligne,
je veux estre tel que je le vous descris. » Il concluait à ce
que Charpentier subît l'examen ou cédât la place à quelque autre.

« On lut la Remonstrance de Ramus, dit l'abbé Goujet ; on en sentit toute la force ; mais il ne paraît pas
qu'on y ait eu aucun égard, et tout le fruit que Ramus
recueillit de tant de soins, d'inquiétudes et de poursuites,
n'aboutit qu'à se voir l'objet du ressentiment de Charpentier. »

En effet, Charpentier, grâce à des protections puis-
santes, fut maintenu dans la chaire qu'il occupait déjà
depuis près d'un an. Ni l'honneur du corps, ni les intérêts de la science, ni deux édits du roi, ni l'opinion connue de tous les hommes compétents et du parlement lui-
même, ne purent empêcher cette nomination. En vain
proposait-on pour remplir la chaire vacante des hommes
tels que Reisner, d'Ossat et même Stadius, dont il fut un
moment question [1]. Les Guise, la société de Jésus et la
Ligue naissante l'emportèrent et assurèrent le triomphe
d'un homme qui leur était dévoué jusqu'au crime. Charpentier d'ailleurs rougissait si peu de priver la science
d'un organe digne d'elle, qu'il s'en était vanté avec
un cynisme révoltant dans son Discours d'ouverture
(fol. 5 v.). Cependant son orgueil avait reçu de cruelles
blessures dans cette affaire, qui avait mis au grand jour
sa scandaleuse ignorance. Aussi l'envie déjà si persévé-
rante dont il avait poursuivi Ramus, se changea-t-elle dès
lors en une haine violente et mortelle.

[1] Scholæ math., l. II, p. 63 ; Collect. præf., etc., p. 552.

Il exhala bientôt sa colère dans un libelle où il comparait son adversaire à je ne sais quel médecin grec, nommé Thessalus, que Galien avait raillé pour avoir voulu appliquer une méthode plus prompte et plus facile à l'étude de la médecine; en conséquence, il l'appelait pour injure singulière, *Thessalum academiæ Parisiensis methodicum*, ne s'apercevant pas que cette injure lui pouvait être appliquée bien plus justement à lui-même. Car c'est au moment où il venait de s'engager à se mettre en trois mois au courant des mathématiques et en état de les enseigner, c'est alors, dis-je, qu'il s'étonne qu'on veuille enseigner en trois mois la logique. Or, cette prétention dont il se moquait si fort se trouve réalisée aujourd'hui dans nos lycées, et je ne sache pas qu'un mathématicien voulût consentir à enseigner les mathématiques en trois mois.

Ce premier libelle était signé [1]. Il n'en fut pas de même d'un autre pamphlet qui parut la même année, chez le même libraire, et qui était intitulé : « In Petri Rami insolentissimum Decanatum, gravissimi cujusdam oratoris philippica prima e quatuordecim [2]. » Cet écrit paraît être ou de Charpentier lui-même, ou de l'un de ses amis de la faculté de médecine, soit le lecteur royal Louis Duret, comme on l'a pensé généralement, soit un autre médecin nommé Jean Picard, et surnommé l'*Étourdi*, comme semble le faire supposer le titre d'une brochure qui parut aussitôt en réponse à cette philippique : « Pour un liard

---

[1] Jac. Carpent. reg. prof., Admonitio ad Thessalum, Acad. Paris. Methodicum, etc. Ad illustriss. card. et princ. Carolum Lotaringum. Paris., ap. Th. Brumenium, 1567, in-8°, 102 feuillets.

[2] Paris., typ. *Thomæ Brumenii*, 1567, in-4°, 20 feuillets.

d'antidote contre la Frippilippique du bauard l'Estourdy, fait par un petit grimault du collége de Presles, 1567, en juillet. » Quel qu'en soit l'auteur, la *Philippique* reprochait à Ramus d'avoir volé au cardinal de Lorraine le titre de doyen du collége royal (fol. 5 v.), pour s'arroger la prééminence sur des hommes tels que Du Chesne, Dorat, Charpentier et surtout Duret, dont l'éloge revient à chaque page. On tournait en ridicule les prétentions de Ramus à la vieillesse, et l'on ne tarissait pas en plaisanteries sur ces cheveux blancs, qui recouvraient une tête si jeune et si folle encore (fol. 7, etc.). On excitait contre lui la jalousie de chacun de ses collègues ; on le menaçait de la colère de Duret et de Charpentier (fol. 15 v.), et l'ouvrage se terminait par un véritable dithyrambe en l'honneur de Louis Duret.

D'autres amis de Charpentier se joignant à lui, firent pleuvoir sur Ramus un déluge d'injures, d'invectives, de calomnies et de pasquinades, depuis le lecteur royal Jean Dorat, qui ne pardonnait pas à Ramus sa supériorité comme professeur et qui fit contre lui des vers pitoyables [1], jusqu'à Jean Riolan, alors professeur au collége de Boncour, plus tard docteur en médecine, et qui publia à cette époque un Discours contre la dialectique de Ramus [2].

Mais de froides et insipides plaisanteries sur les cheveux blancs de Ramus et des jeux de mots sur le *décanat* n'étaient pas de nature à satisfaire la soif de vengeance qui tourmentait Charpentier. Il fit appel au fanatisme de la multitude.

---

[1] J. Aurati Poëmatia, 1586, in-8°, l. IV, p. 275 et suiv.

[2] Voir plus loin, II° partie, chap. V.

La religion, qui, dans les desseins de la bonté divine, est l'instrument du salut et de la paix, a toujours été, entre les mains des méchants, l'arme la plus terrible pour la guerre et pour la vengeance. Charpentier avait affaire à un protestant : il en profita pour intéresser la religion dans sa querelle. Il allait partout répétant que c'était à cause de son dévouement à la religion dominante qu'il avait été repoussé par les professeurs hérétiques du collége de France. Il semait contre son adversaire des accusations d'athéisme et d'impiété. Il le faisait insulter par ses amis et lui appliquait à tout propos les noms des athées les plus tristement fameux, Théodore, Diagoras, etc. Les choses en vinrent à ce point, que Ramus, pour couper court à ces dénonciations, poursuivit en justice ses calomniateurs. Charpentier, condamné à la prison, fut contraint de se rétracter [1].

Cet acte de vigueur arrêta pour un temps la calomnie ; mais la fureur des ennemis de Ramus ne fit que s'en accroître. Ne pouvant le perdre par la parole ni par la plume, on tenta de s'en défaire par des moyens plus sûrs ; on lui envoya plus d'une fois, en pleine paix, des assassins qui faillirent le mettre à mort dans son collége même. « Un jour, dit Nancel (p. 60), un homme furieux entra tout armé chez lui, et fit mine de le tuer. Ramus étant parvenu à s'en rendre maître, se contenta de le faire fouetter, au lieu de le livrer aux magistrats, et le fit mettre à la porte du collége.... Une autre fois, dit encore le même écrivain (p. 61), on avait excité contre lui une émeute, et les ferrailleurs les plus renommés de

---

[1] Nancel, p. 63 : « In carcerem calumniator conjectus, palinodiam canere coactus est. » Le texte est clair ; il s'agit de J. Charpentier.

l'académie étaient venus assiéger le collège de Presles.
Ramus leur fit ouvrir les portes et leur adressa une
allocution qui produisit sur eux un si grand effet, que
toute la troupe se dispersa, sans qu'un seul de ces ban-
dits eût osé attenter à sa vie, quoique une vengeance
particulière fût alors très facile et presque assurée de
l'impunité. »

On revenait ainsi de nouveau à ces temps affreux de
la première guerre civile, si éloquemment décrits par
Turnèbe, « où il semblait moins criminel et moins dangereux d'égorger un homme qu'un mouton, et où tant
de gens se montraient plus joyeux des malheurs de leur
patrie et de leur propre ruine qu'ils n'auraient pu l'être
de leur prospérité et de celle du pays[1]. » La faction des
Guise l'emportait peu à peu à la cour sur le chancelier
de l'Hospital, et poussait ouvertement à la guerre: « Le
cardinal de Lorraine, dit un de ses biographes que nous
avons déjà cité, n'échappa pas toujours à cet entraîne-
ment, et, si l'on en croit Pasquier, l'ardeur qui l'animait
et qu'il propageait autour de lui par la vivacité de sa parole, porta plus d'une fois le peuple à prendre les armes[2]. » De Thou (liv. XLII) attribue formellement la
seconde guerre civile au cardinal, qu'il appelle « l'auteur des troubles de la France et l'ennemi capital des
protestants. »

Lorsque la guerre éclata, en septembre 1567, Ramus aurait été infailliblement massacré s'il ne s'était
réfugié à Saint-Denis, dans le camp du prince de Condé.
Il assista en simple spectateur à la bataille indécise qui

[1] Adr. Turnebi Adversaria. Dédicace à Michel de l'Hospital.
[2] J. J. Guillemin, Le cardinal de Lorraine, p. 214.

se livra en ce lieu. Puis il suivit l'armée du prince,
qui, avec l'amiral de Coligny, se dirigea vers la Lorraine, pour y recevoir des troupes auxiliaires qui leur
arrivaient d'Allemagne sous la conduite du prince Casi-
mir. Ce fut alors, vers le commencement de janvier
1568, que Ramus eut l'occasion de rendre aux protestants un assez grand service. « Les agents du prince
de Condé, dit l'historien de Thou (livre XLII), s'étaient
obligés de faire compter cent mille écus aux Allemands,
aussitôt qu'ils auraient joint l'armée protestante ; et cependant le prince et les autres confédérés avaient à peine
de quoi fournir aux dépenses journalières de leurs maisons. Le prince et l'amiral se trouvant dans une si fâcheuse extrémité, employèrent tout ce qu'ils avaient de
crédit, d'éloquence et d'industrie, pour persuader aux
confédérés de contribuer, chacun suivant ses moyens,
pour une chose si nécessaire, dont dépendait la conservation du parti. Ils engagèrent par leur exemple les
seigneurs à donner pour cet effet leur vaisselle d'argent,
leurs bijoux et leurs meubles les plus précieux. La plus
grande difficulté fut de faire contribuer ceux qui, accou-
tumés à vivre de pillage, aimaient mieux prendre que
de donner. Cependant, piqués d'honneur et animés par
les vives exhortations de leurs ministres, ils consentirent
à une contribution ; et l'exemple faisant impression sur
les autres, les soldats même et les valets d'armée soit
par émulation, soit par vanité, donnèrent à l'envi, avec
joie et avec profusion, plus d'argent qu'on ne saurait
croire : en sorte qu'on tira de cette espèce de collecte
environ trente mille écus, somme qui, toute modique
qu'elle était, apaisa pour un temps les troupes alle-

mandes qui eurent plus d'égard à la bonne volonté qu'à l'effet [1]. » Brantôme (Hommes ill., disc. LXVI) complète ce récit, en nous apprenant comment les troupes allemandes furent amenées à se contenter d'une somme qui était à peine le tiers de la somme promise ; ce fut, suivant lui, un effet de l'éloquence de Ramus. Voici comment il raconte ce fait : « Au bout de quelque temps, luy (Ramus), s'estant rendu huguenot, et estant en la compagnie de messieurs le prince et admiral, au voyage de Lorraine, et leurs reistres, qu'ils avoient fait venir, ne voulant passer vers la France qu'ils n'eussent de l'argent ; après qu'ils en eurent un peu touché par quelques bourcillements que les huguenots eurent faits entre eux, et que M. Ramus les eut haranguez, ils en furent gagnez et menez au cœur de la France, pour y faire assez de maux. Ce monsieur Ramus, ajoute l'historien, fut tué au massacre de Paris, dont ce fut grand dommage. »

La paix qui survint, à la fin de mars 1568, permit à Ramus de retourner à Paris. Il trouva le collége de Presles occupé par le même Antoine Muldrac, qu'un arrêt du parlement y avait déjà installé comme principal, en 1562. Néanmoins il y rentra sans plus d'opposition qu'après la première guerre civile. Sa bibliothèque avait été pillée : les rayons en étaient vides. Du moins Reisner, qui était resté à Paris, avait pu soustraire aux mains des pillards le manuscrit des *Scholæ mathematicæ*.

---

[1] De Thou, liv. XLII. « Il arriva alors, dit Mézeray (Abrégé chronol., à l'année 1567), ce qu'on n'avoit jamais vu : les gens de guerre du prince, même jusqu'aux goujats, boursillèrent volontairement pour faire une partie de cette somme ; et ainsi une armée en paya une autre, qui étoit de 6,500 chevaux et de quelque trois mille fantassins. » Cf. H. Languet, Lettres à J. Camérarius (édit. de 1646), p. 73, 77, 78.

Mais à peine de retour, Ramus s'aperçut aisément qu'un nouvel orage se préparait, et, comme il projetait depuis longtemps de faire un voyage en Allemagne, il demanda pour cela un congé. Le roi, en lui accordant sa demande, lui confia de plus la mission de visiter les principales académies de l'Europe [1].

Avant de quitter Paris, il voulut laisser un témoignage de son zèle pour les mathématiques. Il fonda par son testament, en date du 1er août 1568, une chaire de mathématiques au collége de France, en y consacrant la plus grande partie de ses rentes sur l'hôtel de ville. Nous donnerons plus loin (chap. X, fin) cette pièce intéressante, où l'on verra que Ramus se souvenait toujours des services que lui avait autrefois rendus son oncle maternel Honoré Charpentier.

En même temps, il adressait au recteur (Claude Sellier) et à l'université de Paris une lettre d'adieux dont voici la traduction (Collect. præf., epist., etc., p. 206) [2] :

« De près ou de loin, dans le malheur comme dans la prospérité, j'aurai toujours le même zèle pour vos intérêts. Vous avez dans vos registres deux gages de mes sentiments pour vous: c'est le récit des deux missions que vous m'avez confiées, l'une pour votre liberté et pour la confirmation de vos priviléges, l'autre pour votre salut et pour arracher à une mort cruelle les enfants de l'université. Je me suis efforcé en outre de contribuer à l'honneur de cette académie en consacrant mes veilles à

---

[1] Collectan. præfat., etc., (1577), p. 189-190.

[2] On lit dans un manuscrit de la Bibl. impér. (collect. Dupuy, vol. 137, p. 121) une copie de cette lettre précédée de conjectures assez plausibles, mais dont l'auteur m'est inconnu.

l'étude des arts libéraux. Aujourd'hui, voyant combien les circonstances sont peu favorables à mes anciens tra-vaux, j'ai sollicité du roi un congé d'un an et une mis-sion libre pour visiter les académies célèbres du monde chrétien, et pour conférer avec les hommes les plus re-marquables par leur esprit et leur savoir. La seule con-dition qu'il ait mise à cette faveur est que je rendrais compte de mon absence à l'académie à qui je dois ma première instruction et mes progrès, et que je lui rap-porterais le tribut de ma reconnaissance, ou mieux encore, de ma tendresse. En quelque lieu donc que la fortune le conduise, Pierre de la Ramée sera toujours, n'en doutez pas, très désireux de votre grandeur et dévoué à votre service. Adieu. »

VII

(1568-1570)

—

Ramus se mit en route pour l'Allemagne dans le mois
d'août 1568 avec deux de ses disciples, qui lui servaient
de secrétaires, Frédéric Reisner et Théophile Banosius[1].
Il avait encore au début un autre compagnon de voyage,
Hubert Languet, qui, après avoir passé un mois à Paris,
avait quitté une ville où, malgré son caractère diploma-
tique, sa vie n'était pas en sûreté[2]. Ils coururent quelques dangers en traversant la France; on les arrêta plus
d'une fois, et ils se virent menacer de mort comme émis-
saires du prince de Condé. Le sauf-conduit de Charles IX
les tira heureusement d'affaire, et, après plusieurs aven-

---

[1] Ce dernier, dans sa Vie de Ramus (p. 26-81), a raconté ce voyage ;
on en trouve aussi une relation dans les biographes Nancel et Freigius.
[2] Lettres à J. Camérarius (édit. précitée), p. 88-89.

tures de ce genre[1], ils arrivèrent enfin en Allemagne.
Là Ramus devait trouver, pendant deux ans, non-seulement un asile assuré, mais encore l'hospitalité la plus
honorable; partout on s'empressa d'accueillir avec distinction un homme dont on admirait le génie, et qu'on
avait surnommé le Platon français.

Strasbourg lui rendit les premiers honneurs; Strasbourg, ville allemande alors, mais qui, si elle eût fait
partie de la France, en eût été, comme aujourd'hui, l'un
des principaux centres dans l'ordre intellectuel. Les
quatre voyageurs y arrivèrent ensemble en septembre
1568. A leur entrée dans la ville, ils rencontrèrent une
noce fort nombreuse, qui aussitôt les entoura et leur fit
cortége. Ramus, dont le nom était acclamé par cette
foule, fut complimenté et harangué comme s'il eût été
quelque prince faisant son entrée solennelle.

Une hospitalité cordiale l'attendait chez le célèbre humaniste Jean Sturm, fondateur et recteur de l'académie
de Strasbourg. Sturm était un protestant zélé, qui même
devait plus tard être victime de son dévouement à la
cause des réformés de France. Il entretenait en Europe
une vaste correspondance, et il avait écrit plus d'une fois
à Hubert Languet, et sans doute aussi à Ramus. Il avait
bien des points de contact avec ce dernier, qui avait autrefois suivi ses cours à Paris. Leurs doctes entretiens
portèrent sur l'étude des arts libéraux, sur l'éducation
de la jeunesse, sur la nature et l'effet des récompenses
et sur les moyens d'inspirer aux bons esprits une ver-
tueuse émulation.

[1] Collectan. præfat., epist., etc. (1577), p. 190.

Un autre savant de Strasbourg, Conrad Dasypodius, fit de son côté beaucoup d'accueil à l'hôte de Jean Sturm, et mit à sa disposition une riche bibliothèque.

L'académie et le gymnase, à leur tour, donnèrent au philosophe français un témoignage public de sympathie, en lui offrant un banquet. Voici ce qu'on lit à ce sujet dans le journal manuscrit du scholarque Charles Mueg[1] : « Vers le 8 septembre 1568, un banquet a eu lieu à l'auberge du Cerf, en l'honneur de Pierre Ramus, professeur royal à Paris. Les régents (du gymnase), les professeurs (de l'académie) et d'autres personnes encore s'y pressaient autour de trois tables. » Il paraît que les étudiants voulurent avoir aussi leur banquet à cette occasion, s'exposant, par ce petit désordre, à une réprimande, comme on le voit par le même journal, où il est dit, sous la date du 12 octobre, qu'on devra « rechercher quels sont les étudiants qui ont fait un repas *au Cerf*, lorsque les professeurs et les régents y ont dîné avec Ramus. »

Tel fut l'accueil que Ramus rencontra en mettant le pied pour la première fois sur le sol allemand, et l'on verra que la suite de son voyage répondit à ce début.

En quittant Strasbourg et son ami Hubert Languet, qu'il devait rencontrer plus tard, Ramus se dirigea vers Bâle, où il avait de nombreuses relations. Dans ce trajet il passa par Fribourg en Brisgau. Il n'y resta qu'une soirée et n'y coucha qu'une nuit : mais il trouva moyen, dans ces quelques instants, de voir un mathématicien dis-

---

[1] Je dois cette communication à mon savant coreligionnaire et ami M. Charles Schmidt, professeur à la faculté de théologie de Strasbourg, membre correspondant de l'Institut, etc.

tingué de l'endroit, Erasme Oswald Schreckenfuchs [1],
beau-père de Jean Thomas Freigius de Bâle. Il étudia
curieusement dans la bibliothèque de ce savant une sphère
céleste construite en fils de laiton, d'après le système de
Copernic, ce qui alors, à en croire Freigius, était une
sorte de merveille.

De Fribourg il vint à Bâle, et remit tout d'abord à
Freigius une lettre de son beau-père. Freigius était professeur de rhétorique; il connaissait déjà les écrits de
Ramus; il fut entièrement gagné par ses manières et par
ses discours, et il devint, à partir de cette époque, le plus
fervent de ses disciples. C'est à Bâle que Ramus fit son
plus long séjour : il y passa la fin de l'année 1568 et la
plus grande partie de l'année 1569. Là, il retrouvait plus
d'un ancien élève : l'imprimeur Jean Hervagius, les professeurs Jérôme Wolf, Théodore Zuinger et bien d'autres
qu'il serait trop long d'énumérer. Tous revirent avec joie
un maître qui avait été pour plusieurs d'entre eux un
bienfaiteur [2]. Théodore Zuinger, en particulier, fut heureux de pouvoir lui rendre avec usure sa généreuse hospitalité, et ce professeur ayant eu alors un fils, pria Ramus
de vouloir bien lui servir de parrain. L'enfant reçut le
nom de Jacques : ce fut sans doute un pieux hommage à
la mémoire de Jacques de la Ramée, le père de notre
philosophe. Quoi qu'il en soit, Jacques Zuinger fut plus
tard un médecin distingué et l'éditeur du grand ouvrage
de son père, le Theatrum humanæ vitæ [3].

---

[1] Né en 1511, mort en 1579. Voir la Biblioth. de Boissard.
[2] Voir plus bas, chap. X.
[3] Voir la Vie de Th. Zuinger par Félix Plater, en tête du Theatrum
humanæ vitæ Theod. Zuingeri, Bâle, 1604, in-f°.

Les personnes avec qui Ramus entretint les relations les
plus suivies et les plus intimes furent, après Zuinger et
Freigius, le grammairien Félix Plater, qui fut en 1570
recteur de l'académie, les savants Conrad Gesner, Basile
Amerbach, les sénateurs Bernard et Théodore Brandt, les
théologiens Simon Sulcer, Ulrich Coccius, Jean Brand-
muller, Samuel Grynæus, et enfin Jean Hospinien, dont
il s'efforçait d'humaniser le profond savoir.

La ville de Bâle et les souvenirs qu'elle lui offrait lui
étaient pour ainsi dire un objet de culte. Il était logé chez
une femme d'une grande piété, nommée Catherine Petit, la même qui avait été autrefois l'hôtesse de Calvin à
Bâle, et il se plaisait à lui entendre raconter la vie du
grand réformateur, dans le temps même où il écrivait
l'Institution chrétienne, ce chef-d'œuvre de la théologie
en France au XVIᵉ siècle. Ramus était pénétré de véné-
ration, en évoquant le passé encore récent et déjà si glorieux de la Réforme française [1]. De même lorsque « dans
sa promenade du dimanche, » il passait devant le monument consacré par les Bâlois à la mémoire d'Œcolampade, il ne se lassait point, dit-il, d'admirer le chef-d'œuvre qui représentait la mort de ce théologien si pieux,
si savant et si modéré. Ce spectacle, ces souvenirs et bien
d'autres encore qui se présentaient en foule à son esprit,
étaient de nature à raviver sa propre piété. Il profita
de son séjour à Bâle pour suivre assidûment les cours
des deux théologiens Sulcer et Coccius, dont l'un expliquait
l'Ancien Testament en hébreu et le Nouveau en grec.
« Alors, dit-il, se réalisa pour moi le vœu qui avait failli

---

[1] Ces détails et ceux qui suivent nous sont donnés par Ramus lui-
même, dans l'écrit qu'il publia plus tard sous le titre de Basilea.

me coûter la vie, lorsque dans le Proëme de la réformation de l'université de Paris, j'exhortais nos théologiens à puiser à ses véritables sources la pure doctrine de la Parole de Dieu, afin de pouvoir l'enseigner à leur tour. » C'est en effet pendant son séjour à Bâle que Ramus étudia plus particulièrement la théologie chrétienne ramenée à ses premiers principes, c'est-à-dire à la lecture et à l'explication de la Bible ; et suivant sa méthode habituelle, il consignait par écrit les réflexions que lui suggérait cette étude, préparant ainsi l'ouvrage qui fut publié après sa mort par les soins de Banosius, sous le titre de Commentaires sur la religion chrétienne. Sa conduite et ses discours, d'accord avec ces hautes et sérieuses pensées, frappaient d'admiration ses amis, surtout Freigius et Zuinger. Ce dernier poussait même si loin l'enthousiasme, que Ramus crut devoir un jour lui reprocher cet excès d'estime pour un étranger qu'il ne craignait pas de mettre au-dessus d'OEcolampade [1].

Cependant Ramus n'oubliait pas ses anciennes études : loin de là, il songeait à employer les tristes loisirs que lui donnait la prolongation de la guerre civile, pour faire connaître à Strasbourg, sous les auspices de J. Sturm, sa méthode d'enseignement. Voici en effet ce qu'on lit dans le journal manuscrit du scholarque Charles Mueg, à la date du 16 juillet 1569 : « Pierre Ramus lui a écrit (à J. Sturm) qu'il est prêt à accepter une place au gymnase, fût-ce même en quatrième. Sturm dit que sans doute c'est un hérétique en Aristote et en Euclide, et qu'il a ses opinions particulières, mais que c'est un homme célèbre, et que je ferais bien d'en parler aux scholarques. » Et

[1] Voir plus bas, IIIe partie, ch. II, lettre du 30 octobre 1569.

dans le protocole officiel des scholarques , on trouve à
la séance du 30 juillet cette courte mention : « Le docteur Pierre Ramus offre ses services à nos écoles. Il n'est
pas aristotélicien [1]. » Il n'est pas aristotélicien ! Ce mot
dit toute la pensée des scholarques sur Ramus : un adversaire d'Aristote ne pouvait, suivant eux, être admis à
enseigner dans l'académie de Strasbourg. Ainsi des hommes qui avaient eu le courage de rejeter la domination
de l'Eglise catholique n'osaient se soustraire au joug d'A-
ristote ; et un exilé qu'ils honoraient, un coreligionnaire
qu'ils aimaient ne trouvait point grâce devant eux, protestants, parce qu'il avait rompu avec le moyen âge en
philosophie ! Mais les contradictions de ce genre ne sont
pas assez rares pour qu'il nous soit permis de nous en
étonner beaucoup.

Pourquoi Ramus avait-il fait cette demande, qui peut
nous paraître singulière ? Etait-ce le besoin qui l'y avait
poussé, ou bien était-ce simplement pour faire un essai
de sa méthode et en répandre le goût parmi les régents
et les professeurs de Strasbourg ? Je n'ai trouvé sur ce
point aucun renseignement précis ; mais, en supposant
qu'il n'eût pas emporté dans son exil tout ce qui lui était
nécessaire, je suis porté à croire que le produit de ses
écrits suffisait à son entretien ; car je le vois refuser peu
de mois après les offres vraiment magnifiques qui lui
sont faites par plus d'un prince, et il écrit à son ami
Zuinger pour justifier ses refus : « J'ai résolu , tant que
j'aurai de l'argent et du courage, de conserver ma liberté

---

[1] Il y a dans le manuscrit : Ist *ein* Aristotelicus; mais M. Ch. Schmidt
suppose, avec raison suivant moi, que *ein* est une erreur du copiste, et
que ce mot est là pour *kein*.

et de me suffire à moi-même, comme je l'ai fait jusqu'ici [1]. » Ce langage est-il celui d'un homme inquiet sur ses moyens d'existence ?

En 1569, il fit une excursion à Zurich, dans l'intention d'y voir le célèbre théologien Henri Bullinger, qui, depuis la mort de Zuingle et d'OEcolampade, était considéré avec raison comme le principal interprète de la réforme helvétique. La nouvelle de son arrivée s'étant répandue à l'avance, Ramus fut reçu à Zurich au milieu d'un grand concours de peuple. Il fut complimenté par Bullinger en personne, qui le retint chez lui et le réunit avec les principaux personnages de l'endroit : Rodolphe Gualter, qui devait plus tard lui succéder [2], son gendre Louis Lavater, Jean Wolf, oncle maternel d'Hospinien, Stichius et le théologien Josias Simler, avec qui Ramus s'entretint de préférence. Il eut avec tous ces savants plus d'une conversation pieuse et leur communiqua en manuscrit la première ébauche de son livre sur la religion chrétienne. On en loua généralement la doctrine aussi bien que le style, qui fut trouvé d'une élégance remarquable [3]. Wolf [4] et Stichius disputèrent à Bullinger l'honneur d'avoir à leur table l'illustre étranger. La ville de Zurich ne resta pas en arrière dans ces témoignages de sympathie et d'admiration : elle voulut lui faire une surprise en lui offrant une fête et un banquet ; et comme Ramus, se trouvant au milieu d'une grande foule, exprimait son étonnement et demandait si l'on célébrait aussi

---

[1] Lettre du 23 mars 1570 ; voir plus bas, IIIe partie, chap. II.

[2] Melch. Adam, Vitæ German. theolog., p. 506.

[3] Id., ibid., Vita Bullingeri, p. 501.

[4] Jean Wolf, mort en nov. 1572. De Thou (l. LIV) a fait son éloge.

à Zurich quelque grand mariage comme il en avait vu un à Strasbourg : « Oui, lui répondit obligeamment Bullinger, c'est le mariage de notre ville avec vous. »

Dans le trajet de Bâle à Zurich ou de Zurich à Bâle, Ramus traversa Berne et s'y arrêta : au moins est-ce de cette ville qu'est datée la longue épître qu'il adressait à Théodore de Bèze le 28 août 1569, et sur laquelle nous reviendrons tout à l'heure[1]. A Berne, Ramus fut accueilli par l'avoyer Steger, par Zerquinates, Jean Haller, P. Chiorus, et enfin par le mathématicien Benoît Arétius, avec qui il échangea dans la suite plusieurs lettres.

Partout en Suisse, à Berne et à Zurich, comme plus tard à Lausanne et à Genève, Ramus dut rencontrer des compatriotes; car un grand nombre de ministres et de simples fidèles des Eglises réformées s'y étaient réfugiés en 1569, pour échapper aux horreurs de la guerre civile. Là ils avaient rencontré un autre danger, la misère; mais ils avaient été généreusement secourus par les protestants de Suisse, grâce au zèle admirable de Bullinger, qui fit faire partout, en leur faveur, des collectes extraordinaires[2].

De retour à Bâle, Ramus se disposa à parcourir l'Allemagne; mais, auparavant, il dut mettre la dernière main à divers travaux qu'il avait entrepris. Il acheva d'imprimer ses principaux écrits de mathématiques et donna une nouvelle édition de quelques autres ouvrages, comme on peut le voir par le Catalogue qui termine ce livre. Dans le même temps, il poursuivait contre J. Schegk,

---

[1] Collectan. præfat., epist., etc. (1577), p. 249 : P. Ramus T. B. V., c'est-à-dire Theodoro Bezæ Vezelio.

[2] Melch. Adam, Vitæ German. theolog., p. 500.

professeur de philosophie à Tubingue, une polémique
dont nous aurons à parler plus tard, et qui, après avoir
été entamée par lui dans les termes les plus polis et les
plus bienveillants, avait pris peu à peu un autre caractère, par suite de l'humeur insociable du personnage à
qui il s'adressait. Ramus avait songé à aller à Tubingue,
afin de visiter une académie où l'étude des mathématiques était, disait-on, en honneur, et dans cette intention il avait fait à Schegk les premières avances; mais
la réponse presque brutale de ce péripatéticien le fit sans
doute renoncer à son projet[1].

En quittant Bâle, Ramus suivit d'abord le cours du
Rhin, visitant les villes du voisinage, et c'est ainsi qu'il
arriva à Heidelberg. L'accueil qu'il y reçut l'engagea à
y demeurer quelque temps. Les professeurs Pythopœus,
Boquinus, Ursinus, Trémellius, les conseillers palatins
Zuleger, Junius, Marius, Olivianus et Dathenæus le trai-
tèrent à l'envi; Emmanuel Trémellius, professeur en
langue hébraïque, demanda comme une faveur d'être
son hôte. Ramus, admis dans l'intimité de ce théologien
aussi pieux qu'érudit, devint presque théologien lui-
même sous son influence, comme il le dit dans une lettre
adressée à Sturm à la fin d'octobre ou au commencement de novembre : « J'ai envie, disait-il, de m'asseoir
aux pieds de cet autre Gamaliel et de consacrer le reste
de cette année à l'étude de la théologie. De cette manière,
si quelque sorboniste me cherche querelle, je serai mieux
en état de défendre la religion que je professe. [2] » Il faisait en effet profession publique de la religion réformée,

---

[1] Collectan. præfat., etc., lettres à J. Schecius, p. 207-249.
[2] Voir plus bas, III⁰ partie, Catalogue, 2⁰ série, n⁰ 62.

assistant au culte des calvinistes français, et participant
avec eux au sacrement de la sainte Cène. Il serait volontiers demeuré dans cette paix et uniquement occupé de la
méditation des Ecritures, sans un événement assez important qui, en le rappelant à l'étude des lettres, faillit
le fixer à Heidelberg comme professeur de philosophie.
Cette affaire étant demeurée jusqu'ici très obscure, je
suis heureux de pouvoir la faire connaître dans ses moindres détails, à l'aide de documents entièrement inédits
jusqu'à ce jour et d'une parfaite authenticité. M. Baehr,
le célèbre bibliothécaire de Heidelberg, a eu l'extrême
obligeance de me communiquer des extraits étendus de
deux ouvrages manuscrits, savoir : les *Annales de l'U-
niversité* (t. IX, part. II, fol. 86-103), et les *Actes de la
faculté philosophique* (t. IV, fol. 91, 149). D'un autre
côté, MM. Charles Schmidt et Christian Bartholmèss
m'ont procuré plusieurs lettres inédites de Ramus que
j'imprime plus loin (IIIe partie, chap. II), et qui datent
précisément de cette époque. Je puis donc, en faisant
part au public de ces richesses, éclaircir à la fois un
événement remarquable de la vie de Ramus et un fait
qui intéresse l'histoire de la philosophie.

L'arrivée du philosophe français avait causé beaucoup
d'émotion dans l'université de Heidelberg. La faculté
des arts, adonnée jusque-là au culte exclusif d'Aristote,
se trouva aussitôt partagée en deux camps : l'un, le plus
puissant, se composait des professeurs et des étudiants
attachés aux anciens usages de l'académie; l'autre comptait un petit nombre d'esprits remuants et hardis, partisans de toutes les réformes, et qui étaient heureux de
voir arriver à leur aide un homme tel que Ramus. Bientôt

une lutte s'engagea entre les deux partis pour la succession de Victorin Strigelius, ancien professeur de morale, et qui était mort le 26 juin 1569 [1].

Dans la séance du sénat académique du 8 octobre, il fut donné lecture d'une pétition adressée à l'électeur par soixante étudiants, français, polonais et allemands, demandant que la chaire d'éthique, vacante depuis la mort de Strigelius, fût accordée à P. Ramus. Le sénat résolut d'écarter cette requête comme étant en dehors des règles, une telle pétition devant être adressée au doyen de la faculté des arts et au recteur.

Cependant l'électeur palatin, Frédéric III, avait accueilli très favorablement un vœu qui était le sien, et il avait résolu de donner la chaire vacante à notre philosophe. Comme celui-ci songeait déjà à quitter Heidelberg pour aller à Strasbourg, le prince le retint, en le priant de remplir la chaire de morale, au moins comme professeur extraordinaire, tant que la guerre le tiendrait éloigné de son pays [2]. Ramus ayant accepté cette proposition, le prince envoya le 29 octobre, au recteur, une lettre par laquelle il l'instruisait de sa résolution, autorisant néanmoins l'université à lui faire ses remontrances s'il y avait lieu. Voici cette pièce, textuellement traduite de l'allemand. Elle est tirée de l'un des manuscrits cités plus haut (Annales universitatis), et dont je dois la communication au savant bibliothécaire de Heidelberg :

« A notre honoré et vénérable, cher et fidèle recteur de l'université de nos études, ici à Heidelberg, Frédéric,

---

[1] Bayle, Dict. hist. et crit., art. Strigelius.

[2] Lettre à Zuinger du 30 oct. 1569. Voir plus bas, III° partie.

par la grâce de Dieu, comte palatin du Rhin, grand sénéchal et électeur du saint empire, duc de Bavière, etc.

« Notre salut d'abord, honoré et vénérable, cher et fidèle! Attendu que par la mort de feu Victorin Strigelius, la lecture d'éthique se trouve vacante, considérant que Pierre Ramus est particulièrement célèbre pour son savoir et son talent, nous l'avons pour ce motif engagé à se charger de la lecture d'éthique pendant quelque temps *extraordinarié*, et nous avons gracieusement consenti à ce qu'il reçût la portion du traitement affecté à cette chaire qui se trouvera libre. Nous vous ordonnons en outre de ne point faire obstacle audit Ramus, mais de lui céder et de lui assigner un local et une heure convenable pour faire ce cours. Dans le cas cependant où vous auriez des scrupules, vous aurez à nous les faire connaître. Agissez en conséquence, car telle est notre volonté et notre sentiment; et comptez sur nos gracieuses dispositions. Fait à Heidelberg, le 29 octobre 1569. »

Le 9 novembre suivant, le sénat rédigea des remontrances qui furent remises au prince le lendemain. Mais l'électeur ayant persisté dans son dessein, Ramus adressa au doyen de la faculté des arts une lettre en date du 10 novembre, et où il exposait qu'ayant été invité par le prince à faire un cours dans l'université de Heidelberg tant que dureraient les guerres civiles de France, il avait accepté cette offre, et qu'il se mettait à la disposition de l'académie pour faire tout ce qui dépendrait de lui dans l'intérêt de la jeunesse studieuse des écoles. Le sénat décida qu'on garderait le silence sur cette démarche, et il exprima l'opinion qu'il fallait nommer Xylander à

la chaire d'éthique, *extra ordinem*. Cependant la réponse
de la faculté des arts ne se fit pas attendre; dans une
lettre envoyée le 13 novembre au sénat, elle proposait
Xylander pour remplir la chaire demeurée vacante par
la mort de Strigelius, et, après avoir fait valoir tous les
titres de son candidat, elle donnait non moins longuement les motifs de l'opposition formée contre Ramus.
C'était d'abord l'incertitude où l'on était sur ses desseins,
puisqu'il ne désignait pas même la science dont il prétendait faire profession. Puis, surtout, c'était la crainte
qu'il n'enseignât sa propre philosophie, que l'on savait
être entièrement « opposée à la vérité et à la doctrine
d'Aristote, » tandis que celle-ci était l'objet officiel de
l'enseignement à Heidelberg, « comme dans toute académie bien constituée. »

Le 16 novembre, le recteur annonce au sénat qu'il a
été appelé avec le doyen de la faculté philosophique chez
le chancelier, qui leur a déclaré qu'aux yeux du prince la
demande de Ramus n'est nullement contraire aux statuts
de l'académie, et qu'il persiste à lui conférer le droit
d'enseigner extraordinairement. Puis le chancelier, disent-ils, les a menacés en leur faisant entendre que
l'électeur est bien le maître de choisir un professeur,
surtout quand son propre fils doit suivre les cours, et
que, si l'université ne veut pas admettre officiellement
Ramus, il aura recours à quelque autre moyen.

Là-dessus, nouvelles remontrances du sénat, fondées
sur celles de la faculté des arts. Grand embarras de l'é-
lecteur, qui voulait s'attacher Ramus et qui néanmoins
tenait à ne pas violer les statuts universitaires. Enfin,
persuadé qu'une autorisation limitée à quelques leçons

ne porterait atteinte à aucun droit et à aucun intérêt légitime, il envoya au recteur un rescrit portant qu'en l'absence de toute objection valable, il autorisait Pierre de la Ramée à ouvrir sans retard un cours sur le plaidoyer de Cicéron pro Marcello. Un conseiller palatin, Zuleger, s'étant rendu chez le recteur le 11 décembre, lui signifia l'ordre du prince en présence de Ramus, qui, le lendemain, dès la pointe du jour, fit afficher l'annonce de son cours. Il paraît que le recteur ne se tint pas pour battu; car, après avoir donné avis au sénat académique de tout ce qui se passait, il se présenta le 13 avec les quatre doyens chez l'électeur. Celui-ci leur donna audience; mais, après avoir entendu leurs réclamations et leurs griefs contre Ramus, il leur répondit, sans cacher sa mauvaise humeur, « qu'il lirait leurs remontrances; » et il les congédia sans autre réponse.

Il était aisé de prévoir que le nouveau cours ne se ferait point tranquillement. Les Annales de l'université rapportent que le 14 décembre, avant la leçon de Ramus, un grand tumulte eut lieu dans la salle : les étudiants allemands se plaignaient du renversement des lois de l'académie; les étudiants français et étrangers, entre autres un nommé Alexandre Campogarolle, faisaient valoir l'autorité du prince, et disaient qu'en dépit du sénat, du recteur et de l'université, Ramus ferait sa leçon. L'acharnement était extrême des deux côtés. Enfin, les partisans d'Aristote imaginèrent d'enlever les marches de la chaire avant l'arrivée du professeur, en sorte qu'il aurait peut-être été obligé de renoncer à prendre la parole, si un étudiant français ne l'eût aidé à escalader

la chaire[1]. Quand il voulut commencer, la cabale aristotélique l'interrompit par des sifflets, des huées et de
grands trépignements, sans respect pour le fils de l'é-
lecteur, qui était venu pour entendre la leçon. Cette
scène de tumulte, qui devait rappeler à notre philosophe
celle qui avait inauguré son cours de dialectique au collége de France, fut pour lui l'occasion d'un nouveau
triomphe. A Heidelberg comme à Paris, il eut le talent
de se faire écouter en dépit des scholastiques; et si l'on
en croit Théophile Banosius, qui, l'ayant accompagné
en Allemagne, devait assister à cette séance, la pérorai-
son de Ramus fut si éloquente, que l'assemblée tout entière éclata en applaudissements. Ramus commenta ensuite, avec le plus grand succès, le discours qu'il avait
pris pour texte de ses leçons. Cependant l'électeur, irrité
de la conduite des péripatéticiens, fit rechercher et punir
les écoliers séditieux. Le sénat intimidé fit alors afficher
un avis aux étudiants pour leur rappeler un peu tard
leurs devoirs, et il députa le docteur Zanchius, Xylander
et Pythopœus auprès du prince, afin de l'apaiser.

Le 2 janvier 1570, le cours de Ramus sur Cicéron
étant terminé, l'électeur voulut l'engager à expliquer sa
dialectique aux étudiants. A cette nouvelle, il s'éleva
une sorte d'émeute dans l'université : soit jalousie, soit
fanatisme pour Aristote, les professeurs de la faculté des
arts formèrent une coalition pour détourner l'électeur
de son dessein. Le sénat appuyant leur requête, le recteur se présenta devant le prince le 3 janvier, le conju-

---

[1] Elswich, De varia Aristotelis in scholis protestantium fortuna (1720),
p. 56. « Ramus, dit cet auteur, sortit d'embarras, grâce à un Français
qui, se baissant vers la terre, lui offrit son dos en guise d'escalier. »

rant « de penser non-seulement au repos et à la conservation de l'académie, mais surtout au soin de sa propre
grandeur et de sa renommée à l'étranger. » Puis, s'em-
parant de ce fait que Ramus avait surtout pour partisans des jeunes gens encore mal instruits de la philosophie et qui ignoraient les conséquences de toute cette
affaire, il supplia l'électeur de prendre conseil, non de
cette jeunesse inexpérimentée, mais des universités de
Wittemberg ou de Leipzig. Le prince écouta le recteur
avec bienveillance et s'éloigna pour se consulter. Peu de
temps après, on vint dire aux députés que Son Altesse,
ayant pris connaissance de tout ce qu'ils avaient dit et
écrit, inviterait Ramus à suspendre son cours ce jour-là
et peut-être plus longtemps. « Après cette décision de
l'électeur, ajoutent les Annales de l'université, P. Ramus
paraît avoir clos son cours et quitté la ville. »

Tel est le récit des professeurs de Heidelberg. Voici
maintenant celui de Ramus, dans une lettre du 23 janvier, à Théodore Zuinger; on y trouve quelques variantes
et quelques additions utiles à connaître. « J'ai commenté,
dit-il, le discours pour Marcellus devant un nombreux
auditoire, mais au grand déplaisir de certains personnages de l'université. Aussi, malgré les instances réité-
rées du prince, je n'avais entrepris cette tâche qu'à contre-
cœur. Lorsque j'eus terminé le discours de Cicéron, l'é-
lecteur m'engagea, surtout à cause de son fils Christophe,
à donner un cours de dialectique; mais alors il s'éleva
une si violente opposition que le prince lui-même en fut
ébranlé. Pour moi, saisissant cette occasion de me dégager, je lui dis que l'opposition qui lui était faite n'était
pas sans fondement, parce que si Ramus avait continué

à enseigner encore un mois, il en serait résulté nécessairement une révolution dans les études. Je fis cependant remarquer combien il était surprenant, suivant moi, que lorsque la fille légitime, la noble fille de l'université de Heidelberg, était ramenée par moi dans sa patrie, elle fût considérée comme une étrangère et répudiée honteusement par les hommes de l'université. Le prince me demandant ce que j'entendais par là, je lui répondis qu'il s'agissait de la vraie dialectique, rendue jadis à Heidelberg par Agricola (Rodolphe), aux applaudissements de l'Allemagne, de la France et de l'Italie. Du reste, ajoutai-je, quand on voit les cendres de ce grand homme et la fameuse épitaphe que fit pour lui Hermolaüs Barbarus demeurer oubliées au fond d'une cave, on ne doit point trouver étrange que la fille d'Agricola soit ensevelie dans le même oubli que son père. »

Ramus ne quitta pas aussitôt Heidelberg. Il y était retenu, et par la faveur des princes et par la précieuse amitié de son hôte Emmanuel Trémellius. Il ne partit qu'environ deux mois après. Voici les détails intéressants qu'il nous donne à ce sujet dans une lettre à Th. Zuinger, en date de Francfort, 23 mars 1570 : « Avant de quitter Heidelberg, j'étais allé faire mes adieux aux princes et à tous les professeurs de l'académie. Le lendemain, comme je me disposais à partir, un jeune seigneur m'apporta un portrait en or [1] de l'électeur, que ce prince m'envoyait, disait-il, comme un souvenir. Je répondis que la piété et les vertus du prince étaient gravées au fond

---

[1] Auream imaginem. Etait-ce une médaille en or, ou bien un portrait avec un cadre en or ou dans une boîte de ce métal? Plusieurs l'ont entendu dans ce dernier sens.

de mon cœur, mais que j'étais heureux de recevoir ce souvenir, non pas tant à cause du présent lui-même que pour l'amour de celui qui me l'offrait si libéralement. »

Ramus allait à Francfort, ou plutôt il y retournait; car ses biographes disent qu'il y alla deux fois, et on lit dans les Annales de l'université de Heidelberg qu'il était dans cette dernière ville, « venant de Francfort et se rendant à Bâle. » Son séjour prolongé à Heidelberg avait sans doute modifié ses projets de voyage. Francfort était moins remarquable au point de vue littéraire qu'au point de vue politique et commercial. Ramus y rencontra pourtant quelques savants, et entre autres Jean Clauburg, Arnold Heingebert, Jean Ficard. Mais ce qui l'avait attiré à deux reprises en cet endroit, c'était sans doute la présence d'Hubert Languet, à qui il avait remis en 1569 une lettre pour J. Sturm [1], et qu'il retrouva à la fin de mars 1570, s'occupant toujours, avec sa prodigieuse activité, des intérêts du protestantisme. Il retrouvait là encore un autre ami, l'imprimeur huguenot André Wéchel, qui avait pu s'échapper de Paris, grâce au président de Harlay, dont il avait accompagné le fils à Francfort [2].

Cependant Ramus ne resta pas longtemps dans cette ville; il en partit le 4 avril 1570, se dirigeant vers Nuremberg, pour visiter les instruments de mathématiques et d'optique qu'on y fabriquait alors dans la perfection. Il avait, pour la famille du célèbre Camérarius et pour le docteur Hartésianus, des lettres de recommandation d'Hubert Languet. Voici quelques passages de la lettre à Joachim Camérarius le fils, en date du 27 mars :

---

[1] Voir plus bas, IIIᵉ partie, Catalogue, 2ᵉ série, nᵒ 62.
[2] Lettres de Languet à Camérarius (édit. précitée), lettre XLII.

« M. Pierre Ramus est lié avec votre illustre père ; ils ont entretenu ensemble un commerce de lettres. Il a rendu plus d'un service à votre frère Louis pendant son séjour à Paris... Voyant que son talent ne peut être utile à son pays à cause de la guerre, et ne voulant pas ajouter à tant de maux la perte de son temps, il a résolu, tant qu'il est éloigné de sa patrie, de visiter les villes d'Allemagne les plus riches en hommes savants et les plus florissantes par leurs études. Le premier rang en ce genre appartient à Nuremberg... Veuillez faire mes compliments, je vous prie, à M. le docteur de Roghembach, et lui recommander M. Ramus[1]. »

Le séjour de Ramus à Nuremberg est raconté assez longuement par Freigius (p. 38, 39), et ce récit contient plus d'un détail curieux : par exemple les visites au musée, à l'arsenal et à la riche bibliothèque de Reg. Werner, qui devait s'accroître plus tard de la succession de Schoner ; puis la réception faite à notre philosophe par le grand médecin Joachim Camérarius, par les mathématiciens Christian et Et. Prechtel, par Gabriel Glaucus, et surtout par le pieux jurisconsulte Christophe Hartésianus, qui, avec ses collègues, lui offrit un banquet au nom de la ville. L'hôte de Ramus à Nuremberg était Manfred Balbano de Lucques, jeune homme aussi aimable que riche, et qui peut-être avait été un de ses élèves à Paris. Mais l'incident le plus remarquable fut une espèce de contestation qu'il eut avec deux orfèvres mécaniciens dont Freigius nous a conservé les noms, Jean Linecer et Wendelein Jamicher, et qui avaient construit une ma-

---

[1] Lettres de Languet à J. Camérarius, p. 197-198. Cf. lettre LI à J. Camérarius le père.

chine tellement ingénieuse et rare, qu'ils ne voulaient la laisser voir à aucun prix. Ramus eut beau leur faire toutes les offres imaginables, Jamicher fut intraitable. Son associé paraissait plus accommodant; mais il mettait à sa complaisance une singulière condition : c'est que Ramus leur laisserait son compagnon Frédéric Reisner, et que celui-ci s'engagerait à leur enseigner l'optique de Ramus et à la publier en allemand. Les voyageurs refusèrent de payer si cher la vue de ce trésor; cependant, poussés par leur curiosité et par l'amour de la science, ils proposèrent aux deux fabricants une traduction en allemand de la géométrie de Ramus par Reisner. Je ne sais ce qui en advint; je vois cependant, dans une lettre de Ramus à S. Grynœus du 28 août 1570, qu'il avait laissé Reisner à Nuremberg; et lorsqu'il partit de cette ville, il était tellement satisfait de ce qu'il y avait vu, que Freigius, dans son légitime orgueil d'Allemand, croit pouvoir ajouter : « Il ne demeura là que quatre jours, mais il eût voulu y demeurer quatre années! »

En allant de Nuremberg à Augsbourg, Ramus suivit quelque temps le Danube, contemplant avec une profonde admiration le cours rapide à la fois et majestueux de ce beau fleuve. Augsbourg lui offrit bientôt d'autres merveilles; Augsbourg, c'est-à-dire, suivant Freigius (p. 39, 40), « le Paris, ou plutôt la Rome des Allemands, » où les femmes, non moins remarquables par leur noblesse que par leur beauté, « semblaient être autant de Lucrèces et de Cornélies! » Là étaient deux belles bibliothèques, l'une très riche en manuscrits grecs, l'autre plus riche encore en auteurs latins. Ramus les visita avec soin, cherchant toujours curieusement les ouvrages inédits des

mathématiciens grecs. Pendant la semaine qu'il y passa,
il fut reçu par le premier consul ou bourgmestre J. B.
Hainzel, chez qui il rencontra le fameux Tycho Brahé,
alors âgé seulement de quinze ans, mais qui déjà avait
fait de nombreuses observations astronomiques. Le jeune
savant danois avait été envoyé par ses parents à Leipzig
pour suivre d'autres études ; mais son goût pour l'astronomie l'avait amené à Augsbourg et à Nuremberg, pour
y faire construire par les meilleurs ouvriers du temps
des instruments de mathématiques et d'optique. Ramus
trouva un plaisir singulier à entretenir ce jeune homme,
qui déjà roulait dans son esprit les hypothèses auxquelles
il devait plus tard attacher son nom. Ce fut aussi à
Augsbourg qu'il retrouva ses anciens amis Jérôme Wolf
et Jean Major, qui étaient alors les deux plus célèbres
professeurs de leur ville natale. Jérôme Wolf avait été
autrefois son élève ; il était devenu un philologue distingué, et c'était lui sans doute qui lui avait fait les honneurs de la bibliothèque d'Augsbourg : car il en était le
conservateur [1].

Sur ces entrefaites, le bruit se répandit que la paix
allait être enfin rendue à la France. A cette nouvelle,
Ramus partit en toute hâte ; il parcourut rapidement le
Tyrol, la Souabe et la Bavière, et arrivant en Suisse, il
traversa Berne, sans presque s'y arrêter, malgré l'empressement avec lequel il y était reçu. De là, il se rendit
à Lausanne et à Genève. Ces deux villes étaient, disait-
il, les délices du monde chrétien. Mais il alla d'abord à
Genève, dans l'espoir de rentrer plus tôt en France.

Ramus n'avait jamais eu, que je sache, aucune rela-

[1] Freigius, p. 39, 40 ; Boissard, Biblioth., art. Hieron. Wolf.

tion directe avec Calvin, qui d'ailleurs était mort depuis six ans, et ses rapports avec Théodore de Bèze n'étaient peut-être pas de nature à lui faire espérer dans la capitale de la Réforme un accueil aussi favorable qu'ailleurs. Le réformateur genevois était loin de partager toutes ses idées en matière de littérature et d'enseignement, et il devait redouter l'esprit un peu remuant du philosophe français. Cependant, dans les lettres qu'il lui avait adressées, il lui avait témoigné tous les égards qu'il lui devait. Pendant le mois d'août 1569, il lui avait écrit à Bâle par l'intermédiaire de P. Pithou, et tout en déclarant qu'il ne pouvait approuver ses innovations en dialectique, il rendait justice à son mérite et à son zèle pour les lettres et les sciences. Ramus crut apercevoir quelque ironie dans cet éloge qui ressemblait un peu trop, disait-il, à ceux qu'un maître adresse à un écolier dont le devoir est mal fait[1]; son mécontentement perce dans une longue lettre datée de Berne le 28 août 1569, et où il adressait à Bèze plus d'un reproche, soit sur son entêtement d'Aristote et de la scholastique, soit sur ses mauvaises dispositions à son égard. Il le priait de lui indiquer d'une manière plus précise ce qui lui semblait défectueux dans sa dialectique, et, puisqu'il tranchait du juge en philosophie, de vouloir bien lire un peu les gens avant de les blâmer. Du reste, tout en paraissant faire peu de cas du philosophe, il rendait hommage au poëte, à l'écrivain, à l'orateur, surtout au grand pasteur, et il terminait par ce vœu sincère : « Dieu veuille vous conserver longtemps à son Eglise ! »

Bèze répondit à Ramus le 30 septembre de la même

---

[1] Collectan. præfat. epist., etc., p. 249.

année[1]. Voici quelques passages de sa lettre : « On peut assurément différer de P. Ramus sur quelques points, sans pour cela retrancher de l'éducation publique de la jeunesse l'usage de la logique, et surtout sans croire que ce soit une application suffisante de la dialectique que de déclamer sur les préceptes de la dialectique. » Il protestait de sa grande estime pour la logique, et déclinait la prétention d'être juge en philosophie. Mais il avouait ne pas approuver la malveillance de Ramus pour les anciens. « Je m'étonne, disait-il, que vous me demandiez ce qui a été si bien dit et écrit par tant de savants qui, d'un commun accord, vous ne l'ignorez pas, ont vu avec déplaisir vos Animadversions contre Aristote. Libre à vous de trouver mauvais que je me range à leur avis. Quant à moi, je persiste dans mon sentiment, et je ne pense pas que cela doive troubler en rien notre affection mutuelle, à moins que par hasard vous ne soyez d'avis qu'il ne peut exister d'amitié qu'entre ceux qui ont sur toutes choses la même manière de voir. »

Telles étaient les dispositions de Théodore de Bèze : on voit que, sans être tout à fait hostiles à Ramus, elles n'étaient pas non plus entièrement cordiales. Quoi qu'il en soit, notre philosophe étant arrivé à Genève vers la fin du mois de mai ou au commencement de juin 1570, y fut très bien reçu. La ville le pria même de faire un cours public, et pour répondre à ce désir, il expliqua suivant sa méthode la première catilinaire de Cicéron. Cet enseignement, qui ne dura que quelques jours, fut très goûté et laissa des traces assez profondes, comme on le verra plus tard. Beaucoup d'étudiants adoptèrent la

---

[1] Epist. theolog., Genevæ, 1573, in-8°, lettre xxxiv.

nouvelle logique qui leur était présentée et qui était patronée par plus d'un savant de l'endroit, notamment par
le professeur de littérature grecque François Porto de
Candie. Ramus rencontra surtout de la sympathie parmi
les jeunes étrangers qui faisaient alors leurs études à
Genève, et entre autres deux Ecossais, André Melvil et
Gilbert de Montrif ; et lorsque douze ans plus tard Arminius vint enseigner à Genève, il dut y trouver encore
bien des esprits disposés à embrasser le ramisme.

Lorsque Ramus eut fini ses leçons sur Cicéron, vers le
10 juin 1570, ses auditeurs le sollicitèrent, mais en
vain, de continuer ce cours en choisissant quelque autre
sujet. Il refusa pour deux raisons : d'abord parce qu'il
s'attendait d'un jour à l'autre à recevoir la nouvelle de
la paix, qui cependant tardait toujours; puis, à cause
d'une maladie contagieuse qui régnait alors à Genève et
qui lui fit quitter cette ville plus tôt qu'il ne l'eût voulu.
Car il avait commencé plusieurs travaux assez importants, qu'il désirait achever avant de rentrer en France,
par exemple, la Défense d'Aristote contre J. Schegk.
Mais la maladie qui sévissait autour de lui mit obstacle
à ses projets. Déjà en peu de jours, il avait dû changer
deux fois de demeure. Un imprimeur à qui il avait confié
un de ses manuscrits était mort, et l'imprimerie avait
été abandonnée par les ouvriers. Enfin, quoique ses
amis de Genève fissent tous leurs efforts pour le retenir,
« voulant, comme il le dit, leur conserver leur ami, »
il partit pour Lausanne, en compagnie d'un jeune homme
qui avait adopté ses idées philosophiques et qui s'appelait François Meissonier [1].

[1] Collect. præf., epist., etc., p. 253 ; Freigius, p. 41.

Ramus était à Lausanne le 20 juillet 1570[1]. Là il lia
connaissance avec plusieurs professeurs : le théologien
Samuel; le philosophe Marcoard, l'helléniste Nunius,
Hortinus (Desjardins?); professeur d'hébreu, enfin Dives
(Richomme?) et Lebœuf, professeurs de belles lettres. Il
logeait chez un nommé Jacques Langlois dont il eut
beaucoup à se louer, suivant Freigius (p. 40). Il fit à
Lausanne, comme à Genève, quelques leçons de logique,
en présence d'une grande foule d'auditeurs.

C'est là qu'il borna son voyage. Déjà, le 20 juillet, il
avait reçu des nouvelles favorables de Paris; on lui annonçait que sa bibliothèque avait été respectée et que le
parlement avait chassé du collége de Presles celui qui s'y
était introduit comme un larron[2]. Bientôt il apprit qu'un
traité avait été conclu le 8 août entre la cour et les protestants, à Saint-Germain-en-Laye, et le 28 du même
mois il écrivait à son ami Zuinger qu'il allait terminer
son cours à Lausanne, et qu'il partirait la même semaine pour Lyon et de là pour Paris[3].

Il allait donc enfin revoir sa patrie, après avoir visité
une grande partie de l'Allemagne et de la Suisse, après
avoir conféré avec les savants les plus célèbres sur les
mathématiques, sur la logique, et plus particulièrement
sur la théologie dont il avait fait pendant ces deux années une étude spéciale. Il avait échangé des lettres avec
ceux qu'il ne pouvait visiter, comme par exemple Jean
Molanus, recteur de l'académie de Brême, et David Chy-
trœus, qui dirigeait l'académie de Rostock, sans compter

---

[1] Voyez plus bas, IIIe partie, chap. II, § 7.
[2] Plus loin, IIIe partie, chap. II.
[3] Ibid., § 9.

le fougueux péripatéticien de Tubingue, Jacques Schegk, dont nous avons parlé plus haut.

On a vu avec quel empressement il avait été accueilli dans les académies et dans toutes les villes qu'il avait visitées. S'il avait rencontré parfois des adversaires, il s'était fait aussi un grand nombre de partisans. Il avait répandu lui-même la connaissance de sa philosophie, et lorsqu'il partit, on peut dire qu'il laissa l'Allemagne savante partagée en deux camps, celui des péripatéticiens et celui des ramistes : tel était, Pasquier nous l'a déjà dit, le nom que se donnaient ses disciples.

Sa réputation à l'étranger était immense. Plusieurs villes, plusieurs princes souverains avaient voulu se l'attacher en lui offrant des chaires magnifiquement dotées. On lui avait fait à l'envi les plus belles propositions, en Italie, en Allemagne, et même en Pologne et en Hongrie. Déjà vers l'année 1563, l'académie de Bologne, la plus célèbre alors après celle de Paris, ayant depuis longtemps une chaire vacante par la mort de Romulus Amasée, qui recevait un traitement de douze cents ducats, Angelo Papio, célèbre jurisconsulte, avait écrit à Ramus au nom de son académie pour lui offrir cette place. Sans parler de l'électeur palatin, qui eût désiré le retenir, et qui l'eût peut-être nommé professeur en dépit de tous les obstacles, si Ramus s'y était prêté, notre philosophe avait été sollicité, pendant son séjour à Heidelberg, par les princes souverains de Westphalie, de Pologne et de Hongrie[1]. André Dudith, légat de l'empereur, le priait, au nom du roi de Pologne, de venir enseigner à Cracovie. Jean Zapoli, wayvode de Transylvanie, lui offrit,

[1] Lettre à Zuinger; voir III⁰ partie, chap. II, § 5.

avec un traitement quatre fois plus fort que celui qu'il recevait à Paris, le rectorat de l'académie de Weissembourg, et il lui adressa à ce sujet une lettre signée de sa main. Ramus repoussa toutes ces offres. « Je suis Français, disait-il dans sa réponse à l'académie de Bologne, et c'est par le bienfait du roi de France que j'ai pu suivre mes études pendant de longues années. Je me dois donc tout entier à ma patrie et à mon roi. » Sa religion put contribuer aussi à lui faire refuser quelques-unes de ces places, par exemple celles de Bologne et de Cracovie[1]. Mais s'il n'avait eu que cette raison, elle l'aurait peut-être empêché de rentrer sur cette terre de France, où la tolérance a toujours eu tant de peine à s'établir, et où l'attendait la Saint-Barthélemy. C'était donc surtout l'amour de son pays qui l'y rappelait, et les habitudes contractées dans son cher collége de Presles.

Il ne fut cependant pas ingrat pour tant d'amis, de disciples et de protecteurs qu'il avait rencontrés pendant son exil, et tandis qu'il était encore à Genève[2], il avait composé, en l'honneur de l'Allemagne et en particulier de la ville de Bâle, un ouvrage sous forme de discours, et intitulé Basilea. Ce discours ne fut pas prononcé, comme l'ont cru plusieurs auteurs (Est. Pasquier, Bayle, Goujet, etc.), et il ne fut imprimé qu'en 1571, à Berne, c'est-à-dire après le retour de Ramus en France.

La paix semblait assurée ; Ramus crut qu'il pouvait enfin retourner en toute sécurité dans sa patrie. « Il revint, suivant l'expression de Gaillard, se faire encore persécuter. »

---

[1] Buhle, Hist. de la phil., sec. section, ch. III fin.
[2] Freigius, Vie de Ramus, p. 40.

VIII

(1570-1572)

—

En arrivant à Paris, Ramus dut trouver au collége de Presles une lettre de son ancien élève et ami Nancel, qui, instruit prématurément de son retour par le bruit public, lui avait écrit le 1er août 1570[1], pour le féliciter de ce qu'il revoyait enfin leur cher collége ; et le disciple enthousiaste de Ramus ajoutait : « Je félicite surtout l'académie de Paris de recouvrer son orateur, son philosophe, son ornement et sa gloire. » Nancel se trompait : l'université, exploitée par le fanatisme et par l'envie, repoussait plus que jamais celui qui, jusqu'à ce siècle,

---

[1] Nic. Nancelii Epistolæ, Paris, Cl. Morel, 1608, in-8°, lettre II.

fut regardé comme son meilleur et son plus grand philosophe [1].

De 1568 à 1570 [2], Charpentier et ses amis avaient
habilement manœuvré pour exciter contre Ramus absent
l'université, le parlement et le roi. Déjà, dans les premiers jours de l'année 1568, comme trois principaux de
collége, Ramus, Jean Dahin et Nicolas Charton avaient
quitté Paris pour se réfugier au camp du prince de Condé,
on avait dirigé contre eux des poursuites, mais en ayant
soin de frapper d'abord ceux qui avaient le moins de défense. On commença par le maître ès arts Jean Dahin,
qui était principal du petit collége de Saint-Michel, et à
qui le parlement retira l'administration de son collége.
Le 27 janvier, ce fut le tour de Nicolas Charton, docteur
en médecine et principal du collége de Beauvais. Le surlendemain, 29, le parlement rendit un arrêt semblable
contre Ramus, et autorisa de nouveau Antoine Muldrac
à exercer provisoirement les fonctions de principal au
collége de Presles.

L'université, poursuivant à outrance l'exécution de
ces diverses mesures, décida qu'elle présenterait au roi
une requête « contre les transfuges et les déserteurs de
la foi ; » les députés désignés dans cette circonstance furent, dans l'ordre des théologiens, Hugues, Vigor et de
Saintes, et dans celui des médecins, Varade et Charpentier. Ce dernier, on le voit, ne se piquait pas d'une excessive délicatesse, quand il s'agissait de perdre ses en-

[1] De la Monnaye, note de l'article P. de la Ramée, dans la Bibliothèque françoise de Du Verdier.

[2] Pour tout ce qui suit, voir Du Boulay, Hist. Universit. Paris., t. VI,
p. 658-669, 673, 712 et suiv.

nemis. Le 3 juin, le roi donna un édit portant que « tous
ceux qui enseignent et enseigneront ou feront lectures,
soit en escholes privées ou publiques en l'université...
mesmes ceux qui ont fonctions et gages de Sa Majesté
pour faire lecture et exercice publics, seront de la religion catholique et romaine. » Puis, comme le chancelier
de l'Hospital refusait courageusement d'apposer le sceau
royal à cette ordonnance, l'université adressa au roi, le
26 juin, de concert avec le clergé et la ville de Paris, une
nouvelle supplique, dans laquelle on se plaignait d'avoir
présenté en vain les lettres patentes du roi « à M. le
chancelier, pour y mettre le sceel, ce qu'il ne veut faire,
ne mesme rendre lesdites lettres et requeste. Ce considéré, Sire... il vous plaise commander à mon dit sieur le
chancelier de sceller les dites lettres et les délivrer aux
dits suppliants. »

Charpentier n'était pas non plus étranger à cette démarche. Il l'avait provoquée, en appelant l'attention des
écoliers et des maîtres catholiques sur le danger que créait
à l'université la présence des professeurs hérétiques.
Dans une harangue furibonde prononcée au collége royal,
le 14 juin, et qui fut imprimée sans retard, il avait
fulminé contre l'*infâme doyen*, qui compromettait la réputation et l'existence même de son corps.

Enfin le recteur Claude Sellier, une fois en possession
de l'édit royal, obtint du parlement de Paris, vers la fin
de juillet, un arrêt qui enjoignait à l'université, en termes
plus explicites, de pourvoir au remplacement de ceux de
ses membres, principaux, régents, etc., *mesmes les lecteurs du roy*, qui n'auraient point fait une profession publique de la religion catholique, apostolique et romaine.

Le parlement, du reste, avait déjà pris une mesure plus générale le 13 juillet, en interdisant toute fonction publique à ceux qui ne seraient point de cette religion. Le 8 juillet, les membres du collége de France ayant été appelés à prêter un serment de catholicité, huit professeurs seulement répondirent à cet appel, savoir : Charpentier, Duret, du Chesne, de Cinqarbres, Lambin, Pélerin, Forcadel et Goulu ; et sur ce nombre, il y en avait peut-être deux ou trois qui ne le firent que par intimidation. Le remplacement des professeurs non catholiques offrait quelque difficulté pendant la paix ; mais, aussitôt que la troisième guerre civile eut éclaté, on prit des mesures plus énergiques.

Le 26 octobre 1568, on déclara déchu des fonctions de chancelier de l'université le cardinal de Châtillon, protestant déclaré et l'un des plus chauds protecteurs de Ramus ; et le 6 novembre on le remplaça par Jean du Tillet, évêque de Meaux. Puis le roi, sur la requête de l'université, rendit contre les *novateurs* une ordonnance encore plus rigoureuse que les précédentes, et qui fut enregistrée sans retard le 29 novembre. Le chancelier de l'Hospital n'était plus là pour s'opposer à ces tristes ordonnances ou pour en retarder la publication. Son équité l'ayant rendu suspect de protestantisme, il avait dû se retirer et remettre au roi les sceaux [1].

Ramus semblait exclu à tout jamais de son collége et de sa chaire, lorsque l'édit de pacification de 1570 vint troubler un moment la joie de ses ennemis, en rendant aux protestants leurs anciens droits. Mais, par une clause qui ouvrait la voie à toutes les violations du traité, et

---

[1] De Thou, liv. XLIV, à l'année 1568.

qui facilita plus tard la Saint-Barthélemy, le libre exercice de la religion réformée était interdit à Paris et dans
sa banlieue. « Le recteur Sagnier partit de là, » dit Crevier, pour présenter au roi des remontrances contre le
rétablissement des déserteurs de la foi, comme on les appelait. Le cardinal de Lorraine et l'évêque de Paris,
Pierre de Gondi, appuyaient vivement le recteur. Le roi,
dit encore Crevier, « écouta cette *sage* et *pieuse* réclamation, » et le 8 octobre il donna des lettres patentes
contre les professeurs protestants, dont pas un cependant, à ma connaissance, n'avait approuvé les guerres
civiles, bien loin d'y prendre part. Mais il s'agissait bien
alors de justice et de droit commun! Le gouvernement
était à peine assez fort pour se protéger lui-même contre
les factieux : comment aurait-il pris la défense des opprimés? La royauté, chaque jour plus faible et plus ir-
résolue, impuissante à dominer les partis, ne pouvait
guère que se décider pour le plus fort et se laissait gou-
verner par les circonstances.

Ramus, à peine arrivé à Paris, trouva sa place prise
au collége de Presles aussi bien qu'au collége de France,
par deux hommes dont je n'ai pu découvrir les noms
nulle part : talents anonymes, tels qu'un pouvoir arbitraire en rencontre toujours à souhait, quand il s'agit
de supplanter le vrai mérite. Cette spoliation, on vient
de le voir, était en partie l'effet des démarches du cardinal de Lorraine, dont Ramus depuis quelques années
avait perdu la faveur : peut-être n'avait-il rien fait pour
la recouvrer ; mais il ne pouvait croire que son ancien
Mécène fût devenu l'un de ses persécuteurs. Il lui écrivit
donc pour se plaindre à lui-même de ce que, l'abandon-

nant à la rage de ses ennemis, il lui enlevait non-seulement la chaire qu'il tenait de la munificence royale, et
qu'à la rigueur on pouvait lui reprendre, mais encore
la principauté du collége de Presles, c'est-à-dire sa propriété depuis 25 ans, et le fruit légitime de son travail.

On a conservé les deux lettres que Ramus adressa au
cardinal de Lorraine. Comme elles sont propres à faire
connaître son caractère et la nature de ses relations avec
ce prélat, je ne crois pas inutile d'en rapporter les principaux traits. Voici la première [1], qui est une courte et
vive réclamation de ses droits, et qui contient un appel
aux souvenirs du cardinal, ancien camarade et ancien
protecteur de celui-là même qu'il dépouille aujourd'hui,
ou qu'il laisse dépouiller et persécuter.

« A Charles de Lorraine, cardinal, Pierre de la Ramée,
Salut.

« C'est à votre première jeunesse, il y a près de trente-
cinq ans, que remonte notre attachement mutuel; j'étais
moi-même bien jeune alors, et depuis cette époque je
n'ai cessé de publier et de célébrer dans le monde entier
votre amitié pour moi. Cependant, tel est le malheur des
temps, qu'aujourd'hui certaines personnes mal inten-
tionnées s'en vont disant que le cardinal de Lorraine
enlève à Pierre de la Ramée, non-seulement cette chaire
royale dont le titre m'avait été donné par le roi Henri
sur votre proposition, mais encore la principauté du collége de Presles, c'est-à-dire le fruit et la récompense de
tous mes travaux antérieurs. Après avoir mené jusqu'au
bout l'étude et la réforme des cinq premiers arts libéraux, après avoir montré un zèle pareil ou même encore

---

[1] Collectan. præfat., epist., etc. (1577), p. 254-255.

plus grand pour l'avancement des deux derniers, j'avais
lieu de m'attendre à un autre traitement. C'est pourquoi, au nom de ces cheveux blancs qui nous avertissent
l'un et l'autre que notre mort n'est pas éloignée, ne
souffrez pas que la fin et le commencement de notre carrière soient si fort en opposition ; et qu'après un riant
début, le cours de nos années vienne aboutir à un si triste
dénouement. Faites mieux : condamnez-moi à ce dur et
pénible métier de forger et de polir les sciences ; je vais
moi-même au-devant de cette peine, et une telle vengeance conviendrait beaucoup mieux à la grandeur et à
l'élévation de votre âme. Adieu. »

Cette lettre, dont on ignore la date précise, mais qui
fut probablement envoyée dans la première quinzaine
d'octobre 1570, provoqua une réponse de Charles de
Lorraine. Dans cette réponse que nous n'avons pas, le
cardinal se plaignait qu'on lui eût écrit, au lieu de le venir
voir. Mais à ce reproche d'apparence amicale il en ajoutait d'autres plus graves, accusant Ramus d'ingratitude,
de rébellion et d'impiété. Ramus réfute tous ces griefs
dans une seconde lettre beaucoup plus longue, en date
du 22 octobre 1570, et dont voici quelques passages [1] :

« A Charles de Lorraine, etc.

« Je vous ai envoyé une lettre, parce que je ne pouvais
sans danger pénétrer jusqu'à vous. Quant aux motifs de
votre refroidissement, quant à ces accusations d'ingratitude, d'impiété, de rébellion, j'avoue que ce seraient
de graves sujets de mécontentement, si tout cela était
fondé. La plupart de ceux qui considèrent votre haute
fortune, s'imaginent sans doute que celui dont vous avez

---

[1] Collectan. præfat., epist., etc. (1577), p. 255-258.

reçu tant d'éloges a dû recevoir de vous, en retour, de grands bienfaits : et certes ils ne se trompent pas entièrement, mais ils ignorent la nature de ces bienfaits. Jamais en effet je n'ai reçu de vous ni de personne au monde une seule faveur pour laquelle on puisse m'accuser de m'être montré ingrat : c'est par mon seul travail et à la sueur de mon front que j'ai suffi à ma tâche, et je me souviens de vous avoir entendu dire un jour, devant un grand nombre de témoins, que je différais singulièrement de tout votre entourage, en ce que tous les autres vous assiégeaient de demandes et de pétitions, tandis que pour ma part je n'avais jamais sollicité le moindre présent ; et alors avec une sorte de dépit, vous me demandiez si je doutais de votre bienveillance ou de votre pouvoir. Pour moi, je vous l'avouerai, car c'est là mon genre d'avarice, j'attachai plus de prix à ce témoignage d'estime qu'à tous vos biens et à toutes vos richesses. Cette chaire même de Paris, vous le savez, je vous l'aurais rendue depuis longtemps, si vous m'aviez permis d'accepter la succession de Romulus Amaséus que l'on m'offrait à Bologne, avec un traitement de douze cents ducats..... Votre estime et votre amitié, voilà donc les bienfaits dont je vous suis vraiment redevable, et si je les avais oubliés, c'est alors que ceux qui me dénigrent auprès de vous auraient le droit de me taxer d'ingratitude. »

Sur le chapitre de la religion, Ramus fait observer que son changement n'est pas une apostasie, mais une conversion, un retour à la vérité de l'Evangile et aux doctrines de la primitive Eglise, dont le cardinal lui-même a fait un si magnifique éloge au colloque de Poissy.

15

« Mais, ajoute-t-il, on me reproche encore de m'être réfugié à Saint-Denis dans les deuxièmes troubles : je n'avais que ce moyen d'échapper à mes assassins, et d'ailleurs j'ai assisté au combat sans y prendre part ; mes vœux ont toujours été pour la paix et la tranquillité, non pour la guerre et pour le bruit des armes ; aussi bien ai-je entrepris aussitôt ce voyage d'Allemagne, etc..... Au lieu de descendre à des considérations sans valeur et fort indignes d'un prince tel que vous, mettez le comble à vos bienfaits et à votre gloire. Notre lime a passé sur la grammaire, sur la rhétorique et la dialectique, sur l'arithmétique et la géométrie ; il ne reste que deux des arts libéraux : vous comprenez ce que j'attends de vous. Une fois cette tâche accomplie par mes veilles, je ne forme plus qu'un vœu : c'est de consacrer le reste de ma vie à l'étude des saintes Ecritures. Fasse le Dieu très grand et très bon que vous-même, rassasié et désabusé des honneurs de la terre, vous vous tourniez vers les choses divines. Notre siècle est fertile en hommes très savants dans toutes les langues et dans toutes les sciences, que vous pourriez vous adjoindre avec le revenu d'une seule de vos nombreuses abbayes, pour traduire avec soin de l'hébreu l'Ancien Testament, et du grec le Nouveau, soit en langue latine, soit même en langue vulgaire, et pour composer une table méthodique, qui contiendrait par ordre les principes et les exemples relatifs soit à la doctrine, soit à la discipline. Un tel travail vaudrait mieux, à mon avis, pour l'étude de la théologie, que tous les docteurs et tous les commentateurs de l'Ecriture sainte. Votre génie peut acquérir cette gloire immortelle, et je vous la souhaite ardemment, afin de

reconnaître vos mérites à mon égard. Adieu. Paris, le
22 octobre 1570. »

Cette lettre, dictée par un noble sentiment de ses droits
et de sa dignité, ne rendit pas à Ramus la faveur à jamais
perdue du cardinal. L'intrigant et ambitieux prélat, qui
avait déjà conçu la Ligue, et qui pensait fonder sur cette
organisation du parti catholique la puissance de sa maison, devait peu goûter les vœux d'un chrétien qui l'engageait à laisser de côté la gloire de ce monde pour ne
s'inquiéter que du ciel. D'ailleurs, Ramus n'était pas
seulement importun ; il était devenu un obstacle. Le cardinal eût-il conservé pour son ancien condisciple un reste
de bienveillance, sa politique exigeait qu'il le sacrifiât
à la coalition formidable du clergé et de l'université.

Ramus, dans une lettre à son ami Zuinger du mois
de mars 1571 (voir plus bas, IIIᵉ partie, chap. 2), a ainsi
décrit les menées de ses adversaires. « Deux loups af-
famés et pleins de rage s'étaient emparés, l'un du collége de Presles, l'autre de ma chaire d'éloquence et de
philosophie ; et il leur était fort désagréable de se laisser
arracher une si belle proie. Leurs hurlements furieux
ayant réveillé tous les hôtes de la forêt, voire même les
lions et les léopards, tous s'ameutèrent contre moi seul,
représentant Ramus comme une sorte de magicien et d'en-
chanteur, dont les discours ou la seule présence dans une
chaire publique suffiraient pour anéantir en un clin d'œil
toute la gent catholique ; et cette fiction trouva tant de
crédit auprès de ceux qui dirigent les affaires, qu'on publia au nom du roi une ordonnance qui faisait défense
à quiconque professe la foi évangélique d'enseigner publiquement ou privément, comme professeur ou comme

précepteur, dans quelque art ou science que ce fût, en
sorte qu'il n'était pas même permis à un père d'élever
ses enfants chez lui dans la religion paternelle. »

Le 20 novembre, en effet, parut l'édit du 8 octobre,
enregistré au parlement sur les instances de l'université,
et dans lequel on lisait : « Que défenses soient faites à
toutes personnes de tenir escholes, principautés et colléges, ny lire en quelque art ou science que ce soit en
public, ny en privé en chambre, s'ils ne sont connus et
approuvez catholiques, tenans la religion catholique et
romaine, etc. »

On ne s'en tint pas là, et l'on s'occupa activement
d'appliquer en toute rigueur cette ordonnance, si contraire qu'elle fût à l'édit de pacification. Voici ce qu'on
lit à ce sujet dans l'Histoire de l'université de Paris de
Du Boulay (t. VI, p. 713) : « Conformément à cette décision royale, le recteur réunit les députés le 2 décembre 1570, et les entretint des poursuites à exercer
contre P. Ramus et les autres déserteurs de la foi. Et
comme Ramus trouvait toujours des appuis à la cour,
Vigor et Charpentier furent chargés, le 15 décembre,
d'aller trouver le roi, afin d'en obtenir une dernière
confirmation des lettres qu'il avait accordées contre les
déserteurs de la foi. » Vigor et Charpentier s'acquittèrent
avec succès de cette honnête commission, qu'ils auraient
dû refuser pour plus d'un motif, et Ramus fut exclu
sans retour des fonctions actives de l'enseignement et de
l'administration universitaire.

Notre philosophe ne perdait point courage ; mais avant
d'accepter le repos auquel on le condamnait en France,
il paraît avoir songé à se retirer à Genève, où plus d'un

ami aurait désiré le voir comme professeur. Il fit sonder
sur ce point Théodore de Bèze; mais celui-ci se montra
inflexible dans son attachement à la doctrine d'Aristote,
et il repoussa poliment les ouvertures qui lui étaient
faites. Voici, textuellement traduite, la lettre qu'il adressa
à Ramus le 1er décembre 1570 :

« J'aurais mieux aimé apprendre par vous-même que
par nos amis votre dessein en faveur de notre académie;
non que j'aie le désir ambitieux de me voir sollicité par
vous ou par qui que ce soit, mais parce que cela me fait
penser que vous avez conçu des doutes sur mes dispositions à votre égard. Or, ce changement de ma part serait bien peu chrétien, et je puis vous affirmer au nom
du Seigneur que rien ne serait plus contraire à mon caractère. Ainsi, quoique je diffère grandement d'opinion
avec vous sur certaines choses concernant nos études, je
sais apprécier votre érudition, votre éloquence et tant de
qualités supérieures dont Dieu a orné votre génie; et
mon vœu le plus cher serait de vous être agréable, tout
en servant les intérêts de cette académie. Deux choses
seulement s'opposent à ce qu'on puisse faire aujourd'hui
ce que vous souhaitez et ce que d'ailleurs nos professeurs désireraient bien vivement. Le premier obstacle
est qu'il n'y a en ce moment aucune vacance dans l'a-
cadémie ; et nos ressources sont tellement faibles, pour
ne pas dire nulles, qu'il nous est impossible d'augmenter le nombre des professeurs, ou même d'élever le moins
du monde les anciens traitements, si modeste qu'en soit
le chiffre. Le second obstacle consiste dans notre résolution arrêtée de suivre le sentiment d'Aristote, sans en
dévier d'une ligne, soit dans l'enseignement de la lo-

gique, soit dans le reste de nos études. Je vous écris tout
cela franchement, comme le veut cet ancien adage :
« Entre gens de bien il faut bien agir. » Si néanmoins
vous jugez à propos de faire une excursion de notre
côté, vous serez toujours le bienvenu, et vous aurez à
vous louer, je l'espère, d'avoir vu Genève, et d'avoir visité les amis et les disciples que vous y avez laissés en
grand nombre. »

Cette lettre ôtait à Ramus tout espoir, s'il en avait jamais eu de ce côté. Il ne renouvela pas auprès du réformateur genevois une tentative qui, je dois le faire remarquer, était la première. Tous ceux qui en ont parlé
ont fait remonter ces démarches à l'époque de son voyage
en Allemagne et en Suisse; mais c'est un simple anachronisme, qu'il suffit d'indiquer pour rétablir la vérité. Ramus était rentré en France le 1er septembre 1570,
sans avoir manifesté un seul instant le désir de s'établir
à Genève. C'est donc de Paris et au milieu des embarras
inextricables où il s'était trouvé après son retour, qu'il fit
faire à Théodore de Bèze la proposition à laquelle celui-ci
répondait le 1er décembre suivant.

Cependant un événement favorable venait d'avoir lieu à
Paris; la mort de Jean du Tillet, évêque de Meaux, ayant
laissé vacante la place de chancelier et de conservateur
apostolique de l'université, ce titre avait été donné par
élection au cardinal Charles de Bourbon, archevêque de
Rouen et évêque de Beauvais, depuis la radiation du
cardinal de Châtillon. Le nouveau chancelier prêta serment par procuration le 12 septembre 1570. Il est probable que Ramus mit à profit cette circonstance, en se
rappelant au souvenir de son ancien condisciple, que Du

Boulay dit avoir été son Mécène[1]. Le cardinal de Bourbon, qui s'était fait remarquer jusque-là par sa modération, et qui pour cette raison était appelé *politique*[2], s'employa peut-être alors pour Ramus. Quoi qu'il en soit, ce dernier ne s'était pas abandonné lui-même ; il avait agi auprès du roi et de la reine mère ; il les avait abordés plusieurs fois et leur avait adressé d'énergiques remontrances sur ce qu'on lui interdisait la carrière des études pour le seul motif de la religion, et sur ce que la dernière ordonnance détruisait d'un seul coup quatorze articles de l'édit de pacification. Catherine de Médicis se montra touchée de l'injustice dont il était l'objet ; mais il comprit qu'elle avait la main forcée par le conseil, où dominait le parti des Guise. Enfin, de guerre lasse, il proposa un accommodement qui fut accepté et qui régla sa situation d'une manière honorable pour lui. Il ne put obtenir l'autorisation de remonter dans sa chaire, ni même de reprendre la direction de son collége de Presles ; mais on lui laissa le titre et le traitement fixe de principal ; on lui conserva également le titre de professeur royal ; on doubla même son traitement, en considération de ses longs services. Puis, comme à défaut de la parole il lui restait sa plume, il crut de son devoir d'en user, et ne pouvant plus enseigner les arts libéraux, il offrit de continuer à en répandre la connaissance ʀ les rédigeant en français. Les détails de cette transaction étant demeurés inconnus jusqu'à ce jour, je les rapporte ici textuellement, d'après la lettre déjà citée que Ramus adressait à Zuinger au mois de mars 1571 :

[1] Du Boulay, t. VI, Catalogue, p. 923.
[2] De Thou, L. XLIV, ad ann. 1568.

« En supposant que ma parole fût aussi dangereuse que le feignaient mes adversaires, je fis observer que ma plume au moins échappait à cette accusation, et que, par conséquent, le roi pouvait me donner le pouvoir d'achever la rédaction des arts libéraux, dont les cinq premiers étaient déjà mis par écrit. Il y a en France, disais-je encore, une foule de bons esprits capables de comprendre toutes les sciences, et qui en sont privés parce qu'elles sont exposées dans des langues étrangères. Si après tant d'années de services on veut me traiter en professeur émérite, pourquoi ne pas me confier le soin d'instruire mes concitoyens? Comme les Gaulois, avant l'arrivée de César, possédaient tous les arts libéraux dans leur langue, ainsi les Gaulois de nos jours pourraient avoir encore des arts gaulois. Ce discours plut au roi et à la reine, et pour honorer ou pour consoler ma retraite, on doubla mon traitement. On m'accorda de plus la faculté de désigner moi-même mon successeur au collége de Presles, mes revenus ordinaires étant d'ailleurs réservés. Enfin, grâce aux persécutions des envieux et des méchants, me voilà en possession d'un repos honorable et tel que je n'eusse pas osé l'espérer ni même le souhaiter à une époque de paix et de tranquillité. »

L'abbé Goujet, dans son Mémoire sur le collége royal, cite un extrait du Mémorial de la chambre des comptes, dont il ne pouvait comprendre le sens, et qui prouve que les promesses faites à Ramus lui furent tenues. « Le roi, dit-il, voulut que pendant cette absence [1], Ramus continuât de jouir de ses appointements de professeur

---

[1] C'est-à-dire pendant son voyage en Allemagne. Goujet croit en effet que Ramus ne revint à Paris que « vers la fin de l'année 1571. »

royal, comme on le voit par un Mémorial de la chambre
des comptes de l'année même 1571, où on lit ces
termes : « Décharge à Pierre de la Ramée, professeur du
« roi en éloquence, de sa lecture ordinaire qu'il est tenu
« faire, sans préjudice de ses gages et droits. »

Ramus était donc *déchargé* de ses fonctions; mais il
n'avait pas entendu réclamer une sinécure. A peine
rentré dans son cher collége, ou, comme il l'appelait
quelquefois, « son royaume de Presles, » qu'il ne quitta
plus jusqu'à sa mort, il se remit à l'œuvre avec courage.
L'entreprise dont il avait formé le projet devait être le
terme et aussi le résumé de tous ses travaux : embrasser
l'ensemble des arts libéraux, c'est-à-dire tout l'enseignement de la faculté des arts, en commençant par la grammaire et en finissant par la morale et la politique, rédiger
définitivement en latin toutes ces sciences, puis mettre
en français chacune d'elles, tel était son dessein, et l'on
peut croire qu'il en serait venu à bout, si la mort le lui
eût permis. Ainsi aurait été réalisé le vœu que formait,
quelques années auparavant, l'auteur de la Défense et
illustration de la langue françoise. « Doncques, avait dit
Joachim Du Bellay (chap. X), si la philosophie semée
par Aristote et Platon au fertile champ attique, estoit re-
plantée en nostre plaine françoise, ce ne seroit la jetter
entre les ronces et espines où elle devînt stérile ; mais ce
seroit la faire de lointaine prochaine, et d'estrangère ci-
tadine de nostre république. »

Cette noble entreprise, à laquelle Ramus apportait
son indomptable ardeur, et qu'encourageaient hautement
Charles IX et Catherine de Médicis, fut accueillie avec
applaudissements par les gens de lettres. Estienne Jo-

delle, se faisant l'interprète de tous, la célébra dans les
vers suivants qui se lisent en tête de la Grammaire françoise, publiée en 1572 :

AUX FRANÇOYS.

> Les vieux Gaulloys avoient tous arts en leur langage,
> Mais Dis, l'un de leurs Dieus (qui riche tient couverts
> Sous les obscures nuits mille trésors divers),
> Aux chams Elysiens retint des arts l'usage.
> Il falloit donq' avoir, pour là bas pénétrer,
> Les rappeler et faire en l'air Gaulloys rentrer,
> Ce Rameau d'or, par eus redorant tout nostre âge.

Les ennemis de Ramus n'avaient pas manqué de dire
et de répéter, pour mettre plus de monde dans leur parti,
qu'un professeur huguenot faisait tort à l'université, et
que les pères de famille ne voudraient plus envoyer leurs
enfants dans des colléges infectés par l'hérésie. « Les
parents, disait-on dans une requête du mois d'août 1568,
estoient divertis d'envoyer leurs enfants aux colléges,
pour la crainte qu'ils avoient que par tels principaux et
pédagogues, ils ne fussent divertis de la vraye religion,
dont procédoit une infinité d'inconvénients et mesmes
toute espérance ostée de pouvoir remettre ladite université en sa première splendeur et vigueur[1]. » De là dans
le corps enseignant tant d'épurations qui, au dire de certaines gens, devaient repeupler les écoles. D'un autre côté,
J. Charpentier avait intéressé dans sa querelle particulière
un certain nombre de professeurs du collége royal, en
leur faisant entendre que la présence de Ramus et des
hérétiques nuisait à cette institution, et en les menaçant

---

[1] Du Boulay, t. VI, p. 669.

de la colère du cardinal de Lorraine qui, à l'en croire, avait failli supprimer la création de François I⁰ʳ [1].

Peut-être le lecteur est-il curieux de savoir ce que devinrent l'université et le collége royal, quand on en eut chassé, par tant d'exorcismes et d'ordonnances, tout ce qui sentait de près ou de loin l'hérésie? Ramus, Charton, Dahin ne sont plus à la tête des colléges, et la faculté d'enseigner a été retirée à leurs coreligionnaires; l'université est sans doute plus florissante? Il n'en est rien : des milliers d'étudiants qui naguère affluaient de tous les pays de l'Europe, ont renoncé à venir sur une terre inhospitalière, pour entendre des professeurs qui ne sont plus les premiers du monde , ou dont les doctrines intolérantes les effrayent [2]. Mais, du moins, les pères de famille catholiques ont-ils repris confiance? envoient-ils de nouveau leurs enfants dans les écoles purifiées? Pas davantage; ils les envoient chez les jésuites, par la raison très simple que, si l'on cherche uniquement dans l'éducation les principes les plus purs du catholicisme, personne, sous ce rapport, ne saurait rivaliser avec la société fondée par Loyola. Ecoutons du reste un témoin oculaire, assez peu suspect de favoriser cette société. Hubert Languet, écrivant de Paris à son ami J. Camérarius, le 26 août 1571, lui décrit en quelques mots l'état de l'enseignement : «Les études se relèvent un peu; mais ceux qui professent notre religion sont exclus de toutes les chaires. Les jésuites éclipsent en réputation tous les autres professeurs (Jesuitæ obscurant reliquorum professorum nomen), et peu à peu ils font

[1] J. Carpent., Orationes, 1568, ex offic. Th. Brumennij (*sic*), in-8°.
[2] Du Boulay, t. VI, p. 916.

tomber les sorbonistes dans le mépris [1]. » Pauvres sorbonistes ! Quant au collége de France, personne n'en
parle à cette époque : Turnèbe est mort ; Ramus est condamné au silence ; Denis Lambin, intimidé par le nom
de *politique* que lui donne Charpentier et par les dénonciations furibondes de ce dernier, Lambin s'exile,
sous prétexte d'aller consulter en Italie des manuscrits.
Il reste Charpentier ; mais s'il a bien pu, comme il s'en
vante, conserver au collége royal son existence, il est incapable de lui donner la gloire. Il ne retient du monde
à ses cours qu'en se livrant à des sorties violentes contre
les politiques, et à des déclamations sanguinaires que je
m'étonne de ne pas voir figurer dans l'excellent ouvrage
de M. Ch. Labitte sur les Prédicateurs de la Ligue.

Ainsi s'annonçait cette décadence progressive de l'u-
niversité que devait achever la Ligue, et que décrit assez
plaisamment le recteur Roze, dans la Satire Ménippée :
« Jadis, au temps des politiques et hérétiques Ramus,
Gallandius, Turnebus, nul ne faisoit profession des lettres qu'il n'eust de longue main et à grands frais estudié, et acquis des arts et sciences en nos colléges, et passé
par tous les degrez de la discipline scholastique. Mais
maintenant... les beurriers et beurrières de Vanves, les
vignerons de Saint-Cloud... sont devenus maistres ès
arts, bacheliers, principaux, présidents et boursiers des
colléges, régents des classes, et si arguts philosophes
que mieux que Cicéron maintenant ils disputent *de in-
ventione*, etc. »

Ecarté d'un enseignement dont il était presque la
seule lumière, Ramus avait du moins le bonheur d'être

---

[1] Lettres à J. Camérarius (1646, in-8°), lettre LVIII, p. 141.

laissé de côté par ceux que ne gênait plus le succès de sa vive et élégante parole. Il poursuivait en paix ses études au milieu d'un petit cercle d'amis, écrivant pour ses concitoyens, et regardant aussi parfois vers la postérité.

Il avait d'abord payé sa dette à la ville de Bâle, en célébrant toutes ses gloires dans un écrit qui parut à Berne en 1571, sous le titre de Basilea. Là, il passait en revue tous les personnages qui avaient illustré ou honoré cette ville dans les lettres et dans les sciences, depuis la grammaire jusqu'à la théologie ; et il s'exprimait à plusieurs reprises en protestant zélé. Il faisait remarquer, par exemple, que cette terre si fertile en talents de toutes sortes, n'avait cependant rien produit avant l'arrivée de l'Evangile, mais qu'avec la religion réformée on y avait vu aussitôt l'esprit et la science, l'érudition et le génie. Il citait avec éloge les réformateurs qui avaient vécu à Bâle, mais surtout Œcolampade, dont il louait à la fois le grand savoir et la singulière modération, et qui, disait-il, avait procuré aux Bâlois « la liberté chrétienne. » Enfin, il ne pouvait célébrer assez la ville où Calvin, « cette lumière de la France ou plutôt de l'Eglise chrétienne universelle, » avait écrit et achevé le divin ouvrage de l'Institution chrétienne.

Ramus ne manquait pas une occasion de témoigner sa reconnaissance pour « la douce, libérale et bienveillante hospitalité » qu'il avait rencontrée à Bâle, et il avait une correspondance suivie avec plusieurs de ceux qu'il y avait connus, par exemple Samuel Grynæus, Freigius et Zuinger [1]. Il n'écrivait jamais à ce dernier sans le

---

[1] Voir les Collectan. præfat., epist., etc. (1577), p. 252 suiv., et plus bas, IIIᵉ partie, chap. II, où l'on trouvera aussi une lettre à B. Arétius, de Berne.

prier de le rappeler au souvenir de Pérésius et d'Amerbach, de Félix Plater, de Bohinus, de Brandmiller et
d'Hospinien, « alors même, disait-il en plaisantant,
qu'Hospinien serait devenu partisan de Schegk, comme
je me suis fait naguère le défenseur d'Aristote contre
Schegk. » Bien entendu, il n'oubliait jamais son filleul
Jacques Zuinger.

Il serait trop long d'énumérer ici tous ceux avec qui
il échangeait des lettres. Presque toutes ces correspon-
dances d'ailleurs ont péri ou sont ensevelies au fond de
quelques bibliothèques. Les lettres que nous avons pu
nous procurer nous le montrent toujours occupé à rendre quelque service, tantôt envoyant à Grynæus et à
Sturm des graines que lui avait données pour eux le savant N. Rassius, tantôt procurant à Arétius l'amitié de
ce même Rassius, qui était médecin de la cour ; tantôt
s'efforçant d'acquérir pour son ami Zuinger un Hippocrate annoté par Goupyl et que détenait un autre médecin, peu curieux de céder ce trésor ; tantôt enfin s'a-
dressant à l'amiral de Coligny et à la reine de Navarre,
pour faire obtenir à Sturm le remboursement des sommes considérables qu'il avait prêtées au feu prince de
Condé et à sa famille pendant les guerres civiles [1].

Tels étaient les soins auxquels Ramus consacrait une
partie de ses loisirs ; mais ses deux occupations sérieuses
étaient, d'une part la rédaction des arts libéraux, et de
l'autre l'étude de la théologie. On a vu plus haut que,
pendant son voyage en Allemagne, il s'était adonné à
cette science, qu'il avait commencé dès lors à écrire ses
Commentaires sur la religion chrétienne, et que, dans

---

[1] Voir notre IIIe partie, chap. II.

son excursion à Zurich, il en avait communiqué la première ébauche à Bullinger, à Simler et à d'autres théologiens de l'Eglise réformée, dont il avait obtenu les
suffrages. De retour à Paris, il continua cet ouvrage, auquel il eut le temps de mettre la dernière main, et qui
parut après sa mort.

La religion n'était pas pour lui une étude purement
spéculative : depuis qu'il avait pris la Bible pour règle
unique de sa foi, sa piété, en s'épurant, n'était pas devenue moins pratique. Il n'aurait pas compris que l'on
eût une religion sans culte ; et, lorsqu'il avait pu s'assurer que son crédit personnel auprès du roi et de la
reine mère était toujours le même, il en avait profité
pour obtenir une autorisation spéciale de professer publiquement et de pratiquer pour son compte la religion
réformée, malgré l'article du dernier édit, qui interdisait le culte protestant à Paris et dix lieues à la ronde[1].

Quoique séparé extérieurement de toute société religieuse, il voyait de temps à autre quelques-uns de ses coreligionnaires, tels que du Rosier, ministre à Orléans,
Capelle et Bergeron, avec qui il s'entretenait de la discipline et du gouvernement des Eglises. En étudiant les
Ecritures, il était arrivé avec eux à une opinion particulière qui, suivant certains auteurs, aurait pu causer de
nouvelles divisions parmi les protestants, si Ramus eût
vécu plus longtemps. Jusqu'ici ceux qui ont traité ce
point, comme Niceron, Bayle et quelques autres, en ont
parlé d'une manière assez vague, d'après un passage très
court de la Vie de Bullinger par Melchior Adam [2]. Trois

[1] Banosius, Vie de Ramus, p. 31.
[2] Vitæ German. theol., Vie de Bullinger, p. 501, 502.

lettres inédites de Ramus à Bullinger, que je dois encore
à l'obligeante entremise de M. le professeur Ch. Schmidt,
de Strasbourg, me mettent en état d'éclaircir ce sujet.
Comme je donne plus loin ces lettres, j'y renvoie les
lecteurs qui désireraient de plus amples détails.

Calvin et Théodore de Bèze avaient organisé les réformés de France suivant les nécessités du temps. Leur
discipline, forte et austère comme le calvinisme, était
maintenue par un gouvernement représentatif, mais
concentré dans chaque Eglise en un petit nombre de
mains. Chaque communauté était conduite par une assemblée appelée sénat ou consistoire, et composée des
pasteurs, avec quelques anciens et quelques diacres. Les
consistoires étaient subordonnés à des synodes provin-
ciaux, lesquels à leur tour obéissaient à un synode national, qui se réunissait quand il en était besoin. Cette
organisation des Eglises, qui se compléta et se fortifia
encore dans la suite, fut, on le sait, un des moyens les
plus puissants de la résistance victorieuse qu'opposèrent
les réformés à tant de persécutions. Mais ces avantages,
politiques plus que religieux, étaient compensés par certains inconvénients, dont le plus grave était sans doute la
suppression de la liberté religieuse des individus et des
minorités. La conscience et la foi étant des moyens directs
de communication de l'âme chrétienne avec son Dieu,
nulle autorité n'a le droit de s'interposer entre l'homme
et sa propre conscience, pour lui dicter ce qu'il doit rejeter ou croire. Cette vérité, qui nous paraît aujourd'hui
si simple, et que l'on peut méconnaître dans la pratique,
mais que du moins on ne conteste pas en principe, n'é-
tait guère comprise au XVIe siècle; et je ne parle pas seu-

lement des catholiques, habitués depuis tant de siècles
au gouvernement de leurs évêques : les protestants eux-
mêmes, qui avaient tant besoin de la liberté, et qui la
réclamaient si vivement contre l'Eglise romaine, ne savaient peut-être pas aussi bien la pratiquer entre eux.
Leurs consistoires jugeaient et de la conduite et de la foi
individuelles, et décidaient administrativement, pour
ainsi dire, de la doctrine comme de la discipline, du
choix des ministres comme de leur destitution, enfin de
l'absolution et de l'excommunication.

Ramus entreprit, sinon d'établir entièrement la liberté
dans l'Eglise, au moins d'étendre celle qui déjà était réalisée parmi les réformés, en transportant à l'assemblée
des fidèles une partie du pouvoir excessif des consistoires. Ce n'était pas un petit nombre de personnes, disait-il, mais l'Eglise entière qui devait juger des questions
les plus générales et les plus importantes. Il désapprou-
vait aussi les graves changements introduits dans la composition des consistoires, par le synode tenu à la Rochelle en avril 1571, sous la présidence de Théodore
de Bèze, et qui avait exclu les diacres du gouvernement de l'Eglise, en sorte que les ministres restaient
pour ainsi dire les seuls juges en toutes les matières de
foi et de discipline, soit qu'il s'agît de nommer ou de
destituer les ministres eux-mêmes, soit qu'il fût question d'absoudre ou d'excommunier les fidèles, etc. Que
devenait l'Eglise elle-même sous un tel régime, elle
qui, selon l'Ecriture, est la seule à qui appartiennent
de telles décisions? Ceux qui élevaient cette objection
avaient été condamnés par le synode, qui les accusait
de vouloir renverser la discipline ecclésiastique, en la

16

confondant avec un gouvernement civil ou politique.

Le même synode, sous l'influence de Théodore de Bèze, avait repris et soutenu des subtilités regrettables sur la présence substantielle de Jésus-Christ dans la communion, et avait condamné en termes couverts ceux qui repoussaient les mots assez peu scripturaires de *substance* et de *substantiel*. Ceci allait à l'adresse de Zuingle et des théologiens de Zurich. C'est sans doute ce qui détermina Ramus à s'adresser à Bullinger, en l'avertissant du danger d'excommunication qui le menaçait, et en lui demandant son avis sur la question du gouvernement de l'Eglise. Tel est l'objet d'une assez longue lettre en date du 1er septembre 1571, et que Ramus semble avoir écrite au nom du synode provincial de l'Ile-de-France. Il représente ce synode à Bullinger comme plus libéral dans ses vues que l'assemblée de la Rochelle. « Il ne s'agit pas, dit-il, des affaires journalières et ordinaires dont la décision est attribuée et confiée sans difficulté au sénat, mais de ces questions générales sur la doctrine et la discipline, sur l'élection et la destitution, l'excommunication et l'absolution. Est-ce à l'Eglise tout entière à prononcer et au consistoire à sanctionner? ou bien, comme cela s'est pratiqué jusqu'ici en France, le consistoire doit-il délibérer seul et proposer ensuite à l'Eglise sa résolution, non pour qu'elle en décide, mais pour qu'elle l'approuve, ou sinon, qu'elle fasse un appel dont le consistoire lui-même sera juge? » En nous donnant votre avis, ajoutait-il, « souvenez-vous toujours que les Eglises de France ne jouissent pas de la même liberté que vous, et que par conséquent on ne saurait leur appliquer exactement tout ce qui vous convient. »

Bullinger répondit conformément aux désirs de Ramus, qui, en le remerciant dans une lettre du 3 mars, lui annonce qu'il lui rendra compte prochainement des actes du synode provincial de l'Ile-de-France, qui doit se réunir le 12 mars. Il le prévient de se mettre en garde contre l'esprit subtil et le caractère dominateur de Théodore de Bèze. Enfin, il lui apprend que l'amiral de Coligny partage son opinion et celle des chrétiens de la confession helvétique sur le mot de substance, et qu'il en blâme l'emploi dans l'explication du sacrement de la sainte Cène.

Lorsque Ramus écrit à Bullinger le 19 mars 1572, le synode de l'Ile-de-France a eu lieu, et il y a assisté. Là, il a fait l'éloge de Bullinger ; il a exposé son avis sur les questions pendantes, et, soutenu par le ministre Capelle, il a combattu avec succès les ambiguïtés calvinistes sur la présence substantielle du Seigneur dans la communion. Le synode provincial a adopté toutes ses conclusions sur la discipline, au delà de ses espérances et presque de ses désirs : car bientôt doit se réunir à Nîmes un synode national, et il redoute fort l'influence prépondérante de Théodore de Bèze, qui a chez les réformés un tel crédit, que, lorsqu'ils sont réunis, ils s'inquiètent beaucoup moins d'établir le royaume du Christ que de défendre les règlements et les opinions particulières de ce réformateur.

Ramus avait raison de redouter Théodore de Bèze [1] et le synode du mois de mai. Voici en effet ce qu'on lit dans les Actes de ce synode, rapportés par Aymon (Actes

[1] « Ce fut de la part de Théodore de Bèze que ce projet essuya le plus de contradictions ; cela devait être : c'était lui qui succédait au despotisme de Calvin. » Gaillard, Hist. de François Ier, l. VIII, chap. IV.

ecclésiastiques et civils de tous les synodes nationaux des Eglises réformées de France, à La Haye, 1710, in-4°, t. Ier, p. 112 et suiv.).

Huitième synode national des Eglises réformées de France, tenu à Nîmes le 6e jour du mois de mai, l'an de grâce 1572, et la douzième année du règne de Charles IX, roi de France. Dans lequel synode Jean de la Place fut élu pour modérateur et pour secrétaire.

Matières particulières. — Art. III. Les députés de l'Isle-de-France ont demandé notre avis touchant ces points de la discipline de l'Eglise maintenant débattus par Monsieur *Ramus*, du *Rosier*, *Bergeron* et quelques autres. Sur quoi il a été ordonné que Monsieur de *Chambrun* liroit dans cette assemblée l'abrégé fait par nos frères de l'Isle-de-France, et l'extrait de la Réponse de *Morellius* au livre de la Confirmation de la discipline envoyé par eux à ce synode, avec le livre dudit *Morellius*, qui est la Réponse à ce livre *De la Confirmation de la Discipline*, pour décider des points et arguments qui sont contenus dans le livre dudit *Morellius*, et de ceux de *Ramus* et du *Rosier*, lesquels seront délivrés à Monsieur *Cappel*, pour être examinés par lui. Et en cas que l'on y trouve quelques autres arguments, outre ceux qui ont déjà été pesés par *Morellius*, on y fera réponse. Messieurs de *Bèze*, de *Roche-Chandieu* et de *Beaulieu* sont choisis pour y répliquer.

Art. IV. Mais cette affaire ayant été bien examinée et long temps débattue, après avoir recueilli les suffrages, comme il avoit été ordonné dans le canon susmentionné, on forma un décret portant que la discipline de notre Eglise resteroit à l'avenir comme elle avoit toujours été pratiquée et observée jusqu'aujourd'hui, sans qu'on y fît le moindre changement ou innovation, comme étant fondée sur la Parole de Dieu. Et pour ce qui est des propositions que Messieurs *Ramus*, *Morellius*, *Bergeron* et autres, ont avancées, 1° touchant la décision des points de doctrine, 2° touchant l'élection et déposition des ministres, 3° touchant l'excommunication hors de l'Eglise, et la réconciliation et réception à l'Eglise, 4° touchant les prophéties; pas une de ces propositions ne sera reçue parmi nous, parce qu'elles ne sont pas fondées sur la Parole de Dieu, et qu'elles sont d'une conséquence très dangereuse pour l'Eglise, comme il a été vérifié et prouvé en présence de ce synode, où l'on examina et discuta fort exactement tout ce qui étoit contenu dans les livres de *Ramus*, *Mo-*

rellius et du *Rosier;* sur quoi les députés des provinces déclarèrent
d'un consentement unanime, qu'ils avoient mûrement considéré et
examiné tous les points de discipline controversés par ces messieurs
ci-devant nommés, et que tel étoit leur sentiment. Et Monsieur de la
Roche-Chandieu fut autorisé pour réduire et dresser par écrit toutes
les réponses et résolutions faites par cette assemblée touchant ces
matières, et pour les communiquer au colloque de Lyon, afin qu'elles
fussent imprimées et publiées. Au reste, on écrira ces réponses et
résolutions du synode avec toute la modération possible, et sans
nommer personne.

Art. XII. Touchant la censure de *Ramus*, de *Morellius* et de leurs
compagnons, il fut arrêté à la pluralité des voix que l'on écriroit des
lettres au nom et par autorité de cette assemblée aux dits *Ramus*,
Morellius, *Bergeron* et du *Rosier*, pour leur donner à entendre à
chacun en particulier ce qui avoit été conclu contre leurs livres, selon
la sainte Parole de Dieu; et que l'on écriroit au synode provincial de
l'Isle-de-France de sommer les dits messieurs au colloque de Beau-
voisin, et de leur remontrer leurs offenses; mais cependant d'en user
toujours à leur égard avec toute la civilité et la douceur chrétienne :
et en cas qu'ils voulussent rejeter leurs bons conseils et avertissements, on procédera contre eux comme contre des rebelles et schis-
matiques selon les canons de notre discipline.

Le synode, on le voit, tout en maintenant l'ancienne
discipline et en rejetant comme trop démocratiques les
nouveautés qui lui étaient proposées, apportait quelques
adoucissements à cette condamnation, en tâchant d'obtenir des novateurs, non qu'ils changeassent d'opinion,
mais qu'ils ne troublassent pas la paix.

Quant à Théodore de Bèze, il avait pris fort à cœur les
attaques de Ramus contre sa discipline, et l'on trouve
dans la 67ᵉ de ses Lettres théologiques (Genève, 1573,
in-8°), en date du 1ᵉʳ juillet 1572, un passage où il s'exprime sur son adversaire avec une vivacité qui ressemble
beaucoup à de la colère : « Ce faux dialecticien (pseudo-
dialecticus); que plusieurs savants ont surnommé jadis

le *rameau* de Mars (ὄζον Ἀρηος), a engagé une assez grave
dispute sur tout le gouvernement de l'Eglise, qu'il prétend devoir être démocratique, non aristocratique, ne
laissant au conseil presbytéral que les propositions. C'est
pourquoi le synode de Nîmes, auquel j'assistais, a condamné cette opinion, qui, à mon avis, est complétement
absurde et pernicieuse. S'il se soumet avec sa petite
bande (cum suis pauculis), à la bonne heure ; sinon, il
causera de grands embarras : car c'est un homme toujours
prêt à porter le trouble dans ce qui est le mieux ordonné. »

Il revient encore sur ce sujet dans la lettre 68, et paraît toujours craindre de la résistance et de grands troubles de la part de notre philosophe.

La conduite de Ramus en cette affaire a été jugée assez
mal, suivant moi, par ceux qui en ont parlé, comme
Bayle et Niceron, qui supposent qu'il voulait se rendre
chef de parti, en changeant la discipline des Eglises réformées. « Il est à présumer, dit Niceron, qu'il avoit
d'autres vues, et que s'il avoit obtenu ce qu'il demandoit,
il eût été plus loin et se fût servi de son éloquence pour
engager l'assemblée du peuple à faire encore d'autres
changements considérables. C'est ce qu'appréhendoit
Théodore de Bèze, etc. » Sans entrer dans le fond de la
question débattue, je n'hésite pas à dire que Ramus me
paraît avoir eu au moins l'avantage de la modération, et
que les craintes de Bèze étaient dénuées de fondement.
Bien loin de vouloir se singulariser, Ramus avait commencé par prendre l'avis de Bullinger, auquel il s'était
conformé entièrement ; puis, dans le synode de l'Ile-de-
France, il n'avait parlé qu'après le ministre Capelle, et
lorsqu'il vit que l'assemblée était déjà décidée pour une

opinion que lui-même trouvait bonne, mais inopportune. Enfin, le véritable chef du parti où on le rangeait était Morelli, avec qui il n'avait pas eu la moindre relation, et dont il était loin de partager les vues. On affecta cependant de considérer Ramus comme le chef, parce que c'était un homme célèbre et dont l'influence pouvait être considérable. Mais rien ne justifie toutes ces suppositions, qui sont au contraire démenties par la douceur de ses mœurs, par la tranquillité de sa vie pendant ces dernières années, et par la modération chrétienne qu'il professait en toute circonstance.

Le reste de sa conduite prouve assez que Ramus était partisan de la paix religieuse, aussi bien que de la paix civile et politique. Dès le premier jour, il avait fait son choix entre les deux partis qui, sous ce rapport, divisaient les protestants. On distinguait alors les huguenots de religion et les huguenots d'état : les premiers n'aspirant qu'à la liberté religieuse et disposés à tout souffrir pour elle, les seconds moins résignés et décidés à défendre par tous les moyens, même par la force, la croyance à laquelle ils étaient attachés et ce qu'ils appelaient la *cause*. Bien entendu, la faction qui persécutait les protestants rejetait la responsabilité de ses propres attentats sur ceux qui avaient le tort de les repousser et de se défendre les armes à la main. Si difficile que fût la résignation en présence de si violentes persécutions, Ramus et le pasteur Capelle la recommandaient aux autres et en donnaient eux-mêmes l'exemple. Aussi leurs noms sont-ils cités avec éloge dans un écrit célèbre, composé en 1572 pour justifier la Saint-Barthélemy. L'auteur de ce curieux mémoire, Pierre Charpentier, qui passe pour avoir

été payé à cet effet par Charles IX[1], raconte une anecdote dont je ne garantis pas la vérité, mais que je rapporte comme un témoignage des sentiments attribués à
Ramus par un homme qui le connaissait, et peut-être
aussi par la cour de France elle-même. « Autrefois,
dit-il, Pierre Ramus, homme de bien, fort éloigné de la
cause, et moy, nous sommes trouvés au presche d'un de
de ces ministres qui dégorgeoit plusieurs injures contre
les papistes et excitoit les siens à sédition. Nous fusmes
contraints de sortir avec un fort grand crève-cœur et
non sans murmurer contre lui. De quoy le bon homme
se sentant offensé, nous en vint demander la raison après
avoir achevé son presche..... Ainsi nous le laissâmes
après l'avoir tancé[2]. »

Ramus n'avait jamais manqué une occasion de déplorer les guerres civiles, et il conserva ce sentiment jusqu'à la fin de sa carrière. « Il était, dit son biographe
Nancel (p. 68-70), très ami de la paix et de la tranquillité, très opposé à la guerre et à la sédition, comme le
prouve cette prière qu'il prononçait peu de jours avant
sa mort : «Unissons-nous dans un sentiment d'humilité,
pour supplier Dieu d'avoir pitié de ses enfants. Qu'il
éloigne de nous Satan, auteur de toutes les discordes
parmi les chrétiens; qu'il daigne les éclairer par son
Saint-Esprit et les réconcilier entre eux, en sorte que
tous, d'une seule voix et d'un seul cœur, ils proclament
et célèbrent la gloire de leur Créateur ! » Telles étaient
alors ses préoccupations; tels étaient les discours et les

---

[1] Voir la France protestante de MM. Haag, art. P. Charpentier.

[2] Lettre de P. Charpentier à François Porto de Candie, d'après le
Journal des Sçavants du lundy 21 mars 1689, p. 115. Cf. De Thou,
l. LIII init.

exhortations qu'il adressait à tous les chrétiens ; telles
sont aussi les pensées qui remplissent et animent son
traité de la religion chrétienne, c'est-à-dire un ouvrage
auquel il travaillait encore dans les jours qui précédè-
rent sa mort. La religion renouvelée par l'Evangile était
devenue son unique souci, et sa vie extérieure, toujours
si pure, répondait de plus en plus à ces graves pensées.
C'est le témoignage que lui rend La Croix du Maine,
qui le connut dans ses dernières années : « Je l'ay dit,
non pour avoir esté de ses auditeurs ou instruit dans
sa doctrine, mais pour avoir connu, par la vie qu'il a
démenée sur la fin de ses derniers jours, qu'il n'avoit
point l'âme autre que d'un homme de bien, et vivant en
la crainte de Dieu [1]. »

Entre tous ses devoirs, il en était un qu'il avait surtout
à cœur, et qu'il considérait comme une sorte de mission :
c'était de rédiger définitivement en latin et de mettre en
français les arts libéraux. Il avait commencé par revoir
ses trois grammaires. Il donna en 1572 une nouvelle
édition de sa grammaire française, chez André Wéchel
qui, revenu en France après l'édit de pacification, avait
remis son imprimerie en état dans le courant de 1571 [2].
Puis il publia de nouveau la rhétorique d'Omer Talon ; et après avoir corrigé une dernière fois sa dialectique en latin, il préparait une nouvelle dialectique
en français. Le 16 août 1572, il écrivait à son ami
Freigius en lui envoyant les trois premiers arts libéraux :
« Je poursuis cette œuvre avec ardeur ; et chaque année, je l'espère, je pourrai vous en faire part. » Cette

[1] Biblioth. françoise, art. Pierre de la Ramée.
[2] Lettres de Languet à Camérarius, lettre LVI, du 19 juin 1571.

restriction : *je l'espère*, parut à Freigius d'un mauvais augure, et en effet, peu de jours après, on lui annonçait la mort de son cher maître [1].

Depuis deux ans, Ramus était réduit au silence ; mais on n'avait pas encore oublié les triomphes de sa parole : on se rappelait son éloquence, la plus célèbre du temps : on savait qu'il possédait l'art de persuader et d'émouvoir une assemblée, et qu'à un moment critique il avait fait marcher, sans argent, des troupes mercenaires. On songea à l'envoyer en Pologne, pour y préparer l'élection de Henri d'Anjou, frère de Charles IX, dont la candidature au trône rencontrait beaucoup d'opposition, surtout chez les seigneurs qui, en assez grand nombre, avaient embrassé la Réforme et qui redoutaient un roi catholique. Le choix de Jean de Montluc, évêque de Valence, comme ambassadeur, était destiné sans doute à les rassurer. Ce prélat en effet était notoirement suspect de favoriser les idées nouvelles [2]. Au colloque de Poissy, on l'avait choisi pour conférer avec les réformés à qui il inspirait confiance. Plusieurs de ses sermons et de ses autres ouvrages où il attaquait les vices du clergé, avaient été censurés par la Sorbonne et mis à l'index en 1562. Il protégeait publiquement en 1572 des protestants connus pour tels, par exemple Ramus à qui il avait plus d'une fois marqué sa bienveillance, et le jurisconsulte François Hotman qu'il avait fait professeur dans son université de Valence. Il paraît qu'en fin et habile courtisan qu'il était, Montluc avait deviné le prochain et terrible massacre qui attendait les huguenots, et avant de partir, le 17 août

---

[1] Collectaneæ præfat., epist., etc. (1577), p. 254 ; Freigius, l. c., p. 43.
[2] R. Dareste, Essai sur Fr. Hotman, p. 9.

1572, il avertit le comte de la Rochefoucault de se mettre sur ses gardes [1]. Peut-être voulut-il sauver Ramus, en l'attachant à son ambassade. Quoi qu'il en soit, il est certain qu'il lui fit des propositions pour l'engager à soutenir de son éloquence les prétentions du duc d'Anjou. Ramus répondit à ces ouvertures par un refus, et comme l'évêque de Valence avait recours aux plus vives instances et parlait de récompenses magnifiques : « Un orateur, répondit notre huguenot, doit être avant tout un homme de bien ; il ne doit pas vendre son éloquence [2]. » — « Défaite singulière, dit l'historien Gaillard, lorsqu'il s'agit de servir ses maîtres ! » Langage singulier, dirai-je à mon tour, dans la bouche d'un historien libéral, et qui devait savoir que le jeune vainqueur de Jarnac et de Montcontour n'était pas précisément le candidat que les protestants auraient porté de préférence au trône de Pologne. Ramus se fit évidemment un scrupule de conscience d'engager ses coreligionnaires à se mettre sous le joug d'un prince dont ils se défiaient à bon droit.

Peu de jours après son refus d'aller en Pologne, il expirait au milieu des horreurs de la Saint-Barthélemy, victime à la fois de son zèle pour les lettres et de son attachement à sa religion.

Me voici en effet arrivé à cette époque de vertige et de cruauté qui, suivant les expressions d'un historien, « sembla égaler la France aux nations les plus barbares, » et si je n'avais pris la ferme résolution de me borner à raconter la vie et les malheurs d'un seul homme, je pourrais me donner ici carrière, en essayant

[1] De Thou, liv. LIII.
[2] Banosius, Vie de Ramus, p. 18.

de retracer dans leur ensemble les circonstances et
les causes diverses de la catastrophe qui frappa, en
même temps que lui, tant de milliers d'innocents. Je
pourrais, sans sortir de mon sujet, demander compte à
tous les personnages qui figurent dans cette biographie,
de la part qu'ils y ont prise, depuis le roi Charles IX et
Catherine de Médicis, jusqu'aux ennemis plus ou moins
obscurs de Ramus, les Duret, les Malmédy, les Vigor,
les Du Chesne, sans compter Charpentier. Je pourrais
surtout montrer la terrible responsabilité qui pèse sur
les Guise, sur les jésuites et sur tous ceux enfin qui, en
préparant la Ligue, firent la Saint-Barthélemy. Car on
l'a dit avec raison, « les admirateurs de la Ligue ont
beau faire : il y a une certaine solidarité entre la Ligue
et la Saint-Barthélemy [1]. » Au cardinal de Lorraine re-
viendrait de droit la page la plus sanglante, lui qui,
après avoir donné plus d'un gage à l'esprit nouveau,
ayant pris enfin, comme le dit Chateaubriand, le parti
du passé contre les huguenots qui représentaient l'avenir [2], décidé à faire triompher par tous les moyens la
cause du catholicisme et les vues ambitieuses de sa famille, cherche d'abord à transformer en parti politique
tout ce qui est attaché à sa religion, puis provoque toutes
les guerres civiles qui ont déchiré ce malheureux pays,
établit dans toute la France des ligues partielles en attendant la Ligue par excellence, et enfin apprenant à
Rome l'abominable nouvelle du massacre, célèbre so-
lennellement une messe d'actions de grâces, pour un
événement qu'il avait pu prévoir, dont il se réjouit et

[1] Ch. Labitte, Prédicateurs de la Ligue, p. 7.
[2] J. J. Guillemin, Le cardinal de Lorraine, p. XLVIII.

triomphe, en mettant sur la porte de l'église « une inscription qui portait que le cardinal de Lorraine, au nom
du roi très chrétien Charles IX, rendait grâces à Dieu et
félicitait notre saint-père le pape Grégoire XIII, le sacré
collége des cardinaux, le sénat et le peuple romain, du
succès étonnant et incroyable qu'avaient eu les conseils
que le saint-siége avait donnés, les secours qu'il avait
envoyés, et les prières que sa sainteté avait ordonnées
pour douze ans [1]. » Je pourrais rappeler en détail les
noms de ceux que l'histoire continuera de flétrir, en dépit de leurs modernes apologistes, en dépit surtout de
cette lâche et honteuse théorie qui justifie tous les crimes, dès qu'ils sont commis d'accord avec la majorité
d'un peuple, comme si l'iniquité, pour profiter à un
plus grand nombre, cessait pour cela d'être l'iniquité!

Je détourne les yeux de cet amas d'horreurs, pour
ne déplorer qu'un seul crime. Aussi bien n'aurais-
je pas assez de larmes pour pleurer tant d'héroïques
et innocentes victimes, ni assez de force pour reproduire
ce trop vaste tableau. Parmi tant d'assassinats, je n'ai,
grâce à Dieu, à en raconter qu'un seul; mais il est si
affreux qu'au moment d'en entreprendre le récit, je
crains d'être accusé d'exagération par ceux-là même qui
connaissent dans ses moindres circonstances la lugubre
histoire dont je vais dévoiler un seul épisode. Pour
peindre ce crime, il me suffira de laisser parler ceux
qui en furent les témoins. Le récit qu'on va lire est
emprunté uniquement à deux hommes qui avaient vécu
dans l'intimité de Ramus. L'un, Théophile Banosius,
habitait le collége de Presles, au moment même où

[1] De Thou, liv. LIII init.

Ramus y fut assassiné. L'autre, Nicolas de Nancel, fit exprès le voyage de Tours à Paris pour venir vérifier les faits sur les lieux et recueillir le témoignage de son ami Sérénus, chez qui se passa ce drame épouvantable, puisqu'au mois d'août 1572, il était principal du collège de Presles. Il est difficile, je crois, d'offrir au lecteur plus de garanties d'exactitude. Je transcris les détails fournis par ces deux témoins si bien informés[1]; mais je les abrége, afin d'épargner à ceux qui me liront une trop longue et trop douloureuse émotion.

Ce n'est pas le jour même de la Saint-Barthélemy que Ramus fut mis à mort, mais seulement le mardi 26 août, c'est-à-dire le troisième jour du massacre, lorsque déjà la fureur populaire était calmée. Des assassins à gages, conduits par deux hommes dont l'un était tailleur et l'autre sergent, forcèrent l'entrée du collège de Presles, et se mirent à fouiller la maison. Ramus, comprenant que c'était à lui que s'adressaient leurs menaces, s'était retiré dans son petit cabinet de travail, au cinquième étage, et là il attendait dans le recueillement et la prière, lorsque la bande homicide, sur quelques indications qui lui sont données, découvre sa retraite, enfonce la porte et se précipite dans la chambre. Ramus était à genoux, les mains jointes et les yeux tournés vers le ciel. Il se relève; il veut parler à ces furieux qu'un respect involontaire retient encore; mais il s'aperçoit bientôt qu'il n'en doit attendre ni pitié ni merci, et profitant des derniers moments qui lui sont laissés, il recommande son âme à Dieu et s'écrie : « O mon Dieu, j'ai péché contre toi; j'ai fait le mal en ta présence; tes jugements sont

---

[1] Banosius, Vie de Ramus, p. 84, 85; Nancel, p. 74-76.

justice et vérité : aie pitié de moi et pardonne à ces malheureux qui ne savent ce qu'ils font ! » Il n'en peut dire
davantage, tant est grande l'impatience des meurtriers.
L'un des chefs de la bande, proférant d'affreux blas-
phèmes, lui décharge sur la tête une arme à feu dont
les deux balles vont se loger dans la muraille, tandis que
l'autre qui est placé en face de Ramus, lui passe son
épée au travers du corps. Le sang jaillit en abondance de
ces horribles blessures, qui pourtant ne l'ont pas achevé.
Les assassins ont recours à un autre genre de supplice : ils
le précipitent par la fenêtre, d'une hauteur de plus de cent
marches. Le corps dans sa chute rencontre un toit qu'il
défonce en partie, et tombe tout palpitant dans la cour
du collège. Le sang et les entrailles se sont répandus, et
pourtant Ramus respire encore ! On l'accable d'outrages ;
puis l'ayant attaché par les pieds avec une corde, on le
traîne par les rues de la ville jusqu'à la Seine. Là, dit-
on, un chirurgien lui coupa la tête, et le corps fut jeté
dans le fleuve. « Ce qui est certain, d'après Nancel, c'est
que plusieurs passants, moyennant un écu qu'ils donnèrent à des bateliers, se firent apporter sur le rivage le
cadavre qui surnageait près du pont Saint-Michel, et
s'en donnèrent le spectacle. Enfin la fureur extraordinaire des ennemis de Ramus ne s'assouvit qu'au prix
de toutes les cruautés et de tous les raffinements de
la barbarie. » On profita de sa mort pour mettre au
pillage sa riche bibliothèque et tout ce qui lui ap-
partenait.

« Voilà, dit M. Cousin, quel fut le sort d'un
homme qui, à défaut d'une grande profondeur et d'une
originalité puissante, possédait un esprit élevé, orné de

plusieurs belles connaissances , qui introduisit parmi nous la sagesse socratique, tempéra et polit la rude science de son temps par le commerce des lettres, et le premier écrivit en français un traité de dialectique. »

« O le bon temps, s'écrie Voltaire avec une sanglante ironie, ô le bon temps que c'était, quand les écoliers de l'université, qui avaient tous barbe au menton, assommèrent le vilain mathématicien Ramus et traînèrent son corps nu et sanglant à la porte de tous les colléges pour faire amende honorable! — Ce Ramus était donc un homme bien abominable? il avait fait des crimes bien énormes? — Assurément, il avait écrit contre Aristote; et on le soupçonnait de pis [1]. »

Pour nous, si nous ne savions à quelles épreuves l'homme est appelé ici-bas, si nous n'étions profondément convaincu que ceux-là surtout sont heureux qui sont persécutés pour la justice [2], nous serions tenté de pousser un long cri de douleur sur le supplice atroce dont Ramus paya son dévouement à sa religion et à la sainte cause de l'esprit humain. Mais nous aimons mieux nous résigner et dire avec Freigius : « Je ne crois pas devoir déplorer ce genre de mort, quand je considère ce qu'ont souffert Socrate, Cicéron et notre Seigneur Jésus-Christ lui-même. » Nous aimons surtout à nous rappeler les nobles et prophétiques paroles que Ramus adressait à ses disciples : « Quoique ces épreuves m'aient paru bien dures et bien amères, je ne puis m'en souvenir sans un profond sentiment de joie et de bonheur.

[1] Edit. Beuchot, t. XL (le 4ᵉ des Mélanges), Entretiens d'Ariste et d'Acrotal, p. 363.

[2] Saint Matthieu, V, 10.

Oui, je suis heureux de penser que, si j'ai été battu par la tempête, si j'ai dû traverser tant d'écueils, mes malheurs auront du moins servi à vous rendre la route plus facile et plus sûre[1]. »

N'est-ce pas là le langage d'un digne témoin de la vérité, et son martyre n'est-il pas un triomphe?

[1] Discours de 1563.

IX

JACQUES CHARPENTIER.

—

Des causes de la mort de Ramus. — Regrets attribués à J. Charpentier.
— Témoignage de Jean de Bonheim. — Vie et caractère de Charpentier. — Ses attaques contre Ramus et Lambin. — Sa joie après la
Saint-Barthélemy. — Comment il parle de la mort de son ancien adversaire. —Preuves diverses de sa participation au meurtre de Ramus.

Telle fut la fin d'une carrière déjà si pénible et si
tourmentée. On ne peut se rappeler sans frémir tous les
détails de cette mort, et ce n'est pas sans émotion qu'on
se demande quelle passion humaine il en faut accuser.
Sur qui retombe la responsabilité d'un tel crime? Quel
est le misérable que la justice de la postérité doit à jamais
flétrir du nom d'assassin? Qui accuser? Cette populace
égarée qui paraît au premier plan savait-elle ce qu'elle
faisait? Etait-ce le seul amour du pillage qui lui inspirait ces raffinements de cruauté? Personne ne l'a jamais
supposé. Faut-il tout attribuer au fanatisme, comme ont
paru le croire J. Scaliger, Fr. Hotman, Flacius Illyricus?
Assurément le fanatisme y eut sa part, il ne faut pas
l'oublier, et, lors même qu'on trouverait ici la preuve

d'une vengeance particulière, il serait encore indubitable
que l'occasion et les moyens d'exécution lui furent pro-
curés par les fureurs sanguinaires d'un parti soi-disant
religieux. Mais quel que soit le fanatisme de la multitude, ce n'est pas elle qui conçoit les grands crimes :
elle ne sait que les exécuter; elle est un instrument dans
la main de ses chefs. La Saint-Barthélemy, dans son ensemble, doit être imputée à trois ou quatre auteurs, et
ce ne sont pas ceux-là qui ont égorgé tant de victimes
au grand jour. Henri de Guise lui-même n'a pas osé
massacrer Coligny de sa main; il y a employé un de ses
sicaires. Il en est de même du meurtre de Ramus. En
voyant ces bras qui se lèvent sur lui et qui le frappent,
on ne s'arrête pas à ces instruments : on cherche plus
loin; on se demande qui a conçu le crime et qui en a
préparé les moyens. Qui donc a si bien dirigé les coups
de ces hommes aveugles? Qui a mis les armes à la main
à cet obscur sergent? Qui anime et excite les écoliers et
les maîtres eux-mêmes? N'hésitons pas à le dire : ce n'est
pas ici le crime de la superstition, mais de la haine. Les
circonstances seules du meurtre indiqueraient le coupable : c'était un ennemi, un envieux, un confrère; oui,
c'était Jacques Charpentier! Tout le monde l'accuse; tous
ceux qui ont étudié de près l'histoire de ce drame affreux
ont reconnu en lui le grand, le vrai coupable, et je n'aurais pas même posé la question à laquelle est consacré
ce chapitre, si, dans cette foule de témoignages accusateurs, je n'avais rencontré une réclamation en faveur du
meurtrier. Ce témoignage unique, isolé, sans écho, ne
trouble nullement ma conviction; mais il en pourrait
troubler d'autres : je le rapporterai donc pour le discuter.

Voici ce qu'on lit dans le Recueil ou Adparatus litte-
rarius de Frider. Gotthilf Freytag, J. C. (Lipsiæ, 1752,
in-8°), p. 510-511, num. CXCVI [1] :

« Suivant une opinion à peu près universelle, Jacques Charpentier, philosophe parisien, ennemi déclaré
de Ramus, aurait payé des assassins qui, pendant le massacre, auraient mis à mort P. Ramus. Cette affaire est
présentée sous un tout autre jour dans une relation...
dont l'auteur est Jean Guillaume de Bonheim, assesseur
de la Chambre, plus tard conseiller impérial, et qui,
étant alors à Orléans, vit tout de ses yeux. Comme
cette relation n'a pas encore été imprimée, nous en
donnons un court passage, extrait du manuscrit qui est
dans nos mains. L'auteur s'exprime ainsi : — « En ce

---

[1] L'importance de ce document me fait un devoir de reproduire le
texte original : « Pervulgata plerumque omnium est opinio, Jacobum
Carpentarium, philosophum Parisiensem, Ramo infensissimum, sicarios
subornasse, qui P. Ramum, in laniena Parisiensi, e medio sustulerint.
Omnia vero alia elucent, e narratione quam de cyclopica illa atque inaudita et execranda laniena quæ facta est Lutetiæ, Aureliis, Lugduni et
aliis in locis Galliæ..., conscripsit Joan. Guilielm. a Bonheim Assess.
Cameræ et postea Consiliarius Cæsar., qui Aureliis omnia ipse oculis
percepit. Cum hæc narratio typis nondum fuerit vulgata, particulam
istam e codice manu exarato, quem possidemus, huc adjicimus. Ita vero
ille : Quod ad Dominum Ramus (sic) attinet, ita se res habet. Is primum
lytro 2000 coronatorum vitam suam redemit, quos etiam persolvit.
Postea, cum rex intellexisset Ramum nondum occisum esse, expresse
suis injunxit ut idem etiam interficeretur. Fuit is in ædibus suis occul-
tatus, et se posuerat inter funes lecti sui et saccum straminis. Nihilominus
inventus, miserrime confossus et per fenestram projectus. Postea virilia
ei exsecta; funibus cadaver per civitatem traxerunt, in aquam tandem
projecerunt; tertio die flumen eum ad littus pepulerat, ubi infantes
Lutetiani cadaver virgis ceciderunt. Ejus mors cum Domino Carpentario
annunciaretur, quocum propter Aristotelem, ab altera parte impugnatum,
ab altera vero defensum, perpetua lis erat, lacrymas fundere cœpit, indigne ferens tam doctum virum, qui acumine ingenii præcellebat, et
propter eruditionem ubique terrarum celebris erat, vita privari. »

qui concerne maître Ramus, voici ce qui se passa. Il
racheta d'abord sa vie par une rançon de 2,000 écus
couronne, qu'il paya. Puis, lorsque le roi apprit que
Ramus n'avait pas encore été tué, il donna à ses gens
l'ordre exprès de le mettre à mort. Il était caché dans sa
demeure, et s'était mis entre les sangles de son lit et une
paillasse. Mais ayant été découvert, il fut percé de coups
et jeté par la fenêtre. Ensuite..... on le traîna avec des
cordes à travers la ville, et enfin on le jeta à l'eau. Le
troisième jour, le fleuve ayant repoussé son cadavre sur le
rivage, de jeunes enfants de Paris le battirent de verges.
Lorsque sa mort fut annoncée à maître Charpentier, qui
avait eu avec lui de longs démêlés au sujet d'Aristote
qu'il défendait contre les attaques de Ramus, il fondit
en larmes, témoignant l'affliction que lui causait la mort
d'un homme si savant, doué d'un esprit supérieur, et
que son érudition avait rendu célèbre dans le monde
entier. »

Ce récit, forgé peut-être par quelque ami scrupuleux
de Charpentier, ne saurait infirmer notre confiance dans
les témoins oculaires, puisque l'auteur, qui n'allègue
aucune autorité à l'appui de son dire, n'était pas à Paris,
mais à Orléans, et ne pouvait par conséquent « voir tout
de ses yeux, » suivant l'expression de Freytag. Il est
d'ailleurs plein d'inexactitudes et d'invraisemblances.

D'abord, comment le roi aurait-il donné l'ordre exprès d'assassiner un homme que lui et sa mère avaient
toujours protégé et qu'ils protégeaient alors même contre
les Guise, et cela le 26 août, c'est-à-dire lorsque déjà
ils avaient, à plusieurs reprises [1], interdit le meurtre et le

---

[1] G. G. Soldan, La France et la S.-Barthélemy, trad. par M. Ch. Schmidt.

pillage! A quel propos et dans quel but auraient-ils
voulu la mort de Ramus? Celui-ci ne s'occupait nullement de politique, comme on l'a vu plus haut, ou, s'il
s'en occupait, c'était pour blâmer hautement toute sédition. Son nom n'est-il pas cité avec éloge comme celui
d'un ami de l'ordre, dans une brochure faite par les ordres du roi pour excuser la Saint-Barthélemy [1]? Et Nancel, le maître et l'ami du principal de Presles en 1572,
Nancel, qui a certainement tout connu, ne dit-il pas
expressément (p. 74) que l'assassinat de Ramus a eu lieu
contre la volonté expresse du roi et de la reine, « contra
regis reginæque voluntatem interdictumque? »

Ensuite, la relation de J. de Bonhein contredit sur
plusieurs points importants tous les récits des historiens
les plus graves et les mieux informés. Ainsi, il fait venir
les assassins à deux reprises : la première fois on prend
à Ramus son argent, et l'on ne nous dit pas qui a fait
ce coup; la seconde fois on le tue, et l'auteur ne
dit pas non plus quels sont les meurtriers. D'après
ses paroles, on doit conjecturer que ce sont les gens du
roi; mais cela ne peut se soutenir un instant : car comment une telle circonstance aurait-elle passé inaperçue?
Je n'insiste pas sur l'action de ces jeunes enfants que l'auteur substitue charitablement aux écoliers de l'université;
mais il ne paraît pas avoir été mieux renseigné ici qu'ailleurs. Enfin, il reste à examiner l'anecdote concernant
Charpentier. Est-elle vraie, et, si elle l'est, prouve-t-elle
son innocence ou son hypocrisie? Pour moi, je doute
fort que Charpentier ait jamais fait de Ramus un si grand
éloge, et les regrets qu'on lui attribue me sont suspects

---

[1] Voir plus haut, chap. VIII, p. 248.

par leur exagération. Cependant, j'ai dû chercher si ce récit était confirmé quelque part, et je dois à la vérité de dire que j'ai trouvé, dans un recueil composé en l'honneur de Charpentier par un de ses amis, Siméon de Malmédy, des vers latins qui rapportent à peu près le même fait. En voici la traduction :

« Paroles prononcées par Charpentier en apprenant la mort de Lambin, qui avait suivi de près celle de Ramus :

« La vie m'était douce à lutter avec les Ramus et les Lambin de leur vivant ; mais tous deux ont succombé avant le temps, l'un enlevé par une mort violente, l'autre par l'effet de la terreur. Aujourd'hui que je ne rencontre aucun adversaire dans mes études, elles n'ont plus pour moi le même charme [1]. »

Ceci, à mon avis, rentre déjà mieux dans le caractère connu de Charpentier, et ç'est peut-être sur ces vers que J. de Bonheim aura bâti sa narration. Mais il y a encore une autre source où lui et de Malmédy ont pu puiser tous les deux : c'est l'épilogue du dernier ouvrage de Charpentier, où on lit que « l'impression de ce livre a été re-« tardée par plusieurs causes, et en particulier par la « mort inopinée de P. Ramus et de D. Lambin. Avec eux

---

[1] Tumulus Jac. Carpentarii, 1574, fol. 4 r. Verba a Carpentario habita, cùm Petri Rami interitum Lambini mors est consequuta. Voici les vers de Malmédy :

Vita fuit jucunda mihi contendere doctis
Ramis Lambinisque ante superstitibus.
Ramus præceptus violenta morte, metuque
Alter percussus concidit ante diem.
Quod cui decertem literis vix suppetit ullus,
Magna voluptatis portio dempta meæ.

« (dit l'auteur) j'avoue que j'ai perdu les puissants ai-
« guillons qui m'excitaient à cultiver et à mettre en lu-
« mière les études libérales [1]. »

Il est donc établi, et c'est la seule chose démontrée par
ces trois textes, que Charpentier a témoigné, d'une manière ou d'une autre, quelque regret de la mort de Ramus. A première vue, quand on raisonne en partant de
cette seule donnée et en faisant abstraction de tout le
reste, on se refuse à ne voir qu'un vil assassin dans un
homme dont le langage rappelle si heureusement celui
de César pleurant la mort de Pompée. On se sent touché, et l'on n'ose plus condamner le coupable, parce que
si on le condamne, son crime est encore accru par l'hypocrisie de sa conduite. Voilà probablement ce qui aura
troublé l'auteur de l'article Ramus dans la Biographie
universelle. Les doutes exprimés dans cet article ont fait
impression sur d'autres personnes fort savantes, et dont
l'opinion est pour moi une grande autorité. C'est ce qui
m'a engagé à développer ce que j'avais déjà établi ailleurs; et quoique j'éprouve une profonde répugnance à
remuer de tels souvenirs, je rassemble ici un certain
nombre de preuves et d'indices qui, réunis, accablent à
jamais Charpentier.

Je rappellerai d'abord en peu de mots la vie, les antécédents, le caractère de cet homme, et, pour le juger,
je m'appuierai principalement sur ses écrits et sur son
propre témoignage. Je ferai valoir en second lieu l'opinion unanime des historiens et surtout des contemporains, afin de mettre hors de doute cette proposition vé-

---

[1] Platonis cum Aristotele Comparatio, 1573, Epilogue (Jac. Carpenta-
rius candido Lectori), p. 828-829.

ritable, que Charpentier fut le meurtrier de celui dont il avait été l'adversaire.

Son adversaire! Toute la vie de Charpentier est là : il ne fut rien que le violent et persévérant adversaire de Ramus.

Elevé dans la haine des nouveautés, il avait suivi au collége de Boncour les leçons de P. Galland, et peut-être était-il en 1544 au nombre des jeunes péripatéticiens qui jouèrent des pièces contre Ramus après sa condamnation par François Ier [1]; il avait alors 18 ou 19 ans. Il enseigna ensuite la philosophie d'Aristote au collége de Boncour, puis au collége de Bourgogne, dont il devint plus tard principal. En 1550, étant âgé au plus de 25 ans, il trouva moyen de se faire élire recteur, et l'on sait comment il usa de son pouvoir pour persécuter le principal du collége de Presles.

Peut-être jusque-là était-il poussé par d'autres; mais à partir de cette époque, il ne cesse d'écrire et de déblatérer contre Ramus. En 1552 et 1553, d'accord avec le fanatique Muret, il l'accuse, il le poursuit devant l'université, comme perturbateur des écoles. En 1555, il publie, sous le titre d'Animadversions, un pamphlet où l'odieux le dispute au ridicule. Ainsi, après s'être moqué longuement de la barbe de Ramus, sans doute afin qu'on remette en vigueur les règlements contre la barbe des principaux de collége [2], il lui reproche sa prétendue

---

[1] Voir plus haut, chap. II, p. 54, et chap. III, p. 73.

[2] « Deux fois, dit Nancel (p. 55), un arrêté rectoral obligea Ramus à se raser, moins pour remettre en vigueur le règlement suranné qui interdisait aux principaux de porter leur barbe, que pour donner satisfaction à ses envieux qui étaient charmés, comme ils s'en vantaient eux-mêmes, de dépouiller *le paon* de son plumage. »

ingratitude à l'égard de son vieux prédécesseur Nicolas
Lesage. Sous prétexte de critiquer la nouvelle Dialectique, il reprend; pour la raconter à sa guise et en
y mêlant d'insignes faussetés, l'histoire du procès de
1543 ; il se plaint qu'on ait usé alors de tant d'indulgence
envers le contradicteur d'Aristote : « A un homme si
« bavard (dit-il) et qui donnait des marques si évidentes
« de folie, on aurait dû infliger un exil perpétuel. »
Suivant lui, Ramus est à la fois un sophiste et un sot,
un impudent comédien, un acteur royal, un plagiaire et
un ignorant, etc., etc. Même langage, mêmes violences,
même luxe d'injures, de calomnies et d'insinuations per-
fides dans la Réponse à d'Ossat en 1564.

Uni intimement avec les futurs ligueurs L. Duret,
Vigor, de Sainctes, G. Ruzé, Génébrard, etc., en un mot
avec les ennemis de la liberté, en religion et en politique
aussi bien qu'en philosophie, Charpentier dédiait ses
ouvrages aux membres les plus exaltés du parti catholique. En 1564, on se le rappelle, il avait été du petit
nombre des professeurs qui, trahissant leur corps et les
intérêts de l'Etat, avaient servi contre l'université la cause
des jésuites, et contre la royauté nationale l'ambition
criminelle des princes lorrains.

Ayant gagné par ces moyens la faveur du cardinal de
Lorraine et l'appui d'une faction puissante, il avait acheté
(cela est authentique) une chaire au collége de France,
quoiqu'il sût bien qu'il n'était pas en état de la remplir;
mais il lui fallait, à tout prix, ce titre de professeur royal
qu'il avait si longtemps envié à Ramus. Repoussé par
ceux-là même dont il voulait devenir le collègue, bafoué
en plein parlement et devant les principaux seigneurs de

la cour, pour son ignorance à la fois et pour son impudence, mais soutenant que c'était uniquement pour sa
religion qu'on le persécutait ainsi, il avait tenu bon et
avait pénétré de force dans la savante compagnie. Néanmoins l'orgueil intraitable qui accompagnait chez lui la
médiocrité du savoir avait reçu d'incurables blessures.
Transporté de fureur, il ne manqua désormais aucune
occasion de se venger, découvrant sa haine avec un incroyable cynisme, se faisant mettre en prison pour dif-
famation quand son parti n'était pas le plus fort, puis
prenant sa revanche quand l'occasion s'en présentait,
acceptant et sollicitant la charge de poursuivre son ennemi auprès du roi au nom de l'université : ainsi le
voulait sans doute la religion, dont il profanait le nom
en toute circonstance !

Tant que la paix dura, il se borna à des libelles indignes d'un homme de lettres, à moins qu'il n'ait dirigé
les attaques à main armée dont j'ai parlé plus haut[1].
Quand la guerre eut éclaté, en 1567, au lieu d'en gémir,
il s'en applaudit; il prit les armes, et dans plusieurs de
ses prétendues leçons de philosophie et de mathématiques, qui n'étaient que des harangues populaires, il s'est
vanté de sa conduite comme soldat, ou plutôt comme
capitaine d'une de ces bandes de fanatiques enrégimentés
par le prévôt des marchands, Estienne Marcel, sous le
nom de milice bourgeoise[2].

Ramus, protestant déclaré, avait cherché un refuge
dans le camp du prince de Condé. Mais Lambin, qui
avait aussi repoussé avec vigueur la scandaleuse candi-

[1] Voyez chap. VI, p. 184, 185.
[2] R. Dareste, Essai sur François Hotman (1850, in-8°), p. 13.

dature de Charpentier, était resté à Paris : il faillit payer pour tous. Charpentier, dans des discours furibonds qu'on ne peut lire sans horreur, vomissait contre lui des injures, s'efforçant de le rendre suspect, le dénonçant à la multitude comme un hypocrite, créant pour lui ce nom de *politique*, qui joua un si grand rôle dans les troubles civils, et lui déclarant hautement une guerre implacable[1]. C'est de là que l'on devrait faire dater la Ligue, non de l'époque où elle osa prendre son nom ; elle existait déjà dans ces déclamations sanguinaires des Vigor et des Charpentier, pour n'en pas citer un plus grand nombre ; elle était déjà organisée dans ces associations dont les chefs visitaient les maisons des suspects. Qu'on en juge par les passages suivants des lettres et des discours imprimés par Charpentier, et qu'il adressait à Denis Lambin, surnommé par lui Logodædalus :

« Vous me traitez de séditieux ; cette injure venant de vous m'est un titre d'honneur[2]. » — « Quand vint cette loi d'amnistie, appelée vulgairement l'édit de pacification, tandis que nous étions tous dans le deuil (omnes nostri lugebant), vous, caméléon, vous vous réjouissiez[3] ! » — « Vous louez les *politiques*, c'est-à-dire ceux qui donnent plus aux hommes qu'à Dieu... Sachez que vous avez pour adversaires les Vigor, les de Sainctes, les Poncet, les Auger[4]. » — Rappelez-vous aussi que

---

[1] J. Carpent. Oratio habita in explic. l. 4. Meteor., Paris, Brumennius, janvier 1568, in-8°; — J. Carpent. Oratio habita in audit. regio, 18 cal. jul. 1568, Paris, Brum., in-8°, etc. Voir plus haut, chap. VIII, p. 236.

[2] J. Carpent. adv. quemd. Logodædalum Defensio (1570).

[3] J. Carpent. ad Dionysium Lambinum Epistola (Paris, Brumen., 1569, in-4°), p. 7.

[4] Ibid., p. 11.

vous avez écrit contre la société de Jésus des vers satiriques... Ces hommes pieux, qui défendent l'ancienne
doctrine de l'Eglise, détestent ceux qui soufflent le chaud
et le froid [1]. » — « Lambin a osé dire, après la première guerre civile, que nous n'avions pas agi pour le
roi, mais pour le duc de Guise, et que lorsque nous
avons combattu dans cette ville, ce n'était pas pour la
religion, mais pour cette famille, à qui il attribue tous les
troubles du royaume [2]. » — « Voilà comme vous parlez
de ceux qui dans cette ville ont porté les armes pour le
roi, qui ont été nommés dixainiers par autorité royale,
et qui ont visité avec soin les demeures des citoyens suspects au roi et à la ville, etc [3]. » — « J'ai maintenu
l'*ordre*... Ai-je besoin de citer, pour me justifier, les
Caton, les Cicéron et tant d'autres qui ont quitté la toge
pour l'épée, nos cardinaux et nos évêques, le pape enfin,
qui, armé de son glaive, quoiqu'il n'entre pas dans la
mêlée, sonne la charge et soutient par tous les moyens
en son pouvoir, par son argent et par ses conseils, le
parti que nous suivons [4] ! » — « Cette terreur, dont vous
vous plaignez, est un moyen légitime pour retenir tant
d'hommes égarés... Quant aux proscriptions, à force
d'en parler, prenez garde qu'on n'y ait recours. Plusieurs souhaiteraient que le Roi fût plus chaud pour cette
mesure, et, pour dire toute ma pensée, je ne suis pas
éloigné de leur sentiment (In quo illum (regem) plerique
vehementiorem expetunt, et ut libere dicam quod sentio,
non repugnante me [5].) » — « Vous ne faites pas assez

[1] J. Carpent. ad D. L. (Dion. Lambinum).Epistola secunda, *passim*.
[2] J. Carpent. ad Dionysium Lambinum Epistola (1569), p. 19.
[3] Ibid., p. 47.   [4] Ibid., p. 42, 44.   [5] Ibid., p. 52, 53.

d'attention à l'issue que peuvent avoir ces querelles [1]. »

Dans ces injures, dans cette audace croissante, dans ces violentes et incroyables menaces, qui ne reconnaît l'esprit de la Ligue, sinon la Ligue elle-même à sa naissance, conçue par le cardinal de Lorraine, réalisée par les jésuites et leurs adhérents? Quoi qu'il en soit, on voit assez clairement, je pense, quel homme était ce Charpentier, et combien il était redoutable à ceux qu'il n'aimait pas. Avec de tels sentiments, comment ne se serait-il pas réjoui des massacres de la Saint-Barthélemy?

Tandis que le pape Grégoire XIII faisait frapper une médaille commémorative d'un crime que ses auteurs responsables, Charles IX et Catherine de Médicis, s'empressaient de désavouer le lendemain; tandis que le cardinal de Lorraine chantait un *Te Deum* solennel à l'église Saint-Louis de Rome; tandis que Marc Antoine Muret, le digne ami de Charpentier, faisait en style cicéronien l'éloge d'un si grand massacre, Charpentier, de son côté, terminait sa Comparaison d'Aristote et de Platon et la publiait en janvier 1573, avec une dédicace au cardinal de Lorraine où on lit ces mots [2] : « La France a vu, dit-il, au mois d'août dernier, la plus belle et la plus douce journée (Clarissimus sol idemque suavissimus Galliæ illuxit, superiore mense augusto). » Quel langage! Celui qui a écrit ces lignes mérite-t-il notre indignation ou notre mépris, notre colère ou notre pitié?

---

[1] Ad D. L. Epistola secunda (6 cal. jan. 1571), fin.

[2] On retrouve les mêmes paroles, ou à peu près, dans l'Epilogue qui termine le livre : « Nova luce in religione christiana, proximo mense augusto superiore, nobis exoriente. »

On me dira peut-être que ce jugement est trop sévère
et que la joie féroce de Charpentier et de ses amis ne
prouve pas qu'ils aient été eux-mêmes des assassins. A
cela je réponds que celui qui conseille le crime ou qui
s'en réjouit en est coupable; qu'écrire pour provoquer à
l'assassinat, c'est le commettre d'avance, et qu'y applaudir quand il est consommé, c'est s'y associer; c'est donc
l'avoir commis : car en morale, le consentement est tout.

Mais poursuivons ce pénible récit.

Charpentier ne se contente pas, dans son livre de
1573, de louer la Saint-Barthélemy dans son ensemble;
il ne se contente pas de hâter de ses vœux le jour où la
république chrétienne, en France et dans le monde entier, pourra réaliser parfaitement son unité idéale [1]. Il
ne peut se taire sur la mort de Ramus lui-même. Le
bruit public désignait Charpentier comme l'auteur de
cette mort : il le sait, et pourtant il en parle, et ce
n'est pas pour se justifier! Il exprime, il est vrai, un
regret que j'ai rapporté plus haut, mais qui est purement égoïste : il n'aura plus la même ardeur à travailler! Quoi! c'est là tout ce que lui inspire cette fin tragique d'un collègue! N'était-ce pas au moins l'occasion
de déplorer leurs anciennes querelles? Loin de là :
suivant Charpentier, le supplice de Ramus n'est
qu'une juste punition. Oui, il ose dire que cette mort
était justice, et voici l'apostrophe inqualifiable sous laquelle il prétend écraser une dernière fois son ennemi,
en terminant sa III° Digression (p. 261) : « Grâce à Dieu,

---

[1] Lettre au président P. Brûlard (Plat. cum Arist. Comparatio, p. 189) :
« Plût à Dieu que notre roi très-chrétien en eût beaucoup comme vous!
Nous ne serions pas si éloignés de réaliser l'idéal platonicien de l'Etat! »

ces billevesées, malgré le fard dont vous saviez les cou-
vrir, auront bientôt disparu aussi bien que léur auteur;
ou plutôt elles ne sont déjà plus, et tous les gens de bien
en éprouvent une joie sans mélange. Dieu veuille rendre
cette joie durable, lui dont je ne crains pas de dire que
vous aviez outragé la majesté par de tels écrits! Il vous a
enfin appliqué le châtiment que vous méritiez (pro quibus tandem debitas pœnas ei dedisti); car s'il est lent à
la vengeance, il sait compenser ce retard par la grandeur du supplice. »

Je m'arrête sur ce blasphème; mais si quelqu'un,
en lisant ces lignes, s'imaginait qu'on ne peut rien
voir de plus odieux, j'aurais encore de quoi l'étonner,
en lui citant les vers par lesquels Léger du Chesne
félicite son collègue de la mort de leur ennemi commun,
et les atroces plaisanteries que Charpentier met triom-
phalement en tête de son livre, sur le *tardif plongeon*
de Ramus [1]!

Voilà les sentiments et le langage de Jacques Charpentier en 1573, dans l'ouvrage qui fut son dernier
mot : car il mourut au commencement de l'année suivante, emporté par une fièvre qui le consumait depuis
plusieurs mois. « Mon cher maître Jacques Charpentier,
dit le ligueur Génébrard (Chron. 1609, p. 776), après
avoir défendu l'ancienne philosophie contre Ramus et
autres sophistes (Logodædalos), mourut le 1er février
1574, après avoir été dévoré pendant trois mois par une
fièvre brûlante. » Suivant un bruit populaire, il aurait
péri par le feu, et son panégyriste, Siméon de Malmédy,

---

[1] Voir plus loin (chap. X) la joie de du Chesne et des amis de Charpentier.

lui prêta après sa mort les paroles suivantes (J. Carpent. tumulus, 1574, in-4°, fol. 4 v.) :

« Ramus a péri par l'eau et moi par le feu : ainsi les deux ennemis succombent à deux éléments contraires. Mais la flamme qui me consume n'est que l'ardent amour de la science, et autant l'activité du feu l'emporte sur le mouvement de l'eau, autant je l'emporte sur Ramus par la cause et la nature de ma mort. »

Ainsi, pendant toute sa vie et même après sa mort, le nom de Charpentier traîne à sa suite le nom de celui qu'il a tant persécuté : il a donc le prix de ses efforts. Cherchez partout une appréciation de son caractère, de sa conduite, même de sa philosophie; tous ceux qui en parlent le peignent d'ordinaire par un seul trait : c'est l'adversaire de Ramus. Voilà son titre dans l'histoire; on voit si j'ai eu raison de dire que toute sa vie est dans cette lutte. Maintenant qu'on le connaît, on sera mieux en état sans doute de juger s'il a pu commettre le crime dont il est accusé; et s'il l'a commis, il faudra bien conclure avec un savant traducteur d'Aristote [1] : « Ce n'est pas un péripatéticien fanatique qui a montré la porte aux assassins de Ramus, c'est un candidat sévèrement apprécié qui se vengeait de son juge. »

Mais il est temps de laisser ces préambules et d'aborder la question de fait : Quel a été l'assassin de Ramus?

Si l'on excepte J. de Bonheim, témoin assez mal informé, quoi qu'en dise Freytag, et qui est le seul à accuser Charles IX du meurtre d'un de ses protégés, j'allais presque dire de ses amis [2], tous ceux qui ont raconté la

---

[1] Métaphysique d'Aristote, trad. de M. A. Pierron, Préface, p. CXLIV.
[2] On sait combien ce roi était familier avec les poëtes et les hommes de

mort de Ramus, après avoir pris la peine d'en rechercher
l'auteur, ont nommé ou indiqué Jacques Charpentier.
Leur témoignage est unanime et formel : les historiens
catholiques Pasquier, de Thou, Davila, de Sponde, aussi
bien que les protestants La Popelinière, Crespin, d'Aubigné, Jean de Serres ; les contemporains comme les
écrivains plus récents, depuis Bayle et le P. Niceron,
jusqu'à Voltaire, Goujet, Gaillard et Montucla; tous
sont d'accord, et si c'est une règle souveraine en histoire
d'admettre, jusqu'à preuve évidente du contraire, un
fait attesté par tous ceux qui ont pu le voir ou le connaître parfaitement, le doute n'est pas possible. Parmi
tant d'accusations dirigées contre un même coupable,
j'en choisirai seulement quelques-unes qui suffiront à
tout lecteur impartial pour asseoir son jugement.

Estienne Pasquier, dans ses Recherches de la France
(l. IX, c. 20), après avoir raconté les luttes dont il a été
témoin en 1566, pour la chaire vendue à Charpentier
par le Sicilien Dampestre, ajoute aussitôt que la mort de
Ramus en fut la conséquence. « Charpentier, dit-il,
ayant avecques la résignation de l'Italien, couvé dedans
son âme une vengeance italienne six ans entiers, fit,
ainsi que l'on dit, en l'exécution de la journée Saint-
Barthélemy 1572, assassiner Ramus par gens de sac et
de corde à ce par luy attitrez. »

Trouve-t-on ce langage trop passionné, et se défie-t-
on de Pasquier comme ami de Ramus, malgré son ad-

---

lettres qu'il protégeait, notamment avec Ant. de Baïf. Ce dernier était
grand ami de Ramus, dont il avait probablement le concours pour son
Académie française de poésie et de musique, patronée par le roi. Qu'on
se rappelle aussi tout ce que Charles IX et sa mère avaient fait pour
Ramus en 1562, en 1568 et 1570.

miration [1] pour le talent de parole de Charpentier? Voici
comment s'exprime le grave de Thou, si favorable à
Aristote et à ceux qui l'ont défendu contre Ramus :
« Charpentier, son rival, dit le véridique historien, excita une émeute et envoya des sicaires qui le tirèrent du
lieu où il était caché, lui prirent son argent, le percèrent
à coups d'épée et le précipitèrent par la fenêtre dans la
rue. Là des écoliers furieux, poussés par leurs maîtres
qu'animait la même rage, lui arrachent les entrailles,
traînent son cadavre, le livrent à tous les outrages et le
mettent en pièces [2]. »

Pour qu'il ne reste aucun doute dans l'esprit du lecteur, je vais, au risque de le fatiguer, reproduire les témoignages d'un certain nombre d'historiens de toutes
nuances, en observant seulement de mon mieux l'ordre
des temps :

Jean de Serres, auteur présumé des Commentarii de
statu religionis et reip. in regno Galliæ (Genève, 1570-
1580, in-8°, Part. IV, l. X, fol. 42, b) : « Par les soins
de J. Charpentier, son adversaire, des meurtriers, après
lui avoir pris son argent, le percent de leurs épées, le
jettent par la fenêtre, lui arrachent les entrailles et l'a-
chèvent à coups redoublés. »

La Popelinière (Histoire de France, 1581, in-f°, t. II,
l. XXIX, fol. 66 v.) : « Somme que La Ramée, accort
et subtil à escrire plus qu'à mourir, fut si bien recer-
ché par les envoyés de son ennemy, que mort à dagades,
fut précipité du haut de son collége en bas. »

---

[1] Voir plus haut, chap. VI, p. 172.
[2] Hist. sui temporis, l. LIII, 1572, trad. par M. Cousin dans ses
Fragments de philosophie cartésienne (Paris, 1845, in-12), p. 6.

J. Crespin (Hist. des martyrs persécutez, etc., 1608, in-f°, p. 506, col. a) attribue la mort de Ramus à la fois au fanatisme religieux et à la vengeance de *son en-nemy* Jacques Charpentier, « qui luy envoya des massa-creurs, non sans un grand opprobre pour les bonnes lettres. »

D'Aubigné (Hist. universelle, 1626, in-f°, t. II, l. I, ch. IV) : « Pierre Ramus, excellent docteur, tiré de son estude, est précipité par la fenestre : son corps et les boyaux qui luy sortoient par les playes furent fouëttez le long des rues par les petits escholiers, ameutez à cela par son envieux Charpentier. Lambin, lecteur royal, mourut de l'horreur de ce faict. »

H. C. Davila (Historia delle guerre civili di Francia, in Lione, 1641, libro V, p. 273) : « Mais quelque bon ordre qu'y missent les chefs, ils ne purent empêcher que parmi les huguenots ne fussent tués plusieurs catholi-ques, ou pour la haine publique, ou pour des inimitiés particulières, comme par exemple Denis Lambin et Pierre Ramus, hommes célèbres en la profession des lettres [1]. »

H. de Sponde (Continuation des Annales de Baronius, Paris, 1641, in-f°, t. III, p. 551) dit que Ramus suc-comba, « comme on le dit, à l'envie de Jacques Char-pentier de Clermont, professeur et médecin du roi, avec qui il avait eu de grandes discussions à cause de ses *folles* opinions sur les sciences, etc. »

Du Boulay, Moréri (1673) et Ant. Teissier (1683) rapportent, d'après de Thou, la mort de Ramus, et en accusent Charpentier.

Varillas (Hist. de Charles IX, 1685, in-4°, l. IX) :

---

[1] Traduction de J. Baudouin, Paris, 1647, in-f°.

« Charpentier termina cette querelle par des voies qui
n'avoient point encore été pratiquées entre ceux qui se
piquoient de doctrine ; il envoya chez lui des soldats,
qui, après avoir tiré de lui tout ce qu'il avoit de meilleur,
sous l'espérance de lui sauver la vie, le poignardèrent et
le jetèrent par la fenêtre de sa chambre dans la cour du
collége. Les écoliers, animés par leurs régents, lui ar-
rachèrent les entrailles et le traînèrent par les rues. »

Bayle (Dict. hist. et crit., 1696, art. Ramus), Félibien (Hist. de la ville de Paris, 1725, t. II, l. XXII,
p. 1107, 1121), le P. Niceron (Mém., t. XIII, 1730),
Voltaire (édit. Beuchot, t. XLIV, p. 284) adoptent le
même récit.

Le savant Christ. Frédéric Lenz, après des recherches
spéciales et approfondies (Historia Petri Rami, Witem-
bergæ, 1713, in-4°, § XVIII, p. 30, 31), n'hésite pas à
déclarer que Charpentier est l'assassin de Ramus, et il
s'appuie particulièrement sur deux auteurs que je n'ai
pu me procurer : l'un est Thomas Pope Blount (Censur.
celebr. author., p. 711) ; l'autre, bien plus important
si je ne me trompe, est Simon Simonius, disciple de
Ramus, ami de Languet [1], et qui, après la Saint-Barthélemy, adressa à Jacques Charpentier une lettre citée par
Lenz, mais malheureusement très rare en France.

L'incomparable érudit Brucker (Hist. philos., 1744,
t. V) ne fait pas la moindre difficulté pour se conformer
à l'opinion commune, qui accuse unanimement Charpentier.

Freytag lui-même (l. c., 1752) n'a pas l'air de donner
grande créance à ce Jean de Bonheim qu'il a exhumé si

[1] Lettres d'Hubert Languet à J. Camérarius (1646), epist. 41 et 46.

curieusement; car il lui oppose les Commentaires sur l'état de la religion en France, que nous venons de citer.

Histoire ecclésiastique (Continuation de Fleury, 1757, in-4°, liv. CLXXIII, § 30) : « Jacques Charpentier, de Clermont en Beauvoisis, professeur et médecin du roi, se déclara encore plus ouvertement contre lui; et il poussa si loin l'animosité qu'il le fit comprendre dans le massacre... envoya des meurtriers, etc. Sa mort causa une telle frayeur à Denis Lambin, qu'il tomba dans une maladie dont il mourut un mois après; et l'on accusa encore Charpentier de cette mort. »

Il faut lire encore Crevier (Hist. de l'université, t. VI, p. 264 et suiv.) sur le massacre de la Saint-Barthélemy : « Je suis bien charmé, dit-il, de voir que l'université n'y prit aucune part : en sorte que tout ce que j'ai à raconter de cet horrible'événement se réduit à la mort de Ramus et à celle de Lambin; » et la cause de cette double mort est, suivant lui, « la haine furieuse de Charpentier. »

Telle est aussi la conviction de l'abbé Goujet (Mém. hist. et litt. sur le coll. royal, 1758), qui avait si bien étudié tout ce qui concerne le collége de France ; de Gaillard, l'historien justement célèbre de François Ier (1769); d'Ant. Savérien, qui nous dit avoir pris la peine d'aller au collége de Presles, afin de vérifier sur les lieux les détails du crime (Vies des philos. modernes, 1773, in-12); d'Etienne Montucla (Hist. des math., Part. III, l. III, t. Ier, p. 577); telle est enfin 'opinion de tous les historiens de la philosophie jusqu'à M. Cousin Cours, 2e série. t. II, 10e leçon, et Fragm. de phil. cart., p.6

et à M. Barthélémy Saint-Hilaire (Dict. des sc. philos. ;
art. J. Charpentier).

Cent autres écrivains, de tous les partis et de toutes
les opinions, pourraient figurer ici ; mais j'en ai invo-
qué un assez grand nombre pour établir qu'il règne
sur ce point un accord des plus imposants. Cependant,
à mon avis, tant de témoignages, qui souvent se répètent,
font moins contre Charpentier que les deux ou trois auteurs que j'ai encore à citer, et qui étaient probablement
à Paris pendant l'événement : je veux dire Scévole de
Sainte-Marthe, Nicolas de Nancel et Henri de Menan-
theuil. Moins explicites sur la culpabilité de Charpentier,
leurs témoignages n'en sont que plus accablants pour lui ;
car les ménagements même qu'ils gardent nous font sentir qu'il leur a fallu une conviction bien profonde pour
désigner le coupable, du vivant de ses protecteurs, de
ses amis, de ses complices peut-être, du vivant de Thomas Martin, entre autres, cet ancien régent du collége
de Boncour, qui, étant recteur à l'époque de la Saint-
Barthélemy, n'avait fait aucun effort pour apaiser le fanatisme des étudiants [1].

Sainte-Marthe, qui ne nomme personne, est cependant
fort clair (Elog., l. II, él. de Ramus, 1598) : « Après
le meurtre de Coligny, tandis qu'on frappait impuné-
ment tous ceux de son parti, des sicaires, envoyés par les
soins de son rival (*ex œmuli insidiis*) le percèrent à coups
de poignard et le précipitèrent du haut de la maison par
la fenêtre ; puis (spectacle affreux et abominable) ils le
traînèrent par les rues de la ville, et, après avoir fait

---

[1] Voir Du Boulay, t. VI, à l'année 1572, et la liste des recteurs.

subir à son cadavre les plus cruels outrages, ils le jetèrent dans la Seine à l'endroit le plus voisin. »

Voici les passages de la Vie de Ramus par Nancel, qui se rapportent au point que nous traitons en ce moment : « Je me tairai, dit-il (p. 74), sur la cause et les circonstances de sa mort; mais je crcis pouvoir raconter brièvement, sans blesser personne, comment Ramus, malgré la volonté et la défense du roi et de la reine, fut mis à mort par d'infâmes sicaires gagnés à prix d'argent. » — « Les sicaires envoyés par ses ennemis, les conjurés, les meurtriers à gages (p. 74, 75)... » — « Deux hommes surtout avaient prêté leur concours à son ennemi et à l'auteur de cette tragédie (p. 75). » Il y a donc des ennemis et des conjurés, ou plutôt il n'y a qu'un ennemi et des meurtriers à sa solde. Pourquoi Nancel ne le nomme-t-il pas? C'est d'abord qu'il est médecin, et que peut-être il ne veut pas déshonorer un confrère. Ensuite, à quoi bon nommer Charpentier? En 1599, tout le monde sait encore de qui il parle. Ajoutez à cela qu'il écrit après la Ligue et sous Henri IV, alors que la France s'applique à fermer les blessures que lui ont faites les guerres civiles; et Nancel, médecin de la princesse Eléonore de Bourbon, explique longuement et avec un peu d'emphase combien il est heureux de contribuer, par la modération de son langage, à l'apaisement des passions (p. 77-78). Il est aussi réservé dans une lettre qu'il écrivait à J. Scaliger le 15 octobre 1594, et où il dit qu'à la Saint-Barthélemy « Ramus·a péri sous les coups et par les embûches de ses ennemis et de ses envieux [1]. »

Cette réserve était alors comme à l'ordre du jour. Mais

---

[1] N. Nancelii Trach. Nov., D. M., Epistol. Paris., 1608, in-8°, ep; 61.

le silence a souvent une grande signification, et nous en avons ici même une preuve des plus frappantes dans un discours prononcé et imprimé à Paris en 1595 par un ancien ami de Ramus, Henri de Monantheuil, sur la constitution et la réorganisation du collège de France. L'orateur exprime le vœu que l'on place dans ce collège les portraits de tous ceux qui y ont enseigné depuis soixante-cinq ans. Peut-être, dit-il, serait-on obligé d'exclure Jean Dampestre, à cause de son incapacité reconnue ; et il énumère tous les autres lecteurs royaux depuis l'an 1530, tous, ai-je dit, excepté un, Jacques Charpentier. Pourquoi ? Monantheuil ne le dit pas ; mais il nous est facile de le deviner : c'est parce que le collège royal aurait rougi de voir le portrait ou même d'entendre prononcer le nom d'un assassin reconnu pour tel et dont tout le monde exécrait la mémoire, au sortir des folies sanguinaires de la Ligue ; c'est surtout parce qu'il était impossible de placer le meurtrier à côté de ses deux victimes, Ramus et Lambin.

Lambin ! Voilà le dernier et l'irrécusable témoin. Il n'y a, sur la fin prématurée de ce savant, qu'un seul récit, une seule version. Ramus venait d'être mis à mort ; Lambin apprend, dans tous ses détails, le supplice d'un collègue qui lui était cher. A cette nouvelle, il est saisi d'horreur à la fois et de terreur ; car il ne saurait s'y tromper : c'est Charpentier qui a dirigé les coups, et, s'il en est ainsi, le même sort ne lui est-il pas réservé ? Charpentier, qu'il connaît si bien, ne lui a-t-il pas déclaré [1] qu'il aimait mieux un protestant qu'un politique,

---

[1] J. Carpent. Oratio habita in explicat., l. 4 Meteor., Paris, 1568, in-8°, vers la fin ; Ad D. L. Epistola secunda (1571).

et « qu'il le détestait encore plus que Ramus? » Lambin, en proie à la plus vive émotion, est pris d'une fièvre violente et meurt au bout de quelques jours. Ainsi parle de Thou après Sainte-Marthe (El. de D. Lambin), et il n'est démenti par personne[1].

Qui donc a pu faire croire au malheureux professeur que Charpentier allait le faire assassiner? Le bruit public qui désignait l'assassin de Ramus lui paraissait donc indubitable? Sa frayeur, sa maladie, sa mort ne déposent-elles pas d'une manière saisissante contre cet homme violent et vindicatif, si prodigue en menaces, et qui ne menaçait pas en vain, contre le digne ami des Muret, des du Chesne, des Vigor et des de Sainctes, et de tout ce qu'il y avait alors de malfaisant; contre cette créature des princes lorrains et ce mortel ennemi du progrès, de la paix et de la liberté religieuse; enfin contre ce redoutable capitaine de la milice, qui, après avoir, quatre ans auparavant, visité à main armée les maisons des suspects, après avoir sans doute, pendant les deux premiers jours, secondé les efforts de ses collègues[2] et massacré ou fait massacrer pour le compte des Guise, songeant enfin à ses propres affaires, trouvait tout simple d'employer

---

[1] De Thou, Hist. sui temp., l. LIII. Voir plus loin, chap. X.

[2] De Thou, ibid. D'Aubigné, Hist. Univ., t. II, l. I, ch. IV : « Ceux qui ont descrit ceste journée, et par-dessus tous ce grand sénateur de Thou, n'ont point de honte de dire de leur ville mesme, que les capitaines et dixainiers excitoyent leurs bourgeois à la mort des bourgeois. » On lit dans le recueil déjà cité de S. de Malmédy (Carpent. tumulus, fol. 5) un double éloge de Charpentier en grec et en latin, comme dixainier, πιστοφύλαξ πόλεως; voici un distique, entre autres :

> Carpentarius hæc meruit præconia laudis,
> Armis qui patriam servat et ingenio.

quelques-uns de ses gens à le débarrasser de ses ennemis !

Je le dis donc en terminant, avec une conviction profonde et inébranlable : Ramus a péri victime d'une vengeance particulière, et le meurtrier est bien Jacques
Charpentier. Au nom de sa victime, je le voue à l'indignation des hommes de cœur et au mépris éternel des
gens de bien. Tout ami des lettres, de la philosophie et
des sciences, pour ne pas dire de la religion et de la
morale, s'unira, j'en suis sûr, à cet anathème.

X

—

Détails sur le nom de Ramus, sur sa famille et sur ses premières années. — Ses maîtres · Jean Péna, Jean Hennuyer. — Revue de ses principaux adversaires; tentatives de réconciliation. — Ses amis et ses relations à la cour, dans le parlement et dans l'université : Sylvius, Lambin, etc. — Intérieur de Ramus : ses revenus, ses dépenses, sa vie journalière et ses habitudes. — Circonstances diverses de sa mort. — Portrait et caractère de Ramus. — Son testament.

Ma tâche de biographe n'est point achevée. Après avoir retracé le rôle de Ramus dans son pays et dans son temps, après avoir assisté avec lui à des événements plus ou moins considérables, qui souvent appartiennent à l'histoire autant qu'à la biographie, et par lesquels on peut prendre du personnage qui y figure une connaissance pour ainsi dire officielle, il me reste à l'étudier de plus près et d'une manière plus intime, à l'aide de ces traits plus cachés, plus familiers et en apparence moins dignes d'intérêt, mais sans lesquels on ne comprend guère l'époque ou l'homme qu'il s'agit de peindre. Les détails de ce genre abondent sur Ramus : obligé de choisir dans le nombre et de sacrifier une bonne partie de mes recueils, je crains encore de paraître manquer de mesure,

sans parler de l'ordre, si difficile à garder en de pareilles
matières.

Un savant disciple de Ramus, que nous avons cité
souvent, Jean Thomas Freigius, le même dont Voltaire
(qui ne l'avait jamais lu) a dit en plaisantant que c'est
un « auteur qui peut être utile aux curieux, quoi qu'en
dise Banosius; » Freigius, cherchant une méthode ingénieuse et commode pour classer de nombreux documents, n'a rien trouvé de mieux que de distribuer suivant les quatre vertus cardinales (prudence, courage,
tempérance et justice) tout ce qu'il avait à dire de son
maître. Cette division, appliquée ici, paraîtrait sans doute
bien rigoureuse et même pédantesque aux lecteurs de
nos jours. Aussi ne leur proposerai-je pas de la suivre;
mais je leur présenterai tout simplement mes anecdotes
à la file, dans l'ordre chronologique, s'il est possible, de
manière à relever en passant un certain nombre d'erreurs
et à jeter quelque lumière sur des faits auxquels on ne
pouvait s'arrêter dans une narration suivie.

Le nom latin que prit Ramus en entrant au collége,
et sous lequel il devint célèbre, était une traduction un
peu inexacte de son véritable nom (Pierre de la Ramée),
qui, régulièrement mis en latin, aurait été *Rameus* ou *a
Ramo*. Nancel, qui propose ces traductions, croit que ce
fut l'amour de la gloire qui fit préférer à son maître un
nom qui lui semblait d'heureux présage (p. 7, 10). Une
remarque plus curieuse à faire sur ce sujet, c'est que ce
mot *Ramus* a été traduit à son tour en français de diverses manières : chez Rabelais, Joachim du Bellay,
Estienne Jodelle, etc., Ramus est appelé *Rameau;*
ailleurs, c'est *la Ramée* ou *de la Ramée;* mais, dans

l'Histoire de la Ville de Paris, par Félibien (t. II, p. 987), il devient Pierre *de la Verdure*. On pense que les jeux de mots ne firent pas défaut sur le *rameau d'or* ou *de fer*, suivant que c'était un ami ou un adversaire qui parlait. Enfin, Nancel, suivant une mode du temps, a fait l'anagramme de ce même nom, et dans *Petrus Ramus* il a trouvé *merus partus*.

Je n'insisterai pas sur l'orthographe du village où naquit Ramus, quoiqu'elle offre encore plus de variété[1]. Les cartes et les annuaires les plus récents désignent, sous le nom de *Cuts*, un bourg très ancien, situé sur la limite orientale du département de l'Oise, et à peu de distance de Noyon, la patrie de Calvin. Nancel, qui compare volontiers Ramus à Cicéron, prétend que *Cuts* ne sera pas moins célèbre dans l'histoire, pour avoir donné le jour à notre philosophe, qu'Arpinum pour avoir été la patrie du grand orateur romain.

Le même auteur a pris soin de nous donner des détails intéressants sur la famille de Ramus. Il les tenait de bonne source : car il connaissait la mère et la sœur de notre philosophe, et il leur avait adressé toutes les questions que lui suggérait sa curiosité. L'aïeul paternel de Ramus était, comme on l'a vu, un gentilhomme liégeois[2]. Quand il fut contraint de s'expatrier en 1468, il se réfugia en Picardie avec sa famille, qui, à ce qu'il paraît, ne se composait que de deux personnes, sa femme et son

---

[1] Cuhuca, Cultia, Cusia, Cus, Cuz, Cuts, Cutz, Culz, Cust, Cut, Cuth, Cuthe et même Quut.

[2] Ant. Teissier (El. des h. savants) et avant lui Boissard (Bibl. calcogr.), au lieu du mot *Eburones*, qui désigne les Liégeois, ont lu : *Eburovices*, et ont fait venir d'*Evreux* la famille de Ramus. Bayle a relevé cette erreur dans son art. Ramus, note A.

fils Jacques. Il s'établit dans le pays de Cuts, qui, à cette
époque, était environné de bois et très peu cultivé. Ce
fut sans doute cette circonstance qui l'engagea à faire un
commerce de charbon. Jacques de la Ramée, son fils,
quitta ce métier pour celui de laboureur : il avait acheté
à bas prix quelques arpents de terre qu'il défrichait à
grand'peine. Il avait épousé une femme du pays, nommée Jeanne Charpentier; il la laissa veuve de très bonne
heure avec deux jeunes enfants, dont l'un était Pierre de
la Ramée, et l'autre une fille nommée Françoise.

L'abbé Joly, Goujet et d'autres encore font naître
Ramus en 1502. L'unique témoignage en leur faveur
est une note de la Navarride, poëme de Palma Cayet,
ancien élève de Ramus, mais qui l'avait quitté en 1560,
et qui écrivait en 1604, c'est-à-dire trente-deux ans
après la mort de son maître. Cette note est ainsi conçue :
« Un (*on*) tient que Ramus est mort vierge, à soixante-
dix ans. » Le même auteur, qui, on le voit, ne parle que
par ouï-dire, appelle Ramus *chef d'université* : « D'autant, ajoute-t-il dans une autre note, qu'il estoit très
sçavant et *chancelier* de l'université. » L'autorité d'un
auteur si mal informé ne saurait balancer les témoignages allégués plus haut (chap. I, p. 18, 19), et qui
placent en 1515 la naissance de Ramus. Je n'insiste pas
davantage sur ce point, me bornant à remarquer, pour
plus de précision, qu'il mourut le 26 août 1572,
« n'ayant pas encore accompli sa cinquante-septième
année [1], » et que par conséquent il avait dû naître dans
le dernier tiers de l'année 1515.

La mère de Ramus l'éleva avec une grande sollicitude

[1] Freigius, p. 6 : « nondum exacto anno ætatis suæ 57. »

et l'envoya à l'école de son village. J'ai dit plus haut
(chap. I, p. 19) tout ce que j'ai pu découvrir dans Ramus lui-même sur cette première éducation. Voici cependant une petite aventure qui lui arriva à cette époque,
et qui ne fut pas sans influence sur les habitudes de toute
sa vie. Au lieu de traduire Freigius (Vie de Ramus,
p. 35) ou Zuinger (Th. h. vitæ, vol. II, l. V, p. 408, b),
j'aime mieux emprunter les termes à peu près équiva-
lents et plus agréables d'un écrivain français qui vivait
peu de temps après : « Pierre de la Ramée de Vermandois,... en ses jeunes ans, occupoit son esprit gentil et
propre aux sciences à mille petites inventions, pour se
donner du plaisir et en faire prendre à ses compagnons.
Arriva un jour, qu'après avoir trop bu, il tomba dedans
une cave où il croupit un assez long espace de temps,
jusqu'à ce que l'ivresse lui eut passé. Revenu qu'il fut
à soi, il eut un si extrême déplaisir de cet accident, et
tant de honte de la risée qu'on fit de lui, que dehors il
jura que jamais plus il ne boiroit de vin, et quittant ses
fripponneries, s'adonneroit à bon escient à l'estude des
lettres. Il accomplit son serment, et profita si heureusement ès sciences, qu'il passa pour un des plus subtils
philosophes de son siècle... Ce malheur fut très favorable à la Ramée, comme avoit été jadis l'ivresse à Polé-
mon, etc. [1]. »

Ce fut en 1527 que Ramus prêta serment à l'université de Paris, non pas comme maître ès-arts, ainsi que

---

[1] Fr. Dinet, Théâtre de la nobl. franç., t. II, l. III, chap. 9, p. 148. —
Voir dans les Scholæ dial., l. VII, c. 1, un souvenir de voyage en Au-
vergne, qui se rapporte à l'enfance de Ramus, et dont l'explication se
trouve plus haut, chap. I, p. 20.

le suppose l'abbé Goujet, mais en qualité d'écolier. Au reste, il n'est pas démontré que ce soit la date précise de son entrée au collége de Navarre; il est même probable qu'il n'y entra que l'année suivante.

Le collége de Navarre, fondé en mars 1304 (1305) par la reine Jeanne de Navarre, comtesse palatine de Champagne et femme de Philippe le Bel, était situé sur le penchant de la montagne Sainte-Geneviève. Il serait trop long d'énumérer tous les grands hommes qui se formèrent dans cette école. Avant le XVIe siècle, on remarque les noms de Pierre d'Ailly et de Gerson. Sur les douze docteurs envoyés par Charles IX au concile de Trente, il y en avait sept du collége de Navarre. C'est dans ce collége qu'étudia Richelieu, et Bossuet était docteur de Navarre. C'est là que Ramus fit ses études, après François Ier et avant Henri IV : « pauvre garçon, » suivant l'expression de Génébrard, mais estimé et accueilli par ses plus fiers condisciples, Charles de Bourbon, le futur roi de la Ligue, et Charles de Lorraine, qu'il connut familièrement, peut-être par l'intermédiaire de son maître, le sieur de la Brosse : car je suppose que ce personnage, dont Scaliger cite le nom comme très connu, n'est autre que le fils d'un des héros de Brantôme, Jacques de la Brosse, habile homme de guerre, grand ami des Guise, et qui, en 1559, alla en Ecosse au secours de la veuve de Jacques V, avec une troupe de 2,000 hommes. Le père et le fils, l'un comme lieutenant, l'autre comme guidon de la compagnie du duc de Guise, prirent part au massacre de Vassy, et, comme le fait observer Théodore de Bèze (Hist. des Eglises réformées, l. IV, p. 723, 725), ils périrent tous les deux dans l'année à la

19

bataille de Dreux (Cf. d'Aubigné, Hist. Universelle, l. III, c. XV).

Teissier, Bayle et Goujet ont douté si Jean Péna avait été l'élève ou le maître de Ramus, ou son élève en littérature et en philosophie et son maître en mathématiques. On a vu plus haut qu'un jeune homme de ce nom s'était fait remarquer parmi les meilleurs élèves de Ramus, dont il devint ensuite le collaborateur en mathématiques, sans cesser jamais de le considérer comme son maître. Mais avant ce jeune homme, qui mourut en 1557, à l'âge de vingt-six ans, il y avait eu dans l'université de Paris un autre Jean Péna plus âgé que Ramus, et qui enseignait au collége Sainte-Barbe. Ce fut même lui qui voulut un jour, on ne sait pour quel méfait, infliger la peine du fouet à Ignace de Loyola [1]. Il paraît, d'après un discours de Léger du Chesne [2], cité par l'abbé Goujet, que ce maître sévère, mais estimé comme humaniste, compta Ramus parmi ses auditeurs : combien de temps? C'est ce qu'il serait impossible, je crois, d'établir avec vraisemblance.

Je suis heureux de retrouver le nom d'un autre maître de Ramus, Jean Hennuyer, homme excellent, d'un esprit élevé et d'un caractère généreux, qui, après avoir été professeur au collége de Navarre, se fit dominicain, docteur en théologie, et fut pourvu en 1560 de l'évêché de Lisieux. Il y avait beaucoup de protestants dans son diocèse à l'époque de la Saint-Barthélemy, et il déploya, pour les sauver du massacre, autant de zèle qu'il en avait mis auparavant à les convertir par des voies pacifiques.

---

[1] Du Boulay (t. VI, p. 945) donne là-dessus de longs détails.
[2] Oratiuncula habita in Athenæo Barbarano, 1557.

L'histoire rappellera toujours avec honneur sa conduite
courageuse en ces tristes circonstances. Quand le lieutenant du roi lui communiqua l'ordre de faire massacrer
les huguenots, il répondit : « Non, non, monsieur, je
m'oppose et je m'opposerai toujours à l'exécution d'un
pareil ordre. Je suis le pasteur de Lizieux, et ces gens
que vous dites qu'on vous commande d'égorger sont mes
ouailles. Quoiqu'elles soient maintenant égarées, étant
sorties de la bergerie dont Jésus-Christ, le souverain
pasteur, m'a confié la garde, elles peuvent néanmoins
revenir. Je ne vois pas dans l'Evangile que le pasteur
doive souffrir qu'on répande le sang de ses brebis ; au
contraire, j'y trouve qu'il est obligé de verser son sang
et de donner sa vie pour elles. » Là-dessus, le gouverneur demanda pour sa décharge un refus par écrit, et
l'évêque le lui donna [1]. Tel était Jean Hennuyer. Après
un pareil trait, on s'étonnera moins peut-être que je
l'aie considéré comme un de ceux qui encouragèrent les
premières tentatives de Ramus contre la domination
d'Aristote.

Crevier a dit avec raison (t. VI, p. 455) : « Ramus
étoit de ces hommes qui ne sont point faits pour exciter
des sentiments médiocres. La haine ou l'affection pour
lui se portoient à l'excès. » Il eut en effet des partisans
dont l'admiration ressemblait à de l'engouement, et des
adversaires dont l'opposition dégénéra souvent en haine
violente et implacable.

Nommer Pierre Galland, c'est rappeler cette longue
suite de disputes et de persécutions qui remplissent la

---

[1] G. de Félice, Histoire des protestants de France (1851), p. 211, 212.
Cf. Du Boulay, t. VI, p. 952.

première moitié de la carrière de Ramus : car il n'y fut
pas seulement mêlé, il en était le premier auteur. C'est à
lui qu'il faut remonter pour s'expliquer l'hostilité constante des anciens élèves du collége de Boncour contre
notre philosophe, et pour comprendre quelques-unes de
leurs attaques. C'est lui, par exemple, qui le premier
avait imaginé ce surnom de Thessalus, dont j'ai donné
l'explication (chap. VI, p. 182), et qui a tant exercé l'é-
rudition d'Amelot de La Houssaye et de l'abbé Goujet.
« Charpentier, disent-ils, appelle d'Ossat Thessalus, à
cause de son nom d'Arnaud, parce que les *Arnautes*
étoient un peuple de Thessalie : turlupinade indigne d'un
homme de lettres. » La vérité est que ce surnom étant
employé depuis quinze ans pour désigner Ramus, Charpentier, en adressant sa réponse à *Thessalus* Ossatus,
veut dire que l'auteur de l'écrit dirigé contre lui est
Ramus, et que d'Ossat est un pseudonyme.

Comme j'aurai l'occasion, en traitant du ramisme, de
parler d'Antoine de Govéa, je me contenterai ici de relever une exagération commise par de Thou, par l'auteur
de la Bibliotheca Hispaniæ et par Génébrard, qui louent
à l'envi ce savant portugais d'avoir osé, malgré sa grande
jeunesse, prendre en main la cause d'Aristote contre
Ramus. De l'aveu de ces auteurs, Govéa était né en 1505;
il avait donc dix ans de plus que son adversaire, et en
1543 il était âgé de trente-huit ans, ce qui n'est pas
précisément la première jeunesse.

A en croire Voltaire, Ramus aurait eu à se féliciter de
l'intervention de François Ier dans sa querelle avec Govéa.
« Le célèbre Ramus, dit-il dans son Dictionnaire philosophique (art. Université), ayant publié deux ouvrages

dans lesquels il combattait la doctrine d'Aristote enseignée dans l'université, aurait été immolé à la fureur de
ses ignorants rivaux, si le roi François Ier n'eût évoqué à
soi le procès qui pendait au parlement de Paris entre
Ramus et Antoine de Govéa. » Le lecteur sait à quoi
s'en tenir sur ce point. Voltaire ajoute, pour railler les
scholastiques : « L'un des principaux griefs contre Ramus était la manière dont il faisait prononcer la lettre Q
à ses disciples. Ramus ne fut pas seul persécuté pour ces
graves billevesées, etc. » L'histoire des *quisquis* et des
quanquam amuse beaucoup ce philosophe, qui en a fait
un article à part de son Dictionnaire philosophique (t. VII,
édit. Beuchot, p. 61 et suiv.). Mais il a commis, peut-
être à dessein, plus d'une erreur sur ce sujet, tantôt supposant que Govéa fut mêlé à cette querelle ridicule, tantôt attribuant à P. Galland le tort, que du moins il n'a
pas eu, de mal prononcer le latin, et faisant presque de
cette question de prononciation la cause de la mort de
Ramus, comme dans le passage suivant (Œuvres, t. L,
éd. Beuchot, t. XIV des Mélanges, p. 292) : « Le savant Ramus, bon géomètre pour son temps, et qui avait
déjà de la réputation sous François Ier, ne se doutait pas
alors qu'il se préparait une mort affreuse en soutenant
une thèse contre la logique d'Aristote. Il fut longtemps
persécuté, traduit même devant les tribunaux séculiers
par un nommé Gallandius Torticolis. On le menaça de le
faire condamner aux galères. De quoi s'agissait-il? Le
principal objet de la dispute était la manière dont il fallait prononcer *quisquis* et *quanquam*. »

Dois-je revenir encore sur Jacques Charpentier, malgré l'invincible répulsion qu'il m'inspire? Il était né en

1525, à Clermont en Beauvoisis. Avant d'étudier sous
P. Galland au collége de Boncour, il avait été, au collége
de Beauvais, le condisciple de G. Ruzé, qui plus tard fut
évêque d'Angers et chaud partisan de la Ligue [1]. Sa réputation, selon du Boulay (t. VI, p. 941), date de 1550,
c'est-à-dire de son rectorat, employé tout entier à persécuter Ramus. Pour compléter son portrait, je n'aurais
qu'à emprunter quelques citations à ses propres écrits :
car il s'y est peint fidèlement lui-même, avec ce caractère bas et vaniteux qu'on lui connaît, avec ce pédantisme qui, chez lui, n'exclut pas un certain esprit, avec
ce sanguinaire fanatisme doublé d'une si pernicieuse habileté, avec cette impudence, cette malignité, cette violence, enfin avec ces sentiments haineux qu'il excelle à
exprimer : car il possède au plus haut degré le talent
facile d'exciter dans son entourage toutes les mauvaises
passions. Peu désireux de rester davantage dans la société d'un homme qui se vante lui-même d'avoir insulté
son adversaire dans la rue, je recommanderai seulement
au lecteur curieux les trois discours de 1566, où Charpentier défie Ramus *en Aristote*, à peu près comme Va-
dius fait Trissotin :

> Je te défie en vers, prose, grec et latin,

et surtout son dernier ouvrage, la Comparaison de Platon et d'Aristote, qui contient, avec très peu de science,
un luxe incroyable de préfaces, d'épîtres dédicatoires, et
douze Digressions qui sont autant de pamplets contre
Ramus, d'Ossat et Lambin. En tête de l'ouvrage, on lit
le pompeux éloge de l'auteur par ses amis, et dix vers

---

[1] Comparatio Plat. cum Arist. (1573), p. 228, 229.

latins du lecteur royal Léger du Chesne, dont voici une traduction adoucie :

« Scipion ne voulait pas qu'on détruisit Carthage, de peur que Rome ne s'amollit, n'ayant plus ce stimulant. De même, je n'aurais pas voulu que Thessalus fût enseveli dans les ondes, comme il le méritait, parce que j'aurais craint pour votre ardeur philosophique la perte d'un utile aiguillon. Mais depuis cette mort, si universellement désirée, voilà que votre vive intelligence s'adonne plus que jamais à la philosophie. Pourquoi donc Thessalus n'est-il pas descendu plus tôt dans le royaume de Neptune ? Que n'a-t-il fait plus tôt ce plongeon, si profitable pour vous (Citius nando tulisset opem)! »

Un grand nombre de condisciples et d'élèves de Charpentier partagèrent sa haine contre Ramus. Je rappelle les noms de quelques-uns d'entre eux : Duret, du Chesne, Daurat, Muret, de Malmédy, les évêques G. Ruzé, Vigor, de Sainctes, Génébrard, les inquisiteurs Antoine Muldrac et Ant. de Mouchy (en latin *Demochares*).

Tous ceux que je viens d'énumérer jouèrent un rôle dans la Ligue ; tous étaient les amis de Charpentier, qui exerçait sur eux une sorte de tyrannie. Mais outre le fanatisme et l'aveuglement, outre le désir d'être agréables à un homme à qui il pouvait être dangereux de déplaire, quelques-uns avaient des motifs particuliers d'animosité contre Ramus. « En ce temps-là, dit La Croix du Maine, il y avoit trop de personnes bandées contre luy, tant pour les choses susdites (c'est-à-dire les Animadversions sur Aristote), que pour voir que son renom croissoit de telle sorte que ceux qui pensoient estre les premiers de l'université, lorsqu'il fut receu lecteur du roy, ne se trouvoient que des plus petits à comparaison de luy, non-seulement pour l'éloquence, mais pour plusieurs autres disciplines et langues diverses ; desquelles il avoit bonne connoissance. » Louis Duret et Léger du Chesne, entre autres, qui avaient quelque succès comme professeurs, ne pouvaient pardonner à leur collègue son écrasante supériorité. Ils avaient, ainsi que Jean Daurat, des prétentions au décanat du collége de France, et ils accusaient Ramus d'usurpation, se moquant de son grand âge, précisément parce qu'il n'avait qu'un an ou deux de plus qu'eux, et non, comme se l'imagine l'abbé Joly, parce qu'il aurait été en effet accablé sous le poids des ans.

Le médecin Duret, homme violent, est, suivant toute probabilité, l'auteur de la Philippique contre le décanat de Ramus. La Bibliothèque de Sainte-Geneviève possède un exemplaire de cet écrit, ayant appartenu au médecin Rassius ; une note manuscrite ajoutée au titre et signée de ce témoin, qui devait être bien informé, porte que l'ouvrage vient de Duret (*Ex motu proprio Lud. Dureti*).

Le plaisant de la bande est Jean Daurat, dont les petites affaires auraient été dérangées, si l'on avait exigé le concours pour être lecteur royal. Ce poëte banal, fatigué de l'enseignement, songeait à donner sa place à son gendre Nicolas Goulu (Gulonius), qui arriva en effet en 1567 au collége royal, à la faveur des guerres civiles, en dépit de l'ordonnance obtenue par Ramus. De là la colère fort ridicule de Daurat, et ses vers satiriques, aussi sots que mal tournés, n'en déplaise à Ronsard, son élève, à qui du reste il avait communiqué son goût pour les pointes. Ceux qui les aiment assez pour leur sacrifier les plus nobles sentiments n'ont qu'à lire la satire de Daurat intitulée *Decanatus*, dans le recueil de poésies (Poëmatia) qu'il imprima en 1586 à Paris ; ils y trouveront aussi des vers latins et français en réjouissance de la mort de Coligny. L'abbé Joly, dans ses Remarques sur Bayle, est ravi des lazzis, des anagrammes et des ennuyeuses facéties que contient ce volume; il est vrai qu'il ne les comprend pas toujours, et qu'on peut quelquefois lui appliquer le mot : *omne ignotum pro magnifico*.

Tels furent les ennemis personnels de notre philosophe. C'était l'envie ou des intérêts froissés qui étaient ameutés contre lui, mais qui n'auraient peut-être pas osé se produire au grand jour, sans le motif si commode de la religion. L'auteur des Mémoires tirés d'une grande bibliothèque dit avec raison (t. L, p. 118) : « Si Ramus n'avait disputé que sur la philosophie et l'éloquence, s'il n'avait eu des sentiments erronés et condamnables qu'en pareille matière, il serait peut-être mort tranquillement dans son lit. »

Quant à Ramus lui-même, Nancel déclare qu'il avait fait tout ce qui dépendait de lui pour effacer le souvenir des anciennes querelles, et que sa patience, son savoir-vivre, son amour de la vérité avaient fini par toucher plusieurs de ses adversaires, et Pierre Galland lui-même. Après avoir rappelé que, durant de longues années, il ne répondit pas aux libelles dont il était poursuivi, l'ancien secrétaire de Ramus ajoute (p. 66, 67) : « Il est un point sur lequel je crois devoir insister : c'est qu'il se réconcilia avec chacun de ses adversaires et de ses ennemis, à l'exception d'un bien petit nombre. Je le sais pour être allé souvent leur souhaiter le bonjour de sa part. Galland et Turnèbe, entre autres, peu de temps avant leur mort, se réconcilièrent avec lui, et devinrent tout à fait ses amis [1]. »

Le même auteur raconte très longuement à ce propos (p. 67, 68) un fait dont il a été témoin, et qui m'a paru intéressant. Un jour d'hiver, à quatre ou cinq heures du matin, Ramus travaillait seul dans son cabinet à la lueur d'une lampe, lorsqu'il crut entendre une voix qui lui disait : « Adieu, Ramus; Ramus, adieu! » A ces mots, notre philosophe est en proie à une émotion extraordinaire; il appelle son secrétaire Nancel et son ami Talon; il leur raconte ce qu'il vient d'entendre : c'est, leur dit-il, la voix de l'évêque du Chastel, ou plutôt de son ombre. On le rassure, on parvient à lui persuader que c'est une hallucination; car du Chastel est parti bien portant de Paris pour aller rejoindre la cour..... Le surlendemain, on apprit que ce prélat était mort dans la journée qui avait suivi cette espèce d'apparition. Circonstance singulière sans doute, mais où Nancel a tort de chercher un miracle : il n'aurait dû y voir que l'extrême préoccupation d'un chrétien, dont l'idée fixe était de vivre en paix avec ses semblables et de désarmer ses anciens adversaires. On peut dire qu'il y réussit, excepté auprès de ceux qu'on ne gagne jamais, savoir les fanatiques ou les gens intéressés à le paraître.

Je n'entreprendrai point de passer en revue les nombreux amis de Ramus et tous ceux avec qui il fut en relation : un volume n'y suffirait pas. Forcé de me borner, j'ai renoncé à parler de ses correspondants en France et à

---

[1] Ce témoignage de Nancel rectifie une assertion erronée de Pasquier (Catéch. des jés., l. I, c. 6), qui confond P. Galland avec son neveu Guillaume.

l'étranger, quoique les noms de Bullinger, de Camérarius, de Rhéticus, de Jean Sturm, de Roger Asham, de
Pierre Pithou et d'autres personnages considérables eussent piqué peut-être la curiosité de plus d'un lecteur.
J'aurais aimé à reproduire quelques traits des lettres à
Théodore Zuinger, où Ramus se montre tour à tour grave,
enjoué, affectueux, demandant avec sollicitude des nouvelles de son filleul, s'intéressant aux travaux de son ami,
attentif surtout à l'état de la religion à Bâle. J'aurais aimé
aussi à rechercher la trace de ses relations avec Cujas,
ainsi que la date et le sujet des lettres qui furent trou-
vées au collége de Presles à la Saint-Barthélemy, et qui
donnaient la preuve de l'attachement de notre grand jurisconsulte au protestantisme[1]. Je me restreins à Paris
et au cercle dans lequel Ramus vivait habituellement, et
là encore la moisson est bien abondante. Que de pensées
et de sentiments divers, que de faits curieux ou d'événements de la plus haute importance nous rappelle à lui
seul le trop célèbre Charles de Lorraine !

Dans une des salles du palais archiépiscopal de Reims,
parmi plusieurs portraits d'archevêques, on en trouve un
qui porte cette inscription : *Ch. de Lorraine, card.* 1547.
Ce portrait est-il ressemblant ? Je l'ignore ; mais ayant eu
l'occasion de le voir, je dirai simplement ce que j'ai res-
senti en contemplant cette image, sous l'impression de
tous les souvenirs qu'elle devait réveiller en moi. La to-
que rouge du cardinal ne cache point son front large et

---

[1] J. de Bonheim, cité par F. G. Freytag (ibid.), p. 511 : « Fuere literæ
quædam in museo Rami inventæ, ex quibus multa arcana colligi po-
terant. Inter reliqua vero quæ habuit, etiam Cujacii scripta reperta sunt,
quibus totum se evangelicum declarat, ita ut de vita Cujacii sit peri-
culum. » Cf. France protestante de M. M. Haag, art. Cujas.

élevé. La figure, longue et amaigrie, semble trahir la fatigue ; l'œil est sombre et enfoncé ; la coupe de la barbe, taillée en pointe, est celle qu'affectaient nos jeunes élégants il y a quelques années. Le bas de la tête a de la finesse, mais le menton pointu et un peu avancé n'est pas en harmonie avec le haut du visage. En somme, cette tête n'a rien de sympathique : la partie supérieure est belle et dénote l'homme d'esprit et de résolution ; mais la partie inférieure, les pommettes et la bouche offrent les signes extérieurs d'instincts égoïstes et grossiers. Tels ont pu être les traits de ce prélat ambitieux et débauché, intrigant de génie, galamment et spirituellement criminel, qui fut le protecteur des gens de lettres et l'âme de la maison de Guise, l'inventeur de la Ligue, et, sinon le conseiller, du moins le panégyriste de la Saint-Barthélemy.

Mais je n'ai pas la prétention de retracer ici, même en abrégé, la vie si connue du cardinal de Lorraine. Je ne rappellerai même pas la protection qu'il accorda aux gens de lettres ; je ferai seulement remarquer que cette protection fut toujours subordonnée à la question de religion, ou plutôt à ses desseins ambitieux. Cela est surtout vrai en ce qui concerne Ramus, quoi qu'en ait pu dire un biographe du cardinal, qui voit je ne sais quel apôtre de la liberté illimitée de penser dans un homme qui n'a pas même compris les droits de la conscience[1].

Charles de Lorraine était trop grand seigneur pour ne pas repousser la barbarie du langage, aussi bien que des manières : il aima donc les lettres et se montra généreux envers les lettrés ; mais c'était, à ce qu'il semble, un goût

---

[1] J. J. Guillemin, Le card. de Lorraine, p. 25, p. 453, 455, etc.

assez frivole pour le bel esprit plus que pour la science, et
pour l'érudition plus que pour les idées nouvelles. Or un
tel goût s'est souvent rencontré chez des hommes incapa-
bles de comprendre la liberté et le progrès. Néron aimait
les vers : sa manie poétique l'empêcha-t-elle de faire périr
Sénèque et Lucain ? Louis XIV protégeait les lettres :
n'est-ce pas sous ce règne tant vanté que moururent dans
l'exil des hommes tels qu'Arnauld, Bayle, Abbadie,
Saurin ? Par cela même que le cardinal de Lorraine aimait l'auteur de Gargantua et de Pantagruel et les poëtes
de la Pléiade, il devait peu goûter les seuls esprits sérieux qui fussent autour de lui, les L'Hospital et les Ramus. Qu'on ne l'oublie pas, en effet : il prisa les vers latins de L'Hospital, mais il combattit les vues libérales de
ce grand homme ; de même il soutint Ramus, tant que
celui-ci se borna à des attaques contre Aristote qui res-
semblaient à des jeux d'esprit ; mais il l'abandonna et le
fit destituer, lorsque Ramus eut adopté la réforme religieuse. Il est vrai que, de son côté, notre philosophe
avait cessé de l'appeler son Mécène et de célébrer les ex-
ploits du vainqueur de Calais, ternis à ses yeux par le
massacre de Vassy [1].

En recherchant les premiers signes de mésintelligence
entre Charles de Lorraine et son ancien protégé, je n'ai
rien pu trouver avant la démarche de l'académie de Bologne en 1563. « Voici, dit Nancel à ce sujet (p. 64, 65),
ce que Ramus nous racontait autrefois : Lorsqu'il eut
reçu la lettre par laquelle les habitants de Bologne le pressaient de prendre la place de Romulus Amasée, il alla
trouver le cardinal et lui demanda son agrément pour ac-

---

[1] Voir les Collectan. præfat., epist., orat. (1577), p. 87, 90...

cepter cette offre : « Allez, lui répondit sèchement le
« cardinal; vous délivrerez la France d'un grand sujet
« de trouble, de souci et de crainte; mais votre présence
« et votre enseignement vont bouleverser toute l'Italie,
« et peut-être avec quelque danger pour vous, à moins
« qu'en passant la mer vous ne changiez à la fois de cli-
« mat et d'humeur. » Le cardinal parlait ainsi, parce
qu'il savait que Ramus avait embrassé la nouvelle religion, dont lui-même était fort éloigné. »

Charles de Lorraine était-il en effet très éloigné du lu-
théranisme? C'est ce qu'il est difficile d'affirmer; car sa
sincérité en matière de religion a été fort suspecte aux
contemporains. Leur témoignage est même si peu flatteur à cet égard, que l'écrivain qui a essayé de le réhabiliter de nos jours n'a pu s'empêcher de se poser cette
question [1] : « Le cardinal n'a-t-il défendu le catholicisme
que dans l'intérêt de sa maison et de sa grandeur personnelle? » Brantôme, qui admire « le grand cardinal, »
avoue cependant qu'il avait l'âme *fort barbouillée* et
« qu'on le tenoit pour fort hypocrite en sa religion. »
Son hypocrisie, son ambition démesurée et la scandaleuse impureté de ses mœurs, tels seront toujours les
griefs des historiens doués du sens moral contre un
homme à qui d'ailleurs on ne saurait refuser une certaine générosité et même un esprit supérieur, quoique
Bossuet ait poussé bien loin l'indulgence en l'appelant
« un grand génie. »

En perdant la faveur de Charles de Lorraine, Ramus
conserva celle de Catherine de Médicis et de Charles IX.
Il continua d'être en crédit auprès de plusieurs person-

---

[1] J. J. Guillemin, Le Cardinal de Lorraine, p. LIII.

nages qu'on appelait politiques à cause de leur modération, comme le chancelier de L'Hospital et le cardinal
de Bourbon, le même qui, après l'assassinat de Henri III,
devait être proclamé roi par la Ligue sous le nom de
Charles X, conformément aux prédictions des astrolo-
gues. Mais ses principaux appuis dans les dernières années de sa vie furent les seigneurs protestants. On voit,
dans une lettre à Sturm, de 1571, que Ramus n'était pas
inconnu à la reine de Navarre, puisqu'il se proposait de
plaider la cause du savant recteur de Strasbourg auprès
de cette princesse, en même temps qu'auprès de l'amiral
de Coligny. Il avait conféré avec ce grand homme sur
des matières religieuses, et ils s'étaient trouvés du même
sentiment. Le frère aîné de Coligny, le cardinal Odet de
Châtillon, et l'évêque de Valence, Jean de Montluc, sou-
tinrent fortement Ramus dans son procès contre les Dampestre et les Charpentier. On trouve aussi dans les écrits
de Ramus des traces de ses relations avec trois ou quatre
ambassadeurs : Michel de Castelnau, Bellièvre, Arnauld
du Ferrier, son coreligionnaire, et enfin le diplomate
huguenot Hubert Languet, avec qui il fut très lié depuis
1560 jusqu'à sa mort.

Il dut rencontrer souvent chez le cardinal de Lorraine
un de leurs communs condisciples au collége de Navarre, je veux dire Pierre de Ronsard.

> Ce poëte orgueilleux, trébuché de si haut,

comme l'a si bien caractérisé Boileau, était demeuré l'un
des familiers du cardinal; mais il ne paraît pas qu'il ait
conservé avec notre philosophe des relations fort intimes.
Peut-être est-ce la faute de Jean Daurat, dont il avait

suivi les leçons au collége de Boncour ; peut-être est-ce
tout simplement parce que leurs goûts et leurs humeurs
ne s'accordaient pas. Nancel nous apprend en effet (p. 32,
33) que son maître négligeait tout à fait l'art des vers,
quoique dans sa jeunesse il en eût fait d'assez agréables,
en latin sans doute. « Aussi, dit-il ailleurs (p. 65), Ramus ne fréquentait guère les poëtes. Cependant il invita
un jour à déjeuner tous ceux qui étaient en réputation à
Paris, et à leur tête Ronsard, pareil à Apollon (*Ronsardo,
velut Apolline, prœeunte*). » Joachim du Bellay était aussi
de la fête ; on a vu cependant de quelle manière il traita
son amphitryon dans la Pétromachie. Quant à Ronsard,
je n'ai pas rencontré une seule fois dans toutes ses œuvres le nom de Ramus. En revanche, celui-ci fut célébré avec enthousiasme par Estienne Jodelle, et il conserva l'amitié de Baïf, témoin ce mot de Pasquier dans
une de ses lettres (la 4ᵉ du livre III) : « Jean Antoine de
Baïf, ami commun de nous deux. »

Ramus avait échangé plus d'une lettre en français avec
Estienne Pasquier, qui était grand admirateur de son talent, mais qui n'approuvait pas toutes ses réformes, surtout en orthographe, et qui, à l'apparition de sa grammaire française, lui écrivait aussitôt : « Or sus, je vous
veux dénoncer une forte guerre, etc. » Une autre fois,
c'était Ramus qui avait émis des doutes sur une locution
employée par Pasquier. De là la réponse de ce dernier
(lettre V du livre III), intitulée : « De la propriété de
ceste diction de *sens* entre nous, d'où est venue ceste manière de parler *sens dessus dessous*. » Mais c'est surtout
dans les Recherches de la France que le nom de Ramus
revient souvent : nous en avons rapporté plus d'un pas-

sage ; nous en aurions bien d'autres à citer, mais l'occasion se présentera sans doute plus loin d'en faire usage.

Le célèbre avocat Antoine Loisel était à la fois grand ami de Pasquier, comme chacun sait, et de Ramus dont il avait été l'élève, avant d'être son avocat en 1566. Voici quelques lignes de ses Mémoires (Opuscules, 1652, in-4°, p. vii) : « Il fut mis au collége de Presles, duquel Ramus estoit lors principal, qui l'ayma et estima tousiours tellement depuis, qu'il le fit exécuteur de son testament, et légataire d'un quart de tous ses meubles et debtes, qui revinrent pourtant à néant, à cause de l'inconvénient de la Sainct-Barthélemy. »

Je laisse de côté Bergeron, Amariton, Pierre Séguier, Christophe de Thou, Baptiste du Mesnil et tant d'autres avocats, conseillers ou présidents, qui étaient ou les anciens élèves, ou les amis, ou les protecteurs de notre philosophe. Quant à l'université, voici les noms de ceux avec qui il était surtout en relations : c'étaient, dans la faculté de théologie, Jean Sabellus et Fournier; dans la faculté de droit, le fougueux docteur Jean Quentin; dans la faculté des arts, Omer Talon, Barthélemy Alexandre, Gaultier, Poëtevin, Briet, Guillaume Galland, Denis Lambin, et le célèbre Georges Buchanan, pendant ses divers séjours à Paris; enfin, dans la faculté de médecine, les lecteurs royaux Sylvius, Fernel, Jacques Goupyl, Simon Baldichius, les deux Rassius, Simon Petreius, Hallerius et ses coreligionnaires les docteurs Jean de Gorris, Julien Paulmier, Albert Lefebvre, Maurice de la Corde et Nicolas Charton, qui, après la troisième guerre civile, furent exclus comme lui de l'enseigne-

20

ment, ou, si l'on veut, *dispensez de faire lectures*[1].

Une mention spéciale est due au fameux Jacques Dubois ou Sylvius, médecin du roi, très savant pour son siècle en anatomie et en pharmacie, mais d'un caractère
fort original et ayant le défaut d'aimer beaucoup trop
l'argent. Les vers suivants, de Buchanan, furent affichés
aux portes de l'église où l'on célébrait pour lui la messe
mortuaire (10 janvier 1555) :

> Sylvius hic situs est, gratis qui nil dedit unquam,
> Mortuus et gratis quod legis ista dolet.

« Ci gît Sylvius, qui ne donna jamais rien gratis, et qui s'afflige,
après sa mort, de ce que vous lisez ceci gratis. »

Nancel raconte une anecdote (p. 16, 17) qui peut
donner une idée de la manière dont ce docteur traitait
ses malades. « Ramus, dans sa jeunesse, souffrant d'une
ophthalmie, était allé consulter son compatriote Jacques
Dubois, qui était alors en grande réputation à Paris
comme médecin. C'était un homme assez rude et un peu
brusque qui, en l'apercevant, lui demanda d'où il était.
— Je suis Picard. — Ton nom et ta profession? — Ramus se nomme et dit qu'il enseigne les belles lettres. —
On m'a parlé de toi, reprend le médecin en le tutoyant
toujours; tu travailles trop; tu te crèves les yeux, et tu
es le seul auteur de ton mal. Enfin, tu n'es pas sage
de veiller et de passer ainsi les nuits. Laisse-moi là l'é-
tude, et prends-moi une pinte de vin généreux; bois sans
crainte : dans trois jours tu seras guéri. — Ramus suit
cette ordonnance : il boit sans sourciller

> Spumantem pateram, et pleno se proluit alveo.

[1] Du Boulay, t. VI, p. 725.

Jamais homme ne souffrit plus cruellement : son mal redouble, ses paupières s'enflamment; auparavant il avait mal aux yeux, maintenant il est aveugle! Il retourne chez son médecin, qui lui prescrit un autre traitement, etc. » Ramus ne se guérit qu'à grand'peine et à force de remèdes, dont le principal et le plus efficace fut qu'il porta longtemps les cheveux ras.

Cette habitude, qui devint la mode sous Henri II, était contraire à l'usage sous François Ier. De là une petite aventure dont Nancel nous fait encore le récit, d'après Ramus : « A son arrivée au collége de Presles en 1545, les élèves jouèrent une tragédie et une comédie. Lorsqu'il parut lui-même sur la scène comme souffleur à la fois et comme directeur de la jeune troupe, les spectateurs, le prenant pour un Italien, le regardèrent de fort mauvais œil : car les Italiens étaient alors très détestés à Paris. Cette impression fâcheuse ne se dissipa que lorsqu'on sut la cause pour laquelle il s'était fait couper les cheveux. » Tel était déjà l'empire de la mode.

De la Monnoye, dans une note sur l'article *Galland* de la Bibliothèque françoise de La Croix du Maine et Du Verdier, avance, on ne sait sur quel fondement, que Denis Lambin était ennemi de Ramus. Ils étaient au contraire parfaitement unis de pensée et de cœur, et ils suivirent la même conduite dans deux affaires décisives, celle des jésuites et celle du collége royal en 1566. Lambin se montra même plus vif que son collègue, soit contre ceux qu'il appelait les oppresseurs de l'université, soit contre Jacques Charpentier, dont il encourut la colère pour avoir démasqué son ignorance. Je ne reviendrai pas sur ces démêlés, quoiqu'ils ne soient pas sans intérêt

pour l'histoire générale du temps. Mais Lambin ayant
partagé la destinée de Ramus, je dois mettre sous les yeux
du lecteur le récit de sa mort par de Thou (l. LIII, trad.
d'Ant. Teissier) : « Denis Lambin, de Montreuil, professeur royal en éloquence, connu par beaucoup d'ouvrages très utiles à la littérature, ayant appris ce qui ve-
noit d'arriver à Ramus, en fut effrayé; et, quoiqu'il ne
pensât pas comme lui sur la religion, cependant, comme
il avoit eu aussi avec Charpentier de grandes disputes
littéraires, il craignit la vengeance de ce furieux, et l'ef-
froi dont il fut saisi lui causa une maladie fâcheuse dont
il mourut un mois après. Ce sont leurs disputes (ajoute
l'historien) qui ont donné naissance au nom de politique,
qui devint depuis un nom de faction, que les ligueurs
transportèrent à tous ceux qui étoient attachés au roi et
qui vouloient la paix. »

La vie d'Omer Talon est tellement liée à celle de Ramus, que je crois l'avoir racontée à peu près en entier,
depuis ses débuts dans l'enseignement au collége du cardinal Lemoine en 1534, jusqu'à sa mort arrivée en 1562.
Il était du Vermandois aussi bien que Ramus. Ils étaient
si grands amis, qu'ils se traitaient de frères. « Omer Talon, dit Nancel (p. 40), était un homme de beaucoup
d'esprit, d'humeur douce et facile, plein de politesse et
de bienveillance, et possédant toutes les qualités du professeur. » Il partagea la vie de son *frère* pendant plus
de vingt ans, dans les colléges du Mans, de l'Ave-Maria
et de Presles ; c'était même lui, à ce qu'il paraît, qui
s'occupait des élèves pensionnaires et qui administrait
le revenu commun. Mais ici, nous touchons à la vie intime de Ramus : il est temps de le considérer enfin lui-

même dans son intérieur et dans les détails de sa vie journalière.

Bayle et l'abbé Joly se sont beaucoup inquiétés de savoir quelles étaient les ressources de Ramus. Nancel avait répondu d'avance à toutes leurs questions de la manière la plus satisfaisante, en donnant le compte détaillé des revenus de notre philosophe, qu'il évalue en moyenne à 2,000 livres tournois par an [1]. J'estime que ces deux mille livres représentaient vingt mille francs de nos jours; aussi Ramus passait-il pour riche, et Rabelais remarque, dès 1552, qu'il « a des escus au soleil, je dy beaux et tresbuchants. » On en jugera mieux par le tableau de ses dépenses, tracé également par Nancel (p. 57, 58) : « Ses dépenses, dit-il, étaient à peu près égales à son revenu. Outre sa nourriture, son entretien et l'administration du collége, il élevait à ses frais douze écoliers, tous pris dans le Soissonnais, et qui du reste lui servaient de lecteurs ou de copistes, et l'aidaient dans la mesure de leur

---

[1] Vie de Ramus, p. 56, 57. Annuus illi reditus omni ex parte circiter sexcentorum aureorum, vel bis millenarum librarum fuit. Nam e stipendio regiæ professionis infra quingentas libras quotannis accipiebat. E cubiculis collegii locandis et professorum auditoribus exteris tantumdem forte corradebat (sed dum ipse domi legeret cum Talæo, singulis mensibus libras circiter centum colligebat). E gymnasii reditibus annuis, partim urbanis, partim prædiis rusticis ac dominiis, circiter sexcentas vel nongentas libras numerabat. Habuit præterea prioratum quemdam Rhedonensem in diœcesi Cadurcensi, et parœciam Lutetiæ D. Nicolai a carduneto : hanc Talæo sacra capessenti legavit. Ex prioratu Rhedonens centum coronatos vel plures singulis annis capiebat. Nam abbatiam a¡ cardinale suo oblatam, velut laborum et officiorum præmium, recusavit... Quo porro tempore domesticos pueros pensione numerata alebat, credibile est ex eo certam pecuniæ summam lucrari solitum. Sed postquam Talæus ab eo discessit, hanc provinciam a se rejecit et abdicavit, studiorum quam rei familiaris procurandæ amantior. Accessit postea fœnus e pecunia in Parisiensem mercatorum œconomiam trapezamve collata.

intelligence et de léurs capacités naturelles... Il employa
d'un seul coup toutes ses économies de plusieurs années
à rebâtir son cher collége de Presles : il y consacra environ 2,000 écus d'or, disant à ses amis qu'il faisait
comme Auguste, qui, ayant trouvé Rome bâtie en pierres, avait laissé après lui une ville de marbre. » Il faut
ajouter à ces dépenses celles de sa bibliothèque, composée
de manuscrits et de livres rares, et qu'on n'estimait pas
à moins de mille écus d'or.

Le collége de Presles ou de Soissons était situé au bas
du mont Saint-Hilaire, près la place Maubert. Lorsque
le collége de Laon en avait été séparé en 1223, le collége de Presles fut réduit aux bâtiments qui donnaient
sur la rue des Carmes d'un côté, et de l'autre sur la rue
Saint-Hilaire, et dont un habile antiquaire pourrait, je
crois, retrouver encore les restes. Il était contigu au collége de Beauvais, qui plus tard lui fut annexé pendant
plus d'un siècle (de 1597 à 1699) pour l'exercice des
classes. Sa grande prospérité date de l'année 1545, où
Ramus en prit la direction. En 1773, ce collége subsis-
tait encore sous la direction d'un nommé Milet, qui en
fut probablement le dernier principal.

C'est là que vivait Ramus. Essayons, à l'aide de traits
épars, mais que nous empruntons surtout à Nancel, de
retracer une de ses laborieuses journées de professeur et
de principal.

Tous les jours, Ramus était debout à cinq heures au
plus tard ; en hiver, il était à l'ouvrage dès quatre heures
du matin. Il prolongeait ordinairement son travail jusqu'à dix ou onze heures. En quittant son cabinet, il faisait deux ou trois fois, en se promenant, le tour de son

collége ; après quoi il déjeûnait. Ce premier repas était
frugal et très peu abondant : il se composait de fromage
et de fruits. Son service était honnête, mais sans aucun
luxe : il n'avait point de vaisselle d'argent, pas même la
salière qu'Horace permet au philosophe ami d'une sage
médiocrité.

Après déjeuner, il prenait un peu de repos, soit en
faisant la sieste, soit en causant avec ses convives, quand
par hasard il en avait eu le matin ; puis il inspectait les
classes du collége, et faisait quelques tours de promenade
ou une partie de paume. Il avait chez lui une salle appropriée à ce jeu et qui, sans être d'une grande étendue,
était suffisante pour deux personnes. Lorsqu'au lieu de
jouer à la paume il sortait pour se promener, on peut
supposer qu'il dirigeait quelquefois ses pas du côté de la
rue Saint-Denis ; car on trouve dans ses opuscules [1] un
éloge de cette rue, déjà fort célèbre pour son commerce,
et qu'il appelle une *rue royale*.

A deux heures, il retournait à l'étude avec un nouveau zèle et travaillait jusqu'à cinq ou six heures, toujours lisant et surtout écrivant ; car il ne lisait guère que
la plume à la main, de manière à mettre rapidement
sur le papier les réflexions que lui suggérait sa lecture.
Il écrivait en latin avec une rare facilité, mais son écriture était si mauvaise, qu'à moins d'y être accoutumé,
personne ne pouvait la déchiffrer.

C'était dans l'après-midi en général qu'il faisait sa
leçon au collége de France. Il y consacrait une heure,
comme on l'a déjà vu ; mais il s'y préparait avec le plus
grand soin. Tout en travaillant, il jetait les yeux sur une

[1] Collect. præf., epist., orat. (1577), p. 536, 537.

glace ronde, qui était placée en face de lui, et dont la bordure verte reposait sa vue fatiguée. Nancel prétend avoir surpris son maître étudiant dans cette glace les attitudes, les gestes et les airs de visage qui lui paraissaient les plus convenables pour le débit de ses discours. Si l'on en croit Plutarque, Démosthène en faisait autant.

Pendant sa leçon, Ramus avait auprès de lui un de ses élèves, qui était chargé de lui donner les livres pour les citations, et de l'avertir, en le tirant par sa robe, des fautes qui pouvaient lui échapper. Il écoutait volontiers les critiques; il priait même ses amis de lui en adresser, et ils n'y manquaient pas. Les uns, par exemple, trouvaient qu'il souriait trop constamment; d'autres, comme le docteur Quentin, lui reprochaient d'élever par trop la voix, lorsque, vers la fin d'une argumentation, il s'écriait à plusieurs reprises : *Donc*, *donc* (ergo, ergo).

De retour chez lui, il rédigeait à la hâte et en abrégé les points principaux de sa leçon; ces notes étaient ensuite remises au net par ses meilleurs élèves.

Vers la brune, Ramus faisait une dernière et longue revue des classes, distribuant à tout son monde l'éloge et le blâme, et infligeant aux élèves trouvés en faute la peine du fouet. On sait que telle était l'ancienne méthode, et Ramus, à ce qu'il paraît, avait le tort d'en abuser; ses ennemis prétendaient même qu'en sa présence tous ses subordonnés étaient pâles de terreur. La vérité est qu'il était d'une grande sévérité, et Nancel dit de lui la même chose qu'Horace de son maître Orbilius (*plagosus*); mais il savait se modérer dans sa colère, et jamais, par exemple, on ne l'entendit jurer.

L'heure du dîner arrivait enfin. Ce repas était plus

abondant que le déjeuner, et Ramus le prenait en compagnie de quelques convives; mais sa table était toujours celle d'un philosophe, soit pour les mets (voir Nancel, p. 51), soit pour les propos; car on y traitait toujours quelque sujet sérieux et instructif. Lorsqu'il prenait lui-même la parole, il lui arrivait de s'intéresser tellement à l'entretien, qu'il oubliait de manger. Un jour qu'il était à un grand dîner chez un conseiller du parlement (*Sirierius*), avec de grands personnages et des dames de la plus haute noblesse, la conversation ayant pris dès le début un tour sérieux, il se mit à parler en français avec tant de vivacité et d'éloquence, que tous les convives, captivés par ses discours, l'écoutèrent avec une admiration qui leur fit oublier le magnifique repas servi devant eux. Cela lui arrivait souvent lorsqu'il dînait en ville; mais il n'en fut pas de même à un banquet que lui avaient offert quelques nobles italiens, et où Ramus ne dit pas un mot, parce que ces étrangers, qui ignoraient le latin, ne parlèrent pas non plus en français, mais seulement en italien, langue qui lui était inconnue. Indigné de cette réception incivile, il ne desserra point les dents, et, se levant de table avant la fin, il rentra chez lui presque à jeun.

Quand Ramus avait dîné chez lui avec ses amis ou chez ses voisins, par exemple, chez le mathématicien Oronce Finé, ou chez Quentin, le docteur en décret, on causait encore, en sortant de table, sur un ton sérieux et enjoué tour à tour, jusque vers neuf heures. On pourrait croire que Ramus, en homme du XVIe siècle, ne se faisait pas faute, dans ces conversations, de dire des bons mots, des sentences, des épigrammes, et tous ces jeux

d'esprit si fort à la mode de son temps. Il n'en est rien ;
Nancel l'avoue avec un regret mal déguisé : « Ramus,
dit-il, ne recherchait point ce genre d'esprit ; il ne plai-
santait guère, et ses pensées étaient toujours graves et
sérieuses. » De là, avec une merveilleuse facilité à improviser sur les sujets élevés, une répugnance et même
une difficulté sensible à exprimer des choses communes
et triviales. D'autres fois on jouait aux échecs ou au tric-
trac, ou bien l'on faisait venir les élèves boursiers les
plus habiles à chanter ou à jouer de quelque instrument.
« Car, dit Nancel, Ramus, qui n'était nullement musi-
cien et qui chantait fort peu, était pourtant grand ama-
teur de musique vocale et instrumentale. »

Lorsque par hasard il avait dîné seul, Ramus terminait sa journée en se faisant lire quelque histoire ou
quelque ouvrage de nature à reposer son attention. Cette
lecture était son principal remède contre les insomnies
fréquentes que lui causaient, tantôt les soucis et les études de la journée, tantôt les attaques et les insultes de
ses adversaires.

Il connaissait, on le voit, le prix du temps, et il avait
foi dans la puissance du travail. Il avait sans cesse à la
bouche le mot bien connu de Virgile, qu'il arrangeait
ainsi : *Labor improbus omnia vincit*, et il l'écrivit de sa
main sur un carton que lui présentait un Allemand désireux d'emporter dans son pays un souvenir du célèbre
professeur. Toujours occupé de travaux sérieux, il ne s'y
oubliait pas et savait leur dérober quelques instants qu'il
consacrait au recueillement et à la prière.

Voilà quelles étaient ses habitudes de chaque jour. En
assistant à cette vie innocente et pure, on oublie tant de

persécutions dont elle fut traversée, et ce n'est pas sans
un douloureux étonnement qu'on la voit aboutir à cette
fin tragique. Sans doute, l'homme n'est pas le maître de
ses destinées; sans doute, il ne lui suffit pas d'aimer l'é-
tude et de vouloir la paix, pour éviter toute lutte et pour
n'avoir point d'ennemis : autrement on ne comprendrait
pas que celui dont on vient de voir la vie et les goûts
paisibles eût amassé sur lui tant de haines. On ne comprendrait pas comment il s'est rencontré tant de gens
pour se réjouir de sa mort.

Cette mort fameuse a été racontée de la manière la
plus inexacte par une foule d'historiens. L'un le fait
mourir, non à la Saint-Barthélemy, mais au temps des
Barricades [1]. D'autres, en très grand nombre, n'ayant
pas compris le mot latin *cella* (réduit, grenier) qu'emploie de Thou, assurent que Ramus a été tué dans une
cave; sur quoi Antoine Savérien fait la remarque suivante dans ses Vies des philosophes modernes (t. I,
p. 31, note 1) : « Nancelius est peut-être le seul de
tous les historiens de Ramus qui raconte sa mort telle
que je la rapporte. Les autres ont écrit qu'il se cacha
dans une cave, et qu'après qu'on l'y eut assassiné, on le
jeta par la fenêtre. Lorsque je lus ce trait de la fin de
notre philosophe, je ne pouvois concevoir comment on
pouvoit jeter un homme de la fenêtre d'une cave, à moins
que cette fenêtre ou soupirail ne répondît à quelque bas-
fond. Pour m'en éclaircir, je me suis transporté au collége de Presles, et M. Milet, principal actuel de ce collége, qui a procuré au graveur le portrait de Ramus,
m'a fait voir obligeamment l'endroit où ce philosophe

---

[1] Fr. Dinet, Théâtre de la noblesse françoise.

s'étoit caché, etc. » Avant Savérien, un autre écrivain,
arrêté dans son récit par la même difficulté, en avait in-
venté une autre solution. Il suppose que les meurtriers
de Ramus, l'ayant découvert dans une cave, « l'arra-
chèrent de sa retraite, *le firent monter dans une chambre*
et l'y poignardèrent[1]. » C'est ainsi que l'imagination
dénature les faits qu'elle prétend expliquer ou orner.
Voyez, par exemple, le récit de Gaillard (Hist. de Fr. Ier,
l. VIII) : « Ramus, dit-il, s'était caché dans une cave :
on l'avait épié, on l'en tira ; il offrit de l'argent, l'argent
désarme des voleurs, non des ennemis : n'ayant rien pu
obtenir, il se défendit en désespéré ; percé de coups, suc-
combant sous le nombre, on le jeta dans la rue, etc. »
Dans ce tableau d'une lutte furieuse, que devient cette
résignation si simple et si touchante du chrétien qui
accepte la mort comme un juste châtiment de Dieu, et
qui prie pour ses bourreaux ?

Banosius (p. 35) et Nancel (p. 21, 29, 78) déplorent
amèrement le pillage de la bibliothèque de Ramus, qui
fut dévastée après sa mort, et qui disparut en moins
d'une heure avec tous ses meubles. On verra plus loin
(IIIe partie, chap. III) que plus d'un manuscrit précieux
y périt. Cette bibliothèque était composée de livres très
rares, et Louys Jacob lui a consacré un chapitre (le 84[e]
de la IIe partie) de son Traicté des plus belles bibliothèques publiques et particulières.

Bien des circonstances odieuses accompagnèrent l'assassinat de Ramus. Ses ennemis, si l'on en croit Jean de
Bonheim, ne rougirent pas d'afficher dans Paris des épi-
taphes pleines d'injures et de sottes calomnies. Celui qui

---

[1] Hist. ecclésiastique (Contin. de Fleury), l. CLXXIII, § 30.

se montra le plus fécond en plaisanteries de ce genre fut
sans contredit le lecteur royal Léger du Chesne. On ne
peut rien lire de plus extravagant que le recueil composé par ce furieux sur la mort de Ramus et de Coligny[1].
L'amiral y est comparé tour à tour à Caïn, aux géants
qui entreprirent de détrôner Jupiter, à Goliath et enfin
à Holopherne. Charles IX est exalté sous les noms de
Gédéon, d'Alcide, de Salomon et de Mars, et sa mère est
appelée Judith. Quant à Ramus, il est traité avec un cynisme révoltant, et je n'ai pas le courage de traduire ou
même d'analyser les pièces de vers latins où l'auteur
exhale une joie impie, associant Dieu lui-même à son
triomphe. « Gloire et grâce à Dieu! » s'écrie-t-il à plusieurs reprises! Voici le trait le moins odieux du recueil :

Et vita et verbo, et vitioso dogmate Ramus
  Displicuit : sola morte placere potens.

« Tout déplut en Ramus, sa vie, ses discours et ses opinions pernicieuses; sa mort seule pouvait nous plaire. »

Ainsi, la mort même de Ramus (et quelle mort!) ne
put apaiser la haine et l'envie. Vingt ans après, un autre
fanatique, ancien élève de Charpentier, Gilbert Génébrard, archevêque d'Aix, s'exprimait encore en ces termes pleins de colère (Chronographia, Lyon, 1609,
p. 772, a) : « Le lendemain, le même châtiment attei-
gnit d'autres coupables, entre autres Pierre Ramus de
Vermandois; il fut justement puni de sa turbulence et
de sa folie, qui osait s'attaquer aux langues, aux arts,
aux sciences et à la théologie elle-même. »

---

[1] De internecione Gasparis Collignii et Petri Rami, Sylva. Ad Carolum
Galliarum regem christianissimum. Authore Leodegario a Quercu, professore regio. Parisiis, apud Gabrielem Buon, 1572. Cum privilegio, in-4°, 4 f.

Heureusement pour l'histoire, les méchants et les fanatiques ne sont pas seuls à l'écrire, et Ramus a été vengé
de ses détracteurs par plus d'un ami de la vérité.

Nancel a pris soin de nous dire (p. 77) quel fut le sort
des principaux meurtriers de Ramus. « L'un, qui était
le chef de la bande, mourut quelques mois après d'une
blessure à la jambe, où s'était mise la gangrène ; l'autre
fut tué la même année d'un coup d'épée. Il y en avait
un troisième dont je n'ai pu découvrir le genre de mort. »

Quant à celui qui avait armé les assassins et qui leur
avait désigné leur victime, il fut puni dans la personne
de son propre fils, si l'on en croit Montucla (Hist. des
math., t. I, p. 576) : « Ramus, dit cet historien, périt
presque de la main de Charpentier, son confrère et son
ennemi. Au reste, son sang rejaillit sur la postérité du
coupable : car le fils de ce barbare professeur mourut
quelques années après sur un échafaud, comme complice
d'une conspiration contre Henri IV. »

Le supplice de Ramus frappa l'imagination de plus
d'un poëte contemporain ; et sans parler d'une médiocre
épitaphe en vers latins qu'Estienne Pasquier composa en
son honneur[1], je dois signaler au lecteur deux morceaux
curieux, au moins par leur date : l'un du poëte anglais
Christopher Marlowe, l'autre d'un Français, Palma
Cayet.

Marlowe fit représenter en 1592 un drame sur la Saint-
Barthélemy, intitulé : *The massacre at Paris*, et dans
lequel sont décrits d'une manière assez bizarre les derniers moments de Ramus. Il est dans son cabinet de travail, d'où il entend les cris poussés par le duc de Guise :

[1] Epitaphiorum liber, epit. 28.

« Tue, tue! mort aux huguenots! » Après divers inci-
dents plus ou moins invraisemblables, le duc de Guise
arrive avec le duc d'Anjou, et menace Ramus ; mais avant
de le mettre à mort, il se livre contre lui à une argumentation en forme sur Aristote, sur l'Organon, sur les dichotomies, etc. Ramus demande à répondre un mot, « non
pour défendre sa vie, mais seulement pour se justifier à
sa dernière heure. » Il dit que son seul crime est d'avoir
mis la logique sous une meilleure forme, et il termine en
reprochant aux sorbonistes de « préférer leurs propres
œuvres au service de l'Eternel Dieu. » Sur quoi le
duc d'Anjou s'écrie : « Y eut-il jamais fils de charbonnier aussi plein d'orgueil? » Et il le tue de sa propre main.

Palma Cayet, l'ancien précepteur de Henri IV, a
consacré à la *Déploration de Ramus* un passage de son
Heptaméron de la Navarride, publié en 1602. Il y
célèbre

> Ce Rameau d'or qui, des champs Elysés,
> Meine et conduit les hommes advisés.

Il suppose ensuite qu'un Allemand, emporté par son
indignation, harangue le peuple, et demande vengeance
à Dieu pour la mort de Ramus,

> Très excellent et valable docteur
> Et de bien dire et mieux faire en honneur.

La fantaisie domine également dans ce morceau ; mais
comme il est peu connu, je le donne tout entier en
note [1]

---

[1] L'Heptaméron de la Navarride,... par le sieur de la Palme, lecteur

Freigius nous apprend (p. 43) que, pendant le séjour de Ramus à Bâle, on avait gravé son portrait de la manière la plus ressemblante ; mais il oublie de nous dire le nom de l'artiste.

Des cinq portraits de Ramus que mentionne le P. Lelong dans sa Bibliothèque, les deux meilleurs, à mon avis, sont ceux de Cornelius Van Sichem et de Théodore de Bry. Ce dernier se trouve dans la Bibliothèque de Boissard (Francfort, 1630, in-4°, t. II, p. 35). Ramus y est représenté en robe, un bras appuyé sur sa chaire,

du roy. A Paris, chez Pierre Portier, 1602, in-12 (l. VI, chant VII, p. 672, 673) :

DÉPLORATION DE RAMUS.

Le grand Ramus, chef d'université,
Par trahison fut en l'extrémité
Non-seulement d'avoir la vie ostée,
Ains par horreur sa cervelle jettée,
Par un dédaing du sublime sçavoir
Du grand Ramus (ce qui faisoit bien veoir
Que le tueur hait autant la science
Comme tiran il foule conscience),
Ce rameau d'or qui, des champs Elysés,
Meine et conduit les hommes advisés.
Un Aleman, pour oster le grand blasme
Dont le malheur par son Besme diffame
Des Alemans la noble nation,
Du grand Ramus par invocation,
En recueillant ceste digne cervelle
Et de ses os la très chaste moëlle
(Car les tueurs avoient jetté son corps,
Et la moëlle en sortoit toute hors) :
« Seigneur, dit-il, tu voys la felonnie !
Tu voys, Seigneur, cest orde tirannie !
Tu es vray juge et aymant l'équité :
Souffriras-tu que ceste iniquité
Ne soit par toy justement chastiée ?
Que leur fureur sous tes verges pliée
Soit en exemple avec estonnement,
Pour redouter ton sacré jugement.
Accepte en don ceste digne cervelle :
Par ta pitié aye mémoire d'elle.

Que cest ingrat et fol peuple insensé,
Qui a Ramus si mal récompensé
Par le mespris qu'il fait par sa folie
Du grand sçavoir de Ramus, en sa vie
Très excellent et valable docteur
Et de bien dire et mieux faire en honneur,
En ayt de toy une telle justice,
Qu'estant réduit pour le dernier supplice,
En tirannie il n'obtienne jamais
Qu'en trahison aucun bien de la paix,
Jusques à tant que ta vérité saincte
Soit dignement respectée et sans crainte ;
Soit ta parole annoncée en tout lieu,
Afin que tous te recognoissent Dieu,
Que Henry roy, à qui revient l'outrage,
Maugré l'effort de leur dépite rage,
Adjouste un jour ce beau sceptre du lis
A sa Navarre, et que ces estourdis .
Périssent tous sans espoir de lignée,
Puisque leur race est à mal faire née. »
Ainsi parla l'Aleman en latin
Et entendu : il n'y eut si mutin
Qui l'en osât de parole entreprendre :
Qui fit fort bien à un chacun comprendre
Que tel seroit le jugement un jour
De ces tueurs, qui auroient le retour
De leur fierté massacreuse et mastine.

l'autre main sur un livre à fermoirs de métal qu'il tient
debout. A l'index de la main droite, on voit une bague,
la même sans doute dont parle Nancel (p. 55), et qui,
nous dit-il, était d'un fort grand prix. Autour de ce portrait, d'ailleurs conforme à la tradition, on lit : *Petrus
Ramus Math. pro reg.*, et au bas, à gauche : *Nascitur
an. 1515. Trucidatus 26 aug. anno 1572.* Au-dessous
on lit ce distique :

> Rame, tuis Gallis es quod Latio fuit olim
> Romani princeps Tullius eloquii.

« Ramus, tu es pour la France ce que fut autrefois pour l'Italie
Cicéron, le prince de l'éloquence latine. »

Paul Freher (Theatrum vir. erud. clarorum, Nori-
bergæ, 1688, in-fol., t. II, p. 1467) a reproduit ce
portrait; mais en le calquant, il l'a tourné dans le sens
inverse.

L'exemplaire de la gravure de Théodore de Bry que
possède la Bibliothèque impériale (Recueil de Fontette,
t. XI, fol. 162), est très effacé et n'a presque aucune valeur.
Il n'en est pas de même dé la petite gravure de Sichem,
qui se trouve au fol. 161 du même recueil, à côté d'un
portrait de Jeanne d'Albret. Là encore, c'est le mathématicien qui nous est représenté, une main sur une sphère,
l'autre armée d'un compas et reposant sur un livre ouvert. La robe de lecteur royal ne couvre que l'une de ses
épaules; de l'autre côté, elle est ouverte et laisse apercevoir un habit de cavalier. C'est, du reste, le même
type : les cheveux ras, une grande barbe, l'œil vif avec
des sourcils fins et bien arqués, un grand front, le nez
aquilin et d'une coupe agréable. Cette gravure est belle

21

et bien conservée, et si j'étais peintre et que j'eusse à faire le portrait de Ramus, c'est sur elle que je me réglerais sans hésiter [1].

Ne pouvant offrir ce portrait au lecteur, je dois essayer de lui dépeindre, d'après des témoins dignes de foi, celui qu'un de ses amis, Pierre Pithou, a caractérisé ainsi (Pithæana, p. 499) : « Il étoit fort habile homme, et il avoit bonne façon. » Théophile Banosius, qui avait vécu avec notre philosophe dans les derniers temps, est celui qui en donne l'idée la plus nette; mais Nancel et Freigius ont ajouté à sa description plus d'un trait capable de le faire mieux connaître. Voici comment ils nous représentent celui dont ils furent les disciples et les amis.

Ramus était un homme grand, bien fait, et de bonne mine. Il avait la tête forte, la barbe et les cheveux noirs, le front vaste, le nez aquilin, les yeux noirs et vifs, le visage pâle et brun et d'une beauté mâle. Sa bouche, tantôt sévère, tantôt souriante, était d'une grâce peu commune; sa voix était à la fois grave et douce. Ses manières étaient simples et sévères, aussi bien que ses vêtements; mais cette simplicité n'excluait point l'élégance [2]. Tous ses mouvements étaient de la plus grande

---

[1] En haut de la gravure, on lit : *Petrus Ramus. Æta.* 55. *Labor omnia vincit.* Au-dessous, ce double distique, avec une signature inconnue :

> Rame, σοφῶν decus, ingenuas dum legibus artes
> Et methodo, vitam relligione colis :
> Turba sophistarum te morsibus, ense cecidit
> Vana superstitio. Ast ardua palma vires.   R. S. V.

[2] Voici quelques détails fournis par Nancel (p. 54) : « In cultu et vestitu corporis plane mediocris, honesto tamen, et qualis virum modestum et gravem decebat. Toga nonnisi lanea vel pannea utebatur, eaque forte gemina cubiculari, altera pellicea seu pellibus suffulta, altera simplici : forensi autem sive cultiore triplici fere, sive tota pannosa, sive serico aut

distinction. Il portait la tête haute, marchait d'une manière tout à fait noble, et lorsqu'il parlait, c'était *en seigneur*, selon Brantôme, qui vante chez lui « une grâce inégale à toute autre. »

Il était plein d'ardeur pour l'étude et infatigable au travail. Il fuyait les plaisirs des sens côme l'appât de tous les vices et le fléau d'une vie studieuse. Il se traitait durement, ne couchant que sur la paille, debout avant le chant du coq, passant toute la journée à lire, à écrire et à méditer, usant dans ses repas de la plus grande sobriété. Pendant plus de vingt ans, il ne but que de l'eau, et il n'aurait jamais bu de vin si les médecins ne le lui avaient ordonné. Doué d'une complexion vigoureuse, il entretenait sa bonne santé, non à force de remèdes, mais par l'abstinence et par l'exercice. Il évitait comme un poison les conversations contraires aux bonnes mœurs, et garda toute sa vie le célibat avec une pureté irréprochable [1].

Il aimait passionnément la vérité, et était très désireux de se perfectionner sans cesse : aussi remaniait-il souvent ses écrits. Ses ennemis l'accusaient, à ce propos, d'aimer les nouveautés, d'avoir l'esprit inquiet et changeant, et ils lui appliquaient ce vers d'Horace :

> Diruis, ædificas, mutas quadrata rotundis.

bysso purpurave anterius exornata, et limbis circumdata. Sagum paulo cultius, vel sericum, vel holosericum. Caligæ omnino tenues, et formam crurum femorumque imitatæ ; quales ille academicas joco vocitabat. Pileus pro more quadratus in urbe, alias galerus, et novissime pileus holosericus. »

[1] Il paraît qu'il avait parlé une fois en l'air de se marier. Nancel pense qu'il demeura célibataire à cause des règlements qui interdisaient le mariage aux principaux de collège (Vie de Ramus, p. 58, 59).

Il avait l'âme forte et préparée à tout événement : sans orgueil dans la prospérité, le malheur ne pouvait l'abattre ni lui enlever son inébranlable confiance en Dieu. Il savait pardonner les injures, et il avait pris l'habitude difficile de ne point répondre à ses adversaires, s'efforçant de surmonter, par une longue patience, l'extrême emportement de leurs attaques.

Ses sentiments étaient nobles et élevés; il ne flatta jamais personne. Content du fruit de son travail, et peu soucieux de s'enrichir, il refusa plus d'une fois de vendre sa parole. « L'éloquence, disait-il, est un don de Dieu et une sainte prophétie : l'orateur digne de ce nom ne doit jamais être un artisan de mensonge. » Il n'était pas seulement désintéressé; il se souvenait de sa pauvreté première, et venait en aide aux pauvres écoliers, distribuant une partie de son bien à ceux qui lui en paraissaient dignes. Plus d'un étudiant étranger trouva chez lui une hospitalité généreuse : Théodore Zuinger, entre autres, dans un moment de détresse, contracta envers le principal du collége de Presle une dette de reconnaissance qu'il s'efforça d'acquitter plus tard, comme nous l'avons vu. Chaque année, quand il allait dans son pays natal, à l'époque des vacances, Ramus s'informait avec sollicitude des enfants pauvres qui montraient des dispositions pour l'étude, et il les élevait à ses frais dans son collége.

Il chérissait tendrement son pays et sa famille, sa mère surtout, qu'il visitait souvent avec de riches présents. Plus d'une fois il fit venir à Paris la pauvre veuve, à qui il témoignait, par tous les moyens en son pouvoir, sa tendresse, son respect et sa reconnaissance. Il se montra fort généreux envers sa sœur unique, Françoise, qui avait pris bravement sa part des privations que toute la famille s'était imposées pour son doctorat. Il n'oublia jamais les secours que lui avait autrefois donnés son oncle Honoré Charpentier : il se chargea de son entretien sur ses vieux jours, et il lui légua, ainsi qu'à son neveu Alexandre, une partie de sa fortune, s'efforçant de faire encore du bien après sa mort à ceux qu'il avait aimés pendant sa vie.

Une piété éclairée couronnait toutes ces vertus. Avant même qu'il eût embrassé la Réforme, ses mœurs étaient demeurées sans reproche ; et nous avons vu que, depuis sa conversion et durant ses dernières années, il vécut dans la crainte de Dieu, s'appliquant à la grande affaire de son salut, et faisant volontiers tous les sacrifices à la religion dont il fut un martyr.

Voilà sous quels traits les biographes et les contemporains de Ramus nous le font connaître. A cette description d'un beau caractère il faut, il est vrai, ajouter plus d'un défaut : une humeur trop irritable, une opiniâtreté excessive, et un trop grand amour, sinon de la dispute, au moins de la contradiction. Mais ces défauts sont rachetés à nos yeux par une foule de grandes et excellentes qualités, dont les plus saillantes étaient, à ce qu'il semble, une constance admirable dans le malheur, une incomparable éloquence, à laquelle amis et ennemis rendent un éclatant hommage [1] ; ce bon goût et cette pureté de mœurs qui lui ont valu cet éloge de Voltaire : « La

---

[1] Voir particulièrement deux témoins peu suspects : J. Charpentier (Epist. secunda ad D. L., 1571) et G. Génébrard (Oraison funèbre de P. Danès).

Ramée..... homme vertueux dans un siècle de crimes,
homme aimable dans la société et même , si l'on veut,
bel esprit ; » — enfin, cet amour généreux de la vérité,
qui fut la règle de toute sa vie, et qui lui fit consacrer la
meilleure part de sa fortune à la fondation d'une chaire
de mathématiques au collége de France. Je ne puis mieux
terminer ce portrait de Ramus qu'en reproduisant son
testament : c'est l'œuvre d'une belle âme et d'un ami
zélé de la science.

TESTAMENT DE RAMUS.

Au nom de Dieu le Père, le Fils, le Saint-Esprit.

Moi, Pierre de la Ramée, professeur royal en l'académie de Paris,
sain de corps et d'esprit, mais songeant à la fragilité de la vie et à
tous les hasards d'un voyage que j'entreprends pour visiter les plus
célèbres académies des pays étrangers, je dispose et ordonne mon
testament comme il suit :

Je recommande mon âme à Dieu qui l'a faite, le priant de l'admettre au ciel dans la communion des saints; je rends mon corps à
la terre d'où il est sorti, jusqu'au jour du jugement.

Sur ma rente annuelle de sept cents livres à l'hôtel de ville de Paris,
j'en lègue cinq cents pour le traitement d'un professeur de mathématiques qui, dans l'espace de trois ans, enseignera au collége royal
l'arithmétique, la musique, la géométrie, l'optique, la mécanique, la
géographie et l'astronomie, non selon l'opinion des hommes, mais
selon la raison et la vérité. Je nomme et établis comme professeur,
pour les trois premières années, Frédéric Reisner, afin qu'il achève
les travaux que nous avons commencés ensemble, spécialement en
optique et en astronomie. Si, dans ce temps, il s'est acquitté avec zèle
de la tâche que je lui confie, en suivant la méthode exposée dans le
Proëme des mathématiques, je lui continue son titre pendant trois
autres années. Au bout de ce temps, ou même après les trois premières années, s'il ne s'est point conformé à mon vœu, j'entends que
les professeurs royaux procèdent à un nouveau choix de la manière
suivante :

Le doyen du collége royal annoncera, trois mois à l'avance, un concours où seront appelés, avec le professeur en fonctions, tous les autres mathématiciens de quelque pays qu'ils soient. Pendant ce temps, les candidats pourront faire des leçons et donner ainsi des preuves de leur savoir. Nul ne sera admis à concourir, s'il ne possède à la fois les lettres grecques et latines et tous les arts libéraux, outre les mathématiques. Trois mois après la publication du concours, les candidats subiront un examen public, auquel seront priés d'assister le premier président du parlement, le premier avocat-général, le prévôt des marchands, les professeurs royaux et tous ceux qui en manifesteront le désir. Pendant sept jours consécutifs, ils parleront une heure sur les principaux points de chacune des sciences mathématiques; un huitième jour sera employé à répondre aux objections, à résoudre les problèmes et à démontrer les théorèmes proposés par tout venant. Celui des concurrents qui, au sortir de ces épreuves, aura été désigné par les professeurs royaux comme le plus versé dans les mathématiques et le plus capable de les enseigner, sera, en conséquence, pourvu de la chaire pour les trois années suivantes; et dans sa première leçon, consacrée à l'éloge des mathématiques, il exhortera la jeunesse à en cultiver l'étude. Tous les trois ans, un semblable concours aura lieu, de telle sorte pourtant qu'à égalité de mérite, le professeur qui vient d'exercer soit préféré aux autres candidats. Si, à une époque donnée, il ne se trouvait pas un homme connaissant toutes les parties des mathématiques, on diviserait le traitement, ainsi que les devoirs de la place, entre deux professeurs, qui enseigneraient chacun pendant dix-huit mois.

Je supplie le prévôt des marchands et les magistrats qui ont la garde de l'hôtel de ville de faire en sorte que, pour le bien de l'académie de Paris, cette rente soit perpétuelle, c'est-à-dire que, si par hasard le capital est remboursé, on en fasse un nouveau placement qui donne un revenu annuel.

Sur les deux cents autres livres de rente, j'en lègue cent à mon oncle Honoré Charpentier et à sa femme, si elle lui survit; puis, après leur mort, à leur plus jeune fille et à ses enfants. Je lègue les cent autres livres à Alexandre, fils de ma sœur, si toutefois mes exécuteurs testamentaires jugent que ses progrès dans l'étude sont dignes d'une telle récompense; sinon, ils partageront cette somme entre les deux élèves les plus instruits et les plus studieux du collége de Presles, pendant cinq ans seulement; après quoi, ils en feront profiter deux autres élèves, et ainsi de suite.

Je laisse aux héritiers légitimes les biens de mon père et de ma mère. Je mets à la disposition de mes fondés de pouvoirs ce qui m'est dû par le collège de Presles. Je lègue par moitié ma bibliothèque, mes effets et mon mobilier aux élèves pauvres du collège de Presles et à mes exécuteurs testamentaires, Nicolas Bergeron et Antoine Loisel, autrefois mes élèves, aujourd'hui avocats au parlement. Pour l'administration de la susdite rente de cinq cents livres, je leur adjoins le doyen du collège royal, qui les remplacera après leur mort.

Ecrit et signé de ma main à Paris, dans le collège de Presles, l'année de notre salut 1568, aux calendes d'août.

P. RAMUS.

CHAPELAIN.   LAMIRAL.

XI

—

Du collége royal de France et de la chaire qu'y occupait Ramus. — Eloge des concours. — Histoire de la chaire de mathématiques fondée par Ramus, depuis sa mort jusqu'à la révolution française : Gohory, Monantheuil, Reisner et les exécuteurs testamentaires ; Maurice Bressieu et J. Stadius, Jacques Martin, G. P. de Roberval, Laurent Pothenot, Mauduit.

Après avoir été pendant sa vie l'ornement du collége de France, Ramus y a encore attaché son nom, après sa mort, par une fondation vraiment royale : grand titre d'honneur, et qu'on ne saurait omettre sans faire tort à sa mémoire.

Ce fut assurément une grande pensée que celle de créer, en dehors des vues étroites et des traditions surannées du corps enseignant, un établissement libre, destiné à recueillir et à propager toutes les sciences, tous les progrès, toutes les découvertes, et dont l'histoire pùt être en quelque sorte celle de l'esprit humain lui-même. François Ier, on doit le reconnaître, a bien mérité des lettres et de la philosophie, en exécutant un si beau dessein. Mais après lui, qu'est devenue l'institution qui de-

vait réaliser de telles espérances? Cette question est trop
vaste pour être traitée en passant; pour y faire une réponse qui fût à la hauteur du sujet, il faudrait à la fois
une patience infatigable dans des recherches souvent fort
minutieuses, une grande étendue de savoir et de l'élévation dans les idées. C'est pour cela sans doute que le
collége de France attend encore un historien digne de lui.
Le Mémoire de l'abbé Goujet, publié en 1758, était
condamné, par sa date même, à n'être qu'une introduction et une ébauche; car il faudrait, pour asseoir un jugement sur l'œuvre de François Ier, la conduire au moins
jusqu'à la fin de l'ancien régime en France. Ce mémoire
a un autre défaut encore plus grave : l'auteur a recherché avec une louable curiosité les documents les plus
précieux et les plus rares; mais il s'est contenté de les
voir, pour ainsi dire, sans prendre toujours la peine de
les lire ni même de les consulter avec une attention suffisante. De là des conjectures, des interprétations téméraires, et une déplorable inexactitude sur presque tous
les points, sur les noms et la biographie des professeurs
même les plus célèbres, sur les chaires qu'ils ont occupées, enfin sur la nature de leur enseignement.

Goujet s'est beaucoup étendu sur Ramus en plusieurs
endroits de son ouvrage; mais il n'est sorte d'erreurs
qu'il n'ait commises à son égard. Après l'avoir fait naître
en 1502, il lui donne en 1542 la succession de Latomus
au collége royal, puis celle de trois ou quatre professeurs en éloquence, en mathématiques, en philosophie,
et il lui fait occuper tour à tour ou en même temps plusieurs places, tandis qu'en réalité Ramus ne remplit jamais qu'une seule chaire, qui avait été créée pour lui en

1551, et où il enseignait à la fois la philosophie et l'é-
loquence. « Sous le règne de François Ier, dit formellement l'auteur des Recherches de la France (l. IX, ch. 18),
il n'y eut qu'unze places destinées à ce noble et royal
exercice, et la douziesme érigée par le roy Henry second
en faveur de Pierre Ramus, sous le titre de professeur en
l'oratoire et philosophie. »

Ce double titre a dû causer plus d'une erreur, et peut-
être est-ce de là que vient la confusion qui règne sur le
successeur de Ramus. Il paraît bien établi que ce fut le
médecin Siméon de Malmédy [1], et cependant Scévole de
Sainte-Marthe prétend, dans ses Eloges (l. IV), que le
roi donna pour successeur à Ramus, comme lecteur en
éloquence latine, Jean Passerat, l'un des auteurs de la
Satyre Ménippée. Sainte-Marthe n'aura vu sans doute
que l'éloquence là où d'autres n'ont vu que la philosophie. Il faut remarquer à ce propos que, le bon plaisir
du roi étant la seule règle pour les nominations de professeurs, les vacances au collége royal n'étaient pas toujours remplies aussi régulièrement qu'on se l'imagine ;
le nombre des chaires pouvait varier, sans parler de certains choix qui en changeaient la destination, par l'incapacité de ceux qui en étaient pourvus. Enfin, il n'est pas
inutile de rappeler que les lecteurs royaux, n'ayant point
de bâtiments en propre, faisaient leurs leçons tantôt dans
les vieux colléges de Tréguier et de Cambray, « se servant par manière de prest d'une salle ou plutôt d'une

---

[1] J. Du Breul, Antiq. de Paris, l. II, p. 568; J. Aurati Poëmatia,
Lutetiæ Paris., 1586, in-8°, p. 200 (Elégie à S. de Malmédy) :

Inque locum Rami quod sis suffectus, at ille
Jam misero Pluto sit miserabilior.

rue, » où ils étaient souvent troublés « par le passage des crocheteurs et lavandières et autres telles fascheries[1], » tantôt, comme Ramus en 1563, dans des colléges particuliers dont ils étaient professeurs ou principaux.

Lorsque Ramus était devenu doyen du collége de France, il avait pris à tâche de corriger ces divers abus, ou du moins d'en proposer le remède au roi et à la reine mère. Il demandait que l'on donnât aux lecteurs royaux un local digne de leur mission. Il voulait aussi qu'on mît à leur portée et sous leur main la bibliothèque royale, qui alors était à Fontainebleau. Il indiquait encore bien d'autres améliorations, et il insistait particulièrement sur l'extension à donner à l'enseignement des mathématiques.

La nomination de Dampestre et la candidature de Charpentier pour la chaire de mathématiques ayant mis au jour les graves inconvénients de la nomination arbitraire des professeurs par le pouvoir, Ramus sollicita auprès de Charles IX quelque mesure qui pût sauvegarder à l'avenir la dignité du collége de France : il proposa le concours, et il obtint une ordonnance qui prescrivait un examen spécial pour quiconque voudrait être lecteur du roi. On a lu plus haut cette ordonnance, qui malheureusement ne put avoir son effet au milieu des guerres civiles, et qui après la Ligue fut mise de côté. Voici, à ce sujet, les réflexions fort sages d'Estienne Pasquier (Recherches de la France, l. IX, chap. 20) :

« Comme nous sommes en un royaume de conséquence, ce qui s'estoit passé par connivence en la per-

---

[1] Ramus, Préface du proëme des mathématiques, p. 23.

sonne de Charpentier pour ses mérites, ouvrit la porte à
d'autres, de telle façon que nous avons veu un professeur
du roy s'estre démis de sa place en faveur du mariage de
sa fille, et un enfant fort jeune avoir esté pourveu de la
chaire de feu son père, pour honorer sa mémoire, comme
si ce fust une chose patrimoniale et héréditaire!... Je voy
le docte cardinal Du Perron mettre toute son estude au
bastiment du collége dont je vous ay cy-dessus parlé. Dieu
veuille que par cy après ce ne soit un corps sans âme
et un magnifique collége de pierres, au lieu de celuy qui
fut premièrement basty en hommes par le roy François. »

Charpentier ayant obtenu, *pour ses mérites*, la suppression d'une chaire de mathématiques en sa faveur, Forcadel, homme illettré et mathématicien médiocre, demeurait seul chargé au collége royal d'un enseignement
qui n'avait pas d'autre organe officiel à Paris et dans
toute la France ; car Ramus n'avait lu Euclide et Archimède que pour trouver dans leurs écrits une application
de sa méthode. En 1568, au moment de partir pour
l'Allemagne, notre philosophe, voulant s'assurer qu'après
sa mort les mathématiques continueraient d'être enseignées à Paris, fonda, par son testament, une chaire avec
500 livres de traitement annuel, ce qui représentait au
moins cinq mille francs de nos jours. « Brave, grande et
magnifique ordonnance, s'écrie Pasquier, et qui mérite
d'estre gravée en lettres d'or au plus haut du temple
d'honneur... On ne sauroit assez trompeter la mémoire
de Ramus qui, par une hardiesse royalle, ouvrit le premier la porte aux particuliers pour les semondre et invi-
ter à créer des professeurs publics [1]. »

---

[1] Rech. de la France, l. IX, c. 20. Cf. Ch. Sorel, Science univ., p. 229.

Afin d'empêcher que la nouvelle chaire ne tombât
entre les mains de quelque autre Charpentier, le fondateur avait exigé qu'elle fût mise au concours. « Il semble en effet, dit Gaillard, qu'elles devroient y être toutes.
Les rois, les ministres, ne sont pas tous aussi capables
que François Ier. La loi du concours donneroit aux savants leurs pairs pour juges. Ceux-ci peuvent tout au
plus ne pas nommer le sujet le plus digne : un ministre
trompé peut en nommer de tout à fait indignes. Ramus,
plein de ces idées, exécuta en petit ce qu'il eût voulu que
le gouvernement exécutât en grand. » L'historien de
François Ier a raison de préférer les droits du talent
éprouvé au choix arbitraire et souvent peu éclairé d'un
ministre; mais il me paraît aller beaucoup trop loin,
lorsqu'il loue les précautions excessives de Ramus contre
l'indolence du professeur titulaire : « Au bout de trois
ans, la chaire devoit être remise au concours, et, comme
le prêtre de Diane dans le bois d'Aricie, le professeur
installé ne pouvoit conserver sa place que par de nouveaux triomphes; s'il étoit vaincu, la chaire passoit au
vainqueur [1]. » J'avoue que je suis plutôt de l'avis de
Pasquier, qui, tout en louant la mesure du concours,
regrette que Ramus n'ait pas donné sa chaire au plus
habile sa vie durant, « qui n'est pas un petit secret, dit-
il, pour bannir les brigues tumultuaires. »

La fondation de Ramus ne devait pas être agréable à
ceux des professeurs royaux qui se dispensaient d'enseigner les mathématiques suivant le devoir de leur charge.
Ce fut sans doute à leur instigation que le prévôt des
marchands et les échevins de la ville de Paris présentè-

---

[1] Hist. de François Ier, l. VIII, ch. 8, vers la fin.

rent, le 17 mars 1573, une requête au parlement, où ils
remontraient que la nouvelle chaire « estoit chose super-
flue, vu la *multitude* des lecteurs en mathématique sti-
pendiez par le roy et les colléges, et qu'il seroit plus ex-
pédient d'employer ladite rente aux gages d'une personne
capable, qui seroit élue par les dessusdits et par le pro-
cureur-général du roy, pour continuer l'histoire de
France de Paul Æmile, etc. [1]. » Le parlement, adoptant
cette manière de voir (« par provision, » il est vrai), ad-
jugea la rente et les arrérages à un avocat, nommé
Jacques Gohory. Celui-ci écrivit en effet les règnes de
Charles VIII et de Louis XII, et Gaillard, après le P. Niceron, mentionne son manuscrit comme étant déposé à
la Bibliothèque royale.

Ce singulier arrangement dura tant que Jacques Charpentier fut au collége de France. Mais après sa mort, qui
arriva en février 1574, un médecin, ancien élève de
Ramus, Henri de Monantheuil, s'adressa publiquement
au cardinal de Lorraine dans un discours très énergique,
où il réclamait l'exécution du testament violé, et demandait qu'on donnât des successeurs à Forcadel et à Charpentier [2]. Il s'appuyait sur un fait trop patent pour être
nié : c'est que les mathématiques n'étaient plus enseignées nulle part. Cependant, on ne tint pas compte de
ses représentations, et on le laissa pendant deux ans consacrer une heure par jour à l'enseignement libre et gratuit des mathématiques.

En 1576, les exécuteurs du testament de Ramus, An-

[1] Extrait des registres du parlement, dans l'Histoire de la ville de Paris
de Félibien, t. III, Preuves, p. 835.

[2] Oratio pro math. artibus, Paris, 1574 (15 cal. apr.), in-4°, 23 f.

toine Loisel et Nicolas Bergeron, ayant trouvé le moment
favorable, adressèrent au parlement de Paris une requête, à l'effet de rendre à leur véritable destination les
fonds légués à l'université. Un arrêt du 9 avril fit droit
à cette requête, et Frédéric Reisner fut mis en possession ; mais il paraît que son ancien maître n'avait pas
eu tout à fait tort de se défier de son zèle : car, trois mois
après, il n'était pas encore monté dans sa chaire, quoiqu'il en eût reçu les gages et qu'il eût été mis en demeure d'exercer sa profession. C'est pourquoi, le 12
juillet, sur son refus de remplir la charge qui lui était
confiée, un autre arrêt intervint pour déclarer vacante la
chaire de Ramus (c'est le nom qu'on lui donna pendant
deux siècles), et pour autoriser les exécuteurs testamentaires à la mettre au concours, « et à faire engraver la
fondation de ladite profession par affiches mises ès colléges de Prelle et Cambray, à ce que la mémoire en soit
perpétuelle[1]. »

Bergeron et Loisel imprimèrent cet arrêt du parlement, en le faisant précéder du testament et du portrait
de Ramus. Au-dessous de ce portrait, on lisait des vers
de Bergeron, qui étaient comme une réhabilitation du
généreux et infortuné professeur[2], et le recueil se terminait par un remercîment, également en vers, pour
le legs fait à l'université. Le testament fut gravé sur

---

[1] Extraict des registres de parlement, à la suite du Testament de Ramus,
imprimé à Paris, 1576, in-8°.

[2]   Qui jacuit miseris mutilus lacer obrutus undis,
        Ramus, ab obscœna jam revirescit humo.
    Nam facit expressi rapiamur imagine vultus
        Artificis docta linea ducta manu.
    At meliore sui sat erit vir parte superstes,
        Ingenii vigeant cum monumenta sui.

cuivre, et attaché à la porte de la chapelle du collége royal.

Le concours, annoncé le 15 juillet, eut lieu trois mois après. Monantheuil n'y figura point, parce qu'il venait d'être nommé lecteur du roi en mathématiques. Deux candidats seulement se présentèrent : Jean Stadius, ancien ami de Ramus, et Maurice Bressieu, de Grenoble, qui était patroné par le premier président Christophle de Thou. Bressieu, l'ayant emporté dans l'épreuve publique, fut pourvu de la chaire de Ramus. Mais Stadius, qui avait des droits anciens, arriva la même année au collége royal, d'où l'avait autrefois exclu la nomination de Jacques Charpentier.

Le discours d'installation de Bressieu ne parut qu'en 1577. Ce mathématicien mérite une place honorable dans l'histoire de la science, comme auteur d'une Trigonométrie estimée, et pour avoir le premier fait à Paris un cours sérieux d'optique. Il paraît qu'il conserva la chaire de Ramus jusqu'en 1608, soit faute de concurrents, soit par de nouveaux triomphes : car tous les trois ans, à partir de 1576, les exécuteurs testamentaires eurent soin de publier le concours ordonné par le fondateur; cela est attesté à la fin du testament de Ramus, qui fut réimprimé à Paris, en 1625, chez Jacques Bessin, et en 1634, chez J. Libert [1]. Mais ces publications ne produisirent pas grand effet; Pasquier va nous dire pourquoi (Recherches, l. XIX, c. 18) : « Je crains, dit-il en parlant de la fondation de Ramus, qu'elle ne tourne en friche. Et de ce en ay-je quelque appercevance; car

---

[1] En 1584, ce même testament parut chez Richer, avec différentes pièces et plusieurs feuillets contenant les raisons pour empêcher l'union de la chaire de Ramus avec la chaire royale de mathématiques.

quelque diligence que Loisel y eût voulu apporter depuis le décez de son compagnon et y apporte encores aujourd'huy, je voy les assemblées qui se sont faites à sa poursuite réussies presque à néant, tant sont les volontez refroidies en l'estude des mathématiques. » Et plus loin : « Je ne voy qu'il y ait juges compétents pour juger des coups. Et qui est l'accomplissement du mal, c'est qu'après le trespas de ses deux exécuteurs testamentaires, il leur surroge le doyen des professeurs du roy, doyenné qui ne s'acquiert ny par le mérite des lettres ny de la prud'hommie, ains par l'ancienneté de promotion. Place que je voy non-seulement tomber en décadence, ains celles mesme des professeurs du roy, lesquelles sur leur commencement se bailloient à personnages de choix qui, par leurs livres ou longues leçons, avoient acquis réputation ; et depuis par le malheur des temps, ç'a esté un autre discours [1]. »

Après Maurice Bressieu vint Jacques Martin, qui enseigna depuis 1609 ou 1610 jusqu'en 1625, et peut-être plus tard, selon l'abbé Goujet (t. I, p. 215 et t. II, p. 130).

En 1634, la chaire de Ramus fut conquise avec un grand éclat par un géomètre célèbre, Gilles Personne de Roberval, qui l'occupa plus de quarante ans sans aucune difficulté, de 1634 à 1675.

Je ne sais par qui ni comment elle fut remplie après Roberval ; mais en 1711, un mathématicien nommé Laurent Pothenot, de l'Académie des sciences, y arriva par le concours, et s'y maintint jusqu'à sa mort, en 1732.

---

[1] Voir dans Goujet (t. I, p. 211) des détails sur le népotisme et la simonie des lecteurs royaux.

Ainsi, par la force des choses, ce qu'il y avait de défectueux dans la fondation de Ramus se trouvait corrigé, et
les professeurs qui obtenaient sa chaire par un premier
succès, la conservaient jusqu'à la fin de leur carrière.

Après de longues années d'interruption, que Goujet
et Crevier attribuent au dépérissement des fonds, cette
chaire fut de nouveau remplie, vers 1765, par un habile géomètre nommé Mauduit, dont l'enseignement a
obtenu les éloges de son confrère Montucla, dans son
Histoire des mathématiques (part. III, l. III).

La révolution française emporta la chaire de Ramus
avec le collége royal lui-même ; mais pendant deux siècles cette chaire avait donné à l'université de Paris des
professeurs éminents de mathématiques, entre lesquels
Roberval brille au premier rang : les deux chaires royales,
recrutées par le gouvernement et non par le concours,
sont loin d'offrir une succession d'hommes aussi remarquables. Nous pouvons donc conclure avec Gaillard :

« Le nom de Ramus se mêlera toujours à celui des
rois bienfaiteurs des lettres. Tant que le collége royal
subsistera, tant qu'on verra dans la galerie de Fontainebleau ce monument que Primatice et maître Roux élevèrent au généreux amour de François Ier pour les lettres
et les sciences, on se souviendra du simple citoyen qui,
ajoutant aux libéralités de ses souverains, fit plus encore,
en leur indiquant le moyen de s'assurer du mérite et de
ne jamais prostituer leurs bienfaits. Ainsi le seul savant
méconnu par François Ier est le seul qui ait été digne
de l'imiter et de perfectionner son ouvrage. »

DU RAMISME

I

EXPOSÉ DU SYSTÈME.

—

Ce que c'est que le ramisme. — Principes d'après lesquels Ramus entreprit la réforme des lettres et des sciences. — Revue de ses opinions en grammaire et en littérature, en mathématiques et en physique, en morale, en métaphysique, en théologie, etc. — Rôle de la dialectique dans le ramisme. — Importance générale de ce système.

Nous venons de voir quelle impulsion donna Ramus aux études mathématiques. Il est temps d'élargir notre cadre et d'étendre nos vues, afin d'embrasser dans leur ensemble les efforts de ce hardi penseur pour l'avancement intellectuel de la France et de l'Europe.

Les esprits indépendants sont presque aussi rares en philosophie que partout ailleurs. Le plus grand nombre de ceux qui s'adonnent à cette étude s'attachent servilement aux opinions d'un homme ou d'une secte; bien peu ont le courage de chercher la vérité à leurs risques

et périls, en quittant, s'il le faut, les sentiers battus.
Lorsque, parmi ces derniers, un homme a été assez heureux pour faire d'utiles découvertes, ou pour rencontrer
une méthode qui y conduit, c'est à lui que va la foule
des esprits cultivés : il fait école, et la pensée humaine
compte un système de plus.

Ramus est du petit nombre de ceux qui ont eu le pé-
rilleux honneur d'ouvrir des voies nouvelles, parce qu'en
même temps qu'il s'élevait au-dessus de la routine et de
la barbarie du moyen âge, il sut éviter l'écueil où échouè-
rent les plus grands hommes de la renaissance, c'est-à-
dire l'adoration superstitieuse des anciens. On trouverait
difficilement au XVIᵉ siècle un esprit aussi libre et aussi
affranchi du joug de l'antiquité. Brucker a dit qu'avant
Descartes, Ramus fut le seul en France qui étudia la philosophie en philosophe [1]. Peut-être n'est-ce pas encore
assez dire : peut-être doit-on affirmer qu'il fut le seul
philosophe de la renaissance. Au moins est-il le seul
dont les opinions, réunies en système, aient joué un rôle
en Europe et marqué dans l'histoire de l'esprit humain
avant la venue de Descartes.

Socrate et Platon avaient été les premiers maîtres de
Ramus; il s'était appuyé sur eux pour sortir de la scholastique, qui, suivant son expression, était une véritable
enfance [2]; il fut heureux de les prendre quelque temps
pour patrons dans sa guerre contre les aveugles partisans d'Aristote. Mais cette tactique, qui pouvait tromper
ses contemporains, ne doit point nous faire illusion.
Voici en effet comment Ramus s'exprimait, en 1569,

[1] Hist. crit. philos., Period. III, part. II, l. II, c. 1.

[2] Collect. præfat., epist., orat. (1577), p. 60.

dans la Préface de ses Scholæ in liberales artes : « Quelqu'un a écrit dernièrement que Ramus enseignait la méthode de Platon, et qu'il condamnait celle d'Aristote. Cet auteur, qui d'ailleurs est instruit et bienveillant, n'a jamais lu la logique de Ramus; car il y aurait vu que, suivant lui, il n'y a qu'une méthode, qui a été celle de Platon et d'Aristote aussi bien que d'Hippocrate et de Galien..... Cette méthode se retrouve dans Virgile et dans Cicéron, dans Homère et dans Démosthène; elle préside aux mathématiques, à la philosophie, aux jugements et à la conduite de tous les hommes; elle n'est de l'invention ni d'Aristote ni de Ramus. » Une seule autorité lui paraît de mise en philosophie, c'est la raison, et il rend cette pensée avec une grande force : « Nulle autorité n'est au-dessus de la raison; c'est elle, au contraire, qui fonde l'autorité et qui doit la régler [1]. » Qu'on lise ses Scholæ in liberales artes : on y rencontrera à chaque page de pressantes exhortations à tous les hommes d'étude, pour que, dépouillant leurs préjugés, ils s'appliquent à penser librement et d'après les lumières de la raison rendue à elle-même. « Si l'on pratiquait cette liberté, disait-il, un siècle suffirait peut-être pour mener jusqu'au bout toutes les sciences. Si, après tant de siècles écoulés, nous n'en possédons pas encore la millième partie, il n'en faut accuser que cette lâche et servile indolence qui règne dans nos écoles. »

Celui qui avait une telle confiance dans la libre pensée n'était pas homme à consumer sa vie dans l'étude d'un seul système, ce système fût-il le platonisme. Le seul

[1] Scholæ math., l. III, p. 78. « Nulla auctoritas rationis, sed ratio auctoritatis regina dominaque esse debet. »

philosophe dont il se déclarait hautement le disciple était
Socrate, parce que suivre Socrate ce n'est pas s'asservir
à un système, mais s'engager à mettre le vrai, le beau et
le bien au-dessus de toutes les opinions et de tous les
discours des hommes. On a vu comment Ramus, au
sortir du collége, avait été *épris de joie* en rencontrant
cette aimable sagesse, et comment il s'était donné pour
tâche, après avoir désappris la philosophie scholastique,
de la faire perdre aux autres, de chasser les question-
naires des écoles, de débarrasser les arts libéraux de leur
rude écorce, et de leur rendre à la fois tout leur lustre et
toute leur utilité. Nommé professeur royal par Henri II,
il avait repris avec plus d'ardeur ce noble dessein :
« Ainsi donc estant délivré, estant invité par prix et honneur royal, je me mis en toute diligence à traiter les disciplines à la socratique, en cherchant et démonstrant l'u-
sage, en retranchant les superfluitez des reigles et des
préceptes..... Ç'a esté toute mon estude d'oster du chemin des arts libéraux les espines, les caillous et tous em-
peschements et retardements des esprits, de faire la voye
plaine et droicte, pour parvenir plus aisément non-seulement à l'intelligence, mais à la pratique et à l'usage
des arts libéraux [1]. »

Ce langage est celui d'un digne imitateur de Socrate ;
c'est aussi celui d'un maître désireux d'épargner à la
jeunesse, dans l'avenir, les difficultés qu'il a lui-même
éprouvées autrefois : préoccupation généreuse et que Ramus porta partout, en sorte que pour apprécier conve-
nablement son œuvre, il ne faut jamais séparer en lui le
professeur du philosophe. De là, en effet, un double ca-

---

[1] Remonstrance, p. 26, 27, 29 ; Orat. de sua profess. (1563).

ractère que nous remarquerons dans les opinions dont
l'ensemble compose le ramisme : d'une part, l'étendue
vraiment philosophique du plan et de l'entreprise; de
l'autre, une grande place donnée parfois à des considérations d'une valeur secondaire par elle-même, mais d'une
grande importance pour l'enseignement.

Peut-être est-ce faire tort à Ramus que de ne pas le
considérer spécialement comme homme d'école. Il fut
sous ce rapport très supérieur à son siècle, par l'élévation
de ses vues et par l'étendue de ses desseins. Mais on a
déjà pu s'en faire une idée par ce qui a été dit des Advertissements au roy sur la réformation de l'université.
Ici, j'ai surtout à faire connaître et apprécier une entreprise que plusieurs ont comparée à celle d'Hercule net-
toyant les étables d'Augias. Tel fut le travail de Ramus,
s'efforçant de tirer toutes les sciences de la barbarie où
elles étaient plongées, et de remettre en lumière à lui
seul le cercle entier des connaissances humaines : tâche
immense et qu'il ne pouvait accomplir d'une manière définitive, mais à laquelle du moins il s'appliqua avec une
hardiesse et une vigueur incomparables, et dans laquelle
il se montra, selon les expressions de Pasquier, « d'un
esprit universel, comme on recueille par ses œuvres,
concernans tant les lettres humaines que philosophie[1]. »

Il emprunta les principes de cette grande réforme à la
logique, à cet art de penser que la scholastique avait si
fort défiguré, parce qu'elle n'en avait connu que la lettre,
non l'esprit ni l'usage, et qui, une fois réformé, semblait
devoir réformer toutes les autres sciences. En effet, la
logique est pour Ramus un « instrument singulier à

[1] Recherches de la France, l. IX, ch. 18.

manier et traicter tous discours, soient de quelques faits
particuliers qui se puissent offrir, soient de plusieurs intelligences universelles accouplées avec les autres et toutes
tendantes à mesme fin, comme sont les matières subjectes
en toute discipline[1]. »

Démontrer et réfuter, telles sont les deux fonctions
bien distinctes de la dialectique. De là un double procédé
d'exposition dans chaque science : tantôt on emploie une
méthode indirecte ou critique, et l'on réfute les erreurs;
tantôt on procède d'une manière positive ou dogmatique,
et l'on démontre directement la vraie doctrine. Mais à
quel signe reconnaître une science véritable et bien enseignée? Aristote paraît avoir résolu cette question dans
les Derniers Analytiques, lorsqu'il exige que toute notion scientifique réunisse ce triple caractère : 1° d'être
d'une évidence parfaite et universelle (κατὰ παντός);
2° d'être homogène (καθ' αὐτό), c'est-à-dire de rentrer toujours dans l'objet de la science; 3° enfin d'être exprimée sous sa forme propre, qui est la plus générale (καθόλου
πρῶτον). La première de ces trois règles, dit Ramus,
exclut l'erreur de la science; la seconde doit la débarrasser de tout ce qui lui est étranger, en marquant ses
limites et son domaine propre; la troisième en bannira
les tautologies et les mauvais raisonnements[2]. Voilà pour
la matière des sciences; quant à leur forme, elle sera
réglée par un principe unique, emprunté également à
Aristote, savoir que l'on procède du connu à l'inconnu,
ou, en d'autres termes, du général au particulier[3].

---

[1] Remonstr. au conseil privé, p. 27.

[2] Préface des Scholæ physicæ, et ailleurs.

[3] Ibid.; Scholæ physicæ, l. III init., etc.

Convaincu de la vérité et de l'efficacité de ces lois logiques, Ramus les appliqua en toute rigueur, et sans jamais s'en départir, à toutes les sciences, ou, comme on disait alors, aux arts libéraux, afin d'en éclaircir ou d'en simplifier l'étude. Il divisait les arts libéraux en *exotériques* ou *communs*, tels que la grammaire, la rhétorique et la dialectique, et en *ésotériques* ou *acroamatiques*, tels que les mathématiques, la physique et la métaphysique. Les premiers étant d'un accès plus facile et d'une utilité plus générale, ce fut par là qu'il commença sa réforme.

Ses travaux en grammaire peuvent nous faire juger du mouvement qu'il imprima aux études en tout genre. Non content de critiquer tout ce qui lui semblait faux ou barbare chez les anciens grammairiens, il écrivit lui-même, avec une élégance inusitée depuis bien des siècles[1], la grammaire des trois langues qu'il possédait le mieux : le grec, le latin et le français. Dans chacune de ces trois grammaires, il donnait une méthode courte et facile, composée d'un très petit nombre de règles générales, pensant, comme plus tard Fénelon dans sa Lettre à l'académie, que « le grand point est de mettre une personne le plus tôt qu'on peut dans l'application des règles par un fréquent usage. »

[1] Sans remonter au barbare Doctrinal d'Alexandre de Ville-Dieu, ni même aux Rudiments de Despautère, qui l'avaient remplacé dans les écoles dès 1514, et qui donnaient encore les règles en mauvais vers latins, on n'a qu'à voir le petit livre intitulé : Græcarum instit. rudimenta, authore Georgio Mauropædio, Paris, 1554, in-4º, 20 f. Il commence ainsi : « *Pro græcæ litteraturæ rudimentis perfecte apprehendendis*, etc., c'est-à-dire : *pour* bien *apprendre* les éléments de la langue grecque, etc. » Voilà comment on écrivait la grammaire en latin, cinq ans avant Ramus.

Le premier, Ramus avait introduit dans les colléges de Paris l'étude du grec à côté du latin, qui, avant lui, y était seul enseigné[1]. Sa grammaire grecque était citée avec éloge un siècle plus tard par le savant Lancelot, dans la Préface de la Méthode grecque (§ III) : « On peut dire, ajoute cet auteur, que si Ramus n'a pas trouvé entièrement la véritable manière d'enseigner méthodiquement et cet art et les autres, au moins il a été des premiers à la rechercher, et a excité les autres, par son exemple, à faire de même : en sorte que toute la gloire en est toujours due à l'université de Paris, comme à la mère qui avoit produit ce génie. »

Il ne rendit pas de moins grands services pour la langue latine, soit en faisant prévaloir dans les écoles une prononciation exacte et élégante, soit en classant d'une manière plus convenable les déclinaisons et les conjugaisons, soit en donnant une place à part à l'étude de plusieurs parties du discours, comme le pronom et le participe. Il recommanda l'emploi des deux lettres *j* et *v*, qui jusque-là étaient confondues avec l'*i* et l'*u*, et tous ses contemporains, qu'ils soient favorables ou contraires à cette invention, lui en attribuent l'initiative[2], depuis Freigius et Nancel, qui la célèbrent avec enthousiasme, jusqu'à Joseph Scaliger, qui dit avec un véritable dépit : « Aujourd'huy on ne faict estat que des ramistes..... Ils escrivent les v consonnes à la ramiste, distingués des u voyelles : la grande folie! » La postérité n'en a pas jugé

---

[1] Nancel, Vie de Ramus, p. 15, 36, 37.

[2] Voir Ramus lui-même, Scholæ grammaticæ, l. II, *De sonis literarum*; puis Nancel, p. 39, 40; Freigius, p. 23, 24; Goujet, Bibl. franç., part. I, ch. 2: Phil. Papillon, Dissert. sur l'*j* et l'*v* consonnes; Mél. tirés d'une gr. bibl., t. XIX, p. 115, etc. — Scaligerana, éd. de Genève, 1666, p. 288.

comme Scaliger : elle n'a pas cru commettre une folie
en adoptant des caractères dont l'usage a paru commode,
et en employant ces deux lettres, que les grammairiens
ont appelées longtemps *les consonnes ramistes.*

Il n'en a pas été de même de ses idées sur la prosodie
et de ses tentatives pour réformer l'orthographe française. Sans vouloir abolir la rime, qui, disait-il, « est
fort plaisante et délectable, » Ramus s'imaginait, avec
plusieurs poëtes de son temps, « que nostre langue est
capable de vers mesurés, tels que les grecs et les romains. » Il admirait beaucoup les essais de Jodelle, de
Pasquier et de Baïf en ce genre, et ne craignait pas d'affirmer que « les autheurs de tels vers seront les Homères
et les Virgiles des Françoys. » Illusion du patriotisme à
la fois et de l'érudition, que Ramus eut le tort d'encourager par ses paroles, sinon par son exemple [1].

Il alla plus loin pour l'orthographe. Ecrire comme on
parle a été le rêve de tous ceux qui ont voulu simplifier
notre écriture ; ce fut l'idée de Ramus, après Et. Dolet,
Jacques Dubois, Louis Meigret et bien d'autres. Emporté
par l'amour de la logique, il lui sacrifia audacieusement
l'usage, que lui-même avait proclamé la règle et la loi
suprême du bien parler. Il faut entendre les vives et fortes
objections que lui adressait Pasquier (Lettres, livre III,
lettre IV) : « Ceux qui mettent la main à la plume pren-
nent leur origine de divers pays de la France, et est mal-

---

[1] Préf. de la gramm. franç. Cf. Rech. de la France, l. VII, c. 6. Voici
un distique de Jodelle qui fut, d'après Pasquier (Rech., l. VII, c. 11),
« le premier coup d'essai en vers rapportés, lequel est vraiment un petit
chef-d'œuvre : »

> Phœbüs, Amoür, Cyprïs, veüt saüvēr, noürrïr ĕt ōrnēr
> Tōn vērs ĕt tōn chēf d'ōmbrĕ, dĕ flāmmĕ, dĕ fleürs.

aisé qu'en nostre prononciation il ne demeure tousjours en nous je ne sçay quoy du ramage de nostre pays. Je le voy par effet en vous, auquel, quelque longue demeure qu'ayez faite dans la ville de Paris, je recognois de jour à autre plusieurs traicts de vostre picard, tout ainsi que Pollion recognoissoit en Tite-Live je ne sçay quoy de son padoüan..... Je ne dy pas que s'il se trouve quelques choses aigres, l'on n'y puisse apporter quelque douceur et attrempance ; mais de bouleverser en tout et partout sens dessus dessous nostre orthographe, c'est à mon jugement gaster tout. »

Ramus n'avait pas attendu cette lettre de Pasquier pour se faire à lui-même ces objections ; car il disait lui-même dans sa grammaire (ch. VII, p. 56) : « Or sus de par Dieu, que ce parangon soit mis en avant, comme ung tableau de quelque Apelles, pour escouter derrière le rideau le jugement des passans. Car je ne doubte point que pour le commencement ils n'y trouvent bien à redire et aux pieds et à la teste. » Il avait tort sans doute d'entreprendre une réforme aussi radicale, non à cause des obstacles qu'elle devait rencontrer pour s'établir (à ce compte tout progrès serait condamné d'avance), mais pour cette simple raison qu'à peine établie, elle en aurait réclamé une autre ou même une infinité d'autres, la parole étant chose mobile et variable, en sorte que la prononciation d'une langue change de siècle en siècle, et presque d'année en année. La tentative de Ramus était donc à la fois inutile et téméraire ; mais on doit le regretter [1], et il faut convenir avec lui que, l'étymologie à

---

[1] Ch. Nodier, Mél. tirés d'une petite bibl., p. 188, 141 : « Je ne puis m'empêcher d'exprimer le regret que les anciens ne nous aient pas laissé

part, qui n'y est pas si fort respectée, « l'escripture françoyse est par trop agreste et rustique, en abusant de la
puissance des lettres et en les amoncellant contre leur
nature (comme *cqu* pour k)..., tellement que ceste escripture est une horrible et prodigieuse image de la parolle. » Il faut enfin se souvenir qu'il n'a pas fait usage,
ailleurs que dans sa grammaire, de l'orthographe qu'il
avait inventée, et que la langue française lui a d'autres
obligations. Il fut de ceux qui eurent la noble ambition
de donner à la France une littérature nationale, à une
époque où l'on doutait s'il était « bon dé coucher les arts
en françois, » comme dit Estienne Pasquier. Il avait applaudi à l'ordonnance par laquelle François Ier prescrivait l'emploi de la langue française dans les arrêts des
parlements et dans les actes publics[1]. Il réclama sans
cesse des traductions en langue vulgaire des saintes Ecritures. Enfin, il écrivit en français non-seulement une
grammaire, qui est une œuvre au moins fort originale,
mais encore plusieurs discours très remarquables et un
traité de dialectique, sur lequel nous aurons à revenir
tout à l'heure à cause de son importance.

Ramus, dans ses leçons d'éloquence, donnait à la fois
le précepte et l'exemple, et il serait difficile de comprendre qu'un si habile orateur eût ignoré la véritable rhétorique, comme l'a prétendu un écrivain du siècle der-

beaucoup de livres de ce genre. La première condition de la perfectibilité
du langage, l'immutabilité de ses éléments convenus, seroit acquise depuis des siècles... Que de diatribes, hélas! et que dé sang auroit épargné
aux ergoteurs du XVIe siècle, qui s'égorgeoient pour la prononciation de
quisquis et de *quanquam*, un Taillemont (il eût fallu dire : un Ramus) du
siècle d'Auguste! »

[1] Grammaire françoise (1572, in-8°), p. 149.

nier [1]. Cet auteur se fonde sur ce que Ramus critiquait
Cicéron et Quintilien : ces écrivains sont-ils donc in-
faillibles, et ne peut-on enseigner fort bien la rhétorique
sans y faire rentrer, avec les anciens rhéteurs, des études
qui font essentiellement partie de l'art de penser, comme
les règles de l'invention et de la disposition, c'est-à-dire
de l'argumentation et de la méthode? Omer Talon, d'a-
près Ramus, renvoyait à la logique toutes ces règles,
qui lui appartiennent, ainsi que celles de la mémoire,
et il réduisait l'éloquence à ses éléments constitutifs :
l'élocution et l'action. Telle était la doctrine de Ramus,
et elle avait le grand avantage d'éviter toute confusion
dans l'enseignement. Mais dans la pratique il recommandait, comme l'avaient fait Cicéron et Quintilien, l'u-
nion de l'éloquence et de la philosophie ; il corrigeait
donc par son exemple ce que ses préceptes semblaient
avoir d'étroit. Bien loin de dénigrer Cicéron, il l'admirait profondément, et, ce qui vaut mieux encore, il le
comprenait. De là le *Ciceronianus* et ces leçons d'éloquence, qui ravissaient Scévole de Sainte-Marthe, Hubert Languet et tant d'autres, et où les adversaires même
de notre philosophe apprenaient de lui à mieux parler
et à mieux écrire [2]. A l'égard de Quintilien, il n'a eu
qu'un tort, celui de le prendre trop au sérieux, et de le
traiter, non comme un écrivain estimable et comme un
savant et ingénieux rhéteur, mais comme un philosophe
et un logicien : aussi lui reproche-t-il trop vivement son
défaut d'ordre et de conséquence, son manque de profon-

---

[1] Gibert, Jugemens des savans sur les auteurs qui ont traité de la rhétorique, t. II (1716, in-12), p. 212 et suiv., p. 299 et suiv.

[2] Nancel, p. 19, 20, 31 ; Freigius, p. 33, etc.

deur, des lacunes, de mauvaises divisions, des questions oiseuses, de la puérilité, du pédantisme. Il est vrai d'ailleurs qu'il y a de tout cela dans Quintilien, et c'est pour cela peut-être que les scholastiques en faisaient tant de cas, au point de le mettre au rang de Cicéron et d'Aristote.

Je ne parlerai pas ici de la dialectique de Ramus : elle mérite qu'on l'étudie à part.

Quoi qu'il fût le meilleur mathématicien de son temps en France, et qu'il eût fait des mathématiques une étude assez approfondie, ces sciences se sont tellement accrues et perfectionnées après lui, qu'on ne tient plus compte aujourd'hui de ses travaux en ce genre. Cependant, son nom ne saurait être omis dans l'histoire des mathématiques, et Montucla lui a donné une place insuffisante, quoique assez belle encore. Cet auteur n'a pas examiné de près les ouvrages des premiers mathématiciens de la renaissance, et il paraît avoir ignoré la forte et salutaire influence qu'exerça Ramus, à partir de l'année 1555. Sans revenir sur la chaire qu'il fonda au collége royal, c'est lui qui le premier introduisit dans les colléges un cours de mathématiques; c'est à ses leçons que se formèrent les professeurs de mathématiques qui enseignèrent à Paris jusqu'à la fin du siècle; c'est lui qui avait donné le goût de ces études au cardinal d'Ossat, au président de Thou et à beaucoup d'autres[1]. En 1625, son Arithmétique était encore estimée la meilleure qu'on eût en

---

[1] Crevier, Hist. de l'univ. de Paris, t. VI, p. 196 : « Les mathématiques, dans ces temps-là, pouvoient se comparer presque à une espèce de magie renfermée entre un très petit nombre de personnes, et Ramus est un de ceux qui ont le plus contribué à les tirer de ce secret mystérieux, et à en répandre la connoissance. »

France[1]. A la même époque, sa Géométrie et son Algèbre étaient réimprimées et commentées en Hollande et en Allemagne. On admirait l'ordre et la clarté de ses démonstrations, tout en leur reprochant de sacrifier parfois la rigueur à la simplicité; mais, en vérité, la géométrie, même de nos jours, n'abuse-t-elle pas des démonstrations? On lui savait gré surtout d'avoir, le premier, mis en forme de propositions et de théorèmes les problèmes d'Euclide, ce qui était assurément d'un grand secours pour la mémoire et pour la clarté de l'enseignement[2]. Le catalogue de ses écrits fait assez voir quel fut son zèle pour des études qu'il n'avait enseignées qu'en renonçant à sa popularité comme professeur, pour lesquelles il fonda de ses deniers une chaire au collége de France, et qui enfin lui coûtèrent la vie.

Je ne saurais dire quelle est la valeur du traité de Ramus De militia Cæsaris, comme ouvrage de tactique militaire; je vois cependant qu'on en fit grand cas pendant assez longtemps[3].

Les écrits de Ramus sur l'optique et l'astronomie ayant été perdus, je ne puis que recueillir dans ses Scholæ mathematicæ (l. II, p. 47) ce passage sur Copernic : « De nos jours Copernic, astronome qu'on ne doit pas seulement comparer aux anciens, mais admirer de tout point en astronomie, a renouvelé d'admirables hypothèses qui expliquent tout par le mouvement de la terre, et

---

[1] G. Naudé, Advis pour dresser une bibliothèque, chap. IV, p. 75.

[2] J. H. Alstedius, Encyclopædia (1649, in-f°), t. I, p. 79, 107, 119. Cf. Dechalles, Catalogue des mathématiciens illustres. On lit dans Moréri : « Ramus étoit un très habile homme, bon dialecticien, *grand mathématicien* et de bonnes mœurs. »

[3] Mél. tirés d'une grande bibl., t. XLI, p. 11.

non plus par le mouvement de tous les astres autour de
la terre. Pourquoi faut-il que Copernic ne se soit pas attaché à construire la science des astres en s'abstenant de
toute hypothèse! »

En physique comme partout ailleurs, Ramus fait la
guerre aux hypothèses. Dans ses Scholæ physicæ, il réclame énergiquement contre Aristote une science véritable de la nature, au lieu d'abstractions vides de sens ou
même pernicieuses, sur l'infinité et l'éternité du monde.
Mais il ignore le véritable usage de l'induction, et, dans
son engouement pour la méthode déductive, il veut qu'on
l'emploie en physique aussi bien qu'en géométrie, près-
crivant l'ordre que suivra plus tard Descartes dans ses
Principes de philosophie : « Etudier d'abord le ciel, puis
les météores, puis les minéraux, les végétaux, les animaux et l'homme : voilà les objets d'une véritable physique, et cette étude veut des esprits tout à fait libres ;
car elle est si vaste et si abondante, qu'elle eût rempli la
vie de dix Aristote, alors même qu'ils auraient paru à une
même époque et qu'ils s'y seraient employés tout entiers[1]. »

Ramus recommandait également en médecine une méthode toute géométrique, et l'on doit en faire la remarque, parce que plusieurs de ses disciples furent médecins
et s'appliquèrent à donner à cette science une forme à la
fois plus humaine et plus méthodique. Quant à Ramus
lui-même, il n'avait point étudié la médecine ; il s'était
borné à lire quelques livres de Galien[2].

Il ne cultiva guère davantage le droit ; il ne consultait
les jurisconsultes que pour y trouver l'explication de

[1] Scholæ physicæ, l. VIII fin.
[2] Nancel, p. 34. Cf. Ramus, Adv. au roy, et Scholæ math., l. II.

quelques endroits des discours de Cicéron. Cela lui valut
même les railleries d'Hotman et de Muret [1]. Cependant il
fit école en jurisprudence, soit par sa méthode, soit par
le vœu philosophique qu'il adressait, en 1567, à L'Hospital et à Cujas [2] : « Les lois des Romains étaient écrites
dans leur langue et réduites en douze tables, que les enfants apprenaient par cœur. Au lieu de ces douze tables,
les Français ont des myriades de lois rédigées en une
langue étrangère. Parmi tant de jurisconsultes, n'y en
aura-t-il pas un qui entreprenne d'éclaircir et de simplifier ce chaos? Pourquoi Cujas, pour n'en nommer
qu'un seul, trouverait-il cette tâche au-dessus de ses
forces? Et vous, Michel de L'Hospital, vous qui en avez
le pouvoir, que ne procurez-vous à votre pays un tel
bienfait? » C'est cette idée qu'Hotman essaya de réaliser
« en ramenant à l'unité les coutumes de la France, et en
rédigeant un corps de droit français qui fût enseigné
dans les écoles (R. Dareste, l. c.). »

Quant à la morale, Ramus s'en était beaucoup occupé;
il avait même écrit un traité qui n'attendait que la dernière main pour être publié, lorsqu'il mourut [3]. Mais cet
ouvrage a péri, et l'on ne peut connaître sa pensée sur
ce point que par le De moribus veterum Gallorum, qui
est plutôt un livre d'histoire que de morale, et par certains endroits de ses écrits où il attaque, au point de vue
chrétien, la morale d'Aristote, comme par exemple dans
le discours de 1551 sur l'enseignement de la philosophie, où il s'indigne que l'on impose aux élèves des col-

---

[1] Nancel, p. 34; Dareste, Essai sur Hotman, § III, p. 31, 32.

[2] Scholæ mathematicæ, l. II, sub fin.

[3] Orat. de sua prof. (1563). Voir le Catalogue de ses écrits.

léges l'étude de l'Ethique à Nicomaque : « Là, dit-il ,
l'enfant apprendra une foule d'impiétés : par exemple,
que le principe et l'idéal du bonheur de l'homme sont en
lui, que toutes les vertus sont en son pouvoir, qu'il les
acquiert au moyen de la nature, de l'art et du travail,
et que pour cette œuvre, si grande et si sublime qu'elle
soit, il n'est besoin ni de l'aide de Dieu ni de sa coopé-
ration! Point de providence; pas un mot sur la justice
divine; enfin, les âmes étant mortelles aux yeux d'Aristote, il réduit le bonheur de l'homme à cette vie péris-
sable..... Voilà la philosophie dont nous faisons, pour
ainsi dire, le fondement de notre religion [1]! »

C'est surtout en métaphysique qu'il maltraite Aristote;
mais il faut bien avouer que c'est la partie faible de Ramus. Il ne semble pas du moins qu'il ait vu toute la
portée des grands problèmes de la philosophie. « Pour
se conduire dans la métaphysique, a-t-on dit avec raison,
les philosophes d'alors cherchoient maître, pour ainsi
dire, et ils attendoient Descartes et Malebranche [2]. » Re-
buté par la confusion apparente de la Métaphysique d'A-
ristote, Ramus n'en a pas saisi le sens profond : il n'y
voit qu'un mélange de subtilités logiques et d'impiétés
épicuriennes [3]. Il n'estime pas assez Aristote comme historien de la philosophie. Il ne l'a pas toujours compris,
non plus que Platon : d'accord avec Aristote sur la théorie des idées, il nie, contre toute évidence, que Platon
ait admis des types ou exemplaires séparés des choses [4].

---

[1] Collectan. præfat., epist., orat. p. 337-338.
[2] Mélanges tirés d'une grande bibliothèque.
[3] Préface des Scholæ in liberales artes.
[4] Scholæ metaphysicæ, Préface et l. XIII med.

Je ferai remarquer à ce propos qu'il n'est nullement
réaliste, et que, s'il parle en passant de la querelle sur-
année où certains historiens lui font prendre parti, c'est
pour s'en moquer, et pour renvoyer les combattants au
tribunal d'Aristote, « dont l'opinion, dit-il, est la plus
simple et la plus en harmonie avec le sens commun et
avec l'usage[1]. »

Ramus a raison dans un grand nombre de ses critiques, par exemple lorsqu'il établit contre Aristote l'in-
néité de l'intellect dans l'âme humaine[2], ou lorsqu'il
réfute cette assertion que Dieu ne saurait penser toutes
choses sans en être amoindri : « Levez les yeux, s'écrie
notre philosophe, et contemplez le soleil! Cet astre remplit le monde entier de sa lumière : il éclaire de ses
rayons, non-seulement les jardins délicieux et les palais des
rois, mais la boue elle-même et tout ce qu'il y a de plus
immonde. Est-ce qu'il en contracte pour cela la moindre
souillure? » Mais, faute de comprendre toujours celui
qu'il combat, Ramus s'emporte trop souvent au delà des
justes bornes, comme dans ce passage, qui donnera un
aperçu de ses doctrines tout ensemble et de sa polémique : « Dieu, suivant Aristote, est une essence éternelle,
qui n'a ni matière, ni grandeur, ni parties, ni division,
ni passion, ni altération, et qui mène une vie excellente
et parfaitement heureuse. Tout cela peut être donné pour
vrai; mais ensuite, quel mélange d'erreurs et quelles
impiétés! Dieu est un animal; il y a autant de dieux que
de globes célestes; Dieu n'a point de puissance; il ne
saurait agir ni mouvoir, si ce n'est de toute éternité.

---

[1] Scholæ metaphysicæ, l. I, c. 5.
[2] Scholæ dialecticæ, l. X, c. 18.

Dieu est le premier moteur du monde, mais sans le vouloir ni le savoir. Il ne pense que soi et méprise tout le reste. Il n'est ni créateur ni providence. Il meut le monde éternel comme l'aimant meut le fer. Il n'a ni amour, ni bienveillance, ni charité. Qu'est-ce donc que cette théologie athée, sinon une sorte de gigantomachie contre Dieu?... Théologiens, délivrez le christianisme de cette peste ; proposez à la jeunesse le pur Evangile du Christ. Ne souffrez pas plus longtemps que la criminelle maladie de l'athéisme soit entretenue par des opinions auxquelles vous prêtez un appui inconsidéré. Les impies se prévalent de ce que vous alléguez sans cesse dans vos chaires l'autorité d'Aristote. Mettez fin à leurs discours ; faites que désormais, ni dans les écoles ni dans les sermons, on ne cite l'autorité de ce philosophe païen et athée, mais celle de Moïse et du Christ[1]. » Voilà avec quelle véhémence il combat d'ordinaire la doctrine d'Aristote ; mais là où il est d'accord avec lui, il le prend volontiers pour maître. Il lui arrive même de le louer aux dépens de certains chrétiens ; ainsi, après avoir rappelé qu'Aristote rejette hautement des dieux faits à l'image de l'homme, il fait la remarque que « ce philosophe, tout païen qu'il était, s'est montré ici plus pieux qu'un grand nombre de chrétiens, qui mettent dans leurs temples des images visibles et grossières de la Trinité, que l'esprit même a peine à concevoir[2]. »

On vient de voir Ramus opposant aux erreurs d'Aristote les doctrines du christianisme ; mais, qu'on ne s'y trompe pas, il est toujours libre penseur, et ne prétend

[1] Scholæ metaphysicæ, l. XIV, fin.
[2] Scholæ phys., l. VIII, vers la fin; Scholæ metaph., l. XII, c. 8.

pas en appeler à l'autorité : rien n'est plus éloigné de sa
pensée, ainsi qu'il le déclare expressément. « Nos ancêtres, dit-il, brûlaient les livres d'Aristote. Pour moi,
laissant de côté de tels arguments, je ne veux apporter
que des arguments logiques, mathématiques, physiques,
en un mot des armes philosophiques dans un combat
tout philosophique. » Et plus loin : « Contre ces sophismes perpétuels, je n'ai employé aucun argument tiré de
l'Ecriture sainte ; nulle part je n'en ai appelé à l'autorité
de Moïse ou du Christ ; c'est une réfutation philosophique que j'ai opposée à ce philosophe. Bien plus, je n'ai
guère employé contre Aristote que les règles de sa propre méthode [1]. »

Pour achever son œuvre, Ramus prétendait réformer
la théologie elle-même, en la délivrant des questions
oiseuses et des subtilités de tout genre dont les scholastiques l'avaient embarrassée.

L'Ecriture sainte étant, à ses yeux, la règle suprême
de la foi, il exprimait sans cesse le vœu qu'on en donnât
des traductions aussi exactes et aussi élégantes que possible, non-seulement en latin, mais encore et surtout en
langue vulgaire. Il souhaitait aussi que les théologiens
adoptassent une méthode plus claire et un langage plus
humain. Quant à lui, il traitait chaque point de doctrine
suivant une double méthode, cherchant la solution de
tous les problèmes religieux dans la Bible, mais ajoutant
toujours aux textes et aux exemples sacrés des passages
tirés des plus grands poëtes, orateurs et historiens pro-
fanes. Ce n'était pas qu'il prétendît faire sortir de là le
moindre argument en faveur de la révélation ; mais il

---

[1] Scholæ physicæ, Préface et l. VIII, fin.

était humaniste ; il avait en horreur la barbarie du moyen
âge, et il lui semblait important de montrer que la religion chrétienne n'est pas si abstruse et si étrangère à
l'humanité que la lumière naturelle n'en ait découvert*
quelque chose à toutes les nations, en sorte que tous les
hommes sont évidemment destinés, par leur nature
même, à embrasser la vérité du christianisme [1].

Il lisait dans cet esprit les livres de l'ancien et du nouveau Testament, et, mettant en ordre ses extraits et ses
réflexions, il les rangeait sous deux chefs principaux :
d'abord la foi par laquelle nous sommes justifiés [2], puis
les œuvres qu'elle produit nécessairement, comme le feu
produit la chaleur, et qui comprennent l'observation de
la loi, la prière et la pratique des sacrements. Tel est le
plan du Commentaire sur la religion chrétienne, qui
parut après la mort de Ramus. Ce traité n'est pas seulement remarquable par la composition et par le style ;
l'érudition y est tempérée par une logique simple et forte :
l'argumentation sur la doctrine des sacrements est un
modèle sous ce rapport. Mais ce qui mérite surtout nos
éloges, c'est, avec un vif sentiment de piété répandu dans
tout l'ouvrage, une charité non moins ardente pour tous
les chrétiens et pour tout ce qui porte le nom d'homme.
On ne peut lire sans émotion le dernier chapitre (le 19e du
livre IV), intitulé : *Exhortation à la paix chrétienne*. Cet
appel à la concorde et à l'union, écrit par Ramus à la veille
de la Saint-Barthélemy, répond victorieusement à ceux
qui osent dire que le fanatisme était égal des deux parts, et
que les victimes ne valaient pas mieux que leurs bourreaux.

---

[1] Comment. de relig. christiana, l. I, init.
[2] Comment. de relig. christ., l. II, c. 1.

Le lecteur a vu plus haut (Ire partie, ch. X) que Ramus ne bornait pas ses réflexions au dogme, et qu'ayant porté dans les questions de discipline sa liberté d'examen, il avait réclamé une réforme dans le gouvernement de l'Eglise. Ce point ayant été développé précédemment, je n'y reviendrai pas ici.

On peut maintenant, je crois, se faire une idée du ramisme, c'est-à-dire du plus grand effort qu'ait tenté la philosophie au XVIe siècle pour rétablir les sciences et exciter les esprits à faire de nouvelles recherches, au lieu de s'attacher servilement à la doctrine d'Aristote. « L'université de Paris, dit Lancelot, peut se glorifier d'avoir eu dans Ramus un homme qui a presque renouvelé toutes les sciences humaines. »

Nous verrons tout à l'heure quelle a été l'heureuse et immense influence exercée en Europe par ce système, le seul qui ait exprimé complétement la renaissance. Mais il faut avant tout le comprendre et l'apprécier, en le considérant, non dans quelqu'un de ses détails, mais dans ses principes et dans ses doctrines essentielles. Le ramisme est une entreprise très hardie à la fois et très simple, qui s'applique à toutes les connaissances humaines, mais qui, sous tant de formes diverses, se réduit à deux ou trois principes faciles à dégager : les droits de la raison et du libre examen, le combat à outrance contre la barbarie du moyen âge, enfin la simplification de toutes les études par l'emploi de la vraie méthode.

La méthode et la logique, voilà la véritable gloire de Ramus. La dialectique est l'âme de son système, et si nous étions tenté de l'oublier, sa dernière préface nous en ferait souvenir : « Si j'avais à porter un jugement sur

mes propres travaux, dit-il, je souhaiterais que le monument élevé à ma mémoire rappelât la réforme de la dialectique (Préface des Dialecticæ libri duo, 1572). »

Puisque nous avons entrepris de lui élever ce *monument*, achevons cette tâche pieuse, en invitant le lecteur
à étudier avec nous la dialectique de Ramus. Il ne s'est
pas trompé en y attachant son espoir; car elle a fait vivre
son système avec honneur jusqu'au XVIIIe siècle, et elle
sera toujours son titre le plus durable à l'estime des savants et des philosophes.

II

DIALECTIQUE.

—

Distinction préliminaire. — Polémique contre Aristote et la scholastique.
— La nature, l'art et l'exercice. — Méthode proposée par Ramus pour
observer la nature humaine. — De l'invention et du jugement. —
Exercice et usage de la dialectique. — Défense d'Aristote contre Ramus.
— Mérites de ce dernier. — Conclusion sur sa dialectique.

Ramus a pris soin de distinguer lui-même dans sa
dialectique deux parties, ou plutôt deux modes d'exposition : d'un côté, l'examen des divers systèmes et la
réfutation des erreurs qui pourraient nuire à l'exactitude
ou à l'ordonnance de la science : c'est la dialectique ré-
futative (ἐλεγκτική); de l'autre, une exposition dogmatique de l'art de penser, tel que la nature l'enseigne,
sans avoir aucun égard aux préjugés ni aux opinions des
hommes : c'est la partie démonstrative (ἀποδεικτική) de
la dialectique.

Cette distinction, dont on ne saurait contester la justesse, a cela de précieux pour nous qu'elle nous permet
de faire équitablement la part du vrai et du faux dans
l'œuvre logique de Ramus. Autant, en effet, nous sommes disposé à applaudir à ses tentatives ingénieuses et

hardies pour constituer la méthode des sciences, autant
nous sommes loin d'approuver ou même d'absoudre entièrement ses attaques inconsidérées, excessives et déci-
dément injustes contre Aristote.

Professeur plus que philosophe, Ramus parle de la
logique d'Aristote comme de je ne sais quel manuel de
logique, et il est certain qu'à un tel point de vue, ce
chef-d'œuvre de sagacité, de profondeur et d'analyse
philosophique laisserait beaucoup à désirer. Je n'oserais
affirmer, pour ma part, qu'on y trouve une définition et
une division de la logique; mais peut-on dire sérieusement que la pensée d'Aristote en soit obscurcie? C'est
là cependant le grief le plus ordinaire de Ramus. Sans
doute il faut accorder qu'il a quelquefois raison dans ses
critiques. Mais il dépasse évidemment les justes bornes,
lorsqu'il prétend que dans cet admirable traité de la
méthode démonstrative, qu'on appelle les Deniers Analytiques, il n'y a rien de dialectique, ou lorsqu'il exclut
de la logique l'art de démêler et de résoudre les sophismes; lorsqu'enfin il reprend sans cesse Aristote comme
un écolier, l'accusant non-seulement de confusion, d'obscurité, de contradiction et d'erreur, mais même de puérilité et d'ineptie!

En vérité, quand je considère cette accumulation de
reproches adressés par un logicien au père de la logique,
j'ai besoin, pour les excuser et pour les comprendre, de
me rappeler le temps où tout cela était dit, les excès et
la sottise des défenseurs d'Aristote, leur fanatisme ridicule et souvent impie, le joug intolérable qu'ils prétendaient faire peser sur les intelligences, et qui eût fini par
étouffer dans l'esprit humain l'amour de la vérité, de la

science et du progrès. On peut dire, à la décharge de
Ramus, peut-être même à sa gloire, qu'il n'a pas désespéré alors de l'esprit humain, et que s'il a mis tant de
violence dans ses attaques, c'est qu'il s'agissait de renverser l'idole du moyen âge, et de guérir par là ce que
tous les ramistes appellent d'un commun accord la maladie de la scholastique (*scholasticus morbus*), c'est-à-dire
une barbarie déplorable, une torpeur croissante et mortelle. On doit aussi, pour être juste, distinguer plus d'une
phase dans cette polémique de trente-cinq ans : d'abord
l'époque de la première jeunesse et de l'audace extrême,
la thèse de 1537 et ces *Animadversions* de 1543, si remarquables par l'esprit, la verve et la passion, mais où
Ramus ne garde aucune mesure ; puis les *Animadversions*
de 1548 et des années suivantes, où déjà il s'impose certaines règles tirées d'Aristote lui-même, et d'après lesquelles il essaye de le juger ; enfin les *Scholæ dialecticæ*
de 1569, et la *Défense d'Aristote contre J. Schẽgk*, où il
montre infiniment plus de sens, de modération et de
justice, où même il professe pour Aristote une vive admiration, et se donne, avec raison, pour meilleur péripatéticien que ses adversaires. Mais ce qu'il admire, ce
sont quelques principes détachés du système, ce n'est
pas le système lui-même. A aucune époque il n'aban-
donne ce double argument, qui, s'il était fondé, ruine-
rait à jamais l'autorité d'Aristote comme logicien : premièrement, que les écrits réunis sous le titre d'Organon
ne sont pas authentiques, soit qu'ils aient été attribués à
Aristote par quelque sophiste ennemi de la vérité et de
la science, selon la thèse la plus ancienne de Ramus, soit
qu'on y voie une sorte de bibliothèque des logiciens an-

térieurs à Aristote, et que celui-ci aurait pris seulement
la peine de recueillir sans choix, sans ordre et sans méthode. En effet, et c'est le second argument de Ramus,
Aristote n'est pas l'inventeur de la dialectique. La pensée
est inhérente à l'homme, et il y a dans l'esprit humain
une logique naturelle qui, avant Aristote, avait été réduite en préceptes par Zénon d'Elée, par Pythagore,
Socrate et Platon, sans parler de Moïse et même de Noé,
en qui Ramus croit reconnaître le Prométhée des Grecs,
mais dont la logique est par trop inédite.

L'autorité d'Aristote une fois mise de côté, la scholastique une fois convaincue d'impuissance, aussi bien que
d'obscurité, d'ignorance et d'erreur, Ramus entreprend
d'enseigner une autre dialectique. Comme il ne s'agit ici
que de donner une idée de ses essais en ce genre, nous
nous bornerons à déterminer d'après lui, et, autant que
possible, en le laissant parler lui-même, l'objet et le caractère de la dialectique, la méthode qui lui convient,
les parties essentielles qu'elle comprend, enfin les applications dont elle est susceptible.

Ramus définit la dialectique l'art de raisonner; c'est à
ses yeux une science pratique qui se propose de tracer
les règles et l'usage légitime du raisonnement, ou plutôt
de la raison [1]. Comme toute science pratique, elle se
présente sous trois formes successives, et pour ainsi dire

---

[1] Dialectique (1555), p. 1 : « Dialectique est art de bien disputer, et
en mesme sens est nommée logique : car ces deux mots sont dérivez de
logos, c'est-à-dire raison, et dialegestæ (διαλέγεσθαι) comme aussi lo-
gizestæ (λογίζεσθαι) n'est autre chose que disputer ou raisonner, voire
(comme Platon nous enseigne au premier Alcibiade) qu'user de raison,
de laquelle le vray et naturel usage doibt estre monstré et dressé en
cest art. »

à trois degrés : la nature, l'art et l'exercice. La nature ici, c'est la raison ou faculté naturelle de raisonner ; l'art se compose des préceptes pour bien user de cette faculté, et l'exercice consiste à mettre en pratique les préceptes de l'art, afin de les convertir en habitudes. De là ce principe fondamental, posé par Ramus dès le premier jour, et auquel il demeura constamment attaché, savoir : que l'exercice suppose l'art, comme celui-ci à son tour suppose la nature [1]. C'est de ce principe qu'il a tiré toute sa dialectique. C'est en partant de ce même principe qu'il indique la source où l'on doit puiser les véritables règles de l'art de penser. Il faut l'entendre exposer lui-même comment « le vray et naturel usage de raison doibt estre monstré et dressé en cest art : »

« On doit avant tout s'appliquer de toutes ses forces à découvrir ce que peut la nature et comment elle procède dans l'emploi de la raison. C'est pourquoi, pour mieux mettre en lumière sa puissance, considérez, parmi tant de milliers d'hommes, ceux qui l'emportent par leur habileté et leur prudence naturelle, et supposez qu'ils aient à donner leur avis dans la discussion d'une affaire importante : leur pensée, comme un miroir fidèle, devra vous donner une image de la nature. Examinez donc ce que vont faire ces conseillers par qui la nature vous enseigne. D'abord, si je ne me trompe, ils chercheront en silence dans leur esprit quelque raison, ils inventeront quelque argument, qui leur donne moyen de vous exhorter à l'entreprise sur laquelle on délibère ou de vous en détourner ; puis, quand ils auront trouvé de quoi se satisfaire, ils exprimeront leur pensée, non pas au hasard, mais par ordre et avec méthode : non contents de démontrer chaque point avec élégance et avec force, ils embrasseront toute la question, en descendant de l'idée la plus générale aux espèces et aux cas particuliers qu'elle comprend. S'ils procèdent ainsi dans une discussion particulière, à plus forte raison suivront-ils cette méthode,

---

[1] Dialecticæ partitiones (1543), fol. 1 v. « Ars igitur naturam sibi propositam semper habeat, exercitatio artem. »

lorsqu'ils étudieront la nature tout entière, comme faisaient les premiers philosophes, qui n'avaient point de logique artificielle. Ainsi, toutes les fois qu'il se présente une occasion d'exercer notre raison, la nature invite nos esprits à un double effort, l'un plus vif et plus pénétrant pour trouver la solution du problème, l'autre plus calme et plus réfléchi pour examiner et peser cette solution, en l'appropriant aux diverses parties du sujet. Voilà ce que fait connaître avec certitude l'observation de la nature, dont la science ne doit jamais se départir, mais qu'elle doit suivre religieusement : car elle n'aura bien rempli sa tâche que lorsqu'elle aura reproduit cette sagesse naturelle. Elle doit donc en étudier les leçons dans les esprits d'élite, où elles sont comme innées; puis, après qu'elle les aura recueillies avec soin, elle les transmettra à son tour dans l'ordre le plus naturel, et sur ce modèle tracera des règles à ceux qui se proposent de bien raisonner. C'est ainsi qu'après avoir été l'élève de la nature, la dialectique en deviendra pour ainsi dire la maîtresse : car il n'y a point de nature si énergique et si forte qui ne le devienne davantage par la connaissance de soi-même et par la description de ses forces; et il n'en est point de si faible et de si languissante qui ne puisse, avec le secours de l'art, acquérir plus de force et d'ardeur [1]. »

Telle est la méthode que suit Ramus pour construire l'art de penser, et d'abord pour le diviser en deux parties. « Les parties de dialectique sont deux, invention et jugement. La première déclaire les parties séparées dont toute sentence est composée; la deuxiesme monstre les manières et espèces de les disposer, tout ainsi que la première partie de grammaire enseigne les parties d'oraison, et la syntaxe en descript la construction [2]. »

L'invention des arguments se fait au moyen de préceptes qui donnent « les sièges et lieux où gisent les catégorèmes, » c'est-à-dire les raisons, preuves et arguments. Ceux-ci se tirent tantôt du témoignage, et alors

[1] Dialecticæ partitiones, fol. 3, 4.
[2] Dialectique (1555), p. 4.

24

ils sont *inartificiels*, tantôt de la raison elle-même, et ils sont dits *artificiels*, comme lorsqu'on prouve par le moyen de la cause ou de l'effet, de la substance ou de la qualité, de l'opposition ou de la ressemblance, de la division, de la définition, etc. Ramus explique en grand détail ces chefs d'arguments à l'aide de nombreux exemples tirés des poëtes et des orateurs, et il réduit tous les lieux à dix, savoir : les causes, les effects, les subjects, les adjoincts, les opposez, les comparez, la raison du nom, la distribution, la définition, le témoignage[1]. Puis il recommande l'exercice et la pratique de toutes ces règles.

« L'homme, dit-il, a en soy naturellement la puissance de cognoistre toutes choses : et quand il aura devant ses yeux l'art d'inventer par ces genres universelz, comme quelque mirouër, luy représentant les images universelles et générales de toutes choses, il luy sera beaucoup plus facile par icelles recognoistre les espèces singulières, et par conséquence inventer ce qu'il cherchera. Mais il fault par plusieurs exemples, par grand exercice, par long usage forbir et pollir ce mirouër, avant qu'il puisse reluire ny rendre ces images[2]. »

Après l'invention vient la disposition, que Ramus aime mieux appeler jugement à l'exemple de Cicéron. « Jugement est la deuxiesme partie de logique, qui monstre les voyes et moyens de bien juger par certaines reigles de disposition..... La disposition de logique a trois espèces, énonciation, syllogisme, méthode. »

L'énonciation, chez Ramus, est ce que nous appelons proposition : il la divise en simple et composée, scientifique ou d'opinion, générale, spéciale et propre. Le pas-

---

[1] Scholæ in lib. artes (1578), col. 210; Dial. libri duo (1572).
[2] Dialectique (1555), p. 69.

sage suivant, sur le propre et l'universel, mérite l'attention du lecteur :

« Le jugement de la simple énonciation est fort naturel, mais voire commun de quelque part aux bestes, comme des choses sensibles en l'énonciation propre. Voire ce jugement est beaucoup plus excellent es autres animaux qu'en nous. Car combien que l'homme les surmonte d'attouchement, néantmoins l'aigle voit plus vivement, le vaultour flaire plus subtillement, la taupe oyt plus clérement, comme Pline récite au deuxiesme de l'Histoire naturelle. Ainsi le jugement de l'énonciation simple n'est point propre de toute part à l'homme, mais bien l'entendement de l'énonciation universelle... La beste ne conçoit point l'universel, et combien qu'Epicure, abestissant l'homme, ayt voulu attribuer le souverain jugement de toutes choses aux sens, et le déroger à l'entendement, néantmoins contre la logique de ce sensuel philosophe nous cognoistrons es espèces conséquentes combien l'entendement peult sans le sens; et jà d'autant qu'il cognoist l'universel, d'autant est-il plus excellent et honorable que le sens, et comprend plus la cause et principe, et est plus scientifique, comme peult estre entendu par Aristote au premier de la Démonstration[1]. »

« Le syllogisme, dit-il ensuite (p. 87), est disposition par laquelle la question disposée avec l'argument est nécessairement conclue; » et il y distingue trois parties : la majeure, qu'il appelle *proposition;* la mineure, qu'il appelle *assomption,* et la *conclusion* ou *complexion.* Voici comment il en explique le mécanisme (p. 89) : « Comme le bon compteur, en adjoustant et déduisant, veoit certainement en la clôture du compte le reliqua, ainsi les dialecticiens, en adjoustant la proposition et déduisant l'assomption, voyent en la conclusion la vérité ou faulseté de la question. » Mais, ajoute-t-il, « ceste fabrique de nécessaire disposition sera plus entièrement entendue par toutes les espèces; » et en conséquence il décrit, avec

[1] Dialectique (1555), p. 73 et suiv.

force exemples, selon sa coutume, d'abord le syllogisme
simple, dont il réduit en 1572 les figures ou espèces à
deux, qui sont la seconde et la première d'Aristote, mais
en ajoutant des *manières* (modes) *propres ;* puis le syllogisme composé, qu'il analyse avec d'autant plus de soin
que, suivant lui, « Aristote n'a point cogneu l'art de ce
syllogisme. »

Le dernier et le plus haut degré du jugement est la
méthode ou « disposition par laquelle entre plusieurs
choses la première de notice est disposée au premier lieu,
la deuxiesme au deuxiesme, la troisiesme au troisiesme, et
ainsi conséquemment. » Cette « adresse et abrégement
de chemin » est de deux sortes : il y a d'abord la méthode de doctrine ou de nature, où ce qui est naturellement plus évident doit précéder, et Ramus entend par là
le général et l'universel ; puis la méthode de prudence,
qui est relative à l'opinion et qui s'accommode à celui
qu'il s'agit d'enseigner et de persuader : ainsi, dans les
affaires ordinaires de la vie, « le dialecticien, si l'entrée
de l'artificiel et vray chemin lui est fermée, se fera autre
voye par force d'esprit et prudence, et cherchera de toutes
parts toutes aydes de coustume et usage, etc. [1]. » Ce
chapitre de la méthode paraît à Ramus le plus important,
comme on peut s'en convaincre par les lignes suivantes
de sa Dialectique en français (p. 135) :

« Or est le jugement de méthode, tant de doctrine comme de prudence, la souveraine lumière de raison : en laquelle non-seullement
les autres animantz n'ont rien commun avecques l'homme, comme ilz
pourroyent avoir au jugement de l'énonciation, mais voire les hommes
entre eux sont en ceste louange grandement dissemblables. Car

---

[1] Dialectique (1555), p. 119, 120, 128, 134, etc.

combien qu'ilz soyent tous naturellement participans de la faculté
syllogistique, néantmoins le nombre est bien petit de ceux qui s'estudient d'en bien user : et de ce petit nombre encore est beaucoup
moindre la quantité de ceux qui sçavent disposer par bonne méthode
et juger : tellement qu'autant que l'homme surmonte les bestes par
le syllogisme, d'autant luy-mesme excelle entre les hommes par la
méthode, et la divinité de l'homme ne reluit en nulle partie de la
raison si amplement, qu'au soleil de cest universel jugement. »

Les règles de la dialectique se réduisent à celles de
l'invention et du jugement, et si elles sont conformes à
l'idéal de notre nature raisonnable étudiée dans les chefs-
d'œuvre des grands maîtres en tout genre, l'art de penser
est tout ce qu'il peut être. Cependant ces règles seraient
sans utilité pour nous, si nous nous bornions à les apprendre ou même à les discuter, sans avoir su nous les
approprier par l'exercice. L'exercice, exercitation ou
usage, est la constante préoccupation de Ramus. Déjà,
après avoir traité de l'invention, il disait que « la logique en ceste partie ne baille point ses biens à crédit aux
paresseux, ains les départit seullement aux diligens et
laborieux, voire par juste portion, tant gagné tant payé[1]. »
De même, après avoir donné les règles du jugement et
avoir fait ressortir l'excellence de la méthode, il ajoute
aussitôt : « Mais comme nous avons admonesté en l'invention, que l'exercice monstroit le fruict de l'art, ainsi
nous fault icy penser que non pas l'art seullet (sic), mais
beaucoup plus l'exercice d'icelluy et la practique fait
l'artisant. »

« Partant donques, dit-il encore, que nul n'estime estre logicien
pour avoir appris les loix et ordonnances de logique, comme par
grande folie communément nous estimons... Pour avoir le vray loz de

[1] Dialectique (1555), p. 70.

logique, n'est pas assez de sçavoir caqueter en l'eschole des reigles d'i-
celle, mais il les fault et practiquer es poëtes, orateurs, philosophes,
c'est-à-dire en toute espèce d'esprit : en considérant et examinant leurs
vertus et vices, en imitant premièrement par escripture et par voix
leur bonne invention et disposition : et puis en taschant les égaler,
voire les surmonter en traictant et disputant de toutes choses par
soy-mesme, et sans plus avoir esgard à leurs disputes : et quand ce
disciple logicien aura par telle diligence et assiduité de long temps
confirmé l'intelligence de logique, alors qu'il se présente hardiment
à l'espreuve et examen de maistrise : et après avoir faict foy de telle
estude, qu'il soit mis en la chaire, et jouisse des priviléges proposez
par la République à telle vertu..... Autrement, comme j'ay dict, tant
que nous penserons estre logiciens pour avoir appris les préceptes
de logique, et en avoir disputé en l'eschole l'un contre l'autre, sans
interpréter par elle ny conseil ny jugement d'autheur aucun, sans
imiter les vertus des grandz, sans nous exercer en escripture ny
harangue aucune, telle logique ne sera jà le cler miroüer de l'invention nous représentant les espèces de toutes choses : ne sera jà le
soleil du jugement cognoissant la conjonction de toutes choses, ains
sera seullement comme une veüe troublée et esblouye et bien souvent prenant l'un pour l'autre : et vauldroit beaucoup mieux avoir
l'usage sans art que l'art sans usage [1]. »

Telle est, dans ses principaux traits, la dialectique de
Ramus. Si maintenant nous voulons en déterminer le
caractère essentiel, il nous suffira de remarquer que son
point de départ et son dernier terme à la fois sont dans
l'étude et l'imitation des grands écrivains, puisqu'elle
leur emprunte ses règles, ses exemples et ses modèles.
C'est donc véritablement une logique d'humaniste, plus
appropriée à la renaissance littéraire du XVIe siècle qu'au
mouvement scientifique des temps modernes, une logique qui recommande l'observation de la nature humaine,
mais qui ne l'observe que dans les œuvres mortes de
l'antiquité, qui proclame en principe et revendique avec

[1] Dialectique (1555), p. 137, 138.

force l'indépendance de la raison, mais qui de fait, et
contrairement à l'intention de son auteur, nous retient
encore sous le joug des anciens, tout en nous affran-
chissant de celui d'Aristote et en rompant violemment
avec la barbarie du moyen âge.

J'ai déjà essayé d'expliquer comment Ramus, emporté
par son zèle, avait confondu dans une même condamnation la scholastique et le péripatétisme. Il y a cependant
dans cette polémique des excès que je ne saurais justifier
ni excuser d'aucune façon. Tout n'est pas sans défaut
dans les livres logiques d'Aristote, et l'on y peut relever
plus d'une lacune et même plus d'une erreur ; mais, à
moins d'être aveuglé par la passion, comment méconnaître la grandeur de ce génie et l'ampleur sans égale de
son entreprise? Ici les catégories, effort puissant pour
réduire tous les termes de la pensée à dix genres principaux qui n'ont pas encore été remplacés ; là, une théorie de la proposition et le premier essai méthodique de
grammaire générale; ailleurs, l'invention du syllogisme
et l'analyse aussi savante qu'originale de toutes les formes
du raisonnement; dans les Derniers Analytiques, la description d'une méthode nouvelle fondée sur l'alliance de
la définition et de la démonstration, seule méthode régulière que l'antiquité ait connue, et qui, entre les mains
d'Aristote, a créé plusieurs sciences; puis les Topiques,
arsenal de la rhétorique, prodigieux répertoire d'idées et
d'aperçus en tout genre, et le traité Des Sophismes, qui
complète et achève cette science du raisonnement; le
tout disposé dans un ordre parfait, en allant du simple
au composé : d'abord l'idée avec le mot qui l'exprime,
puis la proposition composée de termes simples, enfin le

syllogisme, composé à son tour de propositions ; et après
la théorie la pratique, c'est-à-dire le syllogisme appliqué à toute matière, nécessaire, probable ou douteuse.

Voilà la grande composition philosophique où Ramus
n'a vu qu'une espèce de bibliothèque mal rangée, un recueil indigeste d'idées mal comprises, mal digérées, mal
exprimées, comme si l'on pouvait trouver ailleurs, au
même degré, cette pensée sûre d'elle-même, ce ton net
et ferme, ce style clair, énergique, magistral ! Nous aurons beau faire, l'auteur de l'Organon sera toujours notre
maître en logique, au moins pour ce qui concerne la
méthode démonstrative ; et c'est à lui que Ramus lui-
même a emprunté ses meilleurs préceptes [1].

La dialectique de Ramus perdrait trop à être comparée avec l'analytique d'Aristote ; et il ne peut entrer dans
l'esprit de personne aujourd'hui de mettre au-dessus de
l'Organon le petit traité clair, méthodique, élégant,
mais plus ingénieux que profond, qui contient, sous une
forme si abrégée, les principes du ramisme. Néanmoins,
à part l'immense supériorité de la logique péripatéti-
cienne bien comprise, on doit reconnaître à Ramus plus
d'un mérite, soit pour l'exposition et l'ordonnance des
préceptes, soit pour l'analyse du raisonnement.

D'abord, il réduit et simplifie la partie technique de
l'art de penser, non par mépris, comme les logiciens de
Port-Royal, mais parce qu'il attache plus d'importance
à une pratique assidue des règles qu'à ce luxe d'analyses
aussi stériles que minutieuses, où se perdait la scholas-

---

[1] E. Pasquier, Iconum liber, n° 146, *Petrus Ramus :*

Hic in Aristotelis dum famam et dogma vagatur,
O quantum debet Ramus Aristoteli !

tique. Il veut que la logique, comme toutes les sciences, contribue à la perfection de l'homme, et il a une foi profonde dans l'efficacité de la vraie méthode. Il croit, comme Socrate et Platon, à la puissance de la dialectique pour nous rapprocher de la vérité, et, tout en la définissant l'art de raisonner, il lui attribue le gouvernement et l'éducation de toutes nos facultés intellectuelles.

Les opérations de l'esprit étaient loin d'être bien connues et bien distinguées au XVIᵉ siècle : elles n'ont commencé à l'être qu'au temps de Locke, de Malebranche et de Leibniz. On ne doit donc pas reprocher trop sévèrement à Ramus d'avoir adopté une division de la dialectique, qui était indiquée par Platon dans le Phèdre et par Aristote lui-même dans sa Rhétorique, et que Cicéron et Quintilien avaient professée explicitement. Ramus, en partant d'une vue un peu étroite, a du moins reconnu et fixé les quatre parties de la logique du raisonnement, savoir : les idées, la proposition, le syllogisme et la méthode. Gassendi et Port-Royal n'ont pas hésité à adopter cette division, en laissant seulement de côté les termes surannés d'invention et de jugement.

Si la logique de Ramus, comme toutes celles qui l'ont précédée et suivie jusqu'à nos jours, présente de nombreuses lacunes, elle contient en revanche plus d'une addition importante. C'est Ramus qui a introduit dans l'art de penser les règles de la mémoire, quoiqu'il ne les ait pas assez développées. Les critiques qui ont relevé avec une insistance puérile les divisions ou *dichotomies*, dont il a peut-être abusé dans sa théorie de l'invention, n'ont pas même remarqué qu'il était le premier qui eût placé en logique l'étude du témoignage, qui jusque-là était

laissée à la rhétorique. Mais la partie la plus importante
de cette dialectique, c'est l'analyse du jugement si né-
gligée jusque-là, et qui fut appelée proverbialement *la
seconde partie de Ramus* (*secunda pars Petri*). On y trouve,
entre autres nouveautés, une théorie déjà très approfondie des syllogismes composés. Enfin, chose étrange, mais
incontestable, c'est lui qui, le premier depuis Aristote, a
fait de la méthode un chapitre de la logique, et même le
plus important à ses yeux.

Cette méthode repose essentiellement sur le syllogisme
et la démonstration, et Ramus a eu le tort, que Bacon
lui reproche amèrement, de soutenir que c'était la méthode unique de toutes les sciences. Mais cette faute est
celle de presque tous les philosophes anciens et modernes, et Ramus n'y était tombé que par l'exagération d'une
idée vraie, savoir, qu'il n'y a qu'une logique, dont les
applications seules varient, et que le raisonnement, pour
être employé tantôt dans le domaine de la science et
tantôt dans celui de l'opinion, ne change pas pour cela
de nature, comme semblait se l'imaginer Aristote.

Je n'ai point parlé des exemples agréables par lesquels
il explique les règles de sa dialectique : mérite facile,
mais presque inconnu jusque-là dans cette sorte d'ouvrages, et qui plus tard a valu à la Logique de Port-Royal
des éloges si exagérés. Ces exemples, chez Ramus, n'ont
pas seulement pour but de rendre la logique *plus diver-
tissante*[1] : ils sont destinés à commencer cette pratique
des règles qui seule en donne la vraie intelligence, et qui
peut seule créer ou développer les habitudes logiques de
l'esprit : la sagacité, la netteté, la précision, l'ordre et la

_____
[1] Logique de Port-Royal, premier Discours.

suite des idées, l'élévation, l'étendue et même le bon
sens.

C'est encore un titre d'honneur pour Ramus d'avoir
su concilier la foi dans les règles de l'art de penser avec
le respect et l'observation de la nature humaine. Personne jusque-là n'avait rappelé avec tant de bonheur et
de force le γνῶθι σεαυτόν de Socrate, ou la nécessité de se
connaître soi-même. Pourquoi faut-il qu'au lieu de chercher la nature humaine dans les grands écrivains, suivant une méthode exclusivement littéraire, il n'ait pas
puisé directement dans sa réflexion et dans sa conscience
les principes si purs et si féconds de toute vérité sur
l'homme! Pourquoi faut-il qu'à son incomparable hardiesse il ne lui ait pas été donné de joindre une plus
grande profondeur! L'œuvre de Descartes eût été faite
un siècle plus tôt, et la philosophie moderne eût été
fondée.

Mais le grand mérite, la gloire immortelle de Ramus
en philosophie, c'est d'avoir montré par son exemple ce
que c'est qu'un philosophe; c'est, comme il le dit dans
sa Préface, « d'avoir ozé entreprendre contre tous philosophes qui furent onques, pour leur oster le prix de
dialectique, lequel ils avoyent par si grands esprits et si
grande diligence conquesté, et s'estoient approprié par
prescription et jugement de tant de siècles. » Il n'a point
courbé servilement la tête devant l'autorité d'Aristote;
il ne s'est pas mis en peine de l'éluder par les distinc-
tions barbares que l'école avait inventées; il lui a résisté
en face, au nom de la raison; il a essayé de le corriger
et de le compléter; enfin il a montré que le temps était
venu, pour la philosophie, de sortir de tutelle. Ainsi il

a fait plus encore que de contribuer, pour sa part, aux progrès de la logique : il a rendu à l'esprit humain l'art même de penser, en sachant en user librement, et en établissant les règles de la logique sur le bon sens, « non sur l'opinion ou l'authorité d'aucun philosophe. » Noble entreprise, bien supérieure à tout ce qui avait précédé, et dont l'histoire va nous retracer les heureux effets.

III

—

Antécédents du ramisme : Abélard, Erasme, Lefévre d'Etaples, L. Valla,
Rod. Agricola, Jean Sturm. — Partisans et adversaires du ramisme en
France, en Espagne, en Portugal et en Italie, en Suisse, en Allemagne,
en Danemark, aux Pays-Bas, en Angleterre et en Ecosse. — Sectes diverses des ramistes et des anti-ramistes ou philippistes, des pseudoramistes, semi-ramistes, etc.

La grande et légitime faveur dont jouissent parmi
nous les études historiques depuis quarante ans, et qui,
de l'histoire des événements politiques, s'est étendue à
celle des idées, nous a fait peu à peu contracter l'habitude d'expliquer tous les systèmes de philosophie par
leurs antécédents. Si hardie que puisse d'abord paraître
une entreprise, si nouvelle que soit une doctrine, nous
finissons toujours par découvrir quelques tentatives analogues qui nous semblent l'avoir préparée, qui l'ont rendue possible, naturelle, presque nécessaire. Si l'on ne
s'imposait aucune règle dans ce genre de recherches,
cette reconstruction ingénieuse des idées d'un philosophe au moyen du passé n'aurait pas seulement l'incon-

vénient d'enlever aux doctrines les plus originales le
prestige de la nouveauté, elle aurait le défaut plus grave
encore de n'être point conforme à la vérité. L'auteur dont
on examine les opinions peut n'avoir pas fait les mêmes
lectures que nous : il peut avoir négligé ce qui nous
paraît le plus important; il peut avoir tenu grand compte
de tel écrivain aujourd'hui tombé dans l'oubli. Celui qui
recherche les antécédents d'un système doit donc se garder avec soin de confondre les influences que l'auteur de
ce système a réellement et sciemment subies, et celles
qui, à son insu, ont pu agir sinon sur lui-même, du
moins sur les esprits de ses contemporains pour les disposer à adopter ses idées.

Il y a deux hommes, Abélard et Erasme, chez qui l'on
est d'abord tenté de chercher les origines du ramisme :
l'un épris de Platon presque sans le connaître, et voulant, pour ainsi dire, platoniser la dialectique d'Aristote,
mêlant à son enseignement des digressions littéraires et
tempérant les âpretés de la scholastique par les souvenirs
des poëtes qu'il aimait [1]; l'autre ennemi déclaré de la
barbarie, rejetant les formules vieillies qui retenaient la
pensée captive, et préludant par là à une émancipation
plus complète de l'esprit humain. Que ces libres génies
aient été les ancêtres de Ramus, je le veux, je le crois
pour ma part : on ne saurait affirmer cependant qu'il
les ait connus comme tels; à peine en fait-il l'éloge dans
ses ouvrages, et nulle part il ne s'autorise de leurs
exemples.

Il en est de même d'un autre écrivain que je suis loin
de vouloir comparer à ces grands hommes, mais dont on

---

[1] Voir l'*Abélard* de M. Charles de Rémusat.

a beaucoup surfait le mérite, le scholastique Louis Vivès,
critique honnête et asséz judicieux, mais dont le langage
timide et les allures circonspectes n'ont rien de commun
avec notre philosophe. Cela n'empêche pas le P. Rapin
d'affirmer, dans ses Réflexions sur la philosophie (§ XXV),
que « Ramus ne copia Laurent Valla et Louis Vivès,
deux grands critiques des siècles précédents, que pour
s'ériger en novateur; » et dans ses Réflexions sur la logique (§ VII), qu'il « ne réussit pas mieux dans le dessein qu'il forma de détruire le crédit d'Aristote sur les
mémoires de Valla et de Vivès. » Rapin lui-même ne
fait ici que copier Keckermann, en l'exagérant.

Comme Ramus n'a point dissimulé les noms de ceux
à qui il avait fait des emprunts, le plus sûr est de s'en
tenir à ce qu'il nous en apprend. Nous savons déjà qu'A-
ristote est son plus grand maître, alors même qu'il le
combat. Il nous a raconté lui-même [1] tout ce qu'il doit à
Socrate, à Platon et à Galien. Ajoutons-y Cicéron et
Quintilien pour la division de la logique, l'école stoï-
cienne pour certaines parties de sa terminologie, et nous
aurons les sources principales où il a directement puisé
ses idées et son langage ; car il méprisait trop le moyen
âge pour y chercher des lumières. Le seul scholastique
dont il ait fait usage est Laurent Valla, qu'il cite assez
souvent [2], mais pour des détails peu considérables : car
sur les points essentiels, à part la libre critique d'Aristote,
Ramus était en désaccord complet avec Valla, qui professait pour Quintilien une admiration outrée, et qui,
suivant la remarque de Bayle, « se montra plus propre

---

[1] Voir plus haut, Ire partie, ch. I, p. 24 et suiv.
[2] Dialectique (1555), p. 99, 100; Collect. præf., p. 174, etc.

à marquer aux autres comment il falloit écrire qu'à pratiquer ses préceptes. » Je laisse de côté.les auteurs dont
Ramus se servit dans certaines parties de ses études :
Oronce Finé et Jérôme Cardan pour les mathématiques ;
pour la grammaire française, Etienne Dolet, Louis Meigret et Jacques Dubois, qui était Picard comme lui,
comme on le voit par son orthographe.

Si, au lieu de quelques opinions particulières et sans
importance, on s'attache aux principes généraux et à l'esprit du système, il y a quatre personnages inégalement
célèbres dont Ramus s'est inspiré de son propre aveu,
savoir : en France, Lefèvre d'Etaples et Jean le Masson
(Latomus), et parmi les Allemands, Rodolphe Agricola
et Jean Sturm. Ramus fait souvent l'éloge de Lefèvre d'E-
taples [1], ce vaillant champion qui déploya, dit Brucker,
un courage héroïque dans la guerre qu'il fit à la barbarie
scholastique. Il se le proposait pour modèle avec Latomus, pour la manière d'expliquer les anciens [2]. Il devait
encore davantage à Rodolphe Agricola, l'ancien professeur de Heidelberg, qui avait tant insisté sur l'union de
la rhétorique et de la dialectique dans son traité De in-
ventione, et dont la doctrine, grâce à Jean Sturm, était
déjà en faveur à Paris vers l'an 1530. On lit en effet,
dans l'Histoire de l'université [3], qu'à cette époque la faculté de théologie reprochait à la faculté des arts de né-
gliger Aristote pour Agricola. En 1534, ce dernier trouva
un interprète enthousiaste dans un maître ès arts nommé
Jean le Voyer (Visorius), du Mans, qui était professeur

---

[1] Collect. præf., etc., p. 102, 413, etc.

[2] Nancel, Vie de Ramus, p. 43.

[3] Du Boulay, t. VI, p. 227, 235 ; Crevier, t. V, p. 248.

de philosophie au collége de Bourgogne. Mais celui qui le premier avait introduit à Paris la dialectique d'Agricola était Jean Sturm, zélé péripatéticien et grand humaniste, fort attaché aux principes de la logique d'Aristote, mais ennemi de la barbarie scholastique. Il écrivait très purement en latin ; sa manière d'enseigner était assez conforme à celle du lecteur royal Latomus, et les leçons qu'il fit à Paris, de 1529 à 1537, donnèrent à notre philosophe la première idée de la méthode d'après laquelle il emprunta aux grands écrivains de l'antiquité les exemples et l'usage des règles de la dialectique. C'est dans la Préface des Scholæ in liberales artes que Ramus nous donne ces détails :

« Depuis les beaux temps de la Grèce et de Rome, Rodolphe Agricola est le premier qui ait retrouvé l'usage de la logique, et invité la jeunesse à chercher dans les poëtes et les orateurs non-seulement des maîtres de style et d'éloquence, mais encore des modèles pour le raisonnement et pour l'art de penser. Formé à l'école d'Agricola, Jean Sturm fit le premier connaître à Paris ces belles et excellentes applications de la dialectique, et excita dans cette académie une ardeur incroyable pour l'art dont il lui révélait l'utilité. C'est aux leçons de ce grand maître que j'appris d'abord l'usage de la logique, et depuis lors je l'enseignai à la jeunesse dans un tout autre esprit que les sophistes, laissant là cette rage de dispute, etc. »

Tels sont ceux que Ramus avoue pour maîtres, et il n'est pas nécessaire de lui en chercher d'autres pour comprendre comment il fut amené, soit à combattre Aristote, soit à émettre des idées nouvelles en philosophie. Mais quand même on établirait qu'il a connu tout ce qui avait été plus ou moins timidement essayé avant lui contre la scholastique, il resterait toujours, comme le fait très bien remarquer Brucker, que « seul il a osé

25

dire hautement et sans réserve ce que tant d'autres n'a-
vaient fait que bégayer (*mussitarunt*) ; seul il a réalisé ce
qu'ils avaient à peine osé souhaiter, en faisant paraître
une nouvelle dialectique [1]. »

La fortune extraordinaire du ramisme fait d'ailleurs
assez voir sa supériorité sur tout ce qui avait précédé.
L'histoire de ce système, la revue de ses partisans et de
ses adversaires, le tableau des luttes auxquelles il donna
lieu pendant un siècle en divers pays de l'Europe, exi-
geraient des développements étendus que ne comporte
point le présent travail. J'y reviendrai sans doute plus
tard ; mais aujourd'hui mon seul but est de donner au
lecteur une idée de l'influence exercée au XVIe siècle
par Ramus, et d'établir que cette influence est compa-
rable dans son genre à celle de Descartes dans le siècle
suivant. Persécuté en France, le ramisme trouva de nombreux et d'illustres partisans en Angleterre et en Ecosse,
en Danemark, aux Pays-Bas, en Allemagne, en Suisse
et jusqu'en Espagne ; les universités allemandes surtout
l'accueillirent avec faveur, et c'est là qu'il se divisa en
sectes dont les luttes sont pleines d'intérêt pour l'historien de la philosophie.

Le lecteur n'a pas besoin qu'on lui rappelle les noms
des disciples et des adversaires que Ramus rencontra de
son vivant : d'une part cette longue liste d'amis et de
compagnons d'œuvre, depuis Omer Talon, son frère d'a-
doption et son *alter ego*, jusqu'au célèbre érudit Denis
Lambin, que Ronsart a si souvent célébré :

Lambin, d'Horace la lumière,

---

[1] Hist. crit. philos., Period. III, part. II, l. II, c. 1, § 2.

Qui par tes vers pleins de douceurs
As ramené les Muses sœurs [1];

d'autre part, les Galland et les Danès, les Périon et les
Govéa, et cette redoutable phalange dont Jacques Charpentier était le chef. Je dirai seulement un mot de ce
dernier.

Plusieurs historiens de la philosophie, obéissant à un
louable désir d'impartialité, ont cru devoir réhabiliter
comme philosophe celui qu'ils ne pouvaient s'empêcher
de flétrir comme assassin de Ramus. S'ils avaient lu les
principaux écrits de Jacques Charpentier, je crois qu'il
leur eût été difficile de louer sa science et son érudition. En logique, Keckermann lui reproche avec raison
(Præcogn. log. tract. II, col. 131) de n'avoir rien compris à la question de la méthode; et quant à la métaphysique, où il s'efforce de concilier Aristote avec Platon,
le Moïse athénien, Brucker l'accuse tout aussi justement
d'avoir fait de leurs doctrines un mélange absurde [2]. On
sait d'ailleurs qu'il avait l'habitude du plagiat, témoin sa
traduction et son commentaire d'Alcinoüs, c'est-à-dire la
seule partie de sa Comparaison d'Aristote et de Platon qui
ait quelque valeur, et dont il ne saurait être l'auteur, puisqu'il ignorait la langue grecque. Il prétendit aussi avoir
traduit de l'arabe les quatorze livres De la sagesse des
Égyptiens, attribués à Aristote, quoiqu'il ne sût pas un
mot de cette langue, et qu'il n'eût fait que paraphraser
l'ancienne traduction latine de Pierre-Nicolas Castellani [3].

Charpentier était soutenu dans ses attaques contre

---

[1] Odes, livre III, ode IX, fin.

[2] Hist. crit. phil., l. c., § V, note q : « Utramque fœde corrupit, »

[3] Buhle, Hist. de la philos., sect. II, chap. III, fin.

Ramus par la plupart des péripatéticiens; mais il avait pour principaux appuis les hommes du clergé et de la Sorbonne, les jésuites, les futurs ligueurs et une bande de fanatiques dont la haine sauvage survécut à la Saint-Barthélemy. Pour avoir une idéè de la violence avec laquelle le parti de la Ligue poursuivit la mémoire de Ramus, il faut lire l'*Oraison funèbre de Pierre Danès*, par Génébrard. Dans ce discours, qui fut prononcé en français à Paris, le 29 avril 1577, dans l'église de l'abbaye Saint-Germain-des-Prés, l'orateur fait ainsi l'éloge de la sentence rendue en 1544 par François Ier sur la proposition de Danès :

« Et de fait, estoit un iugement sain et raisonnable. Car Pierre de la Ramée a esté tousiours particulier en quelque art et science qu'il ait mis le nez; corrupteur et abuseur de la ieunesse, laquelle il dégoustoit des bons autheurs, doctes liures et anciennes disciplines, deuant qu'elle en eust gousté : *hérétique* aux éléments et langues, escriuant et prononçant, voire en françois, monstrueusement et en homme éceruelé, en sorte qu'en sa vie il a changé de prononciation par quatre ou cinq fois pour le moins; *hérétique* en grammaire; *hérétique* en rhétorique, en philosophie et toutes parties d'icelle; *hérétique* en Euclide, père et fondement des mathématiques; *hérétique* en l'art militaire au liure qu'il a escrit *De militia Cæsaris...* Finablement, ce qui est plus déplorable, *hérétique* en théologie, ayant laissé *Commentariorum de religione christiana libros quatuor*, imprimé à Frankfort par André Wéchel quelque temps après sa mort, auxquels liures il ne conuient auecque aucun qui soit sous le ciel..... Et par ce ie m'esmerueille comme il se trouue encore des gens si assotez de luy qu'ils ne considèrent que ce n'a esté qu'un esprit de trouble, de contradiction, vertigineux, gros, espais et ignorantissime en la cognoissance des choses; que, si de tous ses liures on luy oste le beau parler ou l'éloquence, laquelle ie ne luy veux oster, bien que quelques-uns y trouuent à redire, à cause que son stile n'est pas égal et continu et partout de même, et qu'il a faute d'une des principales parties de rhétorique, à sçauoir inuention, n'y demeurera aucun suc ny substance, hormis ce qu'il a frippé par cy par

là de quelques bons autheurs, lesquels en récompense il a impugnez
et battus. Ie dy quelques-uns : car il n'estoit homme de grande leçon
et n'estoit versé en plusieurs, ayant consumé tout son temps à blas-
mer et reprendre et contredire, de sorte qu'en mesure qu'il lisoit, il
escriuoit des répréhensions et animaduersions, et luy falloit plus de
temps à ce faire qu'il ne faudroit à un bon esprit de lire et cotter ur.
gros sainct Augustin ou un Galien. Et va bien pour messieurs les
médecins qu'il ne soit entré en la lecture de leur Galien ou Hypo-
crates ; car ie m'asseure qu'il leur eust assez taillé de matière ou pour
rire ou pour auoir compassion, ou pour réfuter, s'ils eussent daigné
s'amuser à respondre aux folies et inepties de ce pauure et outre-
cuidé ignorant. »

En 1577, tandis que Génébrard fulminait contre Ramus cette espèce d'anathème, l'université de Paris prit
des mesures pour empêcher les professeurs de rhétorique
d'unir l'étude de la dialectique à celle de l'éloquence [1].
Ainsi, après avoir été enseignés dans trois universités de
France, à Toulouse par le jurisconsulte Jean Bellon, à Reims
par l'helléniste Barthélemy Alexandre, et à Paris par les
médecins Fernel, de Gorris et par une foule de maîtres
ès arts, les principes du ramisme étaient demeurés en
usage parmi les professeurs de rhétorique. La même année, nous l'avons vu, Maurice Bressieu prononçait publiquement l'éloge de Ramus. D'autres encore, au risque
de se voir traiter d'hérétiques, continuèrent, à travers la
Ligue, les traditions interrompues de la renaissance, si
bien qu'en 1627, dix ans avant le Discours de la méthode, le ramisme était considéré en France même comme
un des plus importants systèmes de philosophie, au moins
à en juger par ce conseil de G. Naudé dans son Advis
pour dresser une bibliothèque (chap. VII) : « En philosophie, commencer par celle de Trismégiste qui est la

[1] Crevier, Hist. de l'Univ., l. XII, § 1, t. VI, p 340.

plus ancienne, poursuivre par celle de Platon, d'Aristote, de Raymond Lulle, Ramus, et achever par les nova- teurs Telesius, Patrice, Campanella, Verulam, Jordan Brun, etc. »

Même après l'avénement du cartésianisme, le nom de Ramus soulevait encore en France, en plein XVIIᵉ siècle, des luttes d'une grande vivacité dans l'université de Pa- ris. Tandis que le jésuite Machaut reprochait à l'histo- rien de Thou d'avoir fait l'éloge d'un hérétique, tandis que le jésuite René Rapin s'efforçait de détruire la re- nommée de Ramus, un autre jésuite, Gabriel Cossart, parlait et écrivait contre le philosophe huguenot avec une colère si furieuse, qu'un lecteur royal, François Du- moustier, crut de son devoir de relever l'injustice de ces attaques, dans une leçon qu'il fit au collége de France le 29 avril 1651. Mais le père Cossart était un de ces hommes à qui il est toujours facile d'improviser des in- jures, des méchancetés et des menaces; il répliqua le même jour à son contradicteur, et rappelant que Ramus avait été protestant et « compris comme ennemi de la patrie dans le juste massacre des rebelles, » il dénonça Dumoustier comme hérétique, lui donnant à choisir en- tre ces deux partis, d'être un sot ou un impie [1]! Que ré- pondre à de tels arguments, et comment s'étonner, en présence de telles menaces, que le ramisme n'ait pas eu de plus nombreux partisans en France?

Il serait cependant facile de constater l'influence des idées de Ramus, sinon sur Descartes, qui a si habilement dissimulé sa parenté avec les plus téméraires de ses de- vanciers, au moins sur quelques-uns de ses contempo-

---

[1] G. Cossartii orat. et carmina (1675, in-12), p. 73, p. 104.

rains, tels que Gassendi et les auteurs de la Logique de
Port-Royal, sans parler du savant Lancelot, qui témoi-
gne, dans les Préfaces de la Méthode grecque et de la Méthode latine, une vive admiration pour notre philosophe,
et se félicite d'avoir mis en pratique sa maxime favorite :
peu de préceptes et beaucoup d'usage.

Enfin, malgré l'impérissable haine des jésuites, la
mémoire de Ramus s'est conservée en France jusqu'à nos
jours, grâce à une succession de témoignages honorables
entre lesquels on doit remarquer ceux de Varillas, de
Bayle, de La Monnoye, de Niceron et de Voltaire, qui le
proclame « bon philosophe dans un temps où l'on ne
pouvait guère en compter que trois. »

Bayle et Brucker ont eu tort de dire que le ramisme
fut inconnu en Espagne et en Italie. Il est vrai qu'il y
rencontra plus d'adversaires que de partisans, surtout en
Portugal, dans l'université de Coïmbre. Il eut aussi l'honneur d'être combattu par Genesio Sepulvéda, cet ennemi
de l'humanité, qui fournit des arguments pour l'escla-
vage des malheureux habitants de l'Amérique espagnole.
Mais un célèbre grammairien, François Sanchez (Sanc-
tius) de Broca, professeur à Salamanque, enseigna les
arts libéraux, et notamment la rhétorique et la dialectique, suivant les principes de Ramus ; et il est permis de
croire que cet enseignement, qui dura de longues années
vers la fin du XVIᵉ siècle, laissa des traces profondes
non-seulement dans l'université la plus florissante d'Espagne, mais dans tout ce royaume, « qui a honoré Sanc-
tius des titres illustres de *Père des lettres* et de Restaura-
teur des sciences [1]. »

[1] Lancelot, Préface de la méthode latine.

Quant à l'Italie, à part l'académie de Bologne, qui avait offert à Ramus une chaire, on ne voit pas que sa doctrine y ait fait de grands progrès. Elle fut combattue par Vicomercato, par Bernard Lauredano, Bernard de la Mirandole et Guymara de Ferrare, et n'eut guère d'adhérents que parmi les Italiens qui, après avoir embrassé la réforme, durent se réfugier en Suisse et en Allemagne. Le plus distingué de tous est Simon Simoni, qui défendit le ramisme contre Jacques Charpentier et Jacques Schegk. Mais on ne peut pas ne pas considérer comme les continuateurs de Ramus les écrivains italiens qui se firent un nom par leurs attaques contre la philosophie d'Aristote, comme Francesco Patrizzi, Sébastien Basso, et surtout cet infortuné Jordano Bruno, dont notre savant ami M. Bartholmèss a retracé la vie d'une manière si émouvante, et qu'il nous montre successivement dans tous les lieux où avait pénétré le ramisme, d'abord à Genève et à Paris, puis en Angleterre auprès de Castelnau, de Philippe Sidney et de William Temple, puis en Allemagne à Marbourg, à Wittemberg, à Helmstadt, et à Francfort chez les Wéchel.

C'est en Suisse et en Allemagne que le ramisme fut surtout florissant.

A Genève, malgré l'opposition de Théodore de Bèze, Ramus avait été goûté d'un certain nombre de savants, entre lesquels on remarquait François Porto de Candie, en attendant qu'Arminius vînt s'y faire persécuter vers l'an 1582, à cause de son attachement pour le ramisme.

Bâle, Zurich, Berne, Lausanne et d'autres villes de la Suisse avaient accueilli avec plus de faveur la nouvelle dialectique, professée par Théodore Zuinger, Tho-

mas Freigius, Chiorus, Arétius, Nunius et une foule
d'autres; et ce ne fut pas un engouement passager : car,
vers 1705, Bayle nous apprend que le ramisme fleurit
encore en Suisse, et « qu'à Berne et à Lausanne, on ne
donne quelque chose de Clauberge et de Port-Royal que
sous les auspices de Ramus. »

En Alsace, Jean Sturm usa de son influence pour répandre les vues de notre philosophe; et il fut secondé à
Strasbourg par le théologien calviniste Jean le Pêcheur,
et à Saverne par Henri Schor, principal du collége qui
venait d'être fondé dans cette ville.

Trois hommes contribuèrent puissamment avec Sturm
à répandre le ramisme en Allemagne, savoir : Jean Thomas Freigius, qui l'enseigna d'abord à Fribourg en Bris-
ga, puis à Bâle, et enfin dans l'académie d'Altorf, dont
il fut nommé recteur en 1575; François Fabricius, recteur de l'académie de Dusseldorf; et David Chytræus,
recteur de l'académie de Rostoch. A l'école de ces maîtres
zélés, se formèrent une foule de disciples qui prirent ouvertement le nom de *ramistes* et se répandirent dans toute
l'Allemagne. Les chaires de philosophie furent un instant
presque toutes occupées par des partisans du ramisme,
au moins dans les universités protestantes, notamment à
Altorf, à Corbach, à Dusseldorf, à Gœttingue, à Helmstadt, à Erfurt, à Leipzig, à Marbourg, à Hanovre, à
Hambourg et à Lubeck, à Rostoch, à Dantzig, etc. Outre
les philosophes, entre lesquels Gaspard Pfaffrad, Hen-
ning Rennemann, Jean Cramer et Fréd. Beurhusius
tiennent le premier rang, on vit des jurisconsultes et des
théologiens professer ouvertement le ramisme, par exemple Matthieu Wesembeck, C. Brederode et Jean Gérard.

Cependant le ramisme étant suspect de favoriser le calvinisme, les luthériens exclusifs ne tardèrent pas à reprendre la dialectique de Philippe Mélanchthon, et l'Allemagne philosophique se trouva divisée en deux camps : celui des ramistes et celui des anti-ramistes ou *philippistes.*

Les principaux adversaires du ramisme furent, à Tubingue, le fougueux Jacques Schegk et Nicodème Frischlin; à Altorf, Philippe Scherbius; à Heidelberg, Zacharie Ursinus; à Helmstadt, Cornélius Martini; enfin Jacques Martini à Wittemberg, où la faculté des arts obtint en 1603, de la cour de Dresde, la proscription officielle du ramisme. La même mesure avait été appliquée à Leipzig, où l'on avait destitué le professeur d'Organon Jean Cramer.

Les ramistes, se voyant fermer les écoles et les universités de la Saxe, du Palatinat et de la Bavière, imaginèrent, pour déjouer les persécutions, de combiner leur dialectique avec celle de Mélanchthon, qui n'en était pas aussi éloignée qu'on aurait pu le croire. De cette espèce de fusion naquit une nouvelle secte, les *mixtes* ou *philippo-raméens,* qui eut pour principaux représentants Paul Frisius, Buscher, Libavius, Rodolphe Goclenius et son disciple Othon Casmann, Jean Henri Alstedt, et l'estimable logicien de Dantzig, Barthélemy Keckermann.

Ce nouveau parti, comme il arrive toujours en pareille circonstance, fut assez mal vu des deux sectes qu'il entreprenait de concilier. Les nouveaux logiciens furent accusés de *syncrétisme,* les uns les appelant *pseudoramistes* ou déserteurs du ramisme, et les autres *semi-ramistes* ou adversaires déguisés d'Aristote. Les péripatéticiens Scharff et Calovius s'élevèrent avec force contre les *mixtes*, qui, disaient-ils, mêlaient et confondaient toutes choses.

Ces essais de conciliation tournèrent à la fin contre le ramisme, parce qu'Aristote, étant conservé par les philippo-raméens, devait inévitablement reprendre sa vieille autorité ; et c'est ce qui eut lieu presque partout en Allemagne vers 1625, malgré les efforts contraires d'Hermann Nicéphore, de Pfaffrad et de Daniel Hoffman, qui, ne pouvant réussir à expulser le péripatétisme, s'emporta jusqu'à condamner toute philosophie, comme contraire à la religion.

Cependant le triomphe momentané du ramisme ne fut pas perdu pour l'esprit humain et pour la philosophie. L'autorité d'Aristote demeura profondément ébranlée en Allemagne, et d'autres systèmes purent s'y faire jour, d'abord « la philosophie corpusculaire qui, suivant Leibniz, fit oublier celle de Ramus, et affaiblit le crédit des péripatéticiens [1], » puis surtout la grande philosophie de Descartes, qui devait donner à l'Allemagne son Leibniz.

Les idées de Ramus pénétrèrent jusqu'en Danemark, grâce au professeur André Krag, qui les enseigna avec zèle et en prit hautement la défense dans ses écrits.

Dans les Pays-Bas, après Nicolas de Nancel, qui en avait porté les principes dans son enseignement à l'université de Douai, de 1562 à 1564, le ramisme trouva un interprète infatigable dans Rodolphe Snellius et un courageux patron dans le théologien Jacques Arminius. La secte des arminiens en général adopta la dialectique de

[1] Discours De la Conformité de la foi et de la raison.

Ramus, qui faisait chaque jour de nouveaux progrès,
malgré la résistance de Juste-Lipse et des Scaliger. En
vain empêchait-on la nouvelle philosophie d'entrer dans
les universités de Hollande. Les professeurs la voyaient
d'un œil favorable : ceux d'Hardewick, en particulier,
demandaient que l'académie de Leyde permît indifférem-
ment la logique de Ramus et celle de Du Moulin, et Joseph Scaliger constatait lui-même avec chagrin « qu'on
ne faisoit plus état que des ramistes [1]. »

La philosophie de Ramus s'établit plus solidement
encore en Angleterre et en Ecosse. Le régent d'Ecosse,
James Stuart, comte de Murray, avait été l'élève et le
disciple de Ramus ; Georges Buchanan avait été son ami,
et il est probable que le ramisme lui dut de s'établir dans
l'université de Saint-André. Oxford est un fief d'Aristote
et de la scholastique ; il ne faut donc pas s'étonner si le
ramisme y fut persécuté [2]. Mais il n'en fut pas de même
à Cambridge, où les mathématiques ont toujours été
fortement cultivées en même temps que les humanités,
conformément à l'esprit du ramisme. Roger Asham était
assez partisan de Ramus, et, sous son influence, l'université libérale de Cambridge adopta la nouvelle philosophie, que patronaient chaudement Philippe Sidney et
William Temple. En vain Bacon accumula-t-il contre
Ramus les injures les plus violentes. L'opinion des philosophes anglais l'obligeait à louer les maximes fonda-
mentales d'après lesquelles notre philosophe avait prétendu réformer la logique et toutes les sciences.

Le ramisme survécut aux attaques de Bacon. En 1672,

<hr/>

[1] Scaligerana (édit. de 1666), p. 288, 289.
[2] C. Bartholmèss, Jordano Bruno, t. I, p. 129.

il était aussi florissant que jamais en Angleterre : un libraire de l'université de Cambridge publiait la dialectique de Ramus avec les commentaires de William Amesius, et la même année, par un honneur plus extraordinaire, cette dialectique était résumée fidèlement et avec éloge dans un écrit de Milton intitulé : *Artis logicæ plenior institutio ad Petri Rami methodum concinnata.*

Je m'arrête sur ce nom, le plus grand assurément que présente l'histoire du ramisme. Il suffit pour faire juger de l'importance d'une doctrine que l'auteur du *Paradis perdu* préférait à la logique d'Aristote et à celle de Port-Royal : exagération évidente à nos yeux, mais qui compense peut-être bien des injustices dans le sens contraire. La véritable place de Ramus est à la tête des précurseurs de la philosophie moderne. Il a surtout bien mérité de l'art de penser, et c'est avec raison qu'il a passé en Allemagne pour le principal réformateur de la logique avant Bacon et Descartes. Ce fut là son rôle, et l'histoire établit qu'en ruinant la scholastique, il a préparé partout les voies à une meilleure philosophie.

IV

CONCLUSION

—

Si Ramus partage avec plusieurs philosophes de la renaissance la gloire d'avoir préparé la philosophie moderne, on voit qu'il y a contribué plus qu'aucun autre par lui-même et par ses disciples. Il a d'ailleurs précédé les plus hardis penseurs de son siècle : car, comme l'a dit énergiquement un écrivain français, avant Descartes, Ramus a été des premiers en France à *desniayser les esprits* [1].

Il était de son siècle par son admiration pour l'antiquité, quoique Balzac ait prétendu ironiquement qu'il « faisoit profession d'inimitié avec les héros de tous les âges. » Il avait l'ambition de rivaliser avec les anciens, mais en les imitant; et c'est par là que le ramisme exprime si bien la renaissance. Mais on sent déjà dans Ramus l'esprit des temps modernes. Plein de confiance dans la puissance de la raison, il déclare hautement qu'à ses yeux c'est l'autorité par excellence [2]. Il fait plus : pour émanciper tout à fait la philosophie, il écrit le

Ch. Sorel, Science universelle, p. 233.
[2] Omnis auctoritatis ratio domina est. Sch. math., l. III, p. 78.

premier en français un traité de Dialectique, réalisant
ainsi à peu d'années de distance le vœu patriotique de
Joachim Du Bellay : « Le temps viendra paraduenture
(et ie supplie au Dieu très bon et très grand que ce soit
de nostre aage) que quelque bonne personne, non moins
hardie qu'ingénieuse et sçauante, non ambitieuse, non
craignant l'enuie ou haine d'autruy, nous ostera ceste
fausse persuasion, donnant à nostre langue la fleur et le
fruict des bonnes lettres [1]. »

L'histoire a tant célébré Bacon et Descartes, qu'elle a
fini par laisser dans un demi-oubli le philosophe sans
qui peut-être ils n'eussent pas été possibles [2]. Lorsqu'ils
vinrent, l'un avec sa méthode nouvelle, l'autre avec le
fameux *Je pense, donc je suis*, le terrain était préparé :
un homme avait paru avant eux qui, pendant plus de
trente ans, n'avait cessé de répéter que toute la science
est dans la méthode et que la méthode sera connue le
jour où l'on connaîtra l'esprit humain. Pendant plus d'un
demi-siècle après ce philosophe, une nombreuse école
avait propagé dans toute l'Europe ce précieux enseignement et recommandé l'analyse des faits intellectuels. Si
l'on songe que ce sont deux ramistes, Goclénius et Casmann, qui les premiers ont cultivé sous son nom propre
la science de l'âme, la *psychologie*, on ne pourra s'empêcher de voir dans leur maître le plus excellent précur-
seur de la philosophie moderne, sinon l'un de ses fon-
dateurs.

Affranchir l'esprit humain du joug d'Aristote et le
tirer des ténèbres de la scholastique, simplifier l'étude

---

[1] Déf. et illustr. de la langue françoise, l. I, ch. X.
[2] V Cousin, Fragm. de phil. cartésienne (1845, in-12), p. 5.

de toutes les sciences et les populariser en leur faisant
parler la langue vulgaire, encourager en France l'étude
des mathématiques, fonder la liberté de penser par un
noble et utile exemple, indiquer enfin à la philosophie
sa véritable voie, en lui prescrivant l'observation de la
nature humaine, tels sont les principaux services rendus
par Ramus et le ramisme. Cette œuvre mérite déjà par
elle-même tout notre respect. Mais quand on se rappelle
cette vie dépensée tout entière au service de la vérité et
de la vertu, comment ne pas éprouver la plus profonde
sympathie pour cette victime de l'intolérance, payant de
son sang une liberté dont elle n'a pu jouir, mais qu'elle
nous a léguée comme un précieux héritage? Assurément,
c'est un devoir et un honneur pour la philosophie moderne de compter parmi ses ancêtres un philosophe remarquable entre tous par les plus rares qualités du cœur
aussi bien que de l'intelligence, et par un dévouement
sans bornes à la grande cause de l'esprit humain.

TROISIÈME PARTIE

ECRITS DE RAMUS

I

ÉCRITS FRANÇAIS

—

1

DIALECTIQUE (1555).

Préface de Pierre de la Ramée sur la Dialectique, à Charles de Lorraine cardinal son Mécène.

Les mariniers, Mécène, sauvez de la tormente et tempeste de la mer, offroyent anciennement quelque don au Dieu par l'ayde duquel ilz pensoyent estre conduictz à port. Car ainsi dict Virgile au douziesme de l'Enéide :

> *Là, de fortune estoit un olivier sauvage,*
> *Bois jadis vénérable, où sauvez du naufrage*
> *Les mariniers souloyent leurs offrandes ficher,*
> *Et leurs habits vouez au dieu Faune attacher.* (RONSARD.)

Pour ce, après avoir esté par vostre ayde délivré des flotz du jugement aristotélique, si maintenant je vous présente quelque tableau de mon naufrage, je ne doibs (pensé-je) estre en crainte que plus tôt je soye estimé me complaindre des maulx passez, que tesmoigner la cause de ceste tempeste, et rendre grâce à celluy par qui j'en ay esté récous et délivré. L'affliction a esté grande et difficile à porter,

26

autres presque aussi longtemps. Galien deux cens ans après ceste
publication, s'est glorifié d'avoir cogneu la dialectique de toutes
sectes, et avoir escript en toutes [parties] de dialectique plus de deux
cens livres, non point s'estant asservy à une certaine secte, mais (qui
est la vertu du philosophe) exposant librement de chacune ce que luy
en sembloit.

Galien a esté le dernier en ceste philosophique eschole de dialectique, et en a fermé la porte, qui ne fut onques depuis ouverte : car
Adraste, Aspase, Aphrodisée et presque tous autres péripatéticiens
ont délaissé le vray amour de sapience, et se sont addonnez servilement à l'amour d'un Aristote, non pas en examinant et exerçant ses
préceptes, comme luy-mesme avoit examiné et exercé les préceptes
des anciens philosophes, mais en les défendant religieusement, et
les interprétant ainsi comme quelqu'un pourroit interpréter les opinions d'autruy, desquelles n'auroit jamais expérimenté ny la vérité
ny l'utilité; et estantz maistres des escholes publiques et mesprisantz
les livres de tous autres philosophes, l'ont mis en possession de si
grande authorité, qu'en fin finalle quelquefois, par la bonté et religion
de telz professeurs, s'est trouvé Aristote seul héritier de tous les anciens philosophes, mais voire a esté réputé (ce qu'il désiroit si ar-
damment) estre seul inventeur et perfecteur de ceste doctrine.

Or jusques icy soit dict des autheurs de dialectique, desquelz sera
parlé plus amplement au premier des Animadversions. Disons maintenant quelle voye nous reste pour espérer le pris, auquel tant de
philosophes par si grandz travaulx ne seroyent parvenuz. Certes la
voye mesme nous est proposée, par laquelle ils debvoyent tous che-
miner et marcher, partie de principes, qui est la raison universelle,
partie d'expérience, qui est l'induction particulière. Nous avons encore des anciens Platon, et des livres des autres pour le moins
restent les tiltres en Laërce : et parmy les livres d'Aristote, c'est-à-dire
parmy les livres des anciens amassez par Aristote, se trouvent trente-
cinq livres parlantz des argumentz, et de la disposition et jugement
d'iceulx, qui est la vraye dialectique : comme sont dix-sept livres en
l'Organe de logique, sans Porphyre, quatre en Rhétorique, quatorze
en la Philosophie, et plusieurs passages çà et là espanduz : esquelz
livres et passages sont, oultre les autres anciennes instructions, d'a-
vantage les principes de la matière et forme d'un art, telz que nous
dirons au deuziesme livre. Et partant, ayant devant les yeux non
poinct l'opinion ou l'authorité d'aucun philosophe, ains seullement

ces principes, j'ay pris peine premièrement d'eslire de tant de livres, voire beaucoup plus de rechercher par moy-mesme telz préceptes et reigles que la matière de l'art requiert : et puis après avoir faict ceste recherche et eslite, j'ay tasché à disposer toute cette matière en manière et façon, qui nous est montrée par la méthode artificielle.

Ceste voye est universelle, et le fondement souverain de tout ce jugement. La deuziesme voye est beaucoup plus difficile : car expérimenter par usage, observer par lecture des poëtes, orateurs, philosophes, et bref de tous excellentz hommes, et non-seullement approuver par leurs tesmoignages et exemples ce qui est convenable, mais réfuter le contraire contre l'opinion si long temps publiquement receüe, oultre ce que je confesse estre chose laborieuse, hélas (mon Mécène) c'est mettre les ventz orageux sur la mer : c'est courroucer les petits-filz de ces philosophes, et les irriter à demander vengeance de leurs grands-pères. Ainsi en ceste commotion ay-je esté persécuté en manière fort estrange, par personnages non-seullement grands d'authorité et dignité, mais aussi excellentz en sçavoir et doctrine : et principallement ay-je esté par eulx blasmé d'inconstance, et (comme il semble) à bonne et juste cause : car certes combien d'années battons-nous ceste mesme et mesme enclume ? Combien de fois admonesté par l'usage, corrigeons-nous non seullement les escripts des autres, mais aussi plusieurs passages des nostres ? Combien de fois à ceste parfaicte espèce de principes, requérons-nous exemple d'œuvre plus absolut ? Et voicy soubdainement, quand je retourne des escholes grecques et latines, et désire à l'exemple et imitation des bons escholiers rendre ma leçon à la patrie, en laquelle j'ay esté engendré et eslevé, et lui déclairer en sa langue et intelligence vulgaire le fruict de mon estude, j'apperçoy plusieurs choses répugnantes à ces principes, lesquelles je n'avoye peu appercevoir en l'eschole par tant de disputes : et pour ce, je couppe et oste une grande partie de ce que j'avoys amassé paravant. Finablement je ne désiste pas moy-mesme corriger le tout, et émonder non-seullement jusques au neufiesme an (comme Horace enseigne justement) mais presque jusques au vingtiesme : et si ne cesse, en proposant publiquement mes pourtraitz et dessains (comme Apelle admoneste encore plus justement) d'apprendre, voire surprendre le jugement des doctes et indoctes, des amys et ennemys, en considérant et observant soigneusement ce qu'ils y loüoyent ou reprenoyent. Et jà soit que paravanture je satisface de soing et assiduité à tous autres, néantmoins me voyant en plusieurs lieux esgaré

de mon but, je m'accuse moy-mesme de lascheté et paresse comme
ayant consumé si long temps laschement et paresseusement : ainsi
donques esmeu de ceste vergogne, je m'employe de plus en plus, et
employe voiles et ventz par tout moyen de labeur et diligence, désirant
la perfection de l'œuvre pour lequel achever nous voyons tant de
manœuvres, voire tant d'excellentz architectes et maistres d'œuvre
avoir esté occupez : ce qu'appellent en moy ces grandz personnages
légèreté et inconstance merveilleuse. Mais certes ceste inconstance
est pour grande constance loüée et célébrée non-seullement par Horace et Apelle, ains par les philosophes, et singulièrement par Aristote,
qui nous enseigné que le philosophe doibt pour la vérité, reprendre
non-seullement tous les autres, mais aussi soy-mesme. Voire qui
plus est, ceste constance accusée d'inconstance est ordonnée de Dieu
et de nature, comme une montée difficile et glissante, par les marches
de laquelle nous est dressé et limité un seul chemin à la cognoissance
de science et doctrine. Et partant non-seullement je me console contre
telle répréhension, mais j'espère par ceste philosophique persévérance rapporter nouvelle victoire, sans respondre à injure aucune,
ains endurant toutes choses adverses.

  Ayons donc esté déjecté au jugement aristolétique par tous ventz
et tempestes çà et là : nous soit néantmoins permis oublier ce temps :
nous soit permis voire en ceste partie tellement faillir, que nous
pensions estre tombez en ceste question, comme en quelque contention pour nous esveiller et exercer. Et jà plustost considérons de
vostre singulière clémence, par laquelle nous avons esté remis en
nostre première liberté : mais surtout de vostre souveraine libéralité,
[par laquelle] nous avons aussi obtenu dignité de profession royalle
très souhaitée et très désirée à la vie laborieuse, à laquelle je me
suis addonné. Et afin que la joye et congratulation de vostre bienfaict
soit entièrement du profond du cœur exprimée, empruntons d'Horace
non-seullement le vers harpé, mais aussi la harpe :   .

> *Mécène , descendu de l'estoc ancien*
> *Des roys, ô le confort et le doulx honneur mien !*   (Ronsard.)

  Persistez à jouir de ceste vertu : exciter les affligez, consoler les
misérables, délivrer de péril les oppressez, donner aux suppliants la
main non-seullement glorieuse et puissante, mais humaine et salutaire,
estre prince débonnaire , bienfaire à ses subjectz, estre aymé, ré-
véré, c'est chose vrayement glorieuse : mais qui mieulx aiment estre

redoutez que caressez, ceux-là ignorent du tout le vray chemin de
gloire. Vos loüanges sont excellentes en toutes pars : splendeur de
vostre très noble race, issue premièrement du grand empereur Charlemagne, puis en soy reluisante des couronnes d'Austrasie, Arragon,
Sicile et Jérusalem; dons de nature et d'esprit du tout admirables;
maintes disciplines divines et humaines acquises par grandes estudes :
tellement que vous estes pour si grande excellence à bon droict le
premier Par (*pair*) de France, et obtenez au gouvernement de ce grand
royaume lieu au roy prochain, tant es affaires de police humaine,
comme en l'estat de la religion, pour l'union et conservation de laquelle vous avez révoqué l'exemple du vray pasteur, jà long temps
aboly en qualité et habit de telle personne, en visitant et recognoissant vostre troupeau, en le repaissant de la pasture évangélique, en
luy explicant, avec grande joye et admiration de ceux qui vous oyent,
la saincte loy de Dieu. Néantmoins ces louanges de noblesse, nature,
doctrine, prééminence d'honneur, éloquence en preschant et orant,
jà-soit qu'elles soyent grandes et admirables en vous, si sont-elles
humaines et sont bornées du bruict et renommée des hommes : et jà
plustost sont ornemens qu'argumens de parfaite vertu. Mais par les
degrez de clémence, libéralité, charité, véritablement l'homme me
semble monter au ciel. Partant, Mécène, je priray Dieu tout-puissant,
autheur et distributeur de tous biens, qu'il vous augmente de jour en
jour ceste céleste et divine vertu : et vous présenteray en ce tableau
la dialectique, telle que j'ay peu jusques icy tellement quellement
alligner et esbocher, et concluray par les vers de ce mesme poëte le
veu de ma délivrance :

> *Ceste muraille saincte*
> *Par une table paincte*
> *Dénote qu'en ce lieu*
> *J'ai consacré mouillée*
> *Ma robe despouillée*
> *De la mer au grand Dieu.*   (RONSARD.

2

HARANGUE DE 1557.

On a vu plus haut (Ire partie, ch. IV, p. 114 et suiv.) dans quelles
circonstances fut prononcée cette harangue, que je voudrais pouvoir
donner ici en entier. En voici du moins deux ou trois passages très

courts, mais utiles à connaître, sur le Pré aux Clercs, sur les noms
et le classement par quartiers des principaux colléges de Paris en
1557, et sur leur destination primitive.

(Fol. 8, 9.) On dit que Charlemagne, fondateur de l'Université, luy
donna ce pré de grande estendue, qui contenoit depuis l'isle Maque-
relle tout du long du rivage de Seine, jusques aux murailles de
Néelle et murailles de la ville et porte des Cordeliers, Boucherie et
abbaye de Sainct-Germain : et de là qu'il se bornoit à l'alignement
droict, depuis la chapelle de Sainct-Martin des Orges jusques à la dicte
isle : et que ce pré estoit divisé par un grand chemin, qui passoit au
travers : d'où vient qu'on appeloit le grand et petit Pré. Le petit
Pré est tout construit et basty de beaucoup de belles maisons, que
ce seroit grand dommage d'abattre. Parquoy l'Université requiert
que le revenu de chasque année de ces édifices, qui sont tenuz par
quelques particuliers, s'employent aux gages des lecteurs des quatre
facultés, de théologie, de droict, de médecine et des artz libéraux :
et que le peu de maisons, qui depuis peu de temps ont esté basties
dans le grand Pré, soyent ostées de là, et que le Pré soit remis en
l'estat qu'il avoit esté par l'espace d'environ huit cens ans, pour servir à l'honneste exercice et récréation de la jeunesse.

(Fol. 12, 13.) Parquoy l'Université requiert, puisque depuis la fondation qu'en feict Charlemagne, elle est tant creüe d'un si grand
nombre de colléges qu'on y a fondez, que non-seulement elle ait l'ancien Pré aux Clercz, mais qu'elle en ait encore deux autres, l'un hors
la porte Sainct-Jacques, l'autre de Sainct-Victor : parce qu'à grand
peine ceste place de tout le pré entier peut suffire à ceux des colléges
de Bourgongne, Mignon, Bussy, Autun, Dinville, Sées, Justice, Nar-
bonne, Bayeux, Harecourt, des Trésoriers, et autres qui sont de ce
quartier..... Il seroit doncques de besoin que l'on ordonnast une
autre place du costé de la porte Sainct-Jacques, en la campagne des
Chartreux, qui a très grande estendue hors de leur cloz : et ce pour
les colléges de Sorbonne, Calvy, Dix-huict, du Plessis, de Tri-
quet, Cambray, Lisieux, des Choletz, de Saincte-Barbe, du Mans, de
Reims, Fortret, Montaigu, et autres qui sont devers ceste porte. La
troisiesme place devers la porte de Sainct-Victor, en la grande campagne que les religieux ont du long de la rivière de Seine, soit pour
les colléges de Tournay, Boncourt, Navarre, des Lombardz, de la
Marche, de Laon, Prœlles (*sic*), Beauvais, du Cardinal, des Bons-En-
fans, de Scenac, et autres qui sont à ce pendant de la montagne.

(Fol. 19.) Par l'espace presque de cinq cens ans, l'Université de Paris a esté fleurissante, sans qu'il y eust colléges renfermez : et premièrement qu'ilz furent instituez, ils n'estoient comme hostelz publicqz de l'Université, mais propres et particuliers à l'entretenement et instruction de certains pauvres escoliers. Qu'il soit donques (comme il a tousjours esté) au choys libre des pères, de mettre leurs enfans en collége renfermé, ou, si bon leur semble, de les entretenir et nourrir en la ville. Mais renclorre les lectures des artz libéraux en certains colléges, qu'est-ce autre chose que de commettre certain nombre de fermiers à l'estude des artz libéraux ?

3

ADVERTISSEMENTS SUR LA RÉFORMATION DE L'UNIVERSITÉ DE PARIS, AU ROY (1562).

L'analyse que nous avons faite de cet ouvrage (Ire partie, ch. V, p. 141 et suiv.) suffit pour en donner une idée. J'y ajouterai seulement un extrait relatif aux frais d'études dans la faculté de théologie, et un éclaircissement sur l'époque où cessèrent les cours de la faculté des arts. Voici d'abord le passage des Advertissements où l'on trouve le détail des exactions exercées par les docteurs en théologie :

(P. 27-29). Qu'on face venir l'estudiant en théologie, et qu'on luy commande, toute crainte ostée, faire conte de la dépense qu'il faut faire en son escole, sans se travailler s'il parle barbarement d'une chose barbare. Il dira qu'aux moindres fraiz que l'on sçauroit faire il coustera plus de mille livres, et les contera par noms et par articles, depuis le commencement du cours, comme s'ensuit :

Pour les bourses du premier principe 44 livres, pour le banquet de salle 5 l.; pour les bourses du second principe 44 l., pour le banquet de salle 2 l.; pour les bourses du troisième principe 22 l., pour le banquet de salle 2 l.; pour le quatrième principe 2 l., pour le banquet de salle 6 l.; pour la tentative 25 l., pour le soupper du président 5 l.; pour porter les positions pour tout le cours 20 s., pour le président 40 l., pour la petite ordinaire 25 l., pour le soupper du président 5 l.; pour le prieur en l'acte de Sorbonne 15 l., pour porter les titres 3 l., pour la grande ordinaire 50 l., pour le président 25 l.; pour les bourses de la licence 50 l., pour les bonnetz de messieurs nos maistres 100 l., pour le banquet de la docto-

rie 400 l. ; pour la crastine 50 l., pour les entreprédicamentz et les
postprédicamentz de chaque acte 30 s., revenant à la somme de 12 l.;
pour les amandes à la fin du cours 8 l., pour le banquet du maistre
des sentences 4 l., pour le banquet du prieur de Sorbonne 2 l.,
pour le succre 60 l., pour le banquet des compaignons durant le
cours 150 l. Somme toute, mille deux livres qui sont tirées du povre
estudiant en théologie, sans y comprendre toutesfois ceste friande
amorce de brigues après le premier lieu (de licence), ny le pris de
ceste gloire, cher vendue.

Voici maintenant le passage auquel j'ai déjà renvoyé le lecteur, au
sujet des cours publics de la rue du Feurre ou du Fouare :

(P. 38-39) « Et n'a pas long temps qu'un décéda, qui a esté le
dernier lecteur public en philosophie et a fait profession publiquement. » Ramus écrivait ceci en 1562; c'est donc vers ce temps-là
que prirent fin les cours publics de la faculté des arts. Mais à quelle
époque avait commencé leur décadence? La réponse à cette question
se lit dans une des dernières pages du discours prononcé en 1551
pour la défense de l'enseignement philosophique (pro phil. disciplina);
et où déjà Ramus se plaignait du dépérissement de la faculté des arts
depuis quarante ans environ qu'on avait commencé à enseigner, dans
les colléges particuliers, une philosophie barbare. « Philosophorum
ordo ad paucos redactus pene interiit, postquam ab annis quadra-
ginta, aut nescio quot, in privatis scholis philosophia ab humanitate
sejuncta doceri cœpit. (Collect. præfat., epist., orat. (1577), p. 393.) »
C'est donc après Henri II que cessèrent les cours publics ; mais dès
le commencement du siècle, et avant le régne de François Ier, ils
avaient peu à peu fait place aux leçons particulières qui se donnaient dans l'intérieur des colléges.

4

PRÉFACE DU PROEME DES MATHÉMATIQUES.

J'aurais volontiers rapporté en entier cet écrit assez court,
si je n'avais craint de paraître lui donner trop d'importance. C'est
là que Ramus, après avoir fait l'éloge de Catherine de Médicis, lui
propose de construire de vastes bâtiments pour le collége de France
et d'y transporter la bibliothèque royale. C'était là en effet sa place
naturelle, dans le quartier des études paisibles, loin du bruit et de
la foule des visiteurs qui n'y ont que faire. Ce n'est pas pour satis-

faire une vaine curiosité, mais pour donner à la pensée un aliment et pour faciliter les recherches sérieuses que sont formées ces rares collections ; autrement elles n'ont aucune raison d'être : elles ne sont plus qu'un luxe inutile et un gaspillage insensé des deniers de l'Etat.

5

REMONSTRANCE AU CONSEIL PRIVÉ.

On a expliqué (Ire partie, chap. VI, p. 180), l'occasion de cet écrit, dirigé contre Jacques Charpentier. Les extraits étendus qui suivent compléteront le récit des démarches de Ramus comme doyen du collége royal.

(P. 3, 4). Messieurs, la question qui se présente devant vos seigneuries, est d'une profession royalle des mathématiques en l'université de Paris, vacante par la mort de maistre Paschal du Hamel depuis quinze moys ou environ, occupée depuis par deux personnages qui n'en ont fait aucun debvoir, combien qu'ils en ayent receu et prétendent recevoir les gaiges. Le premier a esté maistre Dampestre Cosel, le second maistre Jacques Charpentier, docteur en médecine.

Dampestre voyant que nostre professeur tendoit à la mort, prent la poste, et en grande diligence s'en va demander ceste profession, s'estimant y avoir le meilleur droit, s'il estoit le premier en datte. Estant donques de retour en l'université, et prest de monter en la chaire royalle, est admonesté par moy comme par le plus ancien de la compagnie, et le plus prest à mettre en la fosse, que nous appelons doyen, etc.

(P. 14-31). Alors Dampestre, se voyant environné de tant de rets et de la cour de parlement et du Roy, procède simplement et rondement : recognoissant qu'il ne pouvoit débiter sa marchandise en détail, il cherche marchant pour troquer et la vendre en gros, s'adresse à maistre Jacques Charpentier, docteur en médecine, et traffique,... à quel pris ? je le laisse à penser, et désire en ce personnage singulièrement vostre attention. Car Charpentier s'est monstré tant rusé et cauteleux comme Dampestre a esté ouvert et manifeste. Or, messieurs, voici la première subtilité de maistre Jacques Charpentier. Il estoit encore moins versé aux mathématiques que Dampestre : car Dampestre en sçavoit quelque peu pour sa provision, et pour dire la

bonne fortune à quelque femmelette, non pas pour en départir à autruy et encore moins d'en faire leçon publicque. Charpentier n'en sçavoit totalement rien, et n'en avoit fait ny estude ny profession aucune,
ains au contraire s'en estoit tousjours mocqué, comme si les mathématiques estoient quelques abstractions phantastiques qui n'appor-
tassent aucune utilité à la vie humaine, ainsi qu'il dira luy-mesme
présentement s'il vous plaist d'ouyr telles fadaises. Toutesfois désirant de prendre les gaiges du lecteur ès mathématiques sans en faire
aucune leçon, s'avise d'une subtilité de faire insérer en sa provision
deux professions pour une, à sçavoir la mathématique et la philosophie, et ce toutesfois par la cession de Dampestre, qui n'avoit sinon
que le tiltre, le nom, la qualité de mathématicien, et n'y avoit autre
place vacante : car la chaire de philosophie est remplie de son professeur philosophique qui lit la philosophie en grec. Maistre Jacques
Charpentier, dis-je, fait insérer ces deux professions pour une, espérant que soubs la couleur de philosophie qu'il estaindroit et aboli-
roit la profession de mathématique. Ce personnage avoit leu par l'espace de vingt-deux ans, comme il dit, la philosophie en latin, et en
avoit je ne sçay quelle routinerie de collége, sans aucune littérature
grecque, sans mathématiques, sans en sçavoir ny usage, ny pratique
ny utilité aucune : ainsi s'estoit persuadé qu'il estoit le plus grand
philosophe du monde. Voilà l'arithmétique de Charpentier, de faire
d'une profession deux, non pas, comme il se vantera tantost, pour
faire deux professions pour une, mais affin d'abolir la principale
profession des arts libéraux pour establir une sophisterie.

Somme, quand maistre Charpentier vient pour monter en chaire,
je m'oppose à luy comme à son prédécesseur Dampestre, et luy propose l'arrest de la Court, [et] l'ordonnance du Roy touchant l'examen.
Il ne tient compte aucun de tout cela, mais au contraire me respond
encore plus fièrement que n'avoit fait Dampestre, qu'il m'examineroit
moi-mesme. J'escris de rechef à la court et me complains que nous
estions tombez de flebvre en chaut mal, et que Dampestre estoit un
Archimède au pris de Charpentier. Le Roy cependant nous eslargit
sa patente, la plus belle qui entra jamais en l'université de Paris, touchant les arts libéraux, que les professions royales vacantes seroient
publiées par toutes les fameuses escholes de la chrestienté, que les
hommes doctes et sçavans seroyent receuz à la lecture et examen,
et que les plus capables et suffisans luy seroient présentez affin d'en
choisir un digne de sa libéralité. Ceste patente est du 8 de mars sui-

vant la première ordonnance. Cependant la cause vient de rechef en
Parlement où, pour abréger chemin et ne point redire ce que vous
avez peu entendre par mon plaidoier mis en lumière, je remonstre que
ce n'est point icy la cause de Ctésiphon ny de Milon, qu'il faillit employer l'éloquence de Demosthène ny de Cicéron, que c'estoit une question pythagoricienne, qui vouloit estre traictée en silence avecun crayon
et une table, avec une reigle et un compas. Je présente le livre d'Euclide qui avoit chassé Dampestre de la chaire de mathématiques, et
chassera, s'il plaît à Dieu, tous les ignorans quelque hardis et audacieux qu'ils soient. Je fais instance que maistre Jacques Charpentier
print ce livre, et s'il sçavoit démonstrer une seule proposition de
toutes celles qui y sont contenues, que je seroys des siens. Jamais ne
fut possible par moyen aucun luy faire parler un seul mot de mathématique. Lors je suppliay messieurs de la Cour de penser à la hardiesse et audace de cest homme, qui n'avoit jamais entré en la boutique des mathématiques, qui n'en avoit jamais esté apprentif et
toutesfois demandoit d'en estre le maistre, voire en la plus belle boutique du monde, qui est l'université de Paris, voire en la chaire
royalle.

Voilà, messieurs, en somme, la remonstrance que je feis en la
Cour de Parlement, contre laquelle maistre Jacques Charpentier respondit deux grosses heures d'orloge, avec aussi grande superfluité
de paroles comme il avoit grand défaut de mathématique. La première heure et les trois quarts de la seconde furent employez, non
pas à déduire les louanges et utilitez des mathématiques, car il n'y
sceut oncques rien, mais à invectiver contre Ramus, « que c'est un
« homme violent, importun, impérieux, qu'il avoit renversé la gram-
« maire, rhétorique, logique, philosophie, mathématique, qu'il avoit
« faict tout un monde nouveau. » En quoy, messieurs, il disoit quelque chose de vérité, encore que ce ne fust rien à propos ; mais il
parloit ambiguëment. Affin donc de vous esclaircir ceste grande in-
vective encommencée depuis vingt-cinq ans en çà à l'encontre de
Ramus par un nombre infini de grands personnages en France, Allemagne, Italie, qui se sont attaqués à Ramus, je vous descriray ma
profession.

Vous sçavez, messieurs, que les Athéniens durant leur empire et
grandeur, eurent en leur cité un philosophe nommé Socrates, de petite
estime envers le peuple et réputé pour un lourdeau entre les docteurs
et maistres des escoles. Un jour vint que les seigneurs d'Athènes,

par curiosité, demandèrent à leur grand dieu Apollon qui estoit le
plus sage entre tous les Grecs : ils eurent oracle et responce que
c'estoit Socrates. Or, messieurs, entre les grandes et admirables parties de la sagesse de Socrates, une fut qu'il maintenoit que tous les
arts libéraux se debvoient rapporter à la vie humaine, pour faire
l'homme plus avisé à bien délibérer et plus prompt à bien exécuter,
et qu'il y avoit ès escoles trop d'enseignemens et de livres, trop de
subtilités et d'argoteries sans utilité, sans usage; que pour estre
nautonnier, maçon, laboureur, n'est point assez de sçavoir parler des
règles de nautique, de maçonnerie, de labourage, mais qu'il falloit
mettre la main à l'œuvre, et bien naviger, bien maçonner, bien la-
bourer ; que les mathématiques (qui estoient pour lors les arts plus
traictez et célébrez) se debvoient ainsi démonstrer, l'arithmétique
pour bien nombrer, la géométrie pour bien mesurer, l'astrologie
pour la nautique, pour la médecine, pour l'agriculture, pour toutes
choses naturelles sur lesquelles l'empire du ciel peut commander.

Messieurs, quand je vins à Paris, je tombé ès subtilitez des sophistes, et m'aprit-on les ars libéraux par questions et disputes, sans
m'en jamais monstrer un seul autre ny profit ny usage. Après que je
fus nommé et gradué pour maistre ès artz, je ne me pouvois satisfaire en mon esprit, et jugeois en moy-mesme que ces disputes ne
m'avoient apporté autre chose que perte de temps. Ainsi estant en
cest esmoy, je tombe, comme conduit par quelque bon ange, en
Xénophon, puis en Platon, où je cognois la philosophie socratique,
et lors comme espris de joye, je mets en avant que les maistres ès
artz de l'université de Paris estoient lourdement abusez de penser
que les artz libéraux fussent bien enseignez pour en faire des questions et ergos, mais que toute sophisterie délaissée, il en convenoit
expliquer et proposer l'usage. Messeigneurs, ce socratisme fut trouvé
si nouveau et si estrange, que je fus joué et farcé par toute l'université de Paris, puis condamné pour ignorant, impudent, malitieux,
perturbateur et calomniateur. La langue et les mains me furent liées
par ceste mesme condamnation, en sorte qu'il ne m'estoit loisible de
lire ny escrire aucune chose ny publicquement ny privément. Pour le
faire court, il ne me resta de l'issue de Socrates, sinon la segue. Voilà
le sommaire du jugement aristotélique mis jà par quelques diverses
foys en lumière par maistre Jacques Charpentier, affin qu'une telle
histoire et si incroyable ne fust esteinte et abolie de la mesmoire des
hommes. Or, le vray Dieu qui sçait à quelle fin il a produit ses créa-

tures, réserva la définitive de ceste cause au bon Roy Henry, lequel ayant entendu ceste controverse, me délia et la langue et les mains, et me donna pouvoir et puissance de poursuivre mes estudes, voire m'establit son professeur pour faire ce que je désiroys ès escoles et professions des arts libéraux. Ainsi doncques estant délivré, estant invité par pris et honneur royal, je me mis en toute diligence de traicter les disciplines à la socratique, en cherchant et démonstrant l'usage, en retranchant les superfluitez des règles et préceptes. En ceste laborieuse et pénible contention d'estude, j'ay travaillé jour et nuict à enseigner et mettre en meilleur ordre la grammaire grecque, latine, françoise, la rhétorique et surtout la logique, instrument singulier à manier et traicter tous discours, soient de quelques faits particuliers qui se puissent offrir, soient de plusieurs intelligences universelles accouplées avec les autres et toutes tendantes à mesme fin, comme sont les matières subjectes en toute discipline. Les premiers ans de ma profession ont esté employez en ces premières sciences. Puis s'en est ensuivy par ordre la mathématique ès nombres et grandeurs, qui est l'arithmétique et géométrie, en quoy est présentement du tout occupé le cours de nos veilles et labeurs; et s'il plaist à Dieu me donner la grâce de tirer ceste charue encore quatre ans, je m'asseure de rendre bon compte de la tasche qui m'a esté assignée par le bon roy Henry, et au bout des vingt ans, d'avoir satisfait par tout debvoir à la profession des artz libéraux.

Voilà ce que maistre Jacques Charpentier comprend en toute sa malédicence, et comprendra tantost, s'il a permission de vous lire un sac de chiquaneries, qu'il tient en ses bras. Ainsi, messieurs, vous entendez presque toute la défense de cest homme, qui, pour prouver qu'il est suffisant et capable de la profession des mathématiques, s'efforce de dire le pis qu'il peut de Ramus. Mais passons ce propos tant hors du présent propos. Il eut en la fin de sa grande harangue quelque couleur, disant que je demandois en lui un ordre qui n'estoit point raisonnable. Je lui disoys que c'estoit un acte de très mauvaise âme de s'efforcer par brigues et menées d'esteindre la mathématique qui est la première lumière des arts libéraux, pour en faire (comme il prétendoit) une je ne sçay quelle sophisterie en latin, notoire à tous les petits maistres ès artz, non pas de l'université de Paris, mais de tout le monde. Lors maistre Jacques Charpentier met en avant qu'il n'y avoit jamais eu aucun ordre ès professions royalles, et de luy, s'il faisoit d'une profession des mathématiques une profes sion de philosophie en latin, qu'il ne faisoit rien de nouveau, et dit davantage, que moy-mesme j'avoys aboly la profession hébraïque de Calignius. Messieurs, ce mensonge est aussi faux que si maistre Jacques Charpentier disoit qu'en plain midi il n'y a point de lumière au monde. J'appelle en témoing tous ceux qui ont hanté l'université de Paris depuis trente ans en ça, et vous supplie de remémorer en vous-mesmes ce que vous avez veu ou pour le moins avez ouy dire.

(P. 36.) La fin finale des deux heures de maistre Jacques Charpentier fut de faire le miclot et le pleureur, que messieurs de la Cour eussent pitié de luy, et qu'il estoit perdu et déshonoré à jamais, s'il estoit condamné à l'examen; que les mathématiques estoient faciles aux petits enfans; et luy, qui avoit la dextérité d'esprit telle que tout le monde sçavoit (ainsi parla-il de soy modestement), que s'il n'y avoit satisfait dedans trois moys, qu'il fust chassé. Lors monsieur du Mesnil, advocat du Roy, se leva, et remonstra que c'estoit chose périlleuse de commettre une profession royalle à un homme qui confessoit n'y sçavoir rien : « Toutesfois, dit-il, pour trois mois non « forcé; nous vous prenons au mot. »

(P. 44-47.) Je vous ay dit qu'il avoit vendu la lecture d'Alcinous à quelques simples escoliers. En cest Alcinous, il y a une partie de mathématique. Et quoi donc, me direz-vous, comment s'est-il acquitté de ce passage, estant ignorant des mathématiques? Certainement il s'en est acquitté par une nouvelle façon, en se glorifiant d'ignorer ce qu'il disoit ne servir de rien. Ainsi il a pris argent de la marchandise d'Alcinous, et néanmoins a persuadé à ses achepteurs qu'elle ne valoit rien, et qu'elle estoit inutile. Ainsi de ceste mesme traficque se sert pour le jourd'huy, en commençant les mathématiques par l'astrologie. Ses escoliers luy demandent l'a b c et les élémens d'Euclide : il respond qu'il veut enseigner de belles abstractions pour lesquelles la mathématique a esté inventée, et les presche par l'espace presque d'un moys, sans entrer à la lecture mesme de son De Sacrobosco; et crie tous les jours, voire publie par ses escrits imprimez, que de penser comme faisoit Socrates, que les mathématiques se debvoient raporter à l'usage de la vie humaine, que c'est une grande erreur; et dit que bien compter et mesurer sont les ordures et fientes des mathématiques. Voilà le langage de ce grand mathématicien publié par luy-mesme par tout le monde, affin que personne n'en soit ignorant, blasmant par une licence effrontée les disciplines dont toutesfois il veut avoir les gages. Homme esperdu, quel langaige est-ce là ? Monter en la chaire mathématicienne pour vilipender les mathématiques! pour en dégouster la jeunesse ! Messieurs, ce n'est pas seulement ignorance qui lui fait jouer ce rolet, c'est une malicieuse ignorance. Affin que l'on ne luy demande les éléments des mathématiques, il dit que cela est totalement inutile. Mais voire Dampestre ne vint jamais à se desborder jusques-là, et croy que jamais homme ne blasma la science dont il voulut faire profession. Le renard, après s'estre parforcé, ne pouvant atteindre aux résins haut eslevèz, s'en mocque et dit que ce n'est que verjus : mais le renard ne veut point tenir escole de ce qu'il méprise ; c'est une chose prodigieuse en ce nouveau docteur, dire mal de la doctrine de laquelle il prétend profit et honneur. Ce personnage a esté nourry et practiqué par l'espace de vingt et deux ans ès brigues de l'université de Paris, où il a véritablement régné. Ces menées, ces factions, ces mensonges, ces tromperies ne peuvent sortir de son cerveau, et pense que par les mesmes voyes il doit estre lecteur du Roy, par lesquelles il a esté recteur de l'université.

6.

GRAMMAIRE FRANÇOISE (1572).

Je laisse de côté l'édition par trop singulière de la *Gramere* de 1562, n'espérant pas pouvoir en reproduire l'orthographe (voir plus haut, IIe partie, chap. I, p. 349 et suiv.), et je me contente de transcrire la Préface de l'édition de 1572.

A LA ROYNE, MÈRE DU ROY.

Madame, si quelqu'un estime que grammaire soit une chose puérile et abjecte, et pourtant que ce soit ung présent indigne d'estre présenté à une Royne si grande, et tant occupée en si grandes affaires, je me deffendray de vostre authorité, que c'est par vostre suasion que le Roy m'a commandé de poursuivre le cours des artz libéraux, non-seulement en latin pour les doctes de toute nation, mais en françoys pour la France, où il y a une infinité de bons esprits capables de toutes sciences et disciplines, qui toutesfois en sont privez pour la difficulté des langues. Et à la vérité, il nous est aujourd'huy plus difficile d'apprendre une langue grecque ou latine, qu'il ne feut oncques ny à Platon ny à Aristote d'apprendre toute la philosophie. Parquoy je diray hardiment en parlant de la gloire de vos Majestez,

27

que tel commandement n'est point moins digne d'ung bien grand
monarque, que d'amplifier sa monarchie de grandes conquestes et
dominations. Car la grammaire est non-seulement la première entre
les artz libéraux, mais elle est la mère nourrice de tous, qui les
nourrit comme au berceau et leur apprend à parler et déclairer ce
qu'ils sçavent : et sans elle seroyent muets et inutiles : et à ceste
cause a esté magnifiée non-seulement par les anciens philosophes,
ains par les grans princes. A ce propos j'allégueray... (suivent de
nombreux exemples, depuis Varron jusqu'à Charlemagne)... Et de
grace, qu'a faict le grand Roy Françoys, quand il a excité la science
et l'usaige de toute langue, hébraicque, græcque, latine, voire quand
il a esté luy-mesme si studieux de sa langue, qu'il n'y avoit homme
en ce royaulme mieulx entendu et mieulx exercé en la propriété et
pureté du langaige françoys?

Parquoy (Madame) Dieu vous augmente de jour en jour ces généreux mouvements d'esprit, et conseillez au Roy de donner à ses
subjects telle charge et commandement; et soyez cause que soubs
sa conduicte le monde tremble une aultre fois..... : mais surtout
faictes que les premiers fleurons de la couronne de France soyent
de toutes sciences nobles et louables; et persuadez-luy tousjours
de plus en plus que les roys sont comme dieux en terre, mais
que ces dieux sont honnorés et adorez en tant qu'ils sont roys,
non-seulement de grandes puissances et seigneuries temporelles,
mais beaucoup plus quand ils sont roys des vertus, roys des arts
et sciences. L'empire d'Alexandre-le-Grand fut incontinent brisé et
aboly après sa mort, et passa soudain comme ung esclair, mais
la philosophie des choses naturelles assemblée par Aristote d'une
infinité de nations selon le commandement d'Alexandre, vivra tant
que le monde sera monde : et sera célébrée une telle libéralité de roy,
qui donna, oultre les aultres fort grandes despences, à ung seul Aristote pour ce faict quatre cens cinquante mille escus. Et à vray dire,
ce grand Roy ne se pouvoit bastir ung trophée plus royal, ny plus
magnifique, ny de plus longue durée que cestuy-là. Parquoy (Madame) pensez que Dieu vous a donné et l'esprit et le moyen de fa-
çonner aux Françoys ung aultre Alexandre, en luy bastissant ung
royaulme de toutes disciplines. Vous l'avez dressé jusques icy, et
dresserez (à l'ayde de Dieu) plus songneusement que jamais, vous
proposant bien faire d'un Charles de Valloys, ce que feit Madame
Loyse de Savoye Régente en France de son Françoys de Valloys.

Ceste Dame, voyant le gentil naturel de son fils, luy proposa une leçon ordinaire à son disner, ores des lettres humaines, ores de la saincte Escripture : ce que ce jeune Roy print à si grand plaisir, que l'on eust dict de ceste table royalle que c'estoit une académie de Platon : ainsi estoit-elle garnie de toutes personnes doctes et sçavantes. Et bien heureux s'estimoit celuy qui y pouvoit proposer en un moment ce qu'il avoit estudié toute sa vie : aussi estoit ce Roy fort libéral envers tels esprits, de sorte qu'il excita par son exemple tout un monde à l'estude des bonnes lettres. Ainsi donques faites-vous, en proposant au Roy personnages d'excellent sçavoir, et entre tous aultres, pour son précepteur, Jacques Amyot, évesque d'Auxerre, qui n'a moins fait pour sa patrie, en translatant si élégamment en nostre langue les œuvres de Plutarque, que Plutarque mesme avoit faict pour la Grèce en les composant. Par ainsi donques préparant mon symbole à ceste royalle académie, je rends grâces à Dieu qu'il luy a pleu faire reluire le soleil de sa clémence sur la France, de manière qu'en invoquant et magnifiant son sainct nom, je puisse aussi faire service à ceulx qu'il a commis et ordonnez au gouvernement de ma patrie.

Madame, je vous ay proposé au Proëme des Mathématiques ung des beaux monuments qui fut jamais sur terre, et vous en ay ouvert un très ample moyen. Vous y penserez, s'il vous plaist. C'est à vostre Majesté de dresser pour la noblesse de France un corps d'hostel si magnifique : de ma part je m'estudieray de tracer quelque linéament de l'âme de ce corps, en descrivant les artz libéraux ; et commenceray par la grammaire gaulloyse ou françoyse, anciennement célébrée par nos druides, par nos roys Chilpéric et Charlemaigne, naguères comme révoquée des enfers par le grand Roy Françoys, traictée en diverses façons par plusieurs autheurs. Jacques Sylvius, qui est décédé en la profession royale de médecine, la présenta à la royne Léonor à son advénement, et tascha de réformer l'abus de nostre escripture, et faire qu'elle convinst à la parolle, comme appert par les charactères lors figurés par Robert Estienne, et practiqués par toute la Grammaire. Geoffroy Tory, maistre du pot cassé, lors imprimeur du Roy, en mit en lumière quelque traicté. Dolet en a composé quelque partie, comme des poincts et apostrophes ; mais la conduitte de ceste œuvre plus haute et plus magnifique, et de plus riche et diverse estoffe, est propre à Loys Mégret, combien qu'il n'ayt point persuadé entièrement à un chascun ce qu'il prétendoit touchant l'orthographe. Jacques Pelletier a débattu subtilement ce poinct d'orthographe, en ensuyvant, non pas les charactères, mais le conseil de Sylvius et de Mégret. Guillaume des Autelz l'a fort combattu, pour deffendre et maintenir l'escripture vulgaire. Lors esmeu d'une si louable entreprise, nous en fismes aussi quelque coup d'essay, tendant à démonstrer que nostre langue estoit capable de tout embellissement et aornement que les aultres langues ayent jamais eu. Les plus récens ont évité toute controverse, et ont faict quelque forme de doctrine chascun à sa fantaisie, Jean Pilot, Jean Grenier, Anthoine Caucie en latin, Robert Estienne en latin et en françoys. Joachim du Bellay, le vray Catulle des Françoys, a mis en lumière une Illustration de la langue françoyse. Depuis, Henry Estienne a escrit la Conformité du langaige françoys avec le grec, et ne doubte point (s'il s'adonne à ceste estude) qu'il ne nous donne un aussi riche trésor de la langue françoyse, comme il nous a donné de la langue grecque. Naguères J. A. de Baïf a doctement et vertueusement entreprins le poinct de la droicte escripture, et l'a fort esbranlé par ses vives et pregnantes persuasions. Par ainsi nous voyons que depuis quarante ans en ça, ce procès pour vrayement escrire a esté sur le bureau ; et que maintenant de reprendre ces miennes arrcs anciennes, c'est recueillir tous nobles esprits adonnez aux lettres, et les provoquer à penser de leur patrie et la réputer digne de leurs veilles et estudes, et de luy communiquer libéralement le fruict de leurs labeurs, se proposant devant les yeux une grâce et doulceur du françoys, qui invite les estrangers à l'apprendre aussi curieusement que nous apprenons en nos escolles le grec et le latin, se proposant aussi toutes les nations voysines, Italie, Espaigne, Allemaigne, qui s'estudient à mettre en art leur langue.

Mais (Madame) je vous détiens trop longuement à ceste entrée. La grammaire apprend aux aultres à bien parler : parquoy si elle est bonne maistresse d'escole, qu'elle-mesme parle de ses vertus et louanges, et vous rende raison de tout son faict, et surtout de ses charactères, de sa façon d'escripre : qu'elle apprenne à parler françoys à ses compaignes, rhétorique, dialectique, arithmétique, géométrie, musique, astrologie, physique, éthique, politique ; par ainsi qu'elle ouvre le pas aux artz libéraux pour retourner de Grèce et d'Italie en la Gaulle, et pour rentrer soubs le nom de Catherine de Médicis en possession de leur ancienne patrie.

II

LETTRES INÉDITES

—

Je donne ici, dans l'ordre chronologique, 20 lettres inédites qui me sont venues de plusieurs sources, savoir : 1° une dédicace de 1543 à François Ier, que j'ai trouvée en manuscrit à la Bibliothèque impériale ; 2° quatorze lettres (sous les n°s 2-12, 15, 16, 17) qui m'ont été cédées libéralement par mon savant confrère et ami M. C. Bartholmèss ; 3° quatre lettres (n°s 13, 14, 18, 19) qui m'avaient été indiquées par M. Ch. Schmidt (de Strasbourg), et dont j'ai pris des copies, grâce à son obligeante entremise ; 4° la lettre adressée par Ramus à la faculté des arts de Heidelberg (n° 20).

On a pu voir quelle lumière ces pièces précieuses jettent sur plusieurs événements de la vie de notre philosophe, surtout pendant les années 1570, 1571 et 1572.

1

DÉDICACE A FRANÇOIS Ier (1543).

(Bibliothèque impériale, manuscrits latins, n° 6659 du Catalogue imprimé : Petri Rami Dialecticæ partitiones Ad Franciscum Valesium Christianissimum Gallorum regem. Titre en lettres dorées ; copie calligraphiée, 39 feuillets ; reliure aux armes de François Ier. La date 1543 est à la fin du fol. 39 r. La préface est celle des Dialecticæ partitiones ad Academiam Parisiensem, mais remaniée en plusieurs endroits, notamment dans les trois premières pages. Voici le début de cette dédicace au roi et un autre passage vers la fin) :

Utinam possis (ô rex) tam multis annis beatus regnare quàm multis singularis ista sapientia tua digna est, et ego tam liberaliter

huius beatæ virtutis honori laudique servire quam libenter et stu-
diose velim! Fieret profecto ut omnibus annis rex unicus viveres,
et in sapientissimum regem, si non officiosissimus, certe non in-
gratissimus omnium iudicarer. Atque iam optati votique mei partem
non dubia testificatione polliceri tibi possum : partem nulla inertia
deterritus, nulloque animi languore debilitatus desperare non debeo.
Etenim quo certioris authoritatis argumento gratissimam seculorum
omnium memoriam tibi debitam consequi possum, quam quod immortalitatis matres literas multis iam seculis iacentes excitasti? summis honoribus affecisti? in amplissimi christianissimique regni quasi
communionem societatemque singulari vereque regio animo susce-
pisti? Vetustas a literis impetravit ut suos Hercules, Liberos, Ioves
deorum immortalium honori, religioni, numini consecrarent, quod
eorum animi singularibus in rempublicam beneficiis clarissimi essent,
et æternitate fruerentur. Itane vero communibus meritis tantum
veræ laudis gratiæque literæ tribuent : authorem, parentem, ac pene
deum salutis atque dignitatis suæ ingratissimo silentio damnabunt?
Immo vero amabunt, colent, laudabunt : et se fortunatissimas iudi-
cabunt, si quantum immortalitatis habeant, id totum tibi, tuo no-
mini, tuæ famæ, tuæ virtuti largiantur. Ac vehementer (puto) vere-
buntur ut tanta laus tantaque gloria possit a doctrinis omnibus
immortalitate compensari. Regnabis igitur (ô rex) annis omnibus, et
æqualem temporibus vitam commendatione hominum ac celebratione
beatissimam florentissimamque deges. Quapropter hac voti parte et
quasi sponsione persoluta, ad reliquam nuncupationis pensionem
aggrediar : ad quam persolvendam animi mei tibi devovendi materiam
gravissimam quidem mihi, nec 'tamen a splendore sapientiæ tuæ
prorsus alienam suscepi : Dialecticæ virtutis constituendæ laborem
dico, etc.

Fol. 6 v. et 7 r. Hæc altera optationis est pensio : hæc promissi
tibi animi est persolutio : vides quid velit, quid conetur, quid ap-
petat : cæteras tuas virtutes etsi maximas ac prope divinas præterit :
novam in potentissimo Gallorum rege, et post homines natos inaudi-
tam sapientiam admiratur : huic se devovet : hanc oblatis industriæ
suæ primitiis veneratur. O fortunatam rempublicam, in qua rex tam
sapienter philosophatur! O beatam potius rempublicam, cui philo-
sophus tam constanter moderatur! Hoc sapientiæ fructu animus tuus
oblectatur : Gallorum tuorum mentes aluntur : nationes omnes, diique
ipsi tibi conciliantur. Quamobrem (ut novissima conjungam primis,

et desiderii mei conclusionem in summam conferam) utinam (ô rex)
tandiu floreas quandiu sapientia tua meruit, etc.

2

IOANNI HERVAGIO, ADOLESCENTI OPTIMO ET ORNATISSIMO.

Fuit mihi munus tuum cum per se gratissimum, quod Polybium
græcum et latinum itemque Camerarii commentaria græca similiter
et latina non mihi solum, sed Audomaro Talæo, Nicolao Chartoni præ-
ceptoribus tuis miseris : sed multo gratius fuit et iucundius tam li-
berale tamque honestum amoris erga nos tui indicium præclaro
munere declarari. Itaque nos tibi magnas gratias habemus, et ut
amorem istum tuum non muneribus (nec enim cum liberalitatem
tuam laudemus, sordidi et illiberales esse volumus), sed memoria et
gratia in perpetuum conserves optamus. Unum est quod ab industria
et facultatibus tuis vehementer requiro. Germania Xenophontem
totum græco et latino sermone e regione positis nobis dedit : Pla-
tonem Xenophontis doctorem (quod optabilius fuerat) non dedit.
Scribo hac de re ad Hieronymum Wolfium. Cuperem tantum opus
vestra utilitate et laude hic editum videre. Vale. Lutetiæ e Prælleo
nostro, septimo Calendas Ianuarii anno 1551.

Tuus RAMUS,

Copie conservée à la Bibliothèque publique de Bâle, et qui porte à
la marge cette note : De eo ipso exemplari quod Petrus Ramus sua manu
scriptum ad Joannem Hervagium miserat, quodque asservatur Basileæ
in Bibliotheca a Theodoro Zuingero hæredibus relicta.

3

THEODORO ZUINGERO, GRÆCÆ LINGUÆ PROFESSORI IN ACADEMIA BASILIENSI, BASILEÆ.

Noli vero de P. Ramo tibi quidquam ejusmodi persuadere, ut in
gratiam mali genii velit ingratus esse. Basilea itaque, Basiliensis
gloriæ invidis oblivione sempiterna deletis, vivet ac florebit. Amo te
quod dentes in illo philosophico convivio licet acutos et acres retu-
deris. Retentus hic sum ab Electore, cum Argentinam proficisci cogi-
tarem. De Gallia nihil metuito : res meliore loco est, quam adhuc
fuit. Saluta nostro nomine uxorem cum filiolo nostro : deinde nostros

Cœlium, Amerbachium, Felicem, Brandmilerum, cæterosque quos nobis sine fuco amicos esse noveris. Scribam ad te et ad Cœlium, ubi profiteri cœpero. Vale. 3 cal. Novemb. 1569, Heidelbergæ.

Tuus RAMUS.

(Copie conservée à la Bibliothèque publique de Bâle ; on lit à la marge : De eo ipso exemplari quod Petrus Ramus, amanuensis manu scriptum, sua subscriptum, ad Th. Zuingerum miserat, quodque adservatur Basileæ, in Bibliotheca a Th. Zuingero hæredibus relicta).

4

TH. ZUINGERO, GRÆCÆ LINGUÆ PROFESSORI IN ACAD. BASIL., BASILEÆ.

Homo plane beatus es, qui de religione civitatis tuæ tam securi sis animi, ut pluris ejectum ad vestra littora nescio quem facias, non dico quam Œcolampadium restituti vobis evangelii authorem, sed quam Deum ipsum. Noli timere hypocritas, quæso, sed Deum ultorem hypocritarum. Magnum dolorem ex interitu communis amici percepi, sed acta hominis et vitæ honestis studiis transactæ recordatio molestiam sublevant, et admonent ut de consimili commigratione nos ipsi cogitemus. Prælegi orationem pro Marcello magna frequentia, sed invidia quorumdam scholæ præfectorum multo majore. Itaque licet a principe sæpius retentus essem, valde me prælectionis hujus tædebat. Absoluta oratione, cum princeps Christophori filii imprimis gratia dialecticam prælegendam mandaret, erupit hominum interpellatio tanta, ut princeps iste commoveretur ; at ego mei liberandi occasionem nactus, dixi homines non sine caussa obstrepere et, si Ramus præterea mensem prælegere perseverasset, commutationem scholæ necessario secuturam ; neque discipulos magistris tantæ inertiæ (qualem in nonnullis animadverterem) audientes fore : et tamen dixi permirum mihi videri, Heidelbergensis academiæ filiam ingenue et liberaliter hic educatam (cum a P. Ramo domum reduceretur) ne a vetulo quidem cane agnosci, sed pro peregrina ab academiæ procis hominibus haberi planeque repudiari. Cum princeps rogaret quid rei hoc esset, respondi dialecticam esse filiam illam, quæ Heidelbergæ incredibili non Germanorum modo, sed Gallorum et Italorum admiratione ab Agricola restituta esset. Quid vis amplius ? Addidi Agricolæ cineres et epitaphium illud ab Hermolao Barbaro tam nobile in cella lignaria jacere, nec ideo alienum doctoribus istis videri; ut eodem oblivionis sepulchro Agricolæ filia contegeretur. Rcdii igitur ad intermissum theologiæ studium, fretus præsertim Immanuelis hospitis consuetudine et eruditione, et omne tempus in his meditationibus postea consumpsi. Ubi consilium nobis novæ peregrinationis constiterit, scribam ad te, ut nobis rescribas. Sed oro te, specta sursum, et pudeat te a peregrino de tuæ civitatis, imo Dei gloria sæpius admoneri. Saluta uxorem et filiolum nostrum : item amicos nostros Platerum, Brandmulerum, Amerbachium, Hospinianum, Cassiodorum, Boinum. Vale. 10 Cal. Feb. 1570. Heidelbergæ.

Tuus Ramus.

(Même note à la marge que pour la lettre précédente.)

5

THEODORO ZUINGERO, GRÆCÆ LINGUÆ PROFESSORI BASILIENSI, S. BASILEÆ.

Commendo tibi filiolum meum : hoc epistolæ primum caput est. Heidelberga discessi salutatis ante principibus et omnibus academiæ professoribus. Postridie cum ex urbe egredi pararem, nobilis adolescens attulit auream electoris imaginem, eaque nos a principe donari, ut sui memor essem : tum dixi pietatem ipsius et virtutem in animo meo penitus impressam esse, monile tamen non tantum ipso dono, sed multo magis donantis liberalitate mihi esse longe gratissimum. Literas accepi a Joanne Rege Pannoniæ, quibus annuo quingentorum talerorum stipendio et plerisque præterea regiæ beneficentiæ argumentis invitabar. Accepi ejusdem fere generis e Polonia et Vestphalia : at statui, donec me res aut fides deficiat, liber esse, et ut adhuc feci, meo sumptu vivere. Gratias itaque omnibus habui. Noribergam jam cogito, ut ex opificum illius urbis excellentium industria geometricum quippiam, sed imprimis optricum percipiam. Saluta Brandmulerum, Amerbachium, Platerum, Hospinianum, Bohinum, unoque nomine amicos omnes. Saluta optimam et lectissimam fœminam uxorem tuam. Vale. 10 Cal. Apr. 1570. Francofurti.

Tuus Ramus.

(Même remarque que pour les deux lettres précédentes.)

6

THEODORO ZUINGERO, BASILIENSIS ACADEMIÆ GRÆCO PROFES-
SORI, S. BASILEÆ.

Accepi a communi amico Adamo Petreo signum salutis in scedula,
atque ita intellexi Theodorum Zuingerum nostri non immemorem
esse; sed heus tu? unde chartæ tanta caritas aut verborum tanta
inopia? Theatrum, opinor, et chartam et verba omnia consumpsit.
Equidem certe cum rogarem de valetudine tua et tuorum, item quid
ageres, valde lætatus sum te in Theatro tam vehementer occupatum
esse, ut proximis nundinis in lucem exiturum videretur. Moles hic
mihi consimilis a Lugdunensi typographo oblata est, in recognos-
cendo Thesauro linguæ latinæ; sed laboris magnitudine perterritus
deliberandi diem sumpsi. Catilinariam Ciceronis primam hic veluti
declamavi : deinde pacis tanquam jam factæ quotidianis nuntiis ad-
ductus, novum prælectionis argumentum imponi mihi nequaquam
passus sum. Res tamen gallica valde incerta est, et nisi bellum belli-
cosius geratur, stabilem pacem non videtur allaturum. Scripsi per
hosce æstus defensionem Aristotelis adversus Schecium. Opus dices
Aristoteleis gratum. Sane et istum clypeum, qui meus erat, eripere
nostris antagonistis tandem subiit animum, ne nobis isto nomine in
posterum molesti essent. Scribe ad me bene longam epistolam, ad
præteritæ negligentiæ culpam sarciendam, et tamen epistolam non
plenam verborum (iis enim cibis stomachus noster offenditur) sed
variarum rerum et nobis jucundarum, ut se Basilienses nostri habent,
M. Peresius primum totaque familia, Amerbachius, Brandmulerus,
Platerus, Boinus, Hospinianus. Quid absoluto Theatro mediteris? ac
vide ne Hippocratem obliviscare in eoque methodicum indicem illum,
de quo tecum egi; qui nempe comparatis eodem in genere et in unum
subductis variis sententiis authorem ipsum interpretetur. Saluta cum
cæteris illis nostrum Grynæum et roga, quid de opticis egerit, utrum
Noriberga, ubi ipsum reliqui, Fredericus Basileam venerit : hoc enim
aveo scire. Vale. Genevæ 11 Jun. 1570.

Tuus RAMUS.

(Même remarque.)

7

THEOD. ZUINGERO, GRÆCÆ LINGUÆ PROFESSORI, S. BASILEÆ.

Epistola tua mihi perjucunda fuit, sed ejus lectio valde molesta : accusaveram antea te quod nihil scriberes, nunc conqueror quod ita scribas, ut scriptum legi vix queat. Gratulor equidem amicis nostris honores meritos obtigisse, et Bern. Brandum civitatis vestræ tribunum esse factum, et Felicem Platerum academiæ rectorem creatum. Quales enim in Republica principes essent, tales fore cives reliquos recte sensit Plato. Memini ut B. Brandum cohortatus sim ad studia ingenuarum literarum (de quibus tam præclare meritus esset) fovendum et amplificandum : tuæ sunt jam partes principem tuæ civitatis sua sponte bene animatum aliquo veræ laudis stimulo magis ac magis animare. Amo tales animos, et illis fausta prosperaque evenire gaudeo. Quod vero Platerus noster Rectoratum adeptus sit, hic etiam academiæ tantum accessionis factum esse auguror. Tu quia illum amares, me quoque ad amandum impulisti : at posteaquam singulare ingenium penitus perspexi, non jam tua commendatione, sed ipsa raræ cujusdam virtutis dignitate captus amare cœpi et colere. Quare nostra caussa tu illi suasor atque author eris, ut insignem aliquam et academiæ perpetuo gratam rectoratus sui memoriam relinquat. Saluta igitur meo nomine plurimum et B. Brandum et F. Platerum, nostramque gratulationem utrique exponito, facitoque ut nullus Basilea Genevam, aut ubicumque esse me audies, Zuingeri literis vacuus accedat. Res gallicæ sunt eodem statu, id est dubio et incerto. Saluta nostrum Peresium, itemque Amerbachium, Brandmulerum, Boinum, Hospinianum, neque quenquam ex amicis prætermittito. Vale. Genevæ 4 Non. Jul. 1570.

Tuus RAMUS

(Même remarque.)

8

THEOD. ZUINGERO, DOCTISSIMO GRÆCÆ LINGUÆ PROFESSORI, S. BASILEÆ.

Video equidem te generosum equum esse, sed agitatum tamen facere melius. Hinc epistola pro codicillo plenior : respondi ad literas Pitheo datas et a te responsum expecto, quænam illa sit academia, de qua Freigius vester ad me scripserat. Liberalitas tua erat illa quidem mihi minime dubia, sed tamen grata jucundaque accidit. Verum jam pridem didici praeclarius esse largiri quam accipere, neque quamdiu a me ipso impetrare potero quidquam cuiquam debere constitui : neque mihi quisque ingratus fuerit, qui tali civitate gratus fuerit; et si me quis amet, ego illum vicissim redamabo. Habebis Grynaeo gratiam nostro nomine. Habitatio (cum a patria discessi) nulla mihi gratior quam Basileae accidit, neque hominis malevolentia benevolentiam mihi charissimae urbis depositurus sum. Pestis Geneva nos expulit neque tamen levi metu : bis enim jam hospitium propterea commutaveram; tandem veritus sum, ne tertia commutatio majorem pensionem expeteret. Itaque licet aegre ab amicis dimitterer, attamen ut amicum ipsis conservarem, Lausanam profugi, ubi erudita Marcuardi, Samuelis, Divitis et reliquorum professorum consuetudine otium oblectamus. Frederico miror quid acciderit; viaticum ei Noribergae donaveram, quo Basileam perveniret. Typographo Genevensi quaedam imprimenda dederam, sed pestis typographiam typographo correpto disturbavit. Scribam ad te proximis literis, quid illic acciderit. Theatrum absolvi gaudeo; de Hippocrate bene sperato : salva enim bibliotheca est, et Lutetia Genevam senatus judicium ad me perlatum, quo latrunculus ille (qui in nostrum Praelcum invaserat) ejectus est. Patriae nempe hic amor etiam absentes solatio non mediocri nos affecit. Brandmulerum titulo doctoratus abstinuisse quid sit non intelligo : amo ingenium et mores hominis, et ei titulum majoris doctoratus exopto. Si legatus Bellevraeus redierit, aut ei quispiam successerit, Solodurum veniam, et forte Basileam excurram. Rescribe interea de rebus omnibus, sed imprimis de M. Peresio, quem es oblitus extrema epistola. Audivi Paiernam nuper venisse; saluta igitur ipsum meo nomine quam plurimum et amicos caeteros. Res gallicae toto belli hujus miserrimi tempore nequaquam nostris secundiores fuerunt. Signa veteranorum nescio quot profligata sunt a nostris apud Xantones, eorumque duces capti; Biterrae oppidum in Narbonensi Gallia captae. Ab admiralio consimilia circumferuntur, sexcentos Helvetios caesos esse nec Francos pauciores. Moneo iterum ne obliviscaris Freigium : ad eum literas rescripseram, quas cum tuis incluseram, ut ante perlegeres quam ei redderentur. Vale. 12 Cal. Aug. 1570.

Tuus Ramus.

(Même remarque.)

9

CLARISS. GRÆCÆ LINGUÆ PROFESS. TH. ZUINGERO S. BASILEÆ.

Statuo hebdomade ista Lugdunum, deinde Lutetiam proficisci. Nos lætissimis de pace confecta et publicata nuntiis pene obruimur. Itaque tantum de comitatu solliciti sumus, ne tot fluctibus erepti, sedataque tempestate, in prædones incidamus. Absolvero hac hebdomade logicam ἀχρόχτιν, quam magna celebritate et frequentia hic adhuc habui. Saluta lectissimam conjugem tuam, et filiolum meum incolumem servato. Salutâ Brandmillerum, Amerbachium, Platerum, Boinum; neque in ista salutatione Hospinianum nostrum prætermittito, mementoque ut Lutetiæ sibi amicum fore persuadeat. Vale. Lausanæ, 5 Cal. Sept. 1570.

Tuus, meritoque tuæ virtutis tibi deditus,

P. RAMUS.

(Même remarque.)

10

CLARISSIMO DOCTORI S. GRYNÆO S. BASILEÆ.

Scripsi ad te proximis diebus superioribus, et iterum scribo, quoniam de pace facta et publicata lætissima sunt omnia, ut tu proximo post nundinas tempore de editione Halaceni et Vitellionis cogites. Scripsi ad Fridericum : vos fontibus abundatis, ne quid a Baccho de homine timeatur. Admoneo per epistolam, ut sese contineat : necessaria vobis ejus est opera in corrigendo, secus mendosiorem Vitellionis [*editionem?*] facietis quam antea fuerat. Una res hominem continebit, quod laudem an [helat] [1], quam sibi non exiguam videt in talium authorum public [atione] esse propositam. Si prelo commissuri estis, mittite ad me [plagulam] utriusque, tum Halaceni, tum Vitellionis. Præfationes esse [oportet] nomine Reiseneri, sed earum Aristarchus esse cupio. V [ale]. Saluta Episcopium.

Lausannæ, 5 Cal. Sept. 1570.

Tuus, meritoque tuæ virtutis tibi deditus,

P. RAMUS.

(Autographe conservé à la Bibliothèque publique de Bâle.)

---

[1] Lacuna deficientis chartæ.

11

THEODORO ZUINGERO, CLARISSIMO PROFESSORI GRÆCÆ LINGUÆ
IN ACADEMIA BASILIENSI. BASILEÆ.

Accepi abs te crebras literas, quibus adhuc nihil respondi, ut
tüam diligentiam confitear et meam una negligentiam accusem. Sed
certe caussa hæc nihil respondendi fuit, quod amicos non libenter
facio calamitatum mearum participes. Sic enim tibi persuadeas velim,
me maximis et acerbissimis fluctibus antea jactatum esse, sed nunquam neque acrioribus neque indignioribus fuisse exercitum. Lupi
duo famelici et rabidi occupaverant alter gymnasium Prælleum, alter
professionem eloquentiæ et philosophiæ, quibus molestissimum erat
tam suavem bolum eripi e faucibus. Itaque luporum istorum ululatu
reliquæ nostri nemoris bestiæ commotæ, leones etiam et pardos in
me unum concitarunt, tanquam P. Ramus voce quin etiam vultu quidam magus et incantator esset, qui si in publica cathedra audiretur
vel conspiceretur, subversurus esset protinus romanam gentem : et
quidem tantum ista calumnia potuit apud eos qui rerum potiuntur,
ut regis nomine diploma publicaretur, quo generatim omnibus evangelium profitentibus interdiceretur publica privataque cujuscunque
artis ac scientiæ professione et institutione : sic ut patri liberos in
paterna religione domi instituere non liceret. Quid quæris? Tum certe
vehementer afflicti jacuimus non tam privata quam publica indigni-
tate, fracti tamen animo aut desperati nequaquam fuimus. Ad regem
sæpe supplices accessimus et docuimus homines quosdam publicæ
pacis inimicos ejus authoritate insolenter abuti; me per annos viginti et patris Henrici et fratris Francisci et ipsius stipendiis liberales
artes sine ulla vel inertiæ vel negligentiæ culpa professum esse : imo
vero cæteras professiones a Francisco avo fuisse institutas, meam
solam a patre Henrico. Itaque rogavi, ne quod pater ad ornamentum
regni sui fecisset, id a filio sublatum tali præsertim de caussa diceretur : invidia religionis hæc omnia fieri, denique e pacificationis
edicto capita quatuordecim diplomate isto deleri. Hæc eadem reginam
matrem docui, prætereaque exposui quanto præconio per orbem terrarum laudes ipsius in Proœmio mathematico prædicassem, neque
modo talem infamiæ notam præconi suarum laudum inuri, regiam
mercedem ac remunerationem esse; cumque in peregrinatione ger-
manica pleraque ad ornandam ipsius bibliothecam nihil perspecta et

observata narrassem, adjeci etiam illud, ne Henrici regis mariti pro-
fessorem malevolorum obtrectationi atque invidiæ tam misere con-
culcandum dederet. Hic perculsi animi signum agnovi, et tamen regii
concilii decretum opponebatur : tandem proposui, si vox tam formi-
dabilis esset quam ab adversariis fingeretur, manum ab ista accusa-
tione innocentem superesse : itaque rex nobis imperaret artium liberalium reliquam conformationem : descriptas enim adhuc esse quinque
primas artes : et in Francia esse ingenia pleraque nobilia capacia
disciplinarum omnium, quibus propter externarum linguarum diffi-
cultatem privarentur : ideoque professori tot annorum laboribus
velut emerito etiam istam patriam institutionem mandaret. Gallos
ante Cæsaris adventum omnes liberales artes indigenas habuisse,
Gallos iterum gallicas artes habituros esse. Hæc oratio regi et reginæ
placuit. Itaque ad emeritæ militiæ vel honorem vel consolationem
stipendium nobis conduplicatum est. Potestas etiam facta nominandi
gymnasiarchi quem delegero, ordinariis interea fructibus reservatis.
Denique perspicis maxima invidorum et malevolorum importunitate
otium nobis cum dignitate comparatum esse, et quidem otium, quale
tranquillis et pacatis temporibus vix optare, nedum sperare potuissem.
Calderinus nostræ contentionis pleraque vobis exponet, quæ epistola
non capit. Hippocratem, simulatque reliquias naufragii hujus quarti
recollegero, requiram et si supersit ad te mittam : imo vero quod
solicitare a regiis medicis cœpi, ut habeas accuratius exemplar et a
Goupylo diligentius emendatum omni gratia et pretio contendam
perficiamque, ut discipulum magistro charum esse sentias, quanquam
in hoc discipulus tuus esse cupio. Saluta uxorem tuam cum filiolo ,
amicos Basilienses omnes, Amerbachium, Brandmulerum, Coccium,
Urstitium, Bohinum, Guarinum, Pernam : moneto Hospinianum, ut a
tetricis musis ad mansuetiores aliquando respiciat. Scribo ad M. Peresium, ad F. Platerum, ad Grynæum et Episcopium, quibus ista
omnia communicabis. Vale. Lutetiæ... Mart. 1571.

Tuus RAMUS.

Adjunxi literis tuis fasciculos duos, alterum ad Platerum, alterum
ad Gesnerum : curabis redditos, et de tua diligentia rescribes.

(Même remarque que pour la lettre 3.)

12

JOANNI STURMIO, CLARISSIMO ARGENTINENSIS ACADEMIÆ
RECTORI, S. ARGENTINÆ.

D. Rassius mittet ad te semina quæ postulas, unàque epistolam,
opinor, earum facultatum interpretem et nuntiam, quæ seminibus
continentur. Ita vides te non solum muneribus donatum uti cupiebas,
sed amico auctum, qui tibi aliis in rebus emolumento atque orna-
mento esse possit. Est enim homo cum doctrina liberali et virtute
rara præditus, tum animo promptus paratusque ad omnia amicis of-
ficia studiaque præstandum. Itaque non dubito quin ad eum rescribas
et amicum talem imprimis amplectare. Quod tu arbiter tam magnifico
de nobis arbitrio Alsatiam ramusculis compleas, facis tu quidem, pro
tuà singulari erga discipulos humanitate, inusitatum nihil, sed tamen
nobis perjucundum perque gratum, cum videam a doctoris ætate,
non tam annis quam honestorum studiorum honoribus palmisque
exacta redundare, unde etiam discipuli exornantur. Rumor est regem Lutetiam brevi rediturum; tum sperato apud reginam Navarræ,
apud admiralium me negotii tui procuratorem futurum. Vale. Lutetiæ.

Tuus RAMUS.

(Le retour du roi, dont il est fait mention par Ramus, eut lieu le
6 mars 1571 : ce qui donne la date approximative de cette lettre. — Autographe. Biblioth. du Séminaire protestant de Strasbourg, Epistolæ
autogr. sæc. XVI, vol. I, n° 350.)

13

B. ARETIO, CLARISSIMO THEOLOGO, S. BERNÆ.

Scripta jam epistola, literæ tuæ mihi redditæ sunt per adolescen-
tem Friburgensem : itaque protinus ad Nicolaum Domeum Rassium
veni, ut hortulos tuos fontibus suis irrigaret. Homo est non solum
doctus in physicis, sed in vita et moribus perhumanus, chirurgus
regius regi nostro et aulicis propter insignem peritiam artis rarissi-
mus. Hunc tibi propter ingenii tui consimiles dotes amicum feci.
Scribit ad te, et semina ad te mittit generum variorum. Itaque bene-
volum animum animo quoque benevolo suscipies et coles. Vale. Cal.
Aug. 1571. Lutetiæ.

Tuus RAMUS.

(Autographe. Bibliothèque de Zofingue. *Epist. Reformat.*, t. I, p. 181.)

14

HENRICO BULLINGERO, SINGULARI THEOLOGO, S. TIGURI.

Scripsi ad D. Gualtherum [1] de quæstione a ministris per Galliam agitata. Ecclesiastica est disciplina, quæ antea per senatum e ministris, senioribus, diaconis compositum administrata est ab anno 1559, cum interea reliquus populus administrationis hujus nonnihil conscius fieret in gravioribus præsertim caussis, ut in decisione doctrinæ et disciplinæ, in electione senatorum, in excommunicatione fratrum. At nunc nuper Rupellana synodo tota juris hujus dictio ad solos ministros propemodum est reducta, exclusis a senatu diaconis, senioribus ad unam delictorum inquisitionem restrictis, ut soli tandem ministri de doctrina, proptereaque de disciplina statuant, abrogent etiam hæreseos caussa ministro ministerium ipsum, et quidem ecclesia prorsus inconsulta, et pleraque alia : ut propemodum Genevæ fieri solet. Sed inter cetera damnatorum hæreticorum nomina recensentur ii, qui ecclesiasticam disciplinam abolere cupiunt, eam confundendo cum civili gubernatione et politia magistratuum : item recensentur ii, qui in S. Cœna nolunt admittere vocabulum substantiæ : quo loco cum planum sit Tigurinos Helvetiosque omnes comprehendi, valde miratus sum (quod quidam pervulgarunt) a vobis per epistolam hæc omnia comprobari : memini enim quæ in vestris libris de his rebus legerim, quæque a vobis præsens didicerim, quam vobis hoc nomen infaustum atque ominosum videretur. Rumor hic præterea percrebuit, D. Gualtherum (cum quædam hujus argumenti publicare cogitaret) deterritum a quodam aut certe retardatum esse. Hoc totum quid sit, scire vehementer aveo : nec enim adduci possum, ut hæc de vobis credam, quorum perpetuam in synceritate religionis et aperta veritate constantiam semper admiratus sum. Synodus in Insula Franciæ (sic enim provinciam Lutetiæ circumvicinam nostri nominant) celebrata, paullo liberius de toto disciplinæ genere statuit, et ad singulas ecclesias remisit, ut ab omnibus tantum negotium maturius et accuratius disceptaretur : quin etiam, ut ad vos et ad omnes vicinos populos Evangelium complexos scriberetur, vestraque tanquam suffragia rogarentur.

Thesis igitur est, non de quotidianis et ordinariis caussis (quæ senatui sine controversia conceduntur et committuntur) sed de

[1] Vide hanc die XXIII julii 1572. datam.

28

publicis illis in decisione doctrinæ et disciplinæ, in electione et
destitutione, in excommunicatione et absolutione, utrum primo sit
ecclesiæ totius statuere, deinde separati senatus approbare, an
contra (sicut adhuc in Francia factum est) primo sit separati senatus
statuere, deinde reliqui, populi quid statutum sit edoceri, non
ut judicet, sed ut assentiatur, si probet : secus, ut intercedat,
et tamen senatus de hac ipsa intercessione judicet. Pro prima
quæstione profertur claves ecclesiæ a Christo datas esse, primo per
manus Petri, XVI. Matth., ut Augustinus ait Homilia in Joannem L;
deinde per manus discipulorum omnium, Matth. XVIII. et Joan. XX ;
denique communi omnium fidelium nomine, cum Christus ipse pro-
fiteatur (Joan. X) : Ovium esse de voce boni pastoris judicare, eum-
que sequi, contra distinguere vocem mali pastoris, et ab eo refugere.
Quo modo constat a tota ecclesia de circumcisione disceptatum esse,
Act. XV; Matthiam, diaconos, seniores electos, Act. I. VI. XIV; pos-
tremo a Tertulliano, Cypriano, et plerisque Patribus eandem disciplinam a Christo ad annos fere trecentos observatam. Hæc sunt primæ
partis fundamenta. Contra autem quæ reponuntur pro senatus supra
ecclesiam principatu, ut ecclesiæ nihil hic sit, nisi erudiri et assen-
tiri, libro De confirmatione disciplinæ inscripto, et gallice publicato [1],
continentur : falsa illa quidem, aut certe nihil concludentia, sed tamen nixa authoritate ingeniosorum hominum, et in vulgus gratioso-
rum, quibus idcirco difficilius sit obsistere.

Atque hæc thesis est de disciplina. Contra autem substantiæ et substantialis vocabulum hæc duo a doctis opponuntur, primo esse inep-
tum ad significandum veritatem phantasmati oppositam, et verum falso
contrarium, quæ tamen significatio a suis authoribus prætexitur : quia
significatio illa plane sit inaudita, verumque multo latius pateat quam
substantiale. Secundo, quod impietatis latebram contineat : quia cum
sit eadem conjunctio Christiani cum suo Christo et per solam fidem, et
per baptismum, et per cœnam, attamen in duabus primis conjunctio-
nibus verbum substantiæ et substantialis est inauditum, in tertia tam
arcte defenditur, tamque mordicus retinetur, ut nihil propius sit, quam
cum conjunctio per cœnam substantialis dicatur, conjunctio per solam
fidem baptismum [aut] non dicatur, illa vera, hæc utraque inanis et
falsa videatur. Quamobrem, vir præstantissime, vides qua de re sententiam rogeris. Huc per Deum Opt. Max. tota mente incumbito. Au-

---

[1] Le livre de Morelli, sans doute. (V. Bezæ Ep. XIII. Nov. 1571.) On voit
que Ramus était loin de l'approuver. Cf. plus haut, Ire part., ch. VIII, p. 247.

thoritas enim et tua et tuæ ecclesiæ maximum apud nostras ecclesias
pondus subitura est, cum sancta libertate propones quæ tibi spiritus
Domini suppeditabit, sive pro thesi, sive contra, sive etiam omnino
tota thesi melius aliquid et præstantius habeas? Memineris tamen
Francicas ecclesias libertate vestris pares non esse, ut idem nobis
omnino quod vobis conveniat. Hanc igitur implorantibus fratribus
opem præstato. Debeo tibi privatim pro tuo erga me amore per-
magnam gratiam : fac ut publice pro tua singulari erga pios omnes
pietate immortalem debeam. Fœdus scis esse sanctum Francis et
Helvetiis, sed fœdus corporum : perficito, ut sacrosanctum sit animorum fœdus in sacræ doctrinæ et disciplinæ consensione perpetuum. Salutato nostro nomine Tigurinos fratres longe carissimos
D.D. Simlerum, Gualtherum, Lavaterum, Wolphium, Stuckium.
Vale. Lutetiæ, calend. septemb. 1571.

Tuus meritoque tuæ virtutis tibi deditissimus

PETRUS RAMUS.

Ne forte caput synodi requireres, ubi damnetur confusio disciplinæ civilis et ecclesiasticæ, et ubi vocabulum substantiæ rejicientes
rejiciuntur, ad verbum subscripsi.

Sequitur articulus synodi Rupellanæ, post Hæreticorum damnatorum varia nomina, Gentilis, Davidis, Blandratæ, etc., cum de con-
fessione gallicanarum ecclesiarum mentionem fecisset :

« Præterea dicta synodus, confirmando XXXII. articulum dictæ
confessionis, rejecit ac rejicit errorem eorum qui cupiunt abolere
ecclesiasticam disciplinam, confundendo ipsam cum gubernatione civili et politica magistratuum. Condemnat etiam errores omnes ex
hac opinione falsa profectos. Similiter dicta synodus, approbando
articulum XXXVI, dictæ Confessionis, qui loquitur de vera conjunc-
tione, quæ est fidelibus cum Jesu Christo in Cœna, rejicit opinionem
eorum, qui nolunt admittere vocabulum substantiæ, comprehensum
in dicto articulo, etc... Itaque omnes pastores, omninoque fideles
omnes admonebuntur, ne quem dent locum opinionibus contrariis
supradictis, quod in expresso Dei verbo fundamentum habet. »

Rogo te ut nobis respondeas, saltem capita quædam breviora,
quæ brevi ad hanc quæstionem conventuræ synodo proponantur, ut
si quid postea latius a vobis elaboretur, argumentum interea sit istud,
quid a vobis sperare atque expectare debeamus. Vale iterum.

(Copie conservée à Zurich, Arch. Eccles. Tig., Epist. T. III, p. 1800.)

15

THEODORO ZUINGERO, GRÆCARUM LITERARUM PROFESSORI
DOCTISSIMO, S. BASILEÆ.

Misi ad te antea Hippocratem per Verselam : spero jam tibi esse
redditum. Mitto nunc epistolam ad D. Bullingerum, quam Tigurum
fideliter et diligenter perferendam curabis : ac si quid respondeat,
fac ut responsum per fidelem tabellarium ad nos Lutetiam in gymnasium Prælleum perferatur. Rescribo de editione nostrorum Optico-
rum : si Fredericus Basileam redierit, si quid omnino inchoatum sit.
Sunt enim typographi vestri graviter ignavi. Saluta nostros Basilienses
M. Peresium, Amerbachium, Brandmillerum, Platerum, Boinum,
Coccium, sed inter omnes D. Brandum.

Vale, 3 No. Sept. 1571. Lutetiæ in Prælleo.

Tuus RAMUS.

(Copie conservée à la Bibliot. de Bâle. On lit à la marge : Ex autographo
quod adservatur in Bibliotheca a Theodoro Zuingero hæredibus relicta.)

16

THEODORO ZUINGERO, CLARISSIMO LINGUÆ GRÆCÆ PROFESSORI.
BASILEÆ.

Bibliotheca mea nihil erat miserius, nisi tu succurrisses : pulpita
locis omnibus erant vacua et inania ; at posteaquam Theatrum partibus
tam variis explicatum Theodori Zuingeri dono accepimus, populus
librorum occupasse vacuas sedes visus est, et bibliothecam locuple-
tissimam fecisse. Scribe ad nos, si noster Fredericus Basileæ sit, omninoque quid agat Episcopius de Opticis ; sum enim de iis valde soli-
citus. Scripseram ad Fredericum ; nihil respondit : et ideo suspicor
nescio quid accidisse, quod nolim. Quare libera me quam primum ista
solicitudine. Scribo rursus ad eum : literas ei reddes, si vobiscum sit,
ut nobis respondeat ; sed tamen, etiam si responderit, scribito. Medi-
cus noster de Hippocrate adhuc siluit, et videtur nihil esse conces-
surus. Si consilium mutarit, faciam te certiorem. Saluta nostros Basilienses DD. Peresium, Amerbachium, Felicem, Boinum, sed præcipue Brandmilerum, monetoque, ut bono sit animo, conversionem
rerum temporumque brevi successuram. Vale. Nonis decemb. 1571.
Lutetiæ in Præleo.

Tuus RAMUS.

Saluta uxorem et filiolum. Reclude literas Frederici. Admone Episcopiam, si recudere volet e nostris operibus, ut me admoneat; mittam si quid emendatum fuerit.

(Biblioth. de Bâle. On lit à la marge : De eo ipso exemplari quod Petrus Ramus sua manu scriptum ad Theodorum Zuingerum miserat, quodque adservatur Basileæ in bibliotheca a Th. Zuing. hæredibus relicta.)

17

TH. ZUINGERO, CLARISSIMO LINGUÆ GRÆCÆ PROFESSORI, S. BASILEÆ.

De literis ad Bullingerum nihil adhuc audivi, et interea tamen literas a Simlero et Lavatero aliis de rebus accepi. De Frederico si quid inaudieris, facito ut sciam. Erbergerus mihi charissimus erit, et quidem eo nomine præsertim quod Episcopo tuo dignus abdicatione atque ablegatione ista visus est. Poterat exemplo vir tam callidus calliditate sua moderatius abuti. Berna vulpeculam diutius ferre non potuit, neque Basilea cum fraudes ejus impias intellexerit, diutius feret : tamen disces, si vivas, viro bono religionis synceritatem temporis modo metiendam non esse. Pro Theatro tibi jam gratias habui habeoque rursum. Nam pulpita mea, ut dixi, inania tantum supererant, quæ per Theatri speciem jam splendide sint exornata. Hic enim liber est instar librorum omnium. Landrinus aulicus homo est valdeque me fallet, si quid nobis gratificetur. Saluta Amerbachium, Boinum, Hospinianum, etiamsi Schegkianus sit : Aristoteleus enim modo adversus Schegkium factus sum. Saluta utrumque tribunum et præcipue B. Brandum, meque vehementer admiratum dicito, cur ab Œcolampadio discesserint. Saluta uxorem tuam lectissimam cum filiolo. Vale. Lutetiæ Non. jan. 1572.

Tuus RAMUS.

(Même remarque.)

18

HEN. BULLINGERO, SINGULARI THEOLOGO, S. TIGURI.

Literas tuas (die Id. dec. 1571 scriptas), vir eximie, tanto gratius accepi, quanto diutius expectavi. Satisfacis de disciplina, deque voce substantiæ missis libris, testibus quippe locupletibus et idoneis, qui minime dubiam sententiam vestram efficerent : misso etiam exemplo epistolæ Rupellanæ, unde malitia certorum hominum plane convincitur; pro quibus omnibus æternas gratias habeo. Quod vero adduci non potes, ut credas, inter hæreticos recenseri in Actis Rupellanis, qui vocabulum substantiæ in negotio Cœnæ Dominicæ rejiciant, facis tu quidem pro tua singulari pietate, qui a tali fraude tam vehementer abhorreas. At res ita tractata est in extremis Actis illius synodi, et quidem (quod mirabilius est) eo præside [Beza] conclusæ, qui folio tricesimo suæ hoc de verbo adversus Xanthium [de Xainctes] theologum Parisiensem apologiæ profitetur, se invitum substantiæ vocabulo uti, ut Lutheranorum infirmitati consulat. Damnatus est Lugduni quidam Momannus, qui vestram hac de re sententiam tuebatur; nescio an orator idem vobis persuaserit fabulosum id esse. Monui et moneo rursum, ut ista pro tua summo judicio diligentius expendas, et talia synodi illius Acta ex aliis vera esse cognoscas. Lege interpretationem, judicabis cujusmodi sit, et quam lubrica. Artificium hominis video apud vos elaborasse, ut vobis persuaderet totam Galliam veluti novo civili bello conflagraturam, si tanti legislatoris nomothesia in dubium vocaretur. Idemque apud nostrum Admiralium tentavit, nec aliud tamen assequi potuit, quam ut artificis artes deprehenderentur. Idem spero apud vos assecuturum. Nebulæ istæ veritatis, tanquam solis, interventu discutientur. Si quis in Evangelio papaturit, anathema esto : et sine dubio erit. Deus Opt. Max. te quam diutissime suis omnibus Ecclesiis servet incolumem, faciatque ne tandem non credendo, cogaris etiam quæ minime velis credere. Scribam ad vos, quæ proxima synodo Franciæ his de rebus decreta fuerint. Res enim christiane et fraterne legitimis tantum et Ecclesiasticis conciliis disseritur, et quidem per ordinarios tantum Ecclesiæ rectores. Vale. III die martii 1572. Lutetiæ.

Saluta fratres nostros, D. D. Simlerum, Gualterum, Lavaterum, Stuckium, qui libros suos recuperabit.

Tuus tibique deditissimus,

PETRUS RAMUS.

(Autographe. Arch. Eccles. Tigur. Epist., t. III, p. 1328.)

10

HENRICO BULLINGERO, SINGULARI THEOLOGO, S. TIGURI.

Scripsi superiore proximo mense ad vos de rejectione eorum qui nollent substantiæ vocabulum in Cœna admittere; nunc adjicio, quæ consecuta sunt. Ad XII. diem martii, Franciæ provinciæ synodus

cœpta est haberi, cui a vobis præsertim stimulatus interfui, totamque
caussam de decisione doctrinæ et disciplinæ, de electione præfectorum Ecclesiæ et gubernatorum, de excommunicatione fratrum proposui, et latius literisque explicavi. Noli putare quicquam unquam
mihi tam præter spem accidisse. Una omnium sententia ac vere decretum est, ut nullum Ecclesiasticum decretum diceretur, nisi quod
sententia et consensu universæ Ecclesiæ statutum ac deliberatum
esset. Singula ut acta sunt, postea tibi plenius explicabo. Gratias tamen Deo maximas habui, qui lucem mundi in sole et luna et stellis
reliquis collocasset, sed qui præcipue mentes hominum ipsa luce
divinitatis illuminasset, manifestaque gratiæ suæ lumina præsenti
synodo prætulisset, unde ad ipsius gloriam, ad Ecclesiæ suæ ædifi-
cationem tam insperatus animorum consensus accidisset. Gratias
deinde fratribus carissimis habui, qui se tam benignos tamque liberales præstitissent. Itaque publicis et precibus et gratulationibus
concordia hæc celebrata est. Ultimo synodi die de vocabulo substantiæ disputatum est. Utinam vestrum aliquis adfuisset, qui de vestris
laudibus testis nequaquam suspectus esset : ut a me primum vestra
in theologicis studiis simplicitas, integritas, facilitas, veritas celebrata sit : ut deinde minister e nostris, Capellus nomine, ambiguitatem
substantiæ vocabulo inclusam libere detestatus sit, utque sit in
Bezam nominatim invectus, qui tam imperiose non solum opiniones
suas, sed sua etiam vocabula Francis obtruderet. Tum socio tali
adjutus recitavi historiam de Farello et Calvino; proposui Marbachii
et Sulceri fraudes, præclaro isto substantiæ tectorio tectas et occul-
tas, quibus Argentinensium et Basiliensium religio subversa esset.
Itaque mirifica omnium consensio fuit, ut si D. Beza suo vocabulo
tantopere delectaretur, eo uteretur, adhibita tamen interpretatione
quæ Evangelicam veritatem contineret; Tigurinorum tamen opinio
et aliorum quorumvis Christianorum, qui tam captioso tamque pe-
riculoso verbo uti nollent, nequaquam rejiceretur; sed liberum esset
omnibus uti vel non uti. Hæc igitur vos ignorare nolui, ut si qua a
montanis istis imperiis contraria contentio oriatur, sitis edocti, quid
provinciali Franciæ synodo tractatum sit. Res enim nationali synodo
(quæ ad initium maii apud Nemausum Narboniensis Galliæ civitatem
futura est) amplius agetur; nec puto quieturos, qui periculo chris-
tianæ Ecclesiæ de sua amplitudine atque authoritate tantopere dimi-
cant. Itaque vehementer optarem, ut vestrum aliquis adesset, aut
saltem epistola aliqua a vobis huc perveniret, quæ de Ecclesiæ liber-

tate honestam admonitionem aliquam haberet, præsertim de vocabulo substantiæ, ne quisquam ab Ecclesia rejiciatur, qui eo uti nolit. Animos enim ac spiritus hominis [Bezæ] nosti, qui talia nobis machinatur : nec facile cedet, et habet qui ipsius caussa vehementer permoventur, tanquam hic ageretur non de stabiliendo Christi regno, sed de emetendis et rescindendis Bezæ legibus ac decretis. Quamobrem oro vos per Deum Opt. Max., adjuvate et precibus et votis et viribus quibuscunque vestris Ecclesiam, eamque quantum potestis confirmate. Vale. Lutetiæ XIX martii 1572.

Tuus in æternum,

PETRUS RAMUS.

(Autographe. Arch. Eclesiæ Tigur., Epist., t. III, p. 1884.)

20

LETTRE AU DOYEN DE LA FACULTÉ DES ARTS DE HEIDELBERG.

P. Ramus testificatur spectabili Decano Facultatis artium Heidelbergensis academiæ, sibi ab illustrissimi Principis excellentia mandatum esse, ut interea dum bellorum in Gallia civilium tempestas pacaretur, professione aliqua juventuti communicaret earum artium fructum in quibus versatus esset; seque mandato illustrissimi Principis acquievisse, libentissimeque se Academiæ gratificaturum recepit, omniaque ipsius causa facturum quæ a re studiosæ juventutis esse cognoverit. 10 novemb. 1569.

PETRUS RAMUS.

(Extrait des Actes de la faculté philosophique de Heidelberg, et communiqué par M. Bæhr. Voir plus haut, p. 202).

III

CATALOGUE DES ÉCRITS DE RAMUS.

—

Les œuvres de Ramus n'ont jamais été recueillies; on n'en a jamais donné une édition complète; la collection n'en existe nulle part en France, ni même en Europe. La Bibliothèque impériale en possède environ les deux tiers, peut-être davantage : mais comment savoir au juste ce que contient réellement ce vaste magasin, où sont ensevelies tant de richesses? A défaut des livres eux-mêmes, j'ai dû à l'extrême obligeance de MM. les conservateurs la communication de tous les catalogues. J'ai fouillé avec plus de bonheur les bibliothèques de l'Arsenal, de Sainte-Geneviève, Mazarine, de l'Institut, de l'Université, de la ville de Paris, du Louvre, de Versailles, de Rouen, de Bourges, d'Orléans, de Rennes, de Reims et de Douai.

M. Cousin a mis à ma disposition les rares trésors de sa bibliothèque, tant pour l'histoire de Ramus et du ramisme que pour la composition du Catalogue que j'offre ici aux érudits et aux historiens de la philosophie. La lettre (C) indiquera les éditions qu'il possède, et l'on pourra juger par là de l'importance de sa collection.

Je ne me suis pas arrêté à relever toutes les erreurs de C. Gesner (Bibliotheca, Tiguri, 1583), d'Ant. Teissier (Addit. aux éloges des h. sçavans), et d'autres écrivains qui ont donné approximativement les titres des ouvrages de Ramus. A vrai dire, la liste de ses écrits n'a été dressée d'une manière sérieuse et à peu près complète que par le P. Niceron dans ses Mémoires pour servir à l'histoire des hommes illustres dans la république des lettres (Paris, 1730, in-8°), t. XIII, p. 290-304, et t. XX, p. 64). Mais « ce Père, dit l'abbé Joly (Rem. sur Bayle), n'a pas été assez exact en rapportant les éditions et les titres des ouvrages de Ramus. J'ai découvert qu'il puisoit souvent les écrits de ses auteurs dans les catalogues des bibliothèques, sources qui ne sont pas toujours pures. Je ne relèverai pas les fautes de cette espèce où il est tombé dans l'article de Ramus, parce qu'elles sont de peu de conséquence et qu'elles me conduiroient trop loin. » Tenant compte de cet avertissement de l'abbé Joly, j'ai revu et souvent corrigé les indications de Niceron ; je les ai surtout complétées, et je fais précéder d'un astérisque * tous les articles de mon catalogue qui ne se trouvent point dans ce savant auteur. Je ne me suis pas interdit les indications contenues dans les catalogues, mais j'aurai soin d'y renvoyer le lecteur. Pour les livres que j'ai tenus dans mes mains, je donne presque toujours le nombre des pages.

Quant à la division que j'ai adoptée, je me contente de l'exposer, ne pensant pas qu'elle ait besoin d'être justifiée. Je range sous quatre chefs et dans l'ordre suivant les résultats de mes recherches bibliographiques sur Ramus, savoir :

Première série : tous les écrits publiés du vivant de Ramus ;

Deuxième série ; les ouvrages posthumes ;

Troisième série ; les écrits perdus ou encore inédits ;

Quatrième série : les écrits attribués faussement à Ramus, ou dont l'authenticité doit paraître douteuse.

I

Écrits publiés du vivant de Ramus.

1. DIALECTICÆ PARTITIONES SIVE INSTITUTIONES.

* Petri Rami Veromandui Dialecticæ partitiones, ad celeberrimam et illustrissimam Lutetiæ Parisiorum Academiam. Cum privilegio. Excudebat Iacobus Bogardus, Parisiis, 1543, in-8° minimo, 85 feuillets, plus les 38 p. de la préface (C).

Petri Rami Veromandui Dialecticæ Institutiones, ad celeberrimam et illustrissimam Lutetiæ Parisiorum Academiam. Cum privilegio. Parisiis, excudebat Iacobus Bogardus mense septembri 1543, in-8° parvo, 58 feuillets (C). C'est avec ce titre et sous cette forme que le premier écrit de Ramus fut condamné par François Ier. — Niceron a tort de dire que cette édition est en trois livres (l. c., n° 1).

* Une troisième édition de cet ouvrage parut avant 1547, sous le nom d'Omer Talon, si l'on en croit Jacques Charpentier : « Tertia

(editio), cum tibi exuli de philosophia scribere non liceret, fratri, cujus ore loquebaris, adscripta est. » Animadv. in Dial. Inst. P. Rami (1555), fol. 18 rect. Peut-être aussi Charpentier a-t-il voulu désigner par là les Prælectiones in Porphyrium d'Omer Talon.

* Eædem. Lugduni, ap. Theobaldum Paganum, 1547, in-8°, pp. 77.

* * Eædem. Paris, 1548, in-8°. Je n'ai jamais rencontré cette édition; mais Brucker la mentionne (t. V, p. 551 , not. h), en ajoutant qu'elle est fort belle : « qua editione perquam nitida nos utimur. »

* Eædem. Paris., ap. Matth. Davidem, 1549 , in-8° (Catalogue de la Bibliothèque Impériale, et Catal. Bibliothecæ Bodleianæ).

* Petri Rami Veromandui, eloquentiæ et philosophiæ professoris regii, Institutionum dialecticarum libri tres, Audomari Talæi præ-lectionibus illustrati , ad Carolum Lotharingum cardinalem. Cum gratia et privilegio regis ac senatus. Parisiis, ex typographia Matthæi Davidis, 1552, in-8°, 350 pages. Parisiis excud. Matth. David non. januar. 1552 (1553).

* Iidem. Lugduni, apud Gullelmum Rovillium, 1553, in-8°, 384 p.

* Iid. (sans commentaires). Parisiis, ap. Ludovicum Grandinum , MDLIIII, cum privilegio, in-4°, 288 pages, plus la préface. (Voir à la Bibl. de l'université un beau volume marqué L. D. 7, et ayant appartenu à Nicolas de Nancel.) Ce fut, je crois, la dernière édition donnée par Ramus des Institutions dialectiques en trois livres. A partir de 1555, sa Dialectique en français et en latin fut réduite à deux livres. Mais après sa mort, on publia de nouveau les Institutiones dialecticæ en trois livres, avec des commentaires de divers savants; j'indique ici quelques-unes de ces éditions posthumes entre beaucoup d'autres :

* P. Rami Dialect. Institutiones, opera J. Th. Freigii editæ. Basil., ap. Henric Petr. (Bibl. classica, p. 1341.)

P. Rami Institutiones dial. libris III, cum quæstionibus prælectionum et repetitionum Friderici Beurhusii. Tremoniæ, 1581, in-8°.

Eædem , Aud. Talæi prælectionibus illustratæ et emendatæ per Joannem Piscatorem, Francofurti, 1583, in-8°.

Eædem, scholiis Gulielmi Tempellii illustratæ et emendatæ. Ejusdem epistolæ de P, Rami dialectica, contra J. Piscatoris Responsionem Defensio. Francof., 1591, in-8.

Eædem. E regione comparati Phil. Melanchthonis dialecticæ libri quatuor, cum explicat. et collationum notis, per Frid. Beurhusium, Francof., 1594, in-8°.

2. ARISTOTELICÆ ANIMADVERSIONES.

Petri Rami Veromandui Aristotelicæ animadversiones. Cum privilegio. Parisiis, excudebat Iacobus Bogardus mense septembri, 1543, in-8º parvo, 81 feuillets. Le privilége manque. (C).

Eædem. Lugduni, ap. Ant. Vincentium, 1545 (Lugduni, Godofridus et Marcellus Beringi, fratres, excudebant), in-8º, 128 p.

* Petri Rami Veromandui Animadversionum Aristotelicarum libri XX. Ad Carolum Lotharingum, cardinalem Guisianum. Cum gratia et privilegio regis ac senatus. Lutetiæ, apud Ioannem Roigny, 1548, in-8º, 473 (476) p., plus la préface, de 14 p. On lit à la p. 476, après l'errata : Lutetiæ excudebat Matthæus David mense maii 1548. (C).

* Iid. Cum gratia et priv. regis ac senatus. Lutetiæ, e typ. M. Davidis, 1548 (Excud. M. David, mense maii 1548), in-8º, 473 p.

* Iid. Editio secunda. Lutetiæ, ex typogr. M. Davidis, 1549, in-8º, 375 p. Excudebat M. David, II cal. mart. 1549.

* Petri Rami Verom. Animadv. Aristotelic. libri XX. Ad Carolum Loth., Card. Guis. Edit. sec. Cum grat. et privill. regis ac senatus. Lutetiæ, ex typogr. M. Davidis, 1550, in-8º, 375 p. Réimpression.

* P. Rami, eloq. et philos. prof. regii, Arist. Animadv. liber nonus et decimus in posteriora Analytica. Ad Carol. Lothar. cardin. Parisiis, apud Carolum Stephanum, typogr. regium, MDLIII, in-8º, 246 pages, avec un index et une préface de Ramus, datée de Paris, cal. jan. 1553 (1554). Pagination très confuse; les pages 240-246 sont marquées par erreur 140, 141....., 146, et avant la p. 64 on trouve 62 feuillets, dont 2 non marqués. (C).

P. Rami, regii eloq. et phil. profess., Animadversionum Aristot. libri XX, nunc demum ab authore recogniti et aucti : ad Carol. Loth. cardin. Paris., ap. A. Wechelum, anno salutis 1556. Cum priv. regis (dato idibus sept. 1555), in-8º, en plusieurs parties distinctes et le plus souvent séparées, savoir : 1° Octo libri (I-VIII) De categ., interpret., et prioribus analyt., 328 pag. (C); 2° libri IX et X in post. analyt., 271 pages; 3° libri octo (XI-XVIII) in totidem Arist. topica, 141 pages. — * Les livres IX et X se trouvent aussi imprimés (ibid., 1556, in-8º) en 246 p., dont la dernière est marquée 146.

* P. Rami, etc. Animadv. Arist. libri octo in totid. Arist. topica, ad Carol. Loth. card. Paris., ap. A. Wechelum, anno salutis 1556, in-8º, 80 pages, sans préface. (C)

* Quod sit unica doctrinæ instituendæ methodus, locus e IX. Animadversionum P. Rami, ad Car. Loth. card. Paris., ap. Andr. Wechelum, 1557, in-8°, 22 f.

* P. Rami, etc. Anim. Arist. libri XX, etc. Paris., apud A. Wechelum, anno salutis 1560, in-8°. — Les livres IX et X sur les Analytica post. comprennent 274 p., plus la préface. (C).

Voyez ci-dessous le n° 46.

* J. Th. Freiglus nous apprend, dans sa Vie de Ramus, qu'il avait donné à Bâle, vers 1574, une édition des Animadversiones, ap. Henric-Petri. Cette édition est mentionnée à la p. 1341 d'un volumineux catalogue que j'aurai plus d'une fois l'occasion de citer, et dont voici le titre exact : *Bibliotheca classica*, sive catalogus officinalis in quo philosophici artiumque adeo humaniorum... libri omnes qui intra hominum fere memoriam usque ad annum MDCXXIV, in publicum prodierunt... secundum materiarum titulos et locos communes continentur, authore M. Georgio Draudio. Francofurti, anno 1625, in-4°, avec un supplément intitulé : *Bibliotheca exotica*, etc.

3. DISCOURS DE 1544.

Tres Orationes a tribus liberalium disciplinarum professoribus, Petro Ramo, Audomaro Talæo, Bartholomæo Alexandro, Lutetiæ in gymnasio Mariano habitæ, et ab eorum discipulis exceptæ, anno salutis 1544, pridie nonas novembris. Apud Iacobum Bogardum, in-4°, 16 f., sans lieu ni date, mais évidemment à Paris, 1544. Le discours de Ramus est le plus long : il tient du fol. 9 rect. jusqu'à la fin. (C, très bel exemplaire.)

Voir ci-dessous, 2° série, n° 55.

4. TRADUCTION D'EUCLIDE.

Euclides. Parisiis, 1544 (1545), in-8°, sans nom d'auteur, mais avec une dédicace au cardinal de Lorraine en date du 28 janvier 1544. C'est un livre pour les classes.

Euclides. Parisiis, apud Thomam Richardum, 1549, avec la préface de Ramus, 5 cal. febr. 1544, in-8°, 55 feuillets.

5. DISCOURS DE 1545.

Oratio habita Lutetiæ in gymnasio Prælleorum, cal. decemb. 1545.

Paris, Jacques Bogard, 1545, in-4°. (Indication de Niceron, vérifiée
par l'abbé Joly.)

Voir plus bas, 2e série, n° 55.

6. COMMENTAIRE DU SONGE DE SCIPION.

Somnium Scipionis, ex libro 6. Ciceronis de Republica, Petri Rami
prælectionibus explicatum. Paris., apud Iac. Bogardum, 1546, in-8°.
Voir Niceron, l. c., n° 7, et le Catalogue de la Bibl. impériale.

* It. Secunda editio. Paris., ap. Matth. David., 1550, in-4°. (Catal.
de la Bibl. impériale.)

* Mar. Tul. Ciceronis Somnium Scipionis ex libro de Rep. sexto,
adnotationibus Erasmi Roterod., scholiis Petri Olivarii, prælectionibus
Petri Rami, et doctiss. cujusd. viri comment. explicatum, etc. Lugduni, apud Theobaldum Paganum, 1556, in-4°, 33 feuillets.

* M. T. Ciceronis Somnium Scipionis, ex sexto libro de Republica
cum annotationibus Eras. Roterod., Petri Olivarii, *Petri Rami*, et
doctissimi cujusdam viri, margini adjunctis, etc. Parisiis, ex typogr.
Th. Richardi, 1561, in-4°, 7 feuillets.

Voir ci-dessous, 2e série, n° 51 et 57.

7. DISCOURS DE 1546.

Oratio de studiis philosophiæ et eloquentiæ conjungendis, Lutetiæ
habita anno 1546 (4 id. oct.) in-8°. (Niceron, l. c., n° 6; je n'ai jamais vu d'édition de ce discours antérieure à 1547.)

* It. Paris., ap. Iac. Bogard., 1547, in-4°, avec les Brutinæ ques-
tiones (fol. 44-50 v.).

* It. Paris., ap. Martinum Juvenem, 1549, in-4°. (Catal. de la Bibl.
impériale.)

It. Paris., 1549, in-8°; trois fois avec les Rhetoricæ distinct.

* It. 1550, in-8°, avec les Rhet. dist. in Quintilianum.

Voir ci-dessous, 2e série, n°s 51, 55 et 57.

8. BRUTINÆ QUÆSTIONES.

* Petri Rami Veromandui Brutinæ quæstiones in Oratorem Ciceronis, ad Henricum Valesium Galliarum Delphinum. Cum priv'legio
(5 feb. 1546). Parisiis, apud Iacobum Bogardum, 1547, in-4°, 50
feuillets; mais, du f. 44 au f. 50, on lit le discours de 1546 de stud.
phil. et eloq. conjungendis.

Petri Rami Veromandui Brutinæ Quæstiones, ad Henricum Valesium , Franciæ regem. Secunda editio. Cum privilegio. Parisiis, ex
typographia Matthæi Davidis, 1549, in-8°, 136 pages. (C).

* Petri Rami eloq. et phil. prof. regii Brutinæ quæstiones, in Oratorem Ciceronis, ad Henricum Valesium Franciæ regem. Tertia édi-
tio. Cum privilegio. Parisiis, ex typogr. M. Davidis, 1552, in-8°,
126 p. Excud. Matth. David idibus nov. 1552. (C).

* It. Cum Ciceroniano. Basileæ, per P. Pernam, 1576, in-8°, 448 p.
Voir ci-dessous les nos 25, 45 et 51.

9, RHETORICÆ DISTINCTIONES,

Petri Rami Veromandui Rhetoricæ distinctiones, ad Carolum Lotharingum, cardinalem Guisianum. Oratio ejusdem de studiis philosophiæ et eloquentiæ conjungendis. Parisiis, ex typographia Matthæi
Davidis, 1549, in-8°, 109 pages.

* It. Paris., ex typ. M. Davidis, 1549, in-8°, 119 pages.

* It. Paris., ex officina Ludovici Grandini, 1549, in-8°, 119 p. en
caractères italiques, plus la préface. (C).

* Petri Rami Veromandui Rhetoricæ distinctiones in Quintilianum,
ad Carolum Lotharingum cardinalem. Oratio ejusd. de stud. phil. et
eloq. conjung. Paris., ex typ. M. Davidis, 1550, in-8°, 128 p. (C).

Voir ci-dessous les nos 46 et 51.

10. TRADUCTION DES LETTRES DE PLATON.

Platonis epistolæ a Petro Ramo latinæ factæ, et dialecticis rerum
summis breviter expositæ, ad Carolum Lotharingum cardinalem Guisianum. Parisiis, ex typographia Matthæi Davidis, 1549, in-4°, 96 p.

Eæd. ad Carolum Loth. cardinalem. Secunda æditio. Paris., ex
typogr. M. Davidis, 1552, in-4°, 96 pages.

Voir ci-dessous, 2e série, n° 51.

11. COMMENTAIRE SUR LE LIVRE DE CICÉRON DE FATO.

* M. T. Ciceronis de fato liber, Petri Rami prælectionibus expli-
catus, ad Carolum Lotharingum cardinalem Guisianum. Lutetiæ, apud
Vascosanum, 1550, cum privilegio (Lutetiæ, V cal. oct. MDXLIX),
in-4°, 27 feuillets.

* Id., ad Carol. Loth., cardinalem, Mæcenatem suum. Ibid., 1550,
in-4°, 27 f.

* Id., ad Car. Loth., cardinalem. Editio secunda. Lutetiæ, apud Vascosanum, MDLIIII. Cum privilegio, in-4°, 27 f.

Id., Paris., 1563, in-8° (Niceron, l. c., n° 25).

Id., Francof., 1583, in-8°. (Id., ibid.).

* La Bibliotheca classica, p. 1371, indique une édition de Paris, chez Wéchel.

Voir ci-dessous, 2° série, n°ˢ 54 et 57.

12. COMMENTAIRE SUR LA IX° LETTRE DE CICÉRON A LENTULUS.

* M. T. Ciceronis epistola nona ad P. Lentulum, dialecticis rerum summis breviter illustrata (sans nom d'auteur). Lutetiæ, ap. Vascosanum, 1550, cum privil. (Lutet. Paris., V cal. oct. 1549), in-4°, 16 f.

Voir ci-dessous, 2° série, n° 57.

13. DISCOURS SUR L'ENSEIGNEMENT DE LA PHILOSOPHIE.

Petri Rami Veromandui pro philosophica Parisiensis Academiæ disciplina Oratio, ad Carolum Lotharingum cardinalem. Parisiis, ex offic. Ludovici Grandini, 1551, in-8°, 125 p. Parisiis excudebat Matthæus David, cal. mart. 1551.

* P. Rami pro phil. Paris. Acad. discipl. Oratio ad senatum. Parisiis, ap. Matth. David., 1555, in-8° (Catal. de la Bibl. impériale).

Voir plus bas, n°ˢ 46 et 55.

14. DISCOURS D'OUVERTURE DE 1551.

Petri Rami, regii eloquentiæ philosophiæque professoris, Oratio initio suæ professionis habita, anno 1551, octavo calend. septemb. Ad Carolum Lotharingum cardinalem. Parisiis, ex typogr. Matthæi Davidis, 1551, in-8°, 35 p. Parisiis excudebat Matthæus David, quinto calend. septemb. 1551.

It. Ib., 1557, in-8° (Niceron, t. XX, p. 64).

Voir plus bas, 2° série, les n°ˢ 52 et 56.

15. COMMENTAIRE SUR LE PRO RABIRIO.

* M. T. Ciceronis pro Caio Rabirio perduellionis reo oratio, Petri Rami regii eloquentiæ et philosophiæ professoris prælectionibus illustrata. Lutetiæ, ex typographia Matthæi Davidis, 1551, in-4°, 42 p.

Edition très rare, et que je n'avais vue mentionnée nulle part, avant de la rencontrer à la bibliothèque de la ville de Reims. (Voir le n° 322 du catalogue imprimé.)

* In omnes M. Tullii orationes... doctiss. virorum enarrationes (Latomus, C. Sec. Curio, J. Camerarius, Mélanchthon, *Ramus*, etc.). Lugduni, apud Ioan. Tornæsium et Guil. Gazeium, MDLIIII, in-f°, 2896 col. La préface de l'éditeur J. Oporin est datée de Bâle, calend. Martiis 1553. Cf. Niceron, n° 13.

Voir plus loin, les nos 51 et 54 de ce catalogue.

16. COMMENTAIRE SUR LE Ier LIVRE DU DE LEGIBUS.

* Prælectiones in librum I Ciceronis de legibus. — J'ignore la date précise de cette publication ; mais elle fut faite du vivant de Ramus et dans les premières années de sa profession royale : c'est Nancel qui l'atteste dans sa Vie de Ramus, p. 14. D'un autre côté, ce commentaire, où Ramus relevait quelques fautes commises par Turnèbe, dut paraître avant 1554, témoin l'écrit suivant qui y répond : Adr. Turnebi apologia adversus quorumdam calumnias, ad lib. primum Ciceronis de legibus, Parisiis, 1554, in-4°.

Voir plus loin, 2° série, les nos 52 et 56.

17. COMMENT. SUR LES DISC. DE CICÉRON DE LEGE AGRARIA.

* M. Tullii Ciceronis de lege agraria contra P. Servilium Rullum tribunum plebis orationes tres, Petri Rami Veromandui, eloquentiæ et philosophiæ professoris regii, prælectionibus illustratæ, ad Carolum Loth. cardinalem. Lutetiæ, ap. Lud. Grandinum, 1552, cum privil., in-4°, 431 p., plus la préface, un index et un argument. (C).

P. Rami enarrationes in 2. et 3. orationem Ciceronis de lege agraria, in orationem pro Rabirio perduellionis reo, in quatuor Catilinarias. Basileæ, 1553, in-8° (Niceron, n° 13).

* In omnes M. T. Ciceronis orationes... doctiss. virorum enarrationes (P. Ramus, etc.). Lugduni, ap. I. Tornæsium et G. Gazeium, MDLIIII, in-f°, 2896 col. (Voir plus haut le n° 15.)

* M. Tullii Ciceronis de lege agr..... ad Car. Loth. card. Parisiis, apud Andream Wechelum. Anno salutis 1564, in-4°, 431 pages, plus la dédicace, la table et l'argument.

Voir plus bas, 2° série, nos 52 et 57.

18. COMMENTAIRE SUR LES CATILINAIRES.

* **M.** Tullii Ciceronis in L. Catilinam Orationes IIII, Petri Rami, eloquentiæ et philosophiæ professoris regii, prælectionibus illustratæ. Ad Carolum Lotharingum cardinalem. Lutetiæ, apud Carolum Stephanum, typographum regium, 1553, in-4°, 144 p., plus un index.

* It., Lutetiæ, ap. Lud. Grandinum, MDLIII, in-4°, 144 p. (C).

It., Basileæ, 1553, in-8° (Niceron, n° 13).

* In omnes M. T. Ciceronis orationes... enarrationes... Lugduni, ap. I. Tornæsium et G. Gazeium, MDLIIII, in-f°, 2896 col.

Voir plus bas, 2ᵉ série, n° 54 et 57.

19 ARITHMÉTIQUE.

P. Rami, eloquentiæ et philosophiæ professoris regii, Arithmeticæ libri tres, ad Carolum Lotharingum cardinalem. Parisiis, apud Andream Wechelum, 1555, cum privilegio regis (ibid. septemb.), in-4°, 110 pages, plus une préface de Ramus à Charles de Lorraine.

*'P. Rami, reg. el. et ph. prof., Arithmeticæ libri tres. Editio secunda. Parisiis, A. Wechel, 1557, cum privil. regis, in-8°, 140 p.

* Arithmetica (en deux livres, sans nom d'auteur). Parisiis, apud Andr. Wechelum, 1562, cùm privilegio regis, in-8°, 98 pages.

* It., ibid., 1562. Cum privil. regis, in-8°, 70 pages (deux livres).

P. Rami Arithmeticæ libri duo : Geometriæ septem et viginti. Basileæ, per Euseb. Episcopium et Nicolai fratris hæredes, anno MDLXIX, in-4°, 48 et 190 pages. (C).

P. Rami Arithmeticæ libri duo. Parisiis, apud Dionysium Vallensem, 1577, in-8°, 96 pages et un index.

* P. Rami Arithmeticæ libri duo : Geom. septem et vig. Basileæ, per Euseb. Episcopium et Nicolai fratris hæredes, 1580, in-4°, 52 et 192 pages.

* Arithm. libri duo, a Jo. Stadio recogniti. Paris, 1581, in-12. (Catal. de la Bibl. impér,)

* P. Rami Arithmeticæ libri duo, et Algebræ totidem : a Lazaro Schonero emendati et explicati, etc. Francofurdi, ap. hær. A. Wecheli, 1586, in-8°, 406 pages.

Arithm. libri duo, quæstionum forma propositi in usum scholarum, et illustrati a M. Tob. Stegero Lipsiensi. Francof., J. Wechel., 1591, in-8° (1691, par erreur, dans Niceron). Voir la Bibl. classica, p. 1317.

Arithmeticæ libri duo, a Lazaro Schonero emendati et explicati. Francofurti, 1592 (Niceron dit 1692), in-8°.

* Iid., cum explicationibus lectiss. Rud. Snellii, et commentat. Laz. Schoneri, Bern. Salignaci et Christ. Urstitii. Francof., P. Fisch, 1596, in-8°. Voir la Bibl. classica, p. 1348.

It., ibid., 1599, in-4° (Niceron dit 1699).

* Petri Rami Arithmeticæ libri duo, Geom. septem et vig. a L. Schonero recogniti et aucti. Lemgoviæ (1599, in-4°, 240 et 178 pages).

* Iid. Hanoviæ, 1611, in-12.

* Arithmeticæ libri duo, a Martino Rameo illustrati. Paris, Gueflier, 1612, in-8°. (Catal. de la Biblioth. impériale.)

* Arithmeticæ libri duo. Francofurti, 1612, in-8°. (Ibid.)

Petri Rami Arithmeticæ libri duo cum commentariis Willebrordi Snellii, R. F., Lugdun. Batav., 1613, in-8°.

* Iid. cum comment. Willebr. Snellii, R. F., ex offic. Plantiniana Raphelingii, 1613, in-4°. (Catal. de la Bibl. impériale.)

* P. Rami Arithmeticæ libri duo, cum commentariis Wilebrordi (*sic*) Snellii. Ex officina Plantiniana Raphelingii, MDCXIII, in-8°, 106 p. (C).

* P. Rami Arithmeticæ libri duo, Geometriæ septem et viginti. Francofurti ad Mœnum, sumptibus Wechelianorum, 1627, in-4°.

20. LA DIALECTIQUE EN FRANÇAIS.

Dialectique de Pierre de la Ramée à Charles de Lorraine, cardinal, son Mécène. A Paris, chez Wéchel, 1555, in-4°, 140 pages. (C).

* Dialectique de Pierre de la Ramée à Charles de Lorraine, cardinal, son Mécène. En Avignon, par Barthélemy Bonhomme, 1556, in-8°, 147 pages.

* La Dialectique de M. Pierre de la Ramée, professeur du Roy, comprise en deux livres selon la dernière édition, augmentée d'un petit traicté de l'exercice et practique non-seulement de la logique, mais des autres arts et sciences, pour en tirer le vray fruict et utilité. A Paris, chez Guillaume Auvray, 1576, in-8°, 71 feuillets, dont le dernier est marqué 57 par erreur. — Avis de l'imprimeur au lecteur : « l'espère, amy lecteur, que la translation de ceste Dialectique te sera d'autant plus aggréable et profitable que tu la trouveras non-seulement tirée fidellement de la dernière édition de l'autheur, mais aussi pollie et enrichie de main de maistre, avecque asseurance que si tu prens en gré ce labeur, tu pourras avoir en l'advenir chose plus

grande de la mesme boutique. Dieu veuille que tu en faces bien ton
prouffit au désir tant de l'autheur que du traducteur. » L'Extraict du
privilége contient cette mention : « Un livre intitulé : La Dialectique
de feu Pierre de la Ramée, reveüe et recorrigée oultre la précédente
impression... Donné à Paris, le 17. iour d'octobre 1576. » (C). —
Ch. Sorel (Bibl. françoise, 2ᵉ édit., Paris, 1667, in-8°, ch. III, p. 3)
paraît avoir confondu cette traduction avec la Dialectique de 1555.

21. COMMENTAIRE SUR LES BUCOLIQUES.

* P. Virgilii Maronis Bucolica, P. Rami eloquentiæ et philosophiæ
professoris regii prælectionibus exposita : quibus poetæ vita præpo-
sita est. Ad Carolum Lotharingum cardinalem. Parisiis, apud Andream Wechelum, anno salutis 1555, in-8°, 82 f., plus la vie de
Virgile, en 8 f., sans pagination. (C).

* It. Editio secunda. Parisiis, ap. A. Wechelum, anno sal. 1558,
cum priv. regis, in-8°, 184 pages. (C).

* It. Editio tertia. Lutetiæ, apud Andr. Wechelum, 1572, cum privilegio regis, in-8°, 184 pages.

It. Francof., 1578, in-8°. (Catal. de la Bibl. impér.)

* It. Editio quarta. Francofurti, apud Andream Wechelum, 1582,
in-8°, 168 p., avec un index.

It. Francofurti, 1584, in-8°. Voyez Niceron, l. c., n° 46. Cf. Catal.
Bibl. Bodleianæ, p. 1620.

* It. Editio quinta. Francofurti, apud hæredes Andreæ Wecheli,
1590, in-8°, 168 p. et un index.

* It. Hanoviæ, typis Wechelianis, 1613, in-8°. Ant. Teissier,
Catal. auctorum, etc. Pars altera, Genevæ, MDCCV, in-4°, p. 226.

22. COMMENTAIRE SUR LES GÉORGIQUES.

* P. Virgilii Maronis Georgica, P. Rami eloquentiæ et philosophiæ
professoris regii prælectionibus illustrata, ad Carolum Lotaringum (*sic*)
cardinalem. Parisiis, apud Andream Wechelum, anno salutis 1556.
Cum privilegio regis (Lutetiæ, idib. septemb.), in-8°, 367 p. La préface ne commence qu'à la p. 11. (C).

* It. 1558, in-8°. (Catal. de la Bibl. impériale.)

* It. Ad Car. Lotharingum card. Parisiis, ap. A. Wechelum, 1564,
cum privil. regis (3 id. jun. 1557), in-8°, 367 p. (C).

* P. Rami Veromandui, regii eloq. et phil. prof. celeberrimi, prælectiones in Virgilii Maronis Georgicorum libros quatuor, diligenti recognitione multis in locis emendatæ. Francofurti , ap. Andr. Wechelum. A. MDLXXVIII , in-8°, 868 p. avec un index. (C).

P. Rami Verom..., prælect. in P. Virg. Mar. Georgic. libros IIII, etc. Francof., ap. hæredes Andr. Wecheli, 1584, in-8°, 366 pages.

* It. Francof., 1590, in-8°. (Catal. de la Biblioth. impériale.)

* It. Francof., typis Wechelianis , ap. Cl. Marnium et hæredes J. Aubrii, 1606, 368 pages.

23. DIALECTICA.

* P. Rami, regii eloquentiæ et philosophiæ professoris, Dialecticæ libri duo, Audomari Talæi prælectionibus illustrati. Ad Carolum Lotharingum cardinalem. Parisiis , apud Andream Wechelum , 1556 , cum privilegio regis (Lutet., 7 cal. oct. 1556), in-8°, 283 pages.

* P. Rami Dialecticæ libri duo, Audomari Talæi prælectionibus illustrati. Ad Carolum Loth. card. Parisiis, ap. A. Wechelum, anno salutis 1560. Cum privil. regis (3 id. jun. 1557), in-8°, 241 p. (C).

* Iid. Parisiis, apud A. Wechelum, 1566, cum privil. regis, in-8°, 450 pages, plus un index.

* P. Rami regii professoris Dialecticæ libri duo. Lutetiæ, apud Andream Wechelum , 1572, cum privilegio regis, in-8°, 95 pages. (C).

* Iid. Coloniæ, ap. Theod. Baumium, 1572 et 1577, in-8°. (Bibl. class., p. 1341.)

* P. Rami, regii professoris, Dialecticæ libri duo, exemplis omnium artium et scientiarum illustrati, etc., per Rolandum Makilmenæum Scotum. Londini excud. Th. Vautrollerius, 1574, in-8°, 449 p.

* Petri Rami Veromandui , regii professoris, Dialecticæ libri duo , ex variis ipsius disputationibus et multis Audomari Talæi commentariis denuo breviter explicati a Guilielmo Rodingo Hasso. Francofurti, apud Andream Wechelum, 1576, in-8°, 171 p. et une table. Rodingus, dans sa préface Ad Rev. princ. D. D. Ludovicum, s'exprime ainsi : « ... Jam *secundo* tibi dialecticam P. Rami tibi inscriptam et dicatam emitto. Heidelbergæ, 3 id. jan. 1576. »

* Iid. Lugduni , apud Ludovicum Cloquemin, 1577, in-8°, 171 p., plus un index et un tableau synoptique.

* P. Rami Dialectica, Audomari Talæi prælectionibus illustrata, Basileæ, per Euseb. Episcopium et Nic. fratris hæredes, 1577, in-8°, 592 p. avec portrait de Ramus (*æta. LV*). (C).

* Ead. Coloniæ Agrippinæ, ap. Theod. Baumium, anno MDLXXVIII, in-8°, 450 p., plus un avis au lecteur de 4 p. (C).

Dial. libri duo, per Rolandum Makilmenæum Scotum auctoris jussu in quibusdam locis emendati. Francof., ap. her. A. Wecheli, Cl. Marnium et Joann. Aubrium, MDLXXIX, in-8°, 78 p. (C).

* Dialecticæ libri duo, exemplis omnium artium et scientiarum illustrati, etc... per Rolandum Makilmenæum Scotum. Francofurti, apud Wechelum, 1580. (Indication de C. Gesner, Bibliotheca, éd. de 1583).

* Iid. Cum explicationum quæstionibus, auctore Fred. Beurhusio, etc. Londini, ex offic. typogr. Henrici Bynneman, 1584, in-8°, 267 pages.

* Iid. Editio quarta, 1585. Préface de G. Rodingus, datée de Cassel, 1er nov. 1585.

* Iid. Cum scholiis J. Piscatoris. Francof., ap. Zach. Palthenium, 1586, in-8°. (Bibl. classica, p. 1341.)

* Iid. Francof., ap. Wechelum, 1584 et 1587, in-8°. (Bibl. class., ib.)

* Iid. Erford., ap. Conrad. H. Preugerum, 1587. (Bibl. class., ib.)

* P. Rami Dialecticæ libri duo : et his e regione comparati Philippi Melanchthonis Dialecticæ libri quatuor, cum explicationum et collationum notis... Auctore Frid. Beurhusio, etc. Francofurdi, apud Joannem Wechelum, 1588, in-8°, 232 pages.

* Iid. Cum commentariis Guil. Rodingi Hassi. Francofurti, ap. hæredes A. Wecheli, 1589, in-8°. (Bibl. classica, ibid.)

* P. Rami regii professoris dialecticæ libri duo. Defensio ejusdem dialecticæ, etc. Authore Frederico Beurhusio, etc., 1589, Londini, impensis G. Bishop, in-8°, 286 pages. (C).

* Iid. Scholiis G. Tempellii illustrati. Quibus accessit eod. auctore de Porph. prædic. disputatio, etc., Franc., 1591, in-8°.

* Iid. Ex emendat. J. Piscatoris, Hanoviæ. ap. Guil. Anton., 1595. (Bibl. classica, etc., p. 1341.)

* Iid. Editio quinta. Francof., apud hæredes A. Wecheli, 1596, in-8°, 139 p. Préface de G. Rodingus, du 1er nov. 1585.

* Iid. Cum Aud. Thalæi (sic) Rhetorica, etc. Francofurti, apud Zachariam Palthenium, MDC, in-8°, 50 et 103 pages.

* Iid. Magdeburgi, ap. Francum, 1600, in-12. (Bibl. class., p. 1341.)

* Logica P. Rami, perpetuis tabulis M. Samuelis Sabatecii delineata et succincto commentario Joan. Henr. Alstedii illustrata. Francofurti, 1617, in-4°. (Bibl. classica, p. 1411.)

* P. Rami Veromandui, regii professoris, Dialecticæ libri duo :

quibus loco commentarii perpetui post certa capita subjicitur Gui-
lielmi Amesii demonstratio logicæ veræ..... Cantabrigiæ, ex offic.
Joann. Hayes, 1672, in-8°, 99 p., plus 10 tableaux synoptiques.

* Nancel., p. 14 : « Dialectica illa celebris quotannis nova novis
typis cuditur, veteribus et annuis exemplaribus cunctis distractis. »
— « Id., p. 35 : « Quam ideo jam ante dixi, *vicies,* ni fallor, novis
typis excusam atque divenditam. » — Nancel ne parle sans doute
que des éditions données en France avant l'année 1599. La Bibliotheca classica, p. 1341 et suiv., en cite plus de vingt pour l'Allemagne seulement.

24. ADMONITIO AD TURNEBUM.

* Audomari Talæi Admonitio ad Adrianum Turnebum, Parisiis,
apud Andream Wechelum, 1556, in-4°, 22 feuillets. Voici le témoignage précis de Nancel, qui établit clairement que Ramus est l'auteur de cet écrit, comme nous l'avons avancé plus haut (Ire partie,
chap. IV, p. 104) : « Cum Adrianus Turnebus orationem invectivam
et plane injuriam in Ramum edidisset, levi de causa irritatus, Ramus,
nactus adversarium (ut putabat) sua responsione dignum....., per
totum biduum triduumve perdius ac pernox Turnebo respondit.....
Quam (responsionem) ego pari celeritate percurri, adpunxi, descripsi
ac typis mandavi, apud Wechelum pernoctans... Hoc autem opus
concitatissimum, ne a pertinaci sua constantia descivisse Ramus videretur, sub Talæi nomine divulgavit, eique laudem arguti scripti
omnem contulit, cujus ille ne paginam quidem (nisi quod sales quosdam atque jocos admiscuerat) integram conscripserat. Et hoc solus
ego nunc superstitum conscius assevero; tres enim soli hujus rei
fueramus conscii. » Nancel., l. c., p. 41, 42.

Voir plus loin, 2e série, n° 57.

25. COMMENTAIRE SUR LE DE OPTIMO GENERE ORATORUM.

* M. T. Ciceronis de optimo genere oratorum præfatio in con-
trarias Æschinis et Demosthenis orationes, P. Rami regii eloquentiæ
et philosophiæ professoris prælectionibus illustrata : ad Carolum
Lotharingum cardinalem. Parisiis, apud A. Wechelum, 1557, in-4°,
20 feuillets. Au 20e f., extrait du privil., daté de Paris, id. sept. 1556.

Voir plus bas, 2e série, n° 59.

26. CICERONIANUS.

P. Rami, regii eloquentiæ et philosophiæ professoris, Ciceronianus, ad Carolum Lotharingum cardinalem. Parisiis, apud Andream Wechelum. Anno salutis 1557, cum privilegio regis (Lutetiæ Paris., calend. decemb. 1556), in-8°, 254 p., plus un index des mots grecs, dont la dernière page est marquée 249 par erreur. La préface, sans pagination, est datée de Paris, 8 id. dec. 1556. (C).

Id. Basileæ, 1557, in-8°. (Niceron, n° 16.)

Id. Basileæ, ap. Pernam, 1573, in-8°, 256 pages.

* Id. Basileæ, per Petrum Pernam, 1573, in-8°, 263 p. Cette édition est précédée des morceaux suivants : Deux préfaces de J. Th. Freigius, une double préface de Ramus, et deux lettres du même, dont la dernière est datée de Paris, le 16 août 1572.

* Petri Rami, regii eloq. et phil. professoris, Ciceronianus et Brutinæ quæstiones. Basileæ, per P. Pernam, 1576, in-8°, les 263 premières pages. — La Bibl. classica, p. 1328, mentionne une édition semblable en 1574.

* Ciceronianus, cum grammatica, rhetorica, dialectica. Francof. et Basileæ, 1577, in-8°. (D'après un des catalogues déjà cités.)

* Petri Rami regii eloquentiæ et philosophiæ professoris Ciceronianus. Editio postrema. Francofurti, apud Andream Wechelum, 1580, in-8°, 263 pages.

* Petrus Ramus de imitatione, ex Ciceroniano, dans le volume intitulé : Desid. Erasmi Roterod. Dialogus cui titulus Ciceronianus... Cui honorarii arbitri adjuncti Petr. Ramus, etc., de imitatione. Neapoli Nemetum, ap. Henr. Starckium, ann. 1547 (sic), p. 170-197. Voir à la Biblioth. Mazarine le n° 20443, in-8°.

* Ciceronianus et Brutinæ quæstiones. Francof., apud Joann. Rosam, 1619, in-8°. Voir la Bibl. classica, p. 1328.

27. NOTES SUR QUELQUES LETTRES DE CICÉRON.

Marci Tullii Ciceronis familiarium epistolarum libri XVI, cum annotationibus, scholiis atque observationibus doctissimorum amplius quatuor et viginti virorum... (quibus hac postrema editione accesserunt Vitus Amerpachius, Andreas Alciatus,... et Petrus Ramus), etc. Parisiis, ex offic. Ambrosii a Porta, 1557, in-fol.

28. HARANGUE DE 1557.

P. Rami, regii eloquentiæ et philosophiæ professoris, Oratio de
legatione. Parisiis, apud Andream Wechelum. Anno salutis 1557,
in-8°, 27 f.

* Ead. Ibid., 1557, in-8°, 15 feuillets.

Harangue de Pierre de la Ramée, touchant ce qu'ont faict les dé-
putez de l'université de Paris envers le Roy. Mise de latin en françois.
A Paris, chez André Wéchel, 1557. Avec privilége du Roy (donné à
Reims *l'unziesme de juing* 1557), in-8°, 32 f. (C, le titre manque.)

It. 1568, in-8° (Niceron, n° 18).

Voir plus bas, 2e série, n° 57.

29. DE MORIBUS VETERUM GALLORUM.

P. Rami, regii eloquentiæ et philosophiæ professoris, liber de
moribus veterum Gallorum, ad Carolum Lotharingum cardinalem.
Parisiis, apud Andream Wechelum, anno salutis 1559, cum privilegio
regis, in-8°, 74 feuillets, plus la préface, du 5 id. dec. 1558. (C).

It. Parisiis, ap. A. Wechelum, 1562, in-8°, 149 p. Cum privil.

It. cum præfatione J. Th. Freigii, J. U. D. Basileæ, per Sebast.
Henricpetri, in-8°, 143 p., sans date; mais la préface est de 1574.

It. Francof., 1584, in-8°. (Catalogue de la Biblioth. impériale.)

Traicté des façons et coustumes des anciens Gaulloys, traduit du
latin de P. de la Ramée, par Michel de Castelnau. A Paris, chez André Wéchel, 1559, avec privilége du Roy, in-8°, 100 f. — Cette traduction est attribuée à Ramus lui-même par Ant. Teissier, mais à
tort, comme le prouve le titre que nous venons de transcrire.

* La Bibliothèque de l'Arsenal possède une seconde édition de cette
traduction, procurée par B. Dupuys, et qui est ainsi intitulée : Traitté
des meurs et façons des anciens Gaulloys, traduit du latin de M. Pierre
de la Ramée, par Michel de Castelnau, chevalier de l'ordre du Roy,
conseiller en son conseil privé,... et ambassadeur pour Sa Majesté
en Angleterre. A Paris, chez Denys du Val, 1581, in-8°, 100 f. La
préface de Ramus du 8 déc. 1558 y est traduite (fol. 4 et 5).

30. DE CÆSARIS MILITIA.

P. Rami, regii eloquentiæ et philosophiæ professoris, liber de

Cæsaris militia, ad Carolum Lotharingum cardinalem. Parisiis, apud Andream Wechelum, anno salutis 1559. Cum privilegio regis (3 id. jun, 1557), in-8°, 115 f., plus l'ép. dédicatoire, du 5 avril 1559.

Petri Rami, summi philosophi et oratoris, liber de militia C. Julii Cæsaris, cum præfatione J. Thomæ Freigii, J. U. D. Basileæ, per Sebastianum Henricpetri, in-8°, 224 p., plus la préface et un sommaire de l'ouvrage. Sans date; mais la préface de Freigius est datée du 29 janvier 1574. (C).

* Id. Basileæ, ap. Sebast. Henricpetri, 1575, in-8°. (Catal. de la Biblioth. impériale.)

Id. Francofurti, apud hæredes A. Wecheli, 1584, 222 p.

* Grævius a inséré ce traité dans son Thesaurus Antiquit. Roman., 1699, in-f°, t. X, p. 1532.

* Traicté de l'art militaire, ou usance de guerre de Jules César, traduit en françois du latin de M. Pierre de la Ramée, professeur royal en éloquence et philosophie, par maistre Pierre Poisson, sieur de la Bodinière, etc. A Paris, 1583, in-8°, 198 f. — Ant. Teissier attribue encore à Ramus cette traduction, mais son erreur est manifeste.

31. GRAMMAIRE LATINE.

* P. Rami, regii eloquentiæ et philosophiæ professoris, Grammaticæ libri quatuor. Ad Carolum Lotharingum cardinalem. Parisiis, apud Andr. Wech., 1559, cum privilegio regis (Lutet., 3 id. jun. 1557) in-8°, 161 p. Entre la p. 74 et la p. 76, se trouvent 2 feuillets, dont l'un contient un Errata pour les deux premiers livres, et l'autre un second titre : P. Rami, reg. eloq. et phil. prof., grammaticæ libri tertius et quartus de syntaxi. Paris., ap. A. Wech., 1559, cum priv. regis. La préface de Ramus est datée de Paris, le 13 mai 1559, ce qui montre l'erreur de l'abbé Goujet (Bibl. fr.), qui rapporte à l'année 1557 cette première édition de la grammaire latine, se fondant sur la date banale du privilége obtenu par Ramus le 11 juin 1557 pour tous ses ouvrages, même à venir.

Grammaticæ latinæ libri IV. Avenione, 1559, in-8°.

* P. Rami Grammaticæ libri quatuor, ad Carolum Lotharingum cardinalem. Editio tertia. Parisiis, ap. A. Wechelum, 1560, in-8°, 167 p.

P. Rami Grammatica. Parisiis, apud A. Wechelum, 1564, cum privil. regis, in-8°, 63 f. en 4 livres. (C, exempl. de Fouquet).

* A. Wéchel, dans un avis au lecteur du 26 février 1575, en tête de la Rhétorique d'Omer Talon (Francof., 1577, in-8°, 109 p.), parle d'une édition de la gramm. latine de Ramus donnée à Bâle avant 1572.

* P. Rami Grammatica. Parisiis, apud A. Wechelum : anno salutis 1572, in-8°, 119 p. en 4 livres.

* Petri Rami professoris regii Grammatica, ab eo demum recognita, et ex variis ipsius scholis ac prælectionibus breviter explicata. Parisiis, ex officina Emmanuelis Richardi, in vico Bellovaco, 1578, cum privilegio regis; in-8°, 127 pages, deux livres.

* Petri Rami Veromandui, philosophiæ et eloquentiæ professoris regii celeberrimi, Grammatica, aliquot in locis aucta et emendata. Francofurti, ap. A. Wechelum, 1578, in-8°, 120 p. en 4 livres. (C).

* P. Rami, professoris regii Grammatica, ab eo demum recognita, et variis ipsius scholis et prælectionibus breviter explicata. Editio postrema, a superioribus longe diversa. Francofurti, apud A. Wechelum, 1580, in-8°, II libris, 131 p., plus 5 p. de notes.

* It. Francofurdi (sic), ap. her. A. Wecheli, 1590, in-8°, 131 p. en 2 livres.

* Petri Rami Veromandui, philosoph. et eloq. regii prof. celeberrimi, Grammatica, ex postrema editione aliquot in locis aucta et emendata. Francofurti, apud A. Wecheli hæredes, 1595, in-8°, 118 p., plus quelques notes.

* It. Hanoviæ, 1599, in-12, et Magdeburgi, apud Francum, 1604, in-12 (Biblioth. classica, p. 1378, i. e. 1390).

32. RUDIMENTA GRAMMATICÆ LATINÆ.

* Rudimenta grammaticæ (sans nom d'auteur). Parisiis, apud Andream Wechelum, anno salutis 1559. Cum privilegio regis (Lutetiæ, 3 id. jun. 1557), in-8°, 45 p. en trois livres.

* P. Rami Rudimenta grammaticæ latinæ. Paris., apud A. Wechelum, 1560, cum priv. reg., in-8°, 45 p. en trois livres.

* It. Paris., ap. A. Wech., 1565, cum privil. regis, in-8°, 46 p. (C).

* Rudimenta grammaticæ, ex P. Rami Professoris regii postrema grammatica breviter collecta. Parisiis, ex officina Emmanuelis Richardi in vico Bellovaco, 1578, cum privilegio regis, in-8°, 150 p. en deux livres.

* Rudimenta grammaticæ, ex P. Rami postrema grammatica breviter collecta. Editio postrema, *a superioribus longe diversa*. Fran-

cofurti, apud Andream Wechelum, 1580, in-8°, 48 p. en deux livres.
Au verso du titre, on lit un avis de Nic. Bergeron au lecteur, sur l'ensemble des récits de Ramus. Voir plus loin, p. 476.

　* Petri Rami, phil. et eloq. profess. celeberrimi, Rudimenta grammaticæ latinæ, *ex postrema editione aliquot in locis emendata.*
Francofurti, apud, And. Wechelum, MDLXXX, in-8°, 46 p. en quatre
livres, rédigés par demandes et par réponses. (C.)

　* Rudimenta grammaticæ, ex P. Rami prof. regii postrema grammatica breviter collecta. Editio postrema, etc. Francofurdi, ap. hæredes A. Wecheli, 1590, in-8°, 48 p.

　* P. Rami Verom., etc., Rudimenta grammaticæ latinæ, etc. Francofurdi, ap. hæredes A. Wecheli, 1595, in-8°, 46 p.

33. SCHOLÆ GRAMMATICÆ.

　* P. Rami Scholæ grammaticæ. Parisiis, apud Andream Wechelum,
1559, cum privilegio regis, in-8°, 342 p. L'ouvrage n'est pas encore
divisé en livres, et il ne se rapporte qu'aux deux premiers livres de
la grammaire latine.

　P. Rami libri duo de veris sonis litterarum et syllabarum, e scholis
grammaticis primi, ab authore recogniti et locupletati. Parisiis, ap.
A. Wechelum, 1564. Cum privil. regis, in-8°, 53 p. (C, double, dont
un ayant appartenu à A. Loisel, avec un autographe de Ramus.)

　Voir plus bas, n° 48.

34. GRAMMAIRE GRECQUE.

　Grammatica græca, quatenus a latina differt. Parisiis, 1560, in-8°,
168 pages. (Niceron, n° 21).

　* P. Rami grammatica græca, quatenus a latina differt. Parisiis, apud
Andream Wechelum, anno salutis 1562. Cum privilegio regis (du
11 juin 1557), in-8°, 168 p., sans divisions. Préface de Ramus,
en date du 9 juillet 1560. (C.)

　* P. Rami liber de syntaxi græca, præcipue quatenus a latina differt.
Parisiis, ap. A. Wechelum, 1562. Cum privilegio regis (3 id. jun.
1557), in-8°, 48 p. Extrait de l'ouvrage précédent. (C.)

　* P. Rami grammatica græca, quatenus a latina differt. Parisiis,
apud A. Wechelum, 1567, cum privilegio regis, in-8°, 240 p. (C).

　* It., 1572. Dans sa lettre à Freigius, du 16 août 1572, Ramus dit

qu'il lui envoie sa grammaire grecque, qu'il vient de corriger et de réimprimer, en même temps que sa gramm. latine et sa dialectique.

* Petri Rami professoris regii Grammatica græca, præcipue quatenus a latina differt, in libros quatuor digesta, ante obitum auctoris de novo compilata, aucta et elucidata. Francofurti, apud. A. Wechelum, 1577, in-8°, 422 p.

* It., plurimis in locis emendata, notisque insuper illustrata, Francof., ap. A. Wechelum, 1581, in-8°, 432 p.

* It. Francofurdi, ap. heredes A. Wecheli, MDLXXXVI, in-8°, 432 pages. (C).

It. Parisiis, 1605, in-8° (Niceron, n° 21).

35. RUDIMENTA GRAMMATICÆ GRÆCÆ. ·

* Rudimenta grammaticæ græcæ (sans nom d'auteur). Parisiis, apud Andream Wechelum, 1560, in-8°, 26 f.

* It. Parisiis, apud A. Wechelum, 1565. (Catal. de la Bibl. imp.)

36. GRAMMAIRE FRANÇAISE. ·

* Gramere (sans nom d'auteur). A Paris, de l'imprimerie d'André Wechel, 1562, in-8°, 126 p., par demandes et par réponses, et un errata intitulé : *Corije einsi le' fautes.* (C). — Cette édition, dit l'abbé Joly, « mérite d'être citée, parce qu'elle est très nette et très belle, et qu'elle peut passer pour un chef-d'œuvre d'impression. »

Grammaire de Pierre de la Ramée, lecteur du roy en l'université de Paris. Ibid., 1567, in-8°. « En deux colonnes de différentes orthogr. et écriture, etc. » La Croix du Maine et Du Verdier. Cf. Niceron, n° 31.

Grammaire de P. de la Ramée, lecteur du roy en l'université de Paris. A la royne, mère du roy. A Paris. De l'imprimerie d'André Wéchel, 1572, in-8°, 211 p., plus la Préface de Ramus et les vers d'Estienne Jodelle, cités plus haut, Ire partie, chap. VIII, p. 234. (C).

* Grammaire de P. de la Ramée, lecteur du roy en l'université de Paris, reveue et enrichie en plusieurs endroits. A la royne, mère du roy. A Paris, chez Denys du Val, MDLXXXVII, in-8°, 223 p. En deux colonnes à partir de la p. 69. (C).

* It. Francof., ap. A. Wechel., 1590, in-8°. (Bibl. classica, p. 1382.)

* Grammatica latino-francica, a Petro Ramo francice scripta, latina vero facta per Pantaleonem Theveninum. Francof., J. Wechel, 1593, in-8°. (Bibl. class., p. 1378, i. e. 1390.)

37. ADVERTISSEMENTS AU ROY (EN LATIN ET EN FRANÇAIS).

* Proœmium reformandæ Parisiensis academiæ, ad regem. 1562, in-8°, 82 pages, en caractères italiques. Sans nom d'auteur ni d'imprimeur, sans désignation du lieu et sans dédicace. (C). Très rare.

Advertissements sur la réformation de l'université de Paris. Au roy. 1562, in-8°, 100 p., en caractères italiques. Sans nom d'auteur ni de lieu; mais on lit au bas de la page 100 : De l'imprimerie-d'André Wéchel. A la page 2, courte dédicace : A la Royne mère. (C).

Voir plus bas, n° 48, et 2ᵉ série, n° 57.

* It. Dans les Archives curieuses de l'Hist. de France, de L. Cimber et F. Danjou, 1ʳᵉ série, tom. V, p. 115-163.

38. DISCOURS DE 1563.

P. Rami, regii professoris, Oratio de professione liberalium artium, habita Lutetiæ in schola Prælea 8 calend. septemb. 1563. Parisiis, apud Andream Wechelum, 1563, in-8°, 20 feuillets. (C).

Voir plus bas, n° 48, et 2ᵉ série, n° 57.

39. SCHOLÆ PHYSICÆ.

P. Rami, regii professoris, Scholarum physicarum libri octo, in totidem acroamaticos libros Aristotelis. Parisiis, apud Andream Wechelum, 1565. Cum privilegio regis (3 id. jun. 1557), in-8°, 474 f., plus un index assez long.

Scholarum physicarum libri VIII, etc. Francof., 1583, in-8°.

* Iid. Paris., 1606, in-8°. (Catal. de la Bibl. impériale.)

40. SCHOLÆ METAPHYSICÆ.

* P. Rami, regii professoris, Scholarum metaphysicarum libri quatuordecim, in totidem metaphysicos libros Aristotelis. Parisiis, apud Andream Wechelum, MDLXVI, cum privilegio regis, in-8°, 139 f., dont le dernier est marqué 137, par suite d'une faute d'impression; plus la préface, un index de 27 p. et un errata. (C).

Voir plus loin, n° 48.

Iid. Recens emendati per J. Piscatorem Argentin. Cum indice copioso. Francof., apud hæredes A. Wecheli, 1583, in-8°, 183 p.

* Iid. Parisiis, 1610, in-8°. (Catalogue de la Bibl. impér.)

* Iid. Emendati per J. Piscatorem. Francofurti, typ. Wechel., 1610, in-8°. (Bibl. classica, p. 1418.)

41. ACTIONES DUÆ MATHEMATICÆ.

P. Rami Actiones duæ habitæ in senatu, pro regia mathematicæ professionis cathedra. Parisiis, apud A. Wechelum, 1566, cum privilegio regis (3 id. jun. 1557), in-8°, 40 p.

* Eædem. Editio secunda. Ibid., 1566, cum privilegio regis, in-8°, 40 p. (C).

Voir plus loin, n° 48, et 2e série, n° 57.

42. PRÉFACE SUR LE PROEME DES MATHÉMATIQUES.

* Préface sur le Proëme des mathématiques. Paris, 1566, A. Wéchel, in-8°. (Dans le Catal. intitulé : Biblioth. exotica, etc. Francof., Balth. Ostern., 1625, in-4°, p. 154.)

Lettres patentes du roy, touchant l'institution de ses lecteurs en l'Université de Paris, avec la préface de Pierre de la Ramée sur le Proëme des mathématiques. A la royne, mère du roy. A Paris, de l'imprimerie d'André Wéchel, 1567, in-8°, 32 p.

* Voir Dom Félibien, Hist. de la ville de Paris, t. III (Preuves), p. 700 et suiv. : Extrait d'une préface de Pierre de la Ramée, etc.

43. PROŒMIUM MATHEMATICUM.

P. Rami professoris regii Proœmium mathematicum. Ad Catharinam Medicæam reginam, matrem regis. Parisiis, apud Andream Wechelum, 1567, cum privilegio regis, in-8°, 501 p., sans compter le Diploma Caroli noni, etc., et la Præfatio ad Catharinam Mediceam, reginam, matrem regis. Sur cet ouvrage, voir Nancel, p. 29, 44.

Voir plus loin, n° 49.

44. REMONSTRANCE AU CONSEIL PRIVÉ.

La Remonstrance de Pierre de la Ramée, faite au conseil privé, en la chambre du roy au Louvre, le 18 de janvier 1567, touchant la profession royalle en mathématiques. A Paris, de l'imprimerie d'André Wéchel, 1567, in-8°, 51 p.

D. Félibien, t. III, p. 695 et suiv. : Extraits de la remonstrance faite par Pierre de la Ramée, etc.

Voir plus haut, III° partie, chap. I, p. 411 et suiv.

Niceron a cru devoir placer le Procemium math. après la Remonstrance; mais dans ce dernier écrit, Ramus cite le Procemium : « Ainsi que j'ay déclaré plus amplement en trois livres que j'ai présentés dernièrement au roy et à la royne, etc. »

45. PRÆLECTIONES IN A. TALÆI RHETORICAM.

* La Rhétorique d'Omer Talon avait eu trois principales éditions du vivant de l'auteur, savoir en 1544 (1545), en 1554, et enfin en 1562, Parisiis, ap. A. Wechelum, in-8°, 186 p. Après la mort de Talon, Ramus, ayant commenté cet ouvrage au collége royal, le fit réimprimer avec ses propres remarques, sous ce titre : Audomari Talæi Rhetorica, P. Rami prælectionibus illustrata. Editio postrema. Parisiis, apud Andream Wechelum, 1567, in-8°, 144 p. Andreas Wechelus (c'est-à-dire Ramus) lectori S. : « Habes Aud. Talæi de Rhetorica libros duos..... Aud. Talæi Rhetoricam, P. Rami prælect. exornatam, exhibemus. » On voit par là l'erreur de ceux qui ont accusé Ramus de s'être attribué l'ouvrage de son ami. Cf. Niceron, n° 49.

* Audomari Talæi Rhetoricæ libri duo, P. Rami prælectionibus illustrati. Basileæ, per Euseb. Episcopium et Nicolai fratris hæredes, anno MDLXXIII, in-8°, 72 p. (C).

Voir plus loin, 4° série, n° 5.

46. ADIEU A L'UNIVERSITÉ DE PARIS.

* Petrus Ramus rectori et Academiæ Parisiensi S. Cette lettre est du mois d'août 1568. On la trouve dans les Collectaneæ præfat., epist., etc. (voir plus loin, 2° série, n° 57); mais je l'ai vue imprimée à part sur une feuille volante, in-4°, sans date (Bibliothèque impériale, Manuscrits, Recueil de Loisel, t. I, in-f°, N. D, 203). Il est probable que Ramus distribua quelques exemplaires de cette lettre au moment de partir pour l'Allemagne.

47. GÉOMÉTRIE.

* P. Rami Geometriæ libri septem et viginti. Basileæ, per Euseb.

Episcopium et Nicolai fratris hæredes, 1569, in-4°, 190 p., avec l'A-rithmétique en deux livres.

Geometria. Parisiis, 1577, in-16. (Niceron, l. c., n° 40, dit que cette géométrie est en 23 livres; il a voulu dire sans doute 27 livres.)

* It., avec l'Arithmétique. Basil., per Euseb. Episcopium et Nicolai fratris hæredes, 1580, in-4°, 192 p. (2° partie du volume).

It. In hanc Rud. Snellii prælectiones, cum Lazari Schoneri et J. Th. Freigii explicationibus. Hanoviæ, 1596, in-8°. (Bibl. classica, p. 1376.)

* Petri Rami Arithmeticæ libri duo : Geometriæ septem et viginti, a Lazaro Schonero recogniti et aucti. Lemgoviæ, 1599, in-4°. La Géométrie est à la fin du volume, et comprend 178 p.

* Petri Rami Geometria. Hanoviæ, apud Guil. Antonium, 1604, in-12. Snellius procura cette édition, dit l'abbé Joly (Remarques sur le Dict. de Bayle. Cf. Bibl. classica, p. 1376).

48. SCHOLÆ IN LIBERALES ARTES.

P. Rami Scholæ in liberales artes, quarum elenchus est proxima pagina (nempe : Grammaticæ libris XX, Rhetoricæ lib. XX, Dialec-ticæ lib. XX, Physicæ lib. VIII, Metaphysicæ lib. XIV, Mathematicæ separato opere). Basileæ, per Euseb. Episcopium, 1569, mense augusto, in-f°, 1166 colonnes. On trouve à la fin de ce volume : 1° P. Rami procemium reformandæ Paris. Acad., ad Carolum regem (1562); 2° P. Rami, de sua professione oratio (1563); 3° P. Rami Actiones duæ habitæ in Senatu pro regia mathem. professionis cathe-dra (1566); 4° P. Rami Oratio de legatione (1557); 5° P. Rami Oratio de legat. secunda, dicta in comitio Mathurin., prid. id. april. 1561. Ce dernier écrit n'avait pas encore été imprimé, à ma connais-sance. (C).

* P. Rami Scholæ in liberales artes, scilicet grammaticam, rheto-ricam, dialecticam, physicam, metaphysicam. Basileæ, 1578, in-f°, 1182 col. Edition semblable à la première, mais moins belle.

P. Rami Scholarum dialecticarum, seu Animadversionum in Orga-num Aristotelis libri XX. Recens emendati per Joan. Piscatorem Argentinensem. Francof., apud A. Wechelum, 1581, in-8°. 597 p., plus un index.

* P. Rami Scholæ in tres primas liberales artes, videlicet : 1° Gram-maticæ; 2° Rhetoricæ, quæ olim Quæstiones Brutinæ; 3° Dialecticæ, quæ olim Animadversiones in Organum Aristotelis. Recens emendatæ

per Joan. Piscatorem Argentinensem. Francofurti, apud Andr. We--
chelum, MDLXXXI, in-8°, 258, 166 et 597 p., et des tables. (C, les
Scholæ grammaticæ seulement.)

  * Rameæ Scholæ, et Defensio Petri Rami... causam dicente Andrea
Kragio Ripensi, Dano. Basileæ, per Sebast. Henricpetri, anno salutis
nostræ instauratæ MDXXCII (1582), mense martio, in-8°, 270 p.,
plus la préface de Kragius.

  * It. Francofurti, 1595, in-8°. (Catal. de la Bibl. impér.)

49. SCHOLÆ MATHEMATICÆ.

  P. Rami Scholarum mathematicarum libri unus et triginta. Basileæ,
per Euseb. Episcopium et Nicolai fratris hæredes. Anno MDLXIX,
in-4°, 320 p. (cum Diplomate Caroli IX, et Præfatione Rami in tres
primos libros ad Catharinam Medicæam). Au verso du titre on lit :
« Argumentum Scholarum mathematicarum. Tres primi libri conti-
nent Procemium mathematicum, id est exhortationem ad mathematicas artes, ad Catharinam Medicæam, reginam, matrem regis. Duo
proximi disputant præcipua quædam capita Arithmeticæ. Reliqui
ex ordine disserunt de quindecim libris Euclideæ στοιχειώσεος. » (C.)

  * It. Basileæ, 1578, in-4°.

  * P. Rami Scholarum math. libri unus et triginta, a Lazaro Schonero recogniti et emendati. Francof., ap. Andreæ Wecheli hæredes,
Cl. Marnium et J. Aubrium, 1599, in-4°, 344 p.

  * P. Rami, philosophi celeberrimi, eloq. et mathematic. disciplinarum profess. regii, Scholarum mathematicarum libri unus et triginta,
dudum quidem a Lazaro Schonero recogniti et aucti, nunc vero in
postrema hac editione innumeris locis emendati et locupletati. Francofurti ad Mœnum, typis et sumptibus Wechelianorum, ap. Dan. et
Dav. Aubrios et Clem. Schleichium, ann. 1627, in-4°. Dans ce titre
pompeux, *aucti* et *locupletati* sont de trop ; *emendati* me parait
même d'une vérité douteuse.

50. LETTRES A J. SCHEGK.

  * P. Rami et Jacobi Schecii Epistolæ, in quibus de artis logicæ
institutione agitur. MDLXIX, in-4°, 22 feuillets, sans pagination, sans
nom de lieu ni d'imprimeur, mais publié sans aucun doute en Allemagne, probablement à Bâle, où était alors Ramus. Les quatre
lettres de ce recueil ont des dates très difficiles à concilier. (C).

  Voir plus loin, 2ᵉ série, n° 57.

51. DÉFENSE D'ARISTOTE CONTRE J. SCHEGK.

Petri Rami Defensio pro Aristotele adversus Jac. Schecium. Lausannæ, excudebat Joannes Probus, MDLXXI, in-4°, 127 p. Typographus lectori : « Cum eximius vir quidam Petri Rami viri clarissimi... libellum pro defensione Aristotelis adv. J. Schecium, mihi obtulisset, rogassetque (*inscio tamen authore*) ut evulgarem,... amici petitionibus acquievi libenter. » (C, bel exemplaire ayant appartenu à De Thou.)

Voir plus loin les Collectan. præf., epist., etc. (édit. de 1599).

52. BASILEA.

Petri Rami Basilea ad senatum populumque Basiliensem. Anno MDLXXI, in-4°, 35 p., sans nom de lieu ni d'imprimeur, mais évidemment à Lausanne, ainsi que la Defensio pro Arist. adv. J. Schecium, et chez le même éditeur. — Typographus (c'est-à-dire J. Probus) lectori : « Cum hæc P. Rami Basilea, Basileæ scripta, forte in nostras manus incidisset, eam maluimus *illo inscio* prælo committi, etc. » (C, exempl. de De Thou.)

Voir plus loin, 2e série, les nos 54 et 57.

II

Ouvrages posthumes.

53. TESTAMENT DE RAMUS.

* Ce testament fut connu aussitôt après la mort de Ramus ; mais il ne paraît pas avoir été imprimé avant le mois de juillet 1576. On en trouve seulement une citation très étendue aux fol. 4 et 5 du discours imprimé en mars 1574 par Henri de Monantheuil, sous ce titre : Oratio pro mathematicis artibus Parisiis habita ab H. Monantholio Rhemo, etc. Paris., ex typ. D. a Prato, 1574, in-4°, 23 f. (C).

Testamentum Petri Rami, cum senatusconsulto et promulgatione professionis institutæ ab ipso testatore. Parisiis, apud Joannem Richerium, 1576 (7 id. jul.). Avec privilège du Roy (*sic*), in-8°, 13 p., avec portrait, portant cette indication tres inexacte : *Petrus Ramus, æt. suæ LVIIII.* (C.)

* It. dans la Vie de Ramus par Théoph. Banosius, en tête des Commentar. de Relig. Christ. Francofurti, 1576, in-8° (p. 19-24).

* Testamentum Petri Rami, cum primo (?) senatusconsulto, et promulgatione professionis math. a testatore ipso institutæ. Parisiis, Richer, 1584, in-8°, 17 p., avec portrait, plus 6 p. « contenant les raisons pour empêcher l'union de la chaire fondée par Ramus avec la chaire royale. » Indication du P. Lelong (Bibl. hist., n° 47191.)

* It. dans la Vie de Ramus par Nic. de Nancel, Parisiis, 1599, in-8° (p. 80-85).

Voir plus bas le n° 57.

* Testamentum Petri Rami, cum promulgatione professionis mathematicæ a testatore ipso institutæ. Parisiis, apud Joannem Bessin, 1625, in-8°, 12 p.

* Testamentum Petri Rami cum promulgatione professionis mathematicæ a testatore ipso institutæ. Parisiis, apud Joann. Libert, MDCXXXIV, in-8°, 8 pages. (C.)

* It. dans H. Sauval, Hist. et rech. des antiq. de la ville de Paris, t. III, Preuves (1733, in-f°), p. 226; dans Goujet, Mém. hist. et litt. sur le collége royal de France, vers la fin de la première partie; etc.

54. PRÆLECTIONES IN ORATIONES OCTO CONSULARES.

Petri Rami Prælectiones in Ciceronis orationes octo consulares, una cum ipsius Vita per J. Th. Freigium collecta. Basileæ, per J. Pernam, 1574, in-4°, 60 et 548 p. (C.) Recueil indigeste.

* Petri Rami Prælectiones in Ciceronis orat. octo consul., una cum ipsius Vita, per J. Th. Freigium collecta. Reliqua sequens pagina dabit. Basileæ, per Petrum Pernam, 1575, in-4°, 60 et 520 p. Voici ce que contient ce recueil précieux, quoique assez mal imprimé et d'une pagination très défectueuse : 1° Petri Rami Vita, per J. Th. Freigium (p. 5-46); 2° Petri Rami Basilea, ad sen. populumque Basil. (p. 45-60); 3° Oratio de stud. phil. et eloq. conjung., 1546 (p. 1-5); 4° Oratio habita ann. 1551, · init. prof. regiæ (p. 6-18); 5° Prælectiones in IV Catilinarias (p. 19-122); 6° Prælect. in tres agrarias (p. 123-253); 7° Prælect. in orationem pro Rabirio (p. 254-280); 8° Prælect. in Cicer. de fato (p. 281-330); 9° Prælect. in Cicer. de opt. gen. orat. (p. 331-358); 10° Platonis epistolæ latinæ factæ (p. 359-444); 11° Brutinæ quæstiones (p. 445-520).

It. Basileæ, per Petrum Pernam, anno 1580, in-4°, 60 et 606 p., plus un index. Cette édition contient, de plus que la précédente : 1° Prælect. in lib. I de Legibus; 2° Prælect. in Somnium Scipionis; 3° Distinct. rhetor. in Quintilianum. Mais on n'y trouve pas les Brutinæ quæstiones.

55. COMMENTAIRES SUR LA RELIGION CHRÉTIENNE.

Petri Rami Veromandui, philosophiæ et eloquentiæ professoris celeberrimi, Commentariorum de religione Christiana libri quatuor, nunquam antea editi. Ejusdem Vita, a Theophilo Banosio descripta. Francofurti, apud Andream Wechelum, 1576, in-8°, 348 p., plus la Vie de Ramus, où on lit (p. 36, 37) : « Hæc vero Commentaria quatuor de Relig. Christ., veluti ab incendio erepta nunc promulgantur, idque cujusdam Galli opera, qui αὐτόγραφον virgula divina ad nos usque perduxit, non minori bonorum lætitia quam fructu. » Banosius dédie cette Vie de Ramus : « Illustri et generoso domino, Do. Philippo Sidneio, proregis Hiberniæ filio, cal. januar. 1576. »

P. Rami Verom., phil. et eloq. regii prof. celeb., Comment. de rel. Christ. libri quatuor. Ejusd. Vita. Francofurti, ap. A. Wechelum, MDLXXVII, 39 et 348 p., plus la table. (C.)

* It. 1583, in-8°. (Catal. de la Bibl. impériale.)

56. PROFESSIO REGIA.

* P. Rami Professio regia, hoc est septem artes liberales in regia cathedra per ipsum apodictico docendi genere propositæ, et per Joan. Thomam Freigium in tabulas perpetuas, ceu στρώματα quædam, relatæ : ac ad publicum omnium Rameæ philosophiæ studiosorum usum editæ : Harum elenchus est proxima pagina. Basileæ, per Sebastianum Henricpetri, 1576, mense martio; in-f°, 236 p. Ecrits contenus dans ce volume : Ciceronianus, Grammatica latina, græca, gallica, Rhetorica (Aud. Talæi), Dialect., Phys., Ethica (liber de mor. Gall., etc.), Geometria (p. 141-162). Ce dernier ouvrage est copié à la main dans l'exemplaire que j'ai consulté à la Bibl. Mazarine (n° 359, in-f°).

57. COLLECTANEÆ PRÆFATIONES, EPISTOLÆ, ORATIONES.

Petri Rami, professoris regii, et Audomari Talæi Collectaneæ præfationes, epistolæ, orationes : cum indice totius operis. Parisiis, apud Dionysium Vallensem, 1577. Cum privilegio regis (du 19 octobre

1576), in-8°, 642 p. et une belle table des matières. Ce recueil, très
précieux et très bien fait, est ainsi composé : 1° les Préfaces, savoir :
Grammaticæ præfationes P. Rami quinque; Rhetoricæ præfationes
ejusdem Rami et Aud. Talæi sex; Dialect. præfationes P. Rami octo[1]
quarum octava est Talæi; Physicæ præfationes Rami tres; Moralis
philosophiæ præfationes tres; Oratoriæ et philosophiæ præfat. tre-
decim, inter quas Aud. Talæi *Academia;* — 2° Quinze Lettres, dont
les plus remarquables sont : les deux premières, ad senat. Bono-
niensem et ad Ang. Papium; puis quatuor epist. ad Jac. Schecium;
la douzième, T. B. V. (Theodoro Bezæ Vezelio); enfin les deux dernières, Carolo Lotharingo cardinali; — 3° les Discours, savoir : Orationes habitæ ann. 1544, 1545, 1546; pro philosophica disciplina,
1551; initio professionis suæ, 1551; de legat. prima et secunda, 1557
et 1561; Prœm. reform. Acad. Paris.; de sua profess., 1563; Actiones duæ mathematicæ; Aud. Talæi Admonitio ad Turnebum.
(C, très bel exemplaire.)

Petri Rami professoris regii, et Audomari Talæi Collectaneæ præfationes, epistolæ, orationes : quibus adjunctæ sunt P. Rami Vita
(per J. Th. Freigium) cum testamento : ejusdem Basilea : pro Aristotele adversus Jacobum Scheckium comparatio (*sic*) : Johannis Pœnæ
· et Frid. Reisneri orationes elegantiss., etc. Cum indice totius operis
Marpurgi, typis Pauli Egenolphi, 1599, in-8°, 625 p. (Très rare en
France.) Le texte de cette édition, est-il dit dans un avis de l'imprimeur, a été revu par J. Hartmann, prof. de math. à Marbourg.

* It. Marpurgi, 1609, in-8°. Edition citée dans la Bibliotheca philo-
·sophica Struviana (Gottingæ, 1740, in-8°), t. I, c. II, § XIV.

58. COMMENTAIRE SUR LE PRO MARCELLO.

* M. T. Ciceronis pro M. Cl. Marcello oratio, P. Rami Commentariis illustrata. Ce commentaire, que Ramus écrivit probablement à
Heidelberg en 1570, fut imprimé avant 1582 par le ramiste Guill. Rodingus; mais cette édition est très rare, et je ne l'ai rencontrée
nulle part; elle est mentionnée dans la publication suivante.

59. COMMENTAIRES SUR DIVERS ÉCRITS DE CICÉRON.

* P. Rami in Ciceronis orationes et scripta nonnulla, omnes quæ
hactenus haberi potuerunt Prælectiones. Recens in unum volumen
ordine congestæ et accurate emendatæ, adjecto indice copiosiss.

Francof. , ap. hæredes A. Wecheli, 1582 , in-8°, 709 p. Au verso du
titre on lit cette indication : Orationes et ceteri Ciceronis libri, Rami
commentariis illustrati : 1° Octo consulares (1 pro Rabirio, 3 Agra-
riæ, 4 Catilinariæ) ; — 2° Oratio pro M. Cl. Marcello ; — 3° Epist.
nona ad Lentulum ; — 4° Liber de fato ; — 5° Somn. Scipionis ; —
6° Lib. I de legibus ; — 7° De opt. genere oratorum.

60. ALGÈBRE.

Petri Rami Arithmeticæ libri duo, et *Algebræ* totidem, a Lazaro
Schonero emendati et explicati, etc. Francofurti, apud hæredes
A. Wecheli, 1586, in-8°, 406 p. L'Algèbre commence à la p. 322 et
finit à la p. 364. Le P. Niceron a tort de dire que cet ouvrage est en
six livres.

  * P. Rami Arithm. libri duo : Geom. sept. et vig., etc. Lemgoviæ,
1599, in-4°. Dans la première partie du volume, de la p. 190 à la
p. 216, on trouve P. Rami Algebra, en deux livres.

61. TRADUCTION DE LA POLITIQUE D'ARISTOTE.

Ἀριστοτέλους πολιτικῶν τὰ εὑρισκόμενα. Aristotelis Politica , a Petro
Ramo regio professore latina facta , et dialecticis rerum summis breviter exposita et illustrata. Cum indice rerum et verborum memora-
bilium locupletiss. Francofurti, typis Wechelianis apud Claudium
Marnium et heredes Jo. Aubrii , MDCI , in-8°, 537 p. en 2 col. (C).
« C'est la plus jolie et la plus maniable de toutes les éditions de la
Politique : des tables fort amples, des notes, des index de mots grecs
en facilitent la lecture et l'intelligence. » (B. Saint-Hilaire, Préface
de la Politique d'Aristote, p. CIV.)

62. LETTRES DIVERSES.

  * Je range sous ce titre : 1° les 20 lettres qu'on a pu lire plus haut,
et qui jusqu'ici n'avaient pas encore été publiées.

  * 2° Une longue et importante lettre à G. J. Rhéticus, en date du
25 oct. 1563, que j'ai longtemps considérée comme inédite, avant de
l'avoir vue citée par C. F. Lenz, Hist. Petri Rami (1713, in-4°), p. 21.
Peut-être est-elle imprimée dans l'édition de 1609 des Collect. præfat., etc., édition que je n'ai jamais vue. On peut lire cette lettre en
manuscrit à la Biblioth. impériale. (Recueil de Loisel, t. I, N. D. 203).

* 3° Une lettre à Roger Asham, en date de Paris, avril 1566, qui se trouve à la p. 413 du recueil intitulé R. Aschami Epistolarum libri quatuor, etc. Oxoniæ, MDCCIII, 445 p.

* 4° Une lettre à J. Sturm, du 6 nov. 1569, imprimée par J.-G. Schelhoin dans ses Amœnitates literariæ Francofurti et Lipsiæ, 1725, in-8°), t. III, p. 245, 246, et reproduite par l'abbé Joly, dans ses Remarques sur Bayle, art. Ramus. Cette lettre est conservée en manuscrit, avec la signature de Ramus, à la bibl. publique de Bâle.

Je ne parle pas des 15 lettres que contient le recueil de 1577, Collect. præfat., epist., etc. Quant aux lettres encore inédites, voyez ci-dessous, 3ᵉ série, n° 8.

III.

Ouvrages perdus ou inédits.

1. COMMENTARII IN DECEM CICERONIS ORATIONES.

Voici ce que Nancel nous apprend à cet égard (p. 20, 21) : « Legerat Ramus orationes pro P. Quinctio, pro S. Roscio Amerino, pro Q. Roscio comœdo, et Verrinas ordine septem. Ejus autem commentationes nescio qua cunctatione et mora suppressæ sunt, necdum lucem viderunt, paratæ jamdudum lucem aspicere (non tamen velut ab ipsomet authore evulgandæ), mea, uti dixi, manu transcriptæ, in decem istas Ciceronis orationes, breves et acutæ... Quæ nunc ubi sint et a quo subreptæ nescio, etc. » On lit dans un avis en tête des Prælectiones de Ramus, édition de 1582 : « Quidquid Rami commentariorum in Ciceroniana scripta haberi potuit, huc congestum fuit... An enim ulla spes de ceteris Rami commentariis recuperandis, eque faucibus avarorum aut potius invidorum eripiendis supersit, valde dubitatur. » Cf. Freigius, p. 5, et Ant. Teissier, Add. aux éloges de De Thou, art. Ramus.

2. XENOPHONTEA QUÆDAM.

« Ramus cum græcam linguam disceret, vertit Xenophontea quædam. » Scaligeriana (édit. de 1666), p. 288.

3. COMPARAISON DE PLATON ET D'ARISTOTE.

« Utriusque (Platonis et Aristotelis) comparationem perquam lepidam collegit, peripateticam doctrinam cum academica concilians : quod tamen opus perelegans plagiarius aliquis vivo illi surripuit. » Nancel, p. 32, 44. Voir plus loin le n° 4 de la IV° série.

4. TRAITÉ DE MORALE.

Banosius (p. 36) et Nancel mentionnent ce traité parmi les ouvrages perdus de Ramus. En 1563, Ramus lui-même s'exprimait ainsi : « Ethica, quæ jam ante regiam professionem præculta nobis et meditata sunt, et in adversariis nostris pulverulenta, manum extremam jamdudum exspectant. » Collect. præf., epist., orat., p. 528.

5. LIBER DE COMITIIS ROMANORUM.

Ce livre disparut dans le pillage de la bibliothèque de Ramus, suivant Th. Banosius (p. 36).

6. DIVERS TRAITÉS DE PHYSIQUE, D'OPTIQUE, DE MUSIQUE ET D'ASTRONOMIE.

Ces écrits périrent avec le traité précédent, ainsi que l'attestent Banosius, ibid., et Nancel, p. 28-30. Voir la IV° série, n° 7.

7. MATHEMATICORUM GRÆCORUM CORPUS.

J'ai déjà parlé plus haut (p. 156) de cette collection, sur laquelle Nancel donne des détails intéressants dans sa Vie de Ramus, p. 30, 31.

8. UN GRAND NOMBRE DE LETTRES.

Ramus avait écrit aux plus savants hommes de l'Europe, tels que Rhéticus et Camérarius, Acontius et Dius, Arétius, Gesner, Jérôme Wolf, Commandinus, Angelo Papio, le président Arnaud du Ferrier, etc. « Ad hos omnes de rebus mathematicis perscripsi (Act. math. sec.). » Cf. Freigius, p. 30, 36. — Nancel donne les détails suivants sur la correspondance inédite de Ramus (p. 44) : « Deprehendi olim abjectum inter adversaria epistolarum latinarum volumen. Quas cum collegissem et exscribere pararem, sensit ille et ab instituto jussit desistere, ne forte eliminarem et in publicum darem quas indignas luce judicabat, quod pleræque juveni scriptæ forent. Mihi tamen dignæ visæ quædam quæ legantur, circiter centum, si is qui detinet emittere in lucem animum inducat. »

9. ÉCRITS DIVERS.

Le même Nancel, après avoir énuméré toutes ces pertes, ajoute qu'il n'a peut-être pas tout dit : « Sunt et alia fortasse plura, quæ nunc non occurrunt. » Ib., p. 45. — Nicolas Bergeron, dans l'avis au lecteur qui précède les Collectancæ præfat., epist., etc., de 1577, se plaint des brigands (*prædones*) qui détiennent une bonne partie des écrits de Ramus ; et le libraire Denis du Val, dans un autre avis en tête du même recueil, signale également la disparition de ces écrits.

IV.

Ouvrages non authentiques.

1. De causis affectionum et proprietatum quarumdam singularium, cum in homine, tum in brutis animalibus quibusdam. Monachii, ap. Hier. Pyrchmayer, 1579, in-8° (C. Gesneri Bibliotheca, ed. de 1583 ; Bibl. classica, p. 1497 ; et Niceron, l. c., n° 42). Cet ouvrage, que je n'ai jamais vu, me paraît étranger aux études de notre philosophe ; le lieu et l'imprimeur sont également en dehors de la bibliographie connue des œuvres de Ramus.

2. Cynosura utriusque juris, seu commentarius in regulas juris canonici et civilis, II libris. Francofurti, 1604, in-8° (Niceron, l. c., n° 50). Cette indication ne m'est pas moins suspecte que la précédente. Voir plus haut, p. 355.

3. Linguæ hebraïcæ Institutiones, Parisiis, ap. Wechelum. — Cette grammaire hébraïque est mentionnée par la Bibl. classica, p. 1375 (1387), et par Ant. Teissier, l. c. Voici, d'autre part, le témoignage de Nancel, en 1599 : « Triplici idiomate, gallico, latino, græco, grammaticum argumentum tractavit... singula mea manu descripsi, typis commissa correxi, et ut nunc leguntur, Ramo duce atque auctore, populo exhibui » (l. c., p, 37-38). Ramus ne paraît donc avoir écrit que ces trois grammaires, grecque, latine et française.

4. Adversaria de Platonis philosophia generatim, in dialecticam, physicam, ethicam digerenda (Ant. Teissier, l. c.). J'ignore de quoi il s'agit ici, à moins que cela ne se rapporte à la Comparaison Inédite de Platon et d'Aristote, dont il a été question plus haut, p. 470. Cf. Biblioth. Conr. Gesneri, Tiguri, 1583, in-fol.

5. Tous les ouvrages d'Omer Talon. — J'ai déjà dit que la Rhétorique d'Omer Talon avait été faussement attribuée à Ramus. Il s'agit maintenant d'une plus grave erreur. Quelques Allemands, ayant eu l'idée de faire de Talon un mythe, prétendirent que son nom était un pseudonyme employé par Ramus. Il résulterait de là que ce dernier serait l'auteur véritable de tous les ouvrages de son savant ami. Voici comment on a réfuté cette étrange assertion : « Paul Frisius remarque une chose singulière, qui est que quelques-uns ont cru qu'il n'y a jamais eu d'autre Omer Talon que Ramus lui-même déguisé sous ce nom fait à plaisir, pour se dérober à l'envie, et pour louer lui-même ses ouvrages avec plus de profusion. Frisius n'a garde de donner dans cette imagination que l'on fondoit sur l'étymologie du nom de Talon, en le faisant venir d'un mot grec qui signifie *rameau vert* (θαλλός). Il croit que l'artifice n'auroit point réussi à Ramus dans Paris. Ajoutons que l'histoire de l'université détruit absolument cette vision, puisqu'on y voit Omer Talon qui, en 1534, prête serment entre les mains du recteur nommé de Méry. » Gibert, Jugemens des sçavans sur les auteurs de rhétorique, t. II, p. 182. — Th. Freigius, ce grand admirateur de Ramus, regardait Talon comme le digne second ou le *Thésée* de cet autre Hercule, et il procura en 1575 une édition de la plupart de ses œuvres, sous ce titre : Audomari Talæi, quem Petri Rami Theseum dicere jure possis, Opera, elegantioris methodicæ philosophiæ studiosis pernecessaria. Basileæ, ex offic. P. Pernæ, 1575, in-4°. La Rhétorique d'Omer Talon n'y est point comprise, parce que Freigius en avait donné une édition à part.

6. Expositio Arnaldi Ossati in Disputationem Jacobi Carpentarii de methodo. Parisiis, ap. A. Wechelum, 1564, in-4°, 19 f., et Francfort, J. Wéchel, 1589, in-8°. Charpentier, on l'a vu plus haut (p. 158, 159), attribuait cet écrit à Ramus, qui peut-être n'y était pas étranger, non plus qu'à l'Additio ad Expositionem de methodo, ibid., in-8°, 8 f.) Cependant il déclare formellement (dans l'Actio prima math. de 1566 que ces deux opuscules sont bien de son disciple.

7. Opticæ libri quatuor ex voto Petri Rami novissimo, per Fridericum Risnerum (*sic*), ejusdem in mathematicis adjutorem, olim conscripti, nunc demum..... in usum et lucem publicam producti. Cassellis, excudente Wilh. Wesselio, anno 1606, in-4°, 259 p. — Ce titre, rapproché du testament de Ramus, et de deux lettres à Zuinger où il parle d'une prochaine édition de *son Optique* (voir plus

haut, p. 436), pourrait faire croire que Ramus était, au moins en partie, l'auteur de cette optique. Cf. III⁰ série, n⁰ 6.

8. Orationes quinque. — C'est Ant. Teissier (l. c.) qui donne ce titre vague. Peut-être avait-il emprunté cette indication à la Bibl. de Gesner; mais celui-ci avait expliqué qu'il entendait par là les discours de 1551, 1557, 1561 et 1563. Cf. Niceron, l. c., n⁰ 12 : Orationes in logicam.

9. Traicté des façons et coustumes des anciens Gaulloys, traduit du latin de P. de la Ramée, par Michel de Castelnau. A Paris, chez A. Wéchel, 1559, in-8⁰, 100 f. (Bibl. C. Gesneri, 1583, et Ant. Teissier, l. c.) Voir plus haut, Iʳᵉ série, n⁰ 28.

10. Traicté de l'art militaire, ou usance de guerre de Jules César, traduit en françois du latin de M. P. de la Ramée, prof. royal en éloq. et phil., par Maistre P. Poisson. A Paris, 1583, in-8⁰, 198 f. Même erreur d'Ant. Teissier. Voir plus haut, Iʳᵉ série, n⁰ 29.

11. Discours chrétiens, Amsterdam, 1773, in-8⁰. (A. Barbier, Dict. des anonymes et pseud., n⁰ 3937.) Je n'ai jamais vu cet ouvrage, et j'ignore sur quel fondement Barbier a pu l'attribuer à Ramus; si celui-ci y était pour quelque chose, c'est que les *Discours chrétiens* seraient une traduction ou une imitation de ses Commentaires sur la religion chrétienne; mais la date rend cette supposition peu vraisemblable.

Quand on considère avec quel soin furent réimprimés tous les ouvrages de Ramus après sa mort, on a lieu de s'étonner qu'il n'en ait jamais paru une édition complète. Pour être juste, et pour achever le catalogue qui précède, nous devons mentionner ici deux ou trois tentatives qui furent faites au XVI⁰ siècle pour donner une édition des œuvres complètes de Ramus.

Le premier qui en eut l'idée fut le zélé ramiste Jean Thomas Freigius, qui, dès l'année 1574, publiait un recueil des Commentaires de Ramus sur Cicéron, avec plusieurs autres écrits et une Vie de notre philosophe, où il annonçait d'autres publications du même genre (p. 5 et p. 46) : «... Quibus (typographis) studiosi laborum Rameorum plurimum debent, ac præcipue Pernæ, qui magnam hactenus diligentiam in ejus optimis quibusque scriptis adhibuit, *majorem quo-que deinceps pollicetur.* » Cependant Freigius paraît s'être borné nsuite à réimprimer séparément divers écrits de Ramus.

Le 1er janvier 1576, Théophile Banosius, dans sa Vie de Ramus, p. 12 et p. 36, annonce d'une manière plus formelle une édition complète qui, dit-il, va bientôt sortir des presses d'André Wéchel : « Scripsit... multa alia, quibus recensendis et merito laudandis hic nequaquam immorabor, quum *omnia ipsius quæ supersunt opera*, et in iis quædam nondum excusa, A. Wecheli typographi typis in lucem brevi proditura sint. » Tel était en effet le dessein d'André Wéchel, et il avait pour cela le concours de l'exécuteur testamentaire de Ramus, Nicolas Bergeron, qui, en 1580, écrivait l'Avis au lecteur qui précède les Rudiments de la grammaire latine. (Voir plus haut, p. 459, 460.) Voici comment s'exprimait Bergeron : « Cum nuper certior factus essem opera P. Rami, ab auctore paulo ante ejus obitum recognita, et magno quorumdam hominum labore ac industria recuperata, jamdudum hic ad editionem parari, non potui typographo (Wechelo) efflagitanti, pro officio procuratoris testamentarii, qualecunque hoc elogium denegare, etc. » Ce même avis donne une idée de l'ordre qu'on devait suivre dans cette édition; c'était l'ordre même dans lequel Ramus et ses disciples rangeaient les arts libéraux : «... Eo rerum ordine utitur, ut encyclopædiam literarum ab antecedentibus et natura notioribus, id est grammaticis, rhetoricis, dialecticis deducat, et ad consequentes disciplinas, utpote mathematicas, physicas et ad ejusdem generis reliquas scientias, tanquam Thesei filo perducat. » (Ibid.)

André Wéchel étant mort en 1581, ce projet fut abandonné. Les successeurs de ce libraire, Jean Wéchel, Claude Marne et Jean Aubry, se bornèrent à donner de nombreuses réimpressions des divers écrits de Ramus.

FIN.

TABLE DES MATIÈRES

———

FIN DE LA TABLE.

Milton Keynes UK
Ingram Content Group UK Ltd.
UKHW011259130624
444179UK00005B/31